ON POLITICS

Book One

A History of Political Thought:
Herodotus to Machiavelli

论政治

上卷

从希罗多德到马基雅维利

[英]阿兰·瑞安 著
林华 译

中信出版集团·CHINACITICPRESS·北京

政治思想通史写作
在新世纪的又一里程碑

《论政治》所获赞誉评价

本书应归功于瑞安持之以恒的写作与生动的讲解，他向我们展示了人类尺度下的世界如何发生政治演变，如何从古代传承到我们如今这个黑暗时代。我尤其推荐他简洁雄辩的语言、他的博闻强识、他的文章的灵韵和严谨；他以全身心投入，成就了他广阔的视野，以及他对人性局限的深刻关切。

——哈罗德·布鲁姆（Harold Bloom）

著名批评家，耶鲁大学人文学教授

阿兰·瑞安是当代重要的政治理论家。作者跨越2500年的西方政治历程，寻访一座座思想丰碑，启迪读者在纵深辽阔的思想史视野中重新思考当代政治。这部鸿篇巨作是博学、深邃、见识与愉悦可读的罕见结合。

——刘擎

著名政治思想史学者，华东师范大学历史学教授

这部作品的视野与雄心都是惊人的，阿兰·瑞安包罗了一片广阔的领域。政治思想纷繁复杂、遍布分歧，有一些思想，讲出来会有骇人的、甚至灾难性的现实后果，但瑞安却能讲解得游刃有余。

——斯蒂芬·格林布拉特（Stephen Greenblatt）

著名文学史学者，哈佛大学人文学教授

本书探讨2500年以来，政治学人对于“人如何治理自己”这个问题的追问和回答。阿兰·瑞安点石成金的问题意识，从心所欲不逾矩的史料运用能力，明晰达意的表达手法，让这本看似厚重的鸿篇巨制有着意想不到的阅读快感。

——**周濂**

著名哲学学者，中国人民大学哲学副教授

阿兰·瑞安同时展示了自希罗多德以降的思想的内在价值，以及他们能为当今政治提供的强大资源。

——**夸梅·安东尼·阿皮亚**（Kwame Anthony Appiah）

著名政治哲学家，纽约大学哲学教授

如果你想知道我们为何像现在这样思考，就去古希腊寻找答案——阿兰·瑞安验证了这一办法，而且解决了实际问题。

——**玛莉·贝尔德**（Mary Beard）

著名古典学家，剑桥大学古典学教授

这本书把思想展现为一个持续对话的过程：历代思想家跨时空对话，并且回应我们如今的关切与焦虑。……我们面临的问题和古希腊人是一样的。共同生活产生的问题，我们能否共同合力解决？我们没有完全的把握，但是阿兰·瑞安从思想传统中广纳精华，给了我们一个好的起点。

——**安德鲁·甘博**（Andrew Gamble）

剑桥大学政治学教授

如何设想更好的世界？如何履行我们改善世界的使命？这些是我们争执不休的问题。阿兰·瑞安有力地提醒了我们，从古至今的思想领袖可以如何启发我们。

——**安东尼·W·马克斯**（Anthony W. Marx）

纽约公共图书馆馆长

在研究领域精细化的时代，我们对于政治观念的历史大局意识已经失去大半了。阿兰·瑞安在他的新书里重现了这种大局观。……他的语言清晰易懂，不忌惮表达自己的观点。这本书极好地综合呈现了西方政治传统曾经取得的成就与失败。

——**特雷西·B·斯特朗**（Tracy B. Strong）

政治学家，加州大学圣迭戈分校特聘教授

阿兰·瑞安用清晰、准确、易懂的语言，为我们的时代写了一本西方政治思想传统的指南。从希罗多德，历经基督教世界，直到现代性的崛起，本书激发读者去思考历史问题、当代问题，以及政治的永恒主题。

——**史蒂文·卢克斯**（Steven Lukes）

纽约大学社会学教授、英国皇家学院院士

对政治思想感兴趣的人都可以从阿兰·瑞安的智慧、才华和热情中受益……这本书提醒我们，政治的思考应该是我们生活必不可少的一部分。

——**马克·马佐尔**（Mark Mazower）

哥伦比亚大学历史学教授

阿兰·瑞安的杰作把主要的思想家汇集在一起，展开了一场跨域几个世纪的对话，为了解政治的一贯问题提供了富有启发意义的新视野。关心政事的公民和学者将很乐意参与瑞安的知识盛宴。

——**彼得·奥努夫**（Peter Onuf）

弗吉尼亚大学历史学教授

大师之作……任何对政治理论有兴趣的读者都将从瑞安的《论政治》中获益。

——**杰里米·沃尔德伦**（Jeremy Waldron）

纽约大学法学教授

《论政治》与书中讨论的伟大作品一样，用简约而强力的信念，反抗着未经过反思的生活。

——《纽约客》(*New Yorker*)

《论政治》是思想史研究的一座里程碑。……阿兰·瑞安关注的是思想背景，这是《论政治》的成书要诀。本书把视野拉得非常长，成为本书话题的，与其说是一个个的思想家，不如说是一个观念传统的不同部分——如今的我们也是其中的一部分。

——《洛杉矶时报》(*Los Angeles Times*)

作为一本关于政治思想原理的导论书、一本了解历史上有争议观点的指南书,《论政治》很难被超越。

——《伦敦时报》(*Times of London*)

富有启发性和趣味性——哲学和历史写作的典范之作，作者精深的学识丝毫不妨碍他自如的表达。

——《科克斯书评》(*Kirkus Reviews*)

在这本引人入胜、富有教益的书中，瑞安频频提醒我们，当代公民加深对政治观念之根源的认识，当对现代生活十分有助益。这本书是一个了不起的成就，对今后和学生和读者来说会有巨大的价值。

——《出版人周刊》(*Publishers Weekly*)

目　录

上卷
从希罗多德到马基雅维利

导言

对政治的思考

本书算得上长篇巨制，写作耗时经久。起初决定动笔时，我曾犹豫再三，因为我深知它工程浩大。1892年，R·W·卡莱尔和A·J·卡莱尔两兄弟开始撰写《中世纪政治理论史》。全书六卷于1903至1936年间面世；到《中世纪政治理论史》最后一卷出版时，罗伯特·卡莱尔爵士已经去世两年；他并非英年早逝，而是从他在大英帝国印度事务部漫长的职业生涯退休后，于75岁高龄去世的。这部著作至今仍是研究者不可或缺的资料来源，但放到今天，需要一个由作者和研究助手多人组成的班子才写得出如此皇皇巨著。35年前，出版界的一位朋友曾建议我写一部乔治·萨拜因的《政治学说史》的后续之作；卡莱尔兄弟的例子在前，促使我婉拒了那个要求。原因不仅是我没有兄弟可以助我一臂之力——罗伯特·卡莱尔有一份全职工作，负责管理印度事务，大部分撰著的任务于是落在了他在牛津大学任历史教授的兄弟身上。更重要的是，我拿不准如何确保一部巨著在思想上的连贯和统一。如果用亨利·福特粗鲁的话来说，历史是一件接一件该死的事，那么政治思想史是否就只是一个接一个该死的思想家或思想呢？甚至如麦克白以比较优雅的语言，但更加绝望的心情所说的，是充满无意义的喧嚣和愤怒的故事，是对言辞斗殴的记录，使人读后毫无收益呢？不过，后来出现了关于具体作家和具体历史时期的众多佳作，如昆廷·斯金纳的《现代政治思想之基础》，还有约翰·波科克关于共和思想史的《马基雅维利的时刻》。在我不知不觉间，本书的架构悄然形成。

我把希罗多德定为本书的起点，因为归根结底的问题是：波斯人是否打败了希腊人，后人只能接受事实？也许，现代世界的政治与国家是波斯帝国对马拉松战役和萨拉米斯海战的战胜者迟来的报复。希腊人，尤其是雅典人，是为捍卫一种特别的、政治意味明显的生活方式而战。在他们看来，波斯国王治下的臣民尽管名义上并不处于被奴役的地位，其实却与奴隶无异。如后来黑格尔所说，在东方的独裁专制社会中，只有一个人是自由的。然而，无论在征收税赋方面，还是在执行司法和派遣军队方面，波斯政府都十分高效；波斯人民的生活也比希腊人好。完全有理由把波斯视为现代国家的原型；举例来说，希罗多德对波斯国王信使的描绘就正是美国国家邮政孜孜以求的目标，他写道：“不管是大雨如注，雪花纷飞，还是暑热难耐，夜色深沉，都阻挡不了这些信使迅速地完成他们负责的巡回路线。”近代国家的根本特质是中央集权、官僚制管理，并高效提供只有国家才能提供的公共服务；波斯提供的服务项目不如现代国家多，大部分工作都“外包”给了半自治的属地，但它具备了现代国家的基本属性。至于作为当今政治制度前身的早期现代国家，路易十四也许说过“朕即国家”这样的话，但是他非常清楚国家为何。国家是法人，不是真正的人。国家是路易十四作为国王所体现的无所不包的权威。正是为了国家，他才要巨细无遗地了解王国的资源和人民生活的情况，目的是更好地管理人民的生活和国家的资源，以促进人民的福祉。

本书不仅讨论了波斯国家（以及晚期的罗马帝国、俾斯麦式的国家和现代欧洲国家）与希腊城邦的对比，还谈及了另一个众所周知的对比，那就是雅典与罗马关于自由和公民权的不同观念的对比。雅典人实行的是原汁原味的直接民主，在罗马人看来简直就是致乱之方；罗马让男性自由人参政，但组织控制得非常严密。根据罗马人的观念，首先，自由人最基本的含义是指一个人不是奴隶；其次，自由人享有法律地位，能够诉诸法庭，寻求保护自己的权利；最后，自由意味着按财产状况仔细分级的各种政治权利和义务。享受自由人的地位还意味着要缴纳税赋、服兵役，这些也是按财产的多寡来规定的。随着罗马的壮大，被它征服的城市的居民也获得了公民资格，但开始时享受不到罗马人的投票权；尽管如此，没有投票权的公民（civis sine suffragio）仍是自由人，他可以说，“我是罗马公民（civis Romanus sum）”。这个身份非常有用，尤其是当他被告上法庭，或担心未经公正审判就被施以鞭刑或被拘押。雅典人坚持在公民大会上发言和投票的权利。在他们看来，没有投票权的公民不算完全的自由人；同样，有投票权，却无权担任司法职务的公民也不算完全的自由人。雅典人心目中的自由是不打折扣的政治平等"isegoria"，也就是在公民大会中的平等权利。根据雅典人的观念，罗马对在司法和政治部门任职的限制其实是寡头政治。自从17世纪40年代的英国内战以来，雅典和罗马观念之争的各种变体一直是欧美政治思想的主题。考虑到不同的人在财富、教育、公德心、能力、公益精神等诸多方面的千差万别，我们能够在多大程度上学习雅典人的榜样，保障所有国民的政治平等呢？或者应该说，我们应当在多大程度上试图这样做呢？

在英美这种富裕的自由民主国家中，通常没人为此操心，因为大多数人认为"一人一票"就是政治平等的全部，不再深究。但我们也知道，与一人一票并存的还有一个现象，那就是有钱人和有组织的人通过游说、政治献金和媒体的力量来收买政治影响力。我们一方面相信，人人有权使用自己的资源影响政府——这当然是一种意义上的政治平等，另一方面又感到，不同的人掌握的政治资源差别太过悬殊会破坏民主；我们在这两者之间踌躇犹豫，不知如何将它们调和起来。若是觉得今天富人的政治权力太大，千万不要以为古时候没有这种事情。虽然雅典人经常起来反对领导人，突如其来地把他们拉下权位，但担任领导的都是"好家庭"出身的人。也不应以为，现代世界中唯一造成政治不平等的就是富人用钱收买政客，获取影响力。如果经济上不富裕的人组织起来，比如借工会之力，或把同一族裔或宗教的人联合起来，照样可以成为巨大的力量。在近现代工业社会中，政治力量的差别在于无组织和有组织之间；组织靠金钱才能生存，但光有钱还不够。民主能否保护由无组织的个人组成的广大民众，使他们的利益不受组织良好的特殊利益集团的侵害呢？这是困扰所有现代民主政体的问题。自从两个半世纪之前卢梭在《社会契约论》中把它提出来之后，我们无论是在思想上还是在制度上解决这个问题的努力都进展甚微。

虽然罗马人拒绝雅典式的民主，但是他们也提出了很多让公民尽可能深入参与政治生活的“罗马”思想。马基雅维利不喜欢雅典式民主，但认为由公民组成的军队比雇佣军好。他和在他之前的罗马思想家以及在他之后的众多思想家一样，认为只要安排得当，纯朴率真的普通人能够遏制富人颠覆共和制度的倾向。在18世纪和19世纪的欧洲，普遍存在着反贵族的共和思想；美国的平民主义运动也以反贵族为一贯的宗旨。近代工业化社会的许多左翼作家对民众参政持有一种比较简单的观点。他们一贯主张，穷人必须靠自己人数上的优势来抗衡富人的优势，否则在经济利益的社会分配中就会吃亏。这是鼓吹实现普遍选举权的最明显的实用论点；在穷人赖以谋生的行业中，除非穷人对行业的规则制定有足够的发言权，否则他们就会受到剥削。英美两国为工会立法的历史是这一简单论点的典型体现。然而，并非所有支持民众广泛参政的论点都如此着眼现实。许多作家尽管政治立场各异，但都一致认为，比起只参加生产性活动，并享受因此得到的利益，公民积极参与政治是道德高尚的表现。所有的共和论者，无论是雅典派还是罗马派，都同意这一点，尽管他们对哪些人可以成为积极参政的公民费尽思量：妇女肯定是不行的，可是难道普通做工的人就行吗？

关于民众参与政治生活的焦虑困惑由来已久，在近代社会中表现为一种特别的形式。希腊城邦饱受寡头政客和民主派之间的内战之苦；罗马共和国最后的100年间，平民（populares）和（自称）捍卫公民与上层阶级利益的贵族派（optimates）之间也是冲突不断。过去的两个世纪，争论的焦点是精英阶层和大众的政治作用。“大众”一词在历史上出现的时间较晚，它的用法有时是褒义，如寄希望于觉醒的无产阶级大众发动革命，开创社会主义的新纪元；有时则是贬义，如奚落粗野无礼的大众的低俗品味；有时是善意的，如欢迎渴望自由的大众；有时仅仅是描述性的，指很多的人。此词诞生于工业革命期间人口高速增长、城市迅疾扩大之时，但自古以来，精英阶层和普通百姓就一直泾渭分明。精明的从政者能够把大众玩弄于股掌之上，早在雅典民主时期，批评家就指出了这个问题。它的一个相对温和的表现是柏拉图打的比方，将领导人比作牧羊人；领导人不认为普通百姓能对他的决定提出质疑，正如羊群不会质疑牧羊人的决定。

自马基雅维利以降，思想家都把精明强干的精英阶层与浑浑噩噩的广大群众区分开来。有人也许以为，任何做出如此区分的人肯定都不会拥护民主，其实不然。如果我们同意，所有社会中真正参与治理的都仅为少数人的话，那么精英阶层如何获得并维持多数人的支持就成了关键。极权的精英靠秘密警察；民主的精英则靠民意调查员和广告公司。极权精英和军人集团一类的统治阶层想要终身掌权；民主精英却允许选民把他们拉下台。他们可能会用尽手段，诱骗、劝说，甚至吓唬选民，但他们不干预司法，不让军队干政，也不派秘密警察去监视投票站。现实地看待现代民主的评论家说，民主是竞争性精英统治。竞争产生的政府优于没有竞争的精英统治，也优于群众大会或任何形式的直接民主统治。人民注定要被精英所统治，但“精英的循环”能确保无能的精英会被比较能干的精英所取代。人民也许只能在两派精英之间做选择，但公开竞争和自由选举可以产生有效的政府。尽管如此，什么人能够以及如何成为政治精英的一员，这依然是个极富争议的问题；即使在西方的自由民主政体中，政客之间固然竞争激烈，但跻身于竞争者行列的过程首先就限制重重。美国为了解决这个问题建立了初选制度，但效果不彰。

所谓的精英民主指一派精英通过在选举中击败另一派来获得统治权，经常被称为“职业政客统治”。不能一听职业政客就马上嗤之以鼻；许多政治制度比现代的自由民主政体糟糕得多。在很多意义上，职业政客与他们所代表的人民似乎是两种人。这本身无须担忧，医生与大多数病人也不太一样。政客若是没能有效促进他们所代表的人民的利益，也许不是因为无能，而是因为一方面，他们承受着来自不同方向的压力，另一方面，交给他们的任务几乎是不可能完成的。无论如何，还是有人渴望建立比职业政客统治更接近雅典式民主的政治制度，他们苦苦思索是否能尽量减少职业政客的作用，让普通老百姓担负起更多的责任。此乃本书贯穿始终的一个问题。

19世纪早期的法国政治理论家邦雅曼·贡斯当以另一种方式提出了这个问题。他关于自由的古典概念与现代概念之分的演讲被自由派奉为圭臬。在古时的斯巴达和雅典等共和国中，公民自由意味着享有一份主权权力；这种自由实质上是公共性、政治性的。行使这样的自由代价巨大；社会不仅要依赖奴隶劳动，使公民得以抽出身来履行公民责任，而且成了互相监视的社会，每个人的行为都在所有其他人的密切注意之下。与之相比，现代的自由实质上是私人性的；它意味着不受别人管制，实现自己在经济、文学或宗教方面的私人追求。它是脱离政治领域的自由，不是政治领域之内的自由。现代自由民主国家的公民享受的自由体现在各个领域，包括职业、教育、宗教等等。事实上，今天大多数人一提到民主，通常都会想到这类自由，而非某种投票制度。这毫不奇怪，因为在重要的全国大选中行使投票权的几乎不到选民的一半，在地方选举中投票的人更少得多。对民众参政不热心的人坚持说，重要的不是民众参与，而是问责制的落实；重要的不是投票给某个政党或候选人，而是掌握不投票给他们的权力。这是“自由民主制”的民主方面，而没有自由，民主就不可能实现。有的国家自称“指导式民主”，其实是独裁政权。这类国家的民众参与率倒是很高，老百姓有很多机会表示对执政党及其政策的热情拥护。但是，他们若是想寻求别的选择、要求改变政策，或更换政治领导，就可能被囚、被打或被杀。尽管自由民主制并不完美，但它给民众提供了一定的问责机会。几百年的经验证明，问责对保证尽职的政府和法治不可或缺。

让我们暂且把目光移离政治，来注意这样一个事实：人们谈到民主的时候，通常想到的不是它的政治意义，而是社会意义，是阿历克西·托克维尔所谓的条件的平等。我在本书中并未花大笔墨赞美现代西方世界坚持的各种形式的包容，这些包容若是看在我们祖先的眼中，会使他们瞠目结舌。我这样做的一个重要原因是，它们的了不起有目共睹，不需要我来画蛇添足。有的社会以特别“民主”而自傲，因为它们没有谄上欺下的势利行为，或是商界或政府中有大批女性身居要职，或是成功吸纳了大批移民，或是减少了基于种族原因的经济和其他方面的不平等。它们的民主在于它们去除了许多过去普遍认为的天生优势，尤其是种族、出身与性别。把它们称为“社会民主”势必会造成困惑，因为时至今日，西欧的马克思主义及后马克思主义的社会主义政党一直自称社会民主党，而这里所说的民主却与资本主义和自由市场相契相合。如果不再根据种族、出身和性别来确定一个人在社会中的地位，那么就只剩了一条标准，即此人对他人或整个社会的福祉所做的贡献。贡献的形式五花八门，从简单的体力劳动到名人给我们的生活带来的调剂补充，而得知每个人的贡献价值几何的最明显的方法就是看它在市场上的行情。当然，在任何社会中，这种价值实现起来都很不精确，市场更是缺点众多。尽管如此，现代自由民主国家的核心价值观是社会性，而非政治性的，此乃精辟之论。

本书的一个前提是，温故可以知新。这就提出了一个问题：我是否相信太阳底下无新事？或稍退一步，同意修昔底德、马基雅维利以及许多其他人的观点，认为人性无论何时何地都始终如一，因此可以鉴古知今，预测未来？对此问题的回答是："不完全如此。"政治学想努力理解的世界在过去两个半世纪的几场革命中发生了巨变，本书最后1/5的部分就此进行了非常认真的讨论。在没有特别的次序，也不专门强调此一过程中相互联系的各方面中的某一个的前提下，可以看到，当今世界经过工业革命、人口革命、识字和通信革命，还有18世纪晚期以来的各场政治革命，在众多方面已是迥然有别于古代、中世纪和近代早期的世界。最重要的分别在于人类技术能力的飙升。说白了，我们能够养活的人比过去任何时候都多得多，我们能够杀死的人也比过去任何时候都多得多。

农业进步使人吃得更健康，粮食来源更可靠；清洁的饮水和高效的下水道系统意味着人患病概率的降低；医学昌明，以往的不治之症和致命之伤如今有了治疗的办法。同时，20世纪的两次世界大战显示了各国是多么高效地杀戮了彼此的几百万人民。不那么直白地说，我们的生产能力使我们的祖辈望尘莫及，这意味着我们除了生产有用的东西之外，还生产出了始料未及的副产品，即严重破坏环境的各种污染物。因为这一切都是在全球规模上发生的，所以现代政府要应付的问题就不仅浩繁复杂，远非前人所能想象，而且有可能造成前人同样无法想象的大规模破坏。因此，书的最后我对我们这个互通互联、日益拥挤的星球上的政治表示了担忧。人口也许不是决定性的因素，但应对有70多亿人口的地球的各种问题与确保二三十万人的城邦维持温饱、保卫家园、抗御敌人，并培育起使我们至今艳羡不已的丰富多彩的公民生活大不相同，二者不可同日而语。

对政治的思考

许多人和我一样，穷其一生教授所谓的“政治思想”或“政治理论”，并就此著书立说。然而，令人惊讶的是，关于什么是“政治理论”却各有各的看法。它并非历史，虽然它包括早已作古的思想家的思想；它不全是哲学，虽然它讨论死去和仍在世的思想家的论点；它不能算是社会学，虽然研究政治的作者在社会学方面通常的确比较幼稚。一位同事曾说，政治理论家是紧抱着20来本书钻牛角尖的人；我花了半个世纪钻研穆勒的《论自由》、霍布斯的《利维坦》等著作之后，感到20来本这个数字还太高了点儿。不同的政治理论家虽然在学术上各执己见，但都坚信不疑，跨越几个世纪与昔时的政治理论家及其同时代的人进行对话是有用的，尽管有时他们也因对话的艰难而感到气馁。他们希望任何感兴趣的人都来旁听并加入这样的对话，大家一起来听一听极乐世界*里的谈话，听不信人性本善的马基雅维利如何嘲笑苏格拉底的不谙世事，或杰斐逊如何承认亚历山大·汉密尔顿对美国的未来比他预见得更加准确。

这样做必然可能会把自己的意见强加给无法起来自辩的古人。企图和已经辞世的伟大思想家对话显然有这个危险，因为即使我们对他们思想的解释完全不着边际，他们也无法做出纠正。我非常钦佩以赛亚·伯林，写作本书时就是以他论述思想史的文章为榜样的；然而，读者读他的作品，有时会搞不清他讲的到底是孟德斯鸠的意见还是他自己的观点，或者马基雅维利是否真的致力于伯林所说的那些事业。20世纪初的哲学家兼历史学家R·G·科林伍德声称，解释历史需要重新思考过去的思想。伯林在他的著作中是这样做的，我在本书中也采取了这个办法。至于如何当心不要把我自己的观点强加到已经去世，无法自辩的人的头上，我只能说，我在写作的过程中一直牢记同行的不同意见。伯林的著作之所以如此生动鲜活的另一个原因是，他具有几乎是奇异的能力，能够抓住他笔下思想家的思路。企图了解古人的思想固然困难重重，想象和有血有肉的古人相遇的情形同样困难，甚至更加困难。然而，要想从多个角度看待我们的前辈，就必须冒此风险。

和今天许多悲叹“公共知识分子”式微的评论者一样，我

* Elysian Fields，希腊神话中英雄和好人死后居住的地方。——译者注

对一种观点深感不安。这种观点认为，严肃的政治思想家可以退回象牙塔中，专心撰写只供同行阅读的艰深而又卓有趣味的论文和书籍，把现代政治生活的前景这个问题交由报刊专栏的撰稿人去探讨，或留给电视上貌似政治辩论，实则大吼大叫的吵架去纠缠。但我并不特别悲观；艾伦·布卢姆题为《美国精神的封闭》那本忧郁的书居然荣登畅销书榜，这说明美国人的精神远不像他想象的那样封闭。虽然我不太喜欢弗朗西斯·福山的《历史的终结与最后一人》，但该书的成功证明市井之中有公共知识分子，他们思想的追随者大有人在。历史和传记从来喜爱者众，仅举两例：西蒙·沙马和戈登·伍德的著作大大丰富了我们的内心世界。但有些哲学史著作也广受欢迎，令人羡慕。伯特兰·罗素所著《西方哲学史》就是其中之一；我15岁时读到这本书，一下就入了迷。它和穆勒的《论自由》这两本书改变了我的一生。多年以后拾卷重读，我仍觉受益良多；当然书中有许多不准确之处，而且表现出来的偏见令人瞠目，又非常好笑。我以罗素的明晰达意作为楷模，虽然对使他当之无愧地荣获诺贝尔文学奖那行云流水般的文体，我只有艳羡的份儿。至于他的那些偏见，其中一些我也有，但我尽力不让自己受其干扰。罗素不足为训的一点是，他经常对与他意见相左的思想家不予重视，甚至嗤之以鼻。在本书中，我对不容置疑的伟大思想家的批评有时比较尖锐，两个明显的例子是柏拉图和马克思；但我对他们十分重视并充满尊敬。我的尖锐批评针对的只是他们关于最佳治理方法的理论；柏拉图的哲学思辨深邃、渊博、意趣无限，但他提出的治理政治乱象的办法却不太高明。马克思的经济分析和历史社会学令人着迷，但他对如何管理社会主义经济这个问题避而不谈，这是不可原谅的。对他们二位绝不能嘲笑，但可以批评。

由此可以看出，我是个热心政治的人；我对政治的所有形式都深感兴趣，对一切报纸和时事文章都热切地阅读。我也是怀疑论者。像大多数人一样，我怀疑领导人的动机、才智和能力；但我与大多数人有一点不同，我也怀疑我们谈论政治的方法。政府、领导人、评论家和普通老百姓谈论政治时援引的许多思想其实没有多少实质内容；还有一些思想很久以前有道理，但在现代世界中已不再适用。众所周知，如今几乎每一个政府都自称为民主，但这些自我标榜的民主彼此之间并无多少相似之处，它们与2 500年前雅典人为之战斗牺牲的政治制度更是风马牛不相及。现代民主真的是民主吗？还是别的什么东西？（我们将看到，回答是：“严格说来，是别的东西。”）我们也许会感到诧异，为什么那些国家要用“民主”这个使人误会的名称？我们也会猜想，用错名称到底要不要紧？可能不要紧；很多人和我同一个姓，但别人很少把我和其他人弄混。

另一方面，旧瓶装新酒也许不可取，因为它会引起无法满足的期待，造成没有必要的失望，甚至更糟，可能会使统治阶级得以将政治制度为一己私利所用，用“面包加马戏”来安抚穷人，对他们甜言蜜语，连哄带骗，但实际上照样剥削不误。也许与其说人们受了骗，不如说他们是在自欺，其实心里明白，自己不是公民，而是臣民。世界上的人分为两种，发号施令的和奉命行事的；多数人属于后者，但他们却假装小木屋出身的自己可以有朝一日入主白宫。罗马帝国的钱币和甲胄上刻有“罗马元老院及人民”的铭文；但“罗马元老院及人民”是处于军事和官僚独裁之下。

说这些不是要谴责现代政治。在多数现代社会中，生活都比古时候安定多了；现代“民主国家”的政治通常比雅典的政治更理性，比罗马的政治更文明，比文艺复兴时期意大利和宗教改革时期德意志的政治有序安全得多。在现代西方世界，个人拥有众多权利，如言论自由、信仰自由、选择职业的自由、按自己的喜好生活的自由，等等，这些是普通人过去做梦也想不到自己能享受的权利。穷人有权投票，妇女有权参政，这些在过去曾被认为是不可能的、危险的、邪恶的，或有违自然的，也许四者皆是。但是，在赞扬民主的时候，至少应该想一想我们到底在赞扬什么；在发誓致力于为所有人实现自由和正义的时候，应该明白，我们心中的自由和正义也许不同于美国国父所想的自由和正义，更遑论西塞罗或马西里乌斯所说的那种只有当无私的统治者致力于共善的时候才能实现的自由和正义。要探讨这些问题，最好的办法是把我们的想法和效忠对象与历史上其他时期、其他地方的思想家的想法和效忠对象作一个比较。罗马和雅典关于自由的观点大相径庭，与我们的观点也迥然不同；然而，我们这方面的语汇及其含义都是它们留下来的，而我们的许多制度却有着完全不同的来源。对于民主、自由、正义和公民权，今人的理解居然没有更加混乱，不能不说是奇事一桩。

本书讲的是历史学家、哲学家、神学家、从政者和可能的革命者对一个问题作出的解答。这个问题是：人们如何能最好地治理自己？此一问题带出了一连串其他问题，全都围绕着一个中心，即人究竟有没有管理自己事务的能力？许多撰著人认为，人掌握不了自己的命运，只是恶意的命运之神的玩物，或是不自觉间供天意役使的工具。要想改善人的处境，与其去搞政治，也许还不如去祈祷。即使说人能够控制一部分世事，关于到底能控制多少，控制的是什么，仍众说纷纭、莫衷一是。许多撰著人说，只有某些人可以凭借其道德上的或心智上的能力来控制自己的命运，比如，男人可以，女人不行；希腊人可以，波斯人不行；有财产的人可以，做工的穷人不行；信基督教的欧洲人可以，信异教*的美洲印第安人不行；自由的美国人可以，黑奴不行。本书研究的题材就是2 500年来对“人如何治理自己”这个问题提出的各种回答，包括“把命运交给智者，由他全权斟酌掌握”、“尽力确保富人和穷人都不能独占决策权”、“找到神一般的明主，给他以绝对权威”，还有“不要胡思乱想，乖乖做顺民，把心思用在培养自己不朽的灵魂上面。”这些回答有古

* 在西欧的语言中，“异教”是一个基督教中心主义的词汇，指闪米特起源的一神教之外的宗教。闪米特一神宗教的一个共同特征是尊亚伯拉罕为信仰的先祖；基督教、伊斯兰教、犹太教都属于闪米特宗教。一般情况下，“多神教”与“异教”是同义词，但前者没有基督教中心主义的意味。——译者注

老的根源，也有现代的体现。它们又引起了更多的问题，有宗教方面的，也有哲学、历史、生物学和社会学方面的，比如，国家应寻求何种正义？历史的发展是否有既定的格式？人是否因生物学的原因而注定要无休止地打仗？还有“人活着究竟为什么？”这个终极问题。不同理念导致对政治目的的不同理解，有的说政治的目的是生存活命；有的说是过好生活；有的说是获得荣耀；有的说是争取自由；有的说是来世得到救赎；有的说是通过革命推翻资本主义，以实现人性的解放。所有这些回答都对政治思想与实践产生了影响。

对于比较深刻的问题，我只探讨到揭示人们应该如何治理自己的深度。对柏拉图或霍布斯这类哲学家的学说，探讨到这个深度需要很长的篇幅；而马基雅维利这样的怀疑论者对深刻的问题避而不谈，所以只需解释他为何如此的原因。本书讲的是政治，哲学、宗教、生物学或社会学都只是顺带。这也是一本讲书的书，讲前人写过的书。他们叙述历史、总结哲学理论、编写政治建言手册，而且经常是数举并行，每人都试图劝说读者在政治上走某一条路。对于他们的读者认为理所当然的许多事情，今人并不认同，他们的读者对书中内容与当地事务的联系了如指掌，而今人只有借助其他资料才能对其稍有了解，有时甚至完全无从得知。

我希望本书能使得读者喜欢前人的这些著作，并能就其中晦涩难解的地方为读者释疑解惑；但尽管本书包含了大量对前人著作的总结，却并不能代替阅读原著。我希望读者能够燃起兴趣，去读原著，和原著者的思维角力。本书中脚注用得很少，只是为了使读者能够核实我的叙述是否准确，而不是为了罗列另外的解释激发观念交锋；为此原因，我在每一章中都建议了更多的读物，以便使有兴趣的读者在本书有限的范围之外进一步深入研究。虽然本书介绍的是著作及其作者，但它不是教科书，而是对大背景的介绍，也是一个由头，借以不仅介绍有关的著作，而且讨论作者撰著的动机及所处的形势。如果读者读完此书后，拿起柏拉图的《理想国》、霍布斯的《利维坦》或黑格尔的《精神现象学》，能读得津津有味而不是茫然不解，或即使茫然不解也愿意接着读下去，深入探讨，形成自己对作者观点的意见，那么我这本书就算成功了。

上卷

从希罗多德到

马基雅维利

第一部

古典观念

第一章

为何始于希罗多德？

用希腊文（和拉丁文）讨论的政治

2 500年前的希腊人谈论他们的政治制度所用的语汇被我们继承了下来。“政治”、“民主制”、“贵族制”、“暴政”都是直接从他们那里拿来的。我们和他们的政治理想有许多相同之处。最重要的是，我们和他们一样热爱自由、独立和自治。古希腊人深知，他们的政体——城邦——是不同寻常的政治形式，其生存无时无刻不处于内战、外来强国征服，或邻近城邦入侵的威胁之下。城邦的起源湮没难寻，但从公元前600年起，到公元前4世纪中期，马其顿的腓力国王和其子亚历山大大帝征服希腊世界之前，城邦一直兴旺发达。公元前332年，雅典人趁亚历山大去世再次发动叛乱，企图恢复独立，这最后的努力却仍以失败告终；但即使那样，城邦也没有消失。在受希腊文化影响的君主的统治下，希腊城邦直到公元前2世纪中期仍保有一定的自治，后来在罗马共和国和罗马帝国治下也是一样。不过那种自治少得可怜。希腊人失去了他们最珍视的东西，那就是在军事和外交事务中采取行动的自由；他们在公元前5世纪的头两个十年期间奋勇作战，成功地抗击了波斯帝国，为的就是保全这个自由。

我们和古希腊人一样，毫不动摇地坚持自己的自我定位；谁若试过对朋友说美国并非真正的民主国家，一定对此深有体会。然而，古希腊人创造的语汇体现的是他们的理想、抱负和假设。对于人应该如何最好地治理自己，他们有自己的观点。这一切在今天迥然不同的世界中是否还有意义，这一点并不清楚。先来看一看人口方面的差别。伯罗奔尼撒战争开始时（公元前431年），雅典大约有50 000成年男性公民，20万本地自由人居民；居民总数约30万，包括奴隶和外国人。雅典和阿提卡乡村地区面积为1 800平方公里，相当于香港的一倍。人口的1/4住在城里，其余的住在乡下，许多城里居民以务农为生，步行去离城不远的自家农庄干活。其他的希腊城邦比雅典还要小很多。我们在考虑人口可达10亿的现代国家时，用的却还是生活在完全不同情况中的古人遗留下来的标准。即使对此不必过分大惊小怪，至少心中也要有一根弦，要知道，报刊社论所说的以及政客和评论家要求的“民主”其实指的是许多不同的东西。

本书探讨的传统始自古希腊思想家。他们看到，他们城邦的治理方法与波斯这个亚细亚邻国大相径庭，因此得出结论说，希腊实行的是“政治的”政府，而波斯却不是。他们认为，只有法治的自治城邦或共和国才有政治。[1]波斯没有政治，因为波斯国王是奴隶的主人，不是公民的统治者。对此作了精辟的阐述的是历史学之父希罗多德——本书的起始点。公元前491年，被流放的斯巴达国王德马拉图斯在波斯国王大流士一世的王廷获得庇护，并被大流士任命为帕加马和几个其他城市的总督。公元前480年，大流士的儿子和继承人薛西斯带德马拉图斯去检阅他召集的大军，他要挥师希腊，为乃父征希腊未果而在雅典人手中遭受的屈辱报一箭之仇。他对德马拉图斯说，“希腊人肯定不会以卵击石。”德马拉图斯却告诉他，希腊人一定会奋战到底。这话他听得很不顺耳，“1 000人的军队怎么可能抵挡得住我的大军？哪怕是10 000人或15 000人也不行，特别是他们没有主人，完全各行其是。”希腊人若是被迫上战场，可能会色厉内荏地虚张声势；对此薛西斯可以理解，他的波斯军队也会这样做，但他认为，希腊人在如此敌众我寡的情况下仍要坚持一战简直是荒谬。德马拉图斯说，一点儿也不荒谬，希腊人为了捍卫自己的自由，不惜牺牲生命。他补充说，“他们是自由的，没错，但他们并非完全自由；他们有主人，那就是法律。希腊人害怕法律比您的臣民害怕您的程度高得多。他们对这个主人唯命是从；而法律的要求永远不变：作战中无论敌人多么强大，都决不能退缩，要坚持队列，不胜利，毋宁死。”[2]希腊人是公民，不是臣民；是自由人，不是奴隶；他们有纪律，但这纪律是他们自愿加之于己的。自由人不是被鞭子抽打着去作战的。

“共和国”可以由国王或贵族来领导，也可以由民主大会来统治；关键在于它的独立。社会的活跃成员是公民，这一思想也同样关键。民主的意思是“许多人”的统治，这远非政治的根本特征。斯巴达的制度集合了君主制、贵族制和民主制的因素，几千年来为人所钦佩，就连美国建国也受了它的影响；但斯巴达的社会是镇压性的，充满了宗教狂热，靠称为希洛人（helot）的被征服人民的劳动来养活。即使在民主政体中，“许多人”也不意味着所有人。雅典居民中只有一部分能够参政；外国人和奴隶没有这个权利，妇女更是被完全排除在公共生活之外。即使如此，雅典人还是发现，一旦把公民权赋予下层阶级，就等于把魔鬼放出了瓶子；没有公民的同意，谁都无法治理国事。

我们所理解的政治思想始于雅典。因为雅典人以贸易为生，所以他们有机会接触同时代的其他人民，看到了其他社会的组织方法是多么不同。如果他们不是住在雅典，不是将贸易作为谋生手段的话，他们就不可能知道别的人民与他们的区别。即使有机会了解别的人民，他们可能也不会予以注意。《旧约》中的以色列人对邻近的人民知之甚多，无论是埃及人、巴比伦人还是别的什么人，一个主要的原因是以色列人经常沦为他们的奴隶或半奴隶。然而，《旧约》对埃及实行的官僚神权制只字不提，只强调埃及人不信耶和华。它讲述的政治史是一个竭力避免政治的人民的历史。犹太人认为，自己直接受神的管辖，除了遵守或违背神的训诫之外，没有自己决定自己命运的余地。只有在上帝相信他们，允许他们选择自己的王之后，他们才成为政治社会，也连带遇到了所有政治社会都有的问题，如竞争权位和争夺继承权。犹太人把政治视为失去了上帝恩宠的堕落。希腊人却视其为成就。包括柏拉图在内的许多人都认为这个成就是有瑕疵的；雅典的历史学家和哲学家开始辨识瑕疵所在的时候，他们之间的争论就开启了政治思想的历史。

城邦的诞生

公元前5世纪的雅典人对他们自己制度的历史只有一星半点的了解，而且不像现代人那样，在“真正的”历史与“纯粹的”神话之间作出区分。由于他们搞不清楚城邦的起源，我们对城邦的起源也就无从确知。公元前4世纪中期，亚里士多德指派他的学生把希腊地区158个政体的介绍汇编成册，可惜只有关于雅典的介绍流传至今。里面对于在编写日期很久以前发生的事情的叙述是靠不住的。关于城邦的起源，有两种看法。一种是军事方面的：一群本来分散各处的人聚到一起，在有城墙保护的城中定居下来。另一种是政治方面的：一群人同意在一个权威的统治下生活，无论周围是否有城墙的保护。意为“住在一起”的synoikismos这个词两个含义兼而有之。任何政治实体都意味着人民承认同一个权威，但最初的“城邦”并非都是建立在城的基础之上，斯巴达就是例子。我们想到斯巴达时，总以为它是座城，其实斯巴达人生活在没有城墙保护的村庄里，并以此为傲；他们的军队就是城墙，“每个人都是一块城砖”。虽然如此，他们仍属于一个单一的政治实体。希腊的政治组织没有统一格式。大部分情况中，权力，甚至连公民资格，都只限于很小的一群贵族；有些城邦据说是由“国王”统治的。

社会有贫富之分，对这一点在希腊时代无人反对。在每一个社会中，包括民主的雅典社会，政治领导人都来自名门望族，又称“出身好”的阶层。尽管如此，阶级冲突仍然是挥之不去的威胁。穷人害怕富人会把他们变为奴隶；富人害怕穷人会抢走他们的土地和财富。在许多城邦中，僭主（tyrant）*就是靠允诺保护贫穷的公民不受富人的奴役，或保护富裕的公民不受穷人的抢掠而攫取了权力的。“僭主”一词听之可憎，但它并非一定意味着统治者残暴或自私，只是说他以不合法的手段获得了权力，并一个人大权独揽。有些僭主是温和理性的统治者。公元前6世纪晚期统治雅典的庇西特拉图父子就属于这一类。雅典在公元前6世纪早期即成为民主政体，但即使在梭伦†的改革之后，富人和穷人之间，以及主要家族之间仍然冲突不断。庇西特拉图父子的僭主政府避免了内战的爆发，而且基本上是温和友善的。不过，虽然雅典兴旺了起来，但庇西特拉图父子并不受人爱戴，因为贵族认为自己生来有权当统治者，穷人则想保

---

* 这个英文词有两个含义，最初指没有合法地位的统治者，后来又加上了残暴的统治者，即暴君，的意思，今天的用法通常是后者，但书中的不同地方用这个词表达不同的意思，译文将视不同情况译为“僭主”或“暴君”。——译者注

† 公元前6世纪古雅典政治家。——译者注

护自己在公共事务中的发言权。公元前510年，雅典人在斯巴达的帮助下揭竿而起，推翻了僭主政权。

雅典的民主

雅典推翻僭主政权后，建立的民主制度日益激进；此为斯巴达一手造成，也为它所始料不及。斯巴达的政策是在其他希腊城邦扶植与它友好的寡头政权，但在雅典，它的愿望落空了。雅典的激进民主作为一个独立国家的制度持续了几乎两个世纪，虽然其间时有中断。2 000多年来，它一直激励着激进分子和穷人的奋斗，使保守人士和富人警惕不安；它与罗马共和国和美国一样，是政治创新史上的里程碑。开启这个进程的克里斯提尼是一名贵族。他自公元前508年起主导雅典的政治，推行了一系列改革，旨在加强战备能力，并通过允许贫穷的公民参与政治生活来保持社会和平。其实这两个目的是彼此相连的。在雅典舰队中做桨手的都是称为thetes的最低阶层的公民。

“贫穷的公民”并非雅典境内的任何居民。雅典社会建立在奴隶制的基础上，构成它政治道德观基石的是两个鲜明的区别，一个是自由人与奴隶的区别，另一个是雅典人与外邦人的区别。自由人与奴隶之间的界限神圣不可侵犯，自由人绝不能和奴隶通婚，如果他们非法结合，生的孩子也是奴隶。雅典没有归化这一说，外邦人即使长久居住在雅典，也不能成为公民，按专门法规，获得长期居留权困难重重、代价巨大。希腊城邦对其他民族的排斥是一个缺点，也是雅典人在政治上不如罗马人精明的地方。罗马人把被他们征服的人民都变成了新罗马人，雅典的公民权则只能靠继承。要想当公民，父母必须是公民，否则就别想。这种鲜明的二元对立也扩展到对男女两性的态度。公元前5世纪的雅典在政治、贸易和作战方面均勇于发明创新，但对女性却采取了一种在希腊并不普遍的限制性态度。这并非出于对性的严格限制。雅典的男人经常嫖妓，不以为耻，成年男人和男孩子之间的同性关系也司空见惯。然而，雅典上层阶级的妇女在公共场合要戴面纱，除了参加宗教活动的女人外，上等人家的女性都藏身深闺，如有男客来访，就得避到女眷专用的房间里去。劳动女性受的限制较少。随着雅典成为东地中海的头号贸易大邦，它成为一个大都会，城中居住了大量的外邦人。柏拉图在《理想国》中对此颇有怨言。雅典发展出了重商经济，也建立了银行和保险制度。柏拉图和亚里士多德都斥责过唯利是图、一心赚钱的行径。但外邦人无论多么有钱，仍然是外邦人。妇女只是靠着作为公民的女儿、姐妹、母亲和妻子的身份才被算作公民，但不能参政。

雅典民主的关键是公民大会（ecclesia）。它集现代意义上的立法、司法和行政职能于一身，对它的决定无处上诉，除非是向公民大会的下一次会议，或在一个法庭上提出申诉，而法庭仍然是公民大会的一部分。虽然公民大会的成员人数有可能达到40 000，但它其实是通过许多较小的机构来运作的，比如它下属的几个各有500名成员的法庭。特别重要的机构有500人的治理委员会（boule），它负责雅典的行政管理，成员任期一年；还有治理委员会的执行委员会（prytany），有30多个成员，每月轮换。治理委员会和执行委员会的成员均由抽签决定，参加抽签的候选人都经过仔细的资格审查。接下来的两个世纪中，雅典人试验过各种新的委员会和法庭，以图把权力从古老的贵族机构手中转给公民大会。公民大会既是立法机构又是法庭，这在现代人看来似乎有些奇怪，但它突出表明了雅典人对权力的怀疑。任何人都可能被指控滥用公职而被公民大会革除。没有公共检察官，一切诉讼都由个人提出，有一整套复杂的规则管理着起诉权。由于起诉方有权得到判处罚款的一部分，雅典人以好讼闻名也就不令人惊奇了。这个制度极易受到滥用，然而却出奇地有效。

克里斯提尼对公民权和公民大会的成员资格做了合理化改革，把海军和陆军的开支纳入了经常预算。预算费用主要由富人负担，因为大多数人民仅能温饱，但军费开支是必需的花费。雅典比较幸运，因为它有储量丰富的银矿，也有足够的奴隶去开矿。希腊各城邦无时无刻不处于战争状态，不是正在打仗，就是很快就要开战，不实际作战的时候经常是处于暂时休战的高度戒备状态。克里斯提尼解决了引发国内冲突的最严重的问题，办法是把公民组成10个“部落”。部落按地理位置确定，不是按阶级或亲族关系组成，无论部落成员身在何地，其政治权利都由部落决定。形成部落的地理单位是阿提卡的村庄（demes）。

雅典人在自我介绍时，总要说明自己是某某村庄的某某人。每个部落向立法议事会派遣50名成员。立法议事会的工作至关重要，因为它要为公民大会准备立法法案，还要监督官员的行为。成员任期一次不得超过一年。后来，规则进一步严格，规定每个人一生中不能担任两次以上的立法议事会成员。由于公民人数少，需填补的空位多，所以普通雅典人一生中很可能至少有一天能登上相当于雅典总统的高位，并有一个月能成为“内阁”成员。这反映了雅典人对实现公民在政治影响力上的平等的热衷。现代人若是有同样的热情会怎么做，这是一个耐人寻味的问题，不过我们目前的许多政治安排恐怕就保不住了。

这10个部落还提供10位将军（strategoi）。将军的职位是选出来的，可以多次连任。有些荣誉职务是终身制，不经过选举，而是世袭或经抽签决定。雅典有常设的行政当局，这对一个维持强大的海军舰队，又要为美化市容不惜巨资的城市来说是必不可少的。在克里斯提尼及其继任者的统治下，民主平等不适用于军事指挥官的任命；即使如此，公民大会仍然有权当场罢免将军。雅典人与我们的一个关键分别是，我们依靠选举出来的代表，而他们是从公民中随意点人，等于在有资格的人当中抽签。不过，随着雅典的民主日益自信，以出身和财富为基础的资格要求逐渐被去除。在选择将军和其他行政官员的时候，民主的原则让位于经验、专长和可靠性。最著名的将军伯里克利在伯罗奔尼撒战争之前和战争初期一直担任雅典的领导人。他多次重新当选，行使着相当于现代总统的权力。修昔底德在评论伯里克利的生涯时说，“在民主的名义下，实际上是一人大权独掌。”[3]出身保守贵族的修昔底德将此言作为赞美之辞。现代评论家注意到，雅典领导人大都出身于上层阶级家庭，因此认为，雅典与现代的民主国家类似，实际都是寡头政体。但修昔底德对此没有意见。他称伯里克利为“第一人”，意思是说他是雅典最睿智、最正直的人。

把公民大会牢牢掌握在手中的伯里克利具有民众领袖（demagogue）的素质和才能。包括柏拉图在内的那些不喜欢他的人毫不客气地说他是demagogue，用的却是这个词今天常用的贬义，指挑唆煽动愚蠢的人群为己所用的人。克里斯提尼创立的制度不同于现代民主，不仅因为它是直接民主，不是代议制民主，而且因为他的制度不是自由民主制，对公民大会的权力没有宪法的限制，公共生活与私人生活之间没有界线，公民大会对私人生活可以随意干涉。雅典人把抽签视为不言自明最平等的分配权力的方法，而我们除了召集陪审员之外，基本上不用任意抽选的方法。雅典的平等只限于政治。名门望族坚信自己在社会上高人一等；男人坚信自己比女人优越；雅典人坚信自己比外邦人高级；奴隶位于社会的最底层。尽管如此，公民大会的权力是实实在在的。它罢免伯里克利和其他将军的职务时毫不犹豫。有时，公民大会的成员在勃然震怒的时候，会不管三七二十一草率做出革职的决定。公民大会拥有绝对主权，成员对此都十分清楚。结果可想而知。除非公民大会尽忠职守，否则它就会被阿谀奉承者所引诱，被阴险狡猾者所欺骗，被能说会道、头脑机敏的人牵着鼻子走。它发起脾气来会做出非常恶劣的事来。

民主的光荣与失败

克里斯提尼的民主在头30年间居然存活了下来，实在出人意料。他甫一上台，雅典就陷入了生死存亡的战斗。公元前5世纪发生了两场大战，第一场以希腊人集体的胜利告终，第二场的结局是雅典的惨败。波斯战争从公元前500年打到前479年，中间时有休战，前479年后又继续了20年，其间战事的激烈程度有所下降。公元前431年，伯罗奔尼撒战争爆发，以雅典及其盟友为一方，斯巴达和科林斯以及它们的盟友为另一方，在公元前404年以雅典完败而告结束。公元前479年后，雅典成为希腊首屈一指的海上强国，也是包括爱琴海和小亚细亚西海岸在内的海洋帝国的中心。其他城邦，尤其是科林斯和斯巴达，对雅典日益增长的力量忧惧交加，于是组成联盟，和雅典打起了伯罗奔尼撒战争。尽管雅典遭到惨败，但它作为一个独立的国家，在它历史的最后3/4世纪中再次复兴，并两次企图重建爱琴海帝国。到马其顿的腓力国王于公元前338年在喀罗尼亚赢得了对希腊联军的决定性胜利，马其顿在公元前322年的阿莫格斯海战中最终击败了雅典舰队之后，民主的雅典作为独立的国家才真正完结。

波斯战争和伯罗奔尼撒战争激发了古代两位最伟大的历史学家的才思。记叙波斯战争的希罗多德人称“历史之父”，但他的另一个称号是“谎言之父”。人们说，他对云山雾罩的传言信以为真，尽管后来的研究表明，只要他有条件弄清事实，他的记叙通常都是真实的，而且他关于几世纪前发生的事情的猜测也都有据可依。记叙伯罗奔尼撒战争的修昔底德从未被指责过轻信人言，并且是古往今来最伟大的政治分析家之一。修昔底德和希罗多德撰写的历史并非持平之论。他们两人都同情贵族，认为民主容易引发意见不合，会造成行事朝三暮四，并可能受到诡计多端、野心膨胀的恶棍的操纵。希罗多德对波斯君主制的高效颇为倾倒，被批评为“亲蛮族者”。看了希罗多德的著作后，读者会因民主雅典的人居然能团结起来打败波斯人而感到惊讶，而修昔底德则使读者认为，雅典公民大会那些自我毁灭的行为一点儿也不奇怪。修昔底德的历史写到公元前411年为止，那是雅典战败的七年前，但他的著作通篇都预示了雅典失败的必不可免。

希罗多德撰写了《历史》一书来解释希腊人和波斯人为何注定要打仗。书中并未对这个问题作出确切的回答，但读者可以根据书的内容作出推论。战争的导火索是公元前500年小亚细亚西海岸的米利都和其他希腊城邦发起的叛乱。那些城邦早在公元前6世纪就遭到波斯的入侵和占领，在波斯君主统治下过了半个世纪才起来造反。造反的原因不明。人民并未因成为波斯君王的臣民而生活受到影响。他们固然要向波斯君王纳贡，城邦之间的关系也要受波斯人的控制，但城邦的内部治理、宗教仪式和经济活动都由各城邦自己管理。后来受希腊文化影响的君主国和罗马帝国也采用了这一方式。公元前6世纪末，宗主国波斯并未加紧压迫，那些城邦的经济也繁荣兴旺。也许造反是繁荣自信的表现，不是被压迫的受苦人的奋起反抗。

雅典接到叛乱城邦的求援后，派去了20艘三列桨船。它为何要冒险干预，原因同样不明。雅典人提出的理由包括：那些城邦曾是雅典的殖民地，与雅典有特殊的关系；雅典人与那些城邦的人同属“爱奥尼亚人”，所以要和他们站在一起。但实际上，雅典人通常并不特别重视这样的关系。希罗多德认为，暴君制的波斯和民主制的雅典发生冲突是不可避免的。第二次世界大战后的许多撰著人也和希罗多德一样，相信专制政体和民主政体无法安然共处，民主政府的存在会激励被奴役的人民向往自由，而压迫性的政府则会努力扩张边界，以防本国人民受到民主邻国的教唆挑拨。事实上，这两类政体之间的紧张从来就没有那么严重。波斯人和希腊人都曾为了自己的目的与对方结盟，伯罗奔尼撒战争就是明证。

小亚细亚的叛乱在公元前494年被镇压了下去，雅典人也意识到他们为自己树了一个强敌。前492年，大流士一世入侵雅典，却因为舰队被暴风雨摧毁而无功而返。前491年，波斯人要求爱琴海中的岛屿和希腊大陆上的城邦向它献上“土壤和水”以示臣服。许多城邦屈从了波斯的要求。雅典和斯巴达却不仅坚决拒绝，而且杀害了波斯派来的使节。雅典人将波斯的两位大使和他们的翻译送交审判，因为他们冒犯了希腊语言予以处死。斯巴达人干脆把波斯使节扔进了井里。前490年，大流士率大军再次入侵希腊，但入侵到了马拉松海岸边即告完结，被比波斯军队人数少得多的一支雅典重装步兵一举击溃。雅典人并非陆上作战的劲旅，他们曾请求斯巴达伸出援手，帮助打击“蛮族人”，但斯巴达人却因正在庆祝宗教节日而没有来援，所以雅典打败了波斯大军更是出人意料。普拉提亚城邦倾其所有，派出了由1 000名重装步兵组成的全部军队，这支部队很可能起了决定性的作用。马拉松会战使波斯人见识了对手的能力。雅典人及其同盟没有斯巴达的帮助也取得了胜利，这使会战结束后才赶到战场的斯巴达人意识到，他们的头号军事强国地位已不再坚如磐石。雅典人开始向成为爱琴海帝国的目标挺进。他们的自信开始膨胀。

马拉松会战的胜利并不标志着波斯威胁的消失。10年后，波斯人在大流士的儿子和继承人薛西斯的带领下挟更多的兵力卷土重来。公元前480年夏，波斯海军在埃维亚附近海域受到希腊盟军舰队的阻挡，但未被击败；在陆上，波斯军队在温泉关与希腊盟军狭路相逢。温泉关地处山海之间，隘口狭窄，可说是一夫当关，万夫莫开。若非埃非奥特斯叛变，为波斯人指了一条绕到希腊军队阵地后方的山路，驻守的7 000希腊防军本来可以坚守阵地，使波斯人最终知难而退。希腊防军的阵地被破后，斯巴达国王列奥尼达命令所有人撤退，只留下300人断后。这300勇士以自己的行动补偿了斯巴达10年前的犹豫失机，死死地守住关口，使大部队得以撤到有利的地形。斯巴达300勇士全部阵亡，此外还牺牲了700名泰斯庇斯人、几百名底比斯人和其他城邦的人。300勇士的墓志铭现已家喻户晓：“过客啊，请带话给斯巴达人，我们遵守了诺言，长眠在这里。”[4]德马拉图斯当时就在薛西斯的军中。

温泉关之战是斯巴达价值观的胜利，却是军事上的失败。波斯军队突破温泉关后，比奥细亚门户大开，可长驱直入挥师雅典。雅典执政官泰米斯托克利劝说雅典人民弃城撤退，并送信给波斯舰队，暗示愿意归顺波斯。公元前480年9月，波斯舰队被泰米斯托克利诱入萨拉米斯海峡，惨败于希腊舰队。萨拉米斯海战后，薛西斯回到了波斯，由马多尼乌斯将军统帅波斯大军在下一轮作战中消灭希腊人。但波斯人在公元前479年运气依然不好。波斯军队兵败普拉提亚，连马多尼乌斯本人都阵亡牺牲——这一次，希腊盟军是由斯巴达领导的。此次失败迫使波斯放弃了征服希腊大陆的企图。这并不意味着冲突的完结，此后双方在东爱琴海还发生过多次战斗，但外国入侵希腊的严重威胁至此终告结束。

后来的75年见证了雅典激进民主制的兴衰。2 000多年来，政论家一直将这段历史作为警醒后人引以为戒的实例。它的教训包括过分傲慢自信的危险、让下层阶级主导政治的愚蠢、权力造成的腐化，等等。后人吸取的最主要的教训是：民主政治与正常的审慎难以共存。问题的实质很简单；雅典变成了帝国，手伸得太长，力不从心。波斯战争结束后，雅典跃升为海上第一强国，并与爱琴海中的各个岛屿结为联盟，以图趁波斯虚弱之机消灭波斯海军，并借索取战争赔款为由抢夺波斯的财产。这个联盟名为提洛同盟，总部设在提洛岛，金库也设在那里。提洛同盟迅速变身为雅典帝国。联盟的成员成了雅典的纳贡国，它们缴纳的贡赋用来美化雅典城和补贴雅典下层阶级的政治生活。雅典为了实行它那种形式的民主，必须出钱补贴下层阶级的公民，好让他们从每日糊口的生计中抽出时间来投身政治。至于这笔钱的出处，雅典人丝毫没有良心上的不安，也不试图作出道义上的辩护。他们认为，每个国家都尽力增强自己的力量，此乃天经地义；强国必然会剥削弱国，不过强国也许不应取之尽锱铢，这样万一它身陷战争，弱国就会比较愿意来援。

雅典只有为了自身利益才会在行为上有所克制。如果斯巴达在第二次波斯战争之后能继续保持其军事和政治上的领导地位，雅典人也许会更谨慎一些。提洛同盟中的岛屿成员如果起来反抗，也许会使雅典人认识到强迫它们纳贡得不偿失。然而，这两个障碍均不存在；斯巴达软弱犹豫，纳贡国力量弱小。于是雅典开始扩张民主制度。只有荣誉职务仍专为出身高贵的人所保留。权力开始向立法议事会和公民大会集中，同时却没有建立规定来确保公民大会或立法议事会行不逾矩。当时，权力分立和依法行权的思想均尚付阙如。一个半世纪后，这两个思想在亚里士多德的《政治学》中才初现雏形；伯罗奔尼撒战争后，雅典的法律也向着这个方向做了修改。但在公元前5世纪中期，雅典的做法却完全不同。雅典是激进民主政体，它的法律把绝对权力交给“人民”，个人的安全和对国事的明智管理全靠人民的智慧。

放逐的做法显示了雅典普通公民掌权的程度。放逐制度使公民能够以任何理由，或毫无理由地任意赶走任何人，特别是著名的人。(“放逐”一词来自公民在上面刻下他们想驱逐的人的名字的陶片。) 有一个关于亚里斯泰迪斯的放逐的出名故事。亚里斯泰迪斯是位高权重的政治家，还是萨拉米斯海战的英雄。他遇到一个不识字的公民，那人请他帮忙把亚里斯泰迪斯的名字写在陶片上。亚里斯泰迪斯问他有没有见过亚里斯泰迪斯，那人回答说没有，但是他厌烦了总是听人说亚里斯泰迪斯是“公正的人”。亚里斯泰迪斯帮那个人在陶片上写下了自己的名字。他受到的惩罚不重，名义上罚他流放10年，但不没收财产，并保留了他随时回来不受追究的权利。许多遭到放逐的人只离开短暂的一段时间。亚里斯泰迪斯在公元前482年遭到流放，两年后被召回，这在当时是常有的事。一般的人被放逐也许是因为道德败坏、欺凌邻里，或者是极端招人讨厌。

修昔底德与《伯罗奔尼撒战争史》

多年来，雅典的扩张造成了它与其他希腊城邦之间一系列时断时续的小型冲突。到公元前431年，雅典及其海上盟友与科林斯和斯巴达领导的联盟之间爆发了一场大战。敌方联军占有压倒性的优势，本应势如破竹。哪怕双方的军力对比不是如此悬殊，雅典也有机会在不损尊严的情况下罢战求和；一个机会是开战的第二年，雅典城中爆发了瘟疫的时候，另一个机会是伯里克利这位唯一能在灾难面前维持雅典人团结的领袖与世长辞之后。

事实上，战争打了27年。雅典居然力拒伯罗奔尼撒联盟如此之久，这证明了它出类拔萃的才智和精力，也显示了它筹集资金、装备舰队和军队、任命善战将领的能力。尽管公民大会经常会突然对将领们翻脸，但他们仍然保持着对城邦的忠诚。2 500年后，政治理论家还陷在民主政治和有效行政只能二者择其一的思想陷阱中不能自拔。雅典的例子却证明，并不存在这个两难的问题。另一方面，雅典在战争中的某些行为恶劣已极，给民主抹了黑，败坏了雅典人的名声，也证明了人性之恶。

由于修昔底德的记载，伯罗奔尼撒战争成了恺撒的战争之前最广为人知的战争。政治理论家对修昔底德推崇备至。他们记住了修昔底德阐述的战争的教训，却常常忘记，修昔底德撰写的历史是对民主之缺点的绝妙评论，而那正是修昔底德撰著的目的。修昔底德是贵族，也是统军的将领。公元前424年，他被公民大会革职流放，原因是他没能及时带领援军赶到希腊北部的安菲波利斯，结果那个城邦投降了斯巴达。对这位历史学家来说，流放未尝不是一件好事，它使他得以不仅从雅典人的角度，而且也从伯罗奔尼撒人的角度来看待这场战争，但在增进他对雅典的感情方面，流放却一点好处也没有。凡是读过他的《伯罗奔尼撒战争史》的读者都对里面的三段内容印象深刻。第一段叙述了战争开始一年后伯里克利在一场葬礼上的演讲。伯里克利赞扬了死者，称雅典为“希腊之师”，也为民主的生活方式作出了辩护；演讲中的言辞至今仍能引起共鸣。伯里克利对雅典人的勇气、多能和聪明才智的褒扬正好与修昔底德此前写到的科林斯人和心存犹豫的斯巴达人之间的辩论形成了对比。科林斯人催促斯巴达人对雅典作战，而斯巴达人则不敢肯定能否打败雅典人。他们都害怕雅典会用计打乱他们的阵脚。敌人的忧惧是对雅典人能力的最实在的赞扬。

第二段讲的是雅典人对米洛斯岛上居民的屠杀和奴役。最后一段叙述了雅典远征叙拉古*的惨败。今天，我们看到一个政府侵犯人权的时候，会认为它不是“民主的”政府。知道了雅典人对米洛斯人的悍然暴行，再下这样的判断时就需三思。雅典是毋庸置疑的民主政体，但它也经常犯下残暴的恶行。我们无法知道后人对民主国家在第二次世界大战中的作战表现会如何评说，但是，对平民百姓投掷燃烧弹，对日本使用核武器这类行径很可能会使我们的子孙后代犹豫为难。今人坚信，民主国家彼此不会打仗。20世纪期间，北美、欧洲和英联邦的自由民主国家从来都是盟友。然而，在伯罗奔尼撒战争中，民主的雅典却对民主的叙拉古用兵。修昔底德说，民主的雅典嗜战如

* 今称锡拉库萨，位于西西里岛，所以后文有时也以西西里代称。——译者注

狂。这是因为古时的战争有利可图，抢劫比务农所得更多，在生存线上勉强过活的穷人能从战争中得到好处，虽然也许没有富人得到的好处大。这也是后来罗马人打仗的一个重要原因。修昔底德认为，民主政体普遍具有侵犯性。他告诉读者说，他写的历史是“永恒”的历史。人性在任何时候、任何地方都一成不变，人类的政治热情和野心根深蒂固，所以，任何关心自己时代政治的人都能从修昔底德对伯罗奔尼撒战争的叙述中获得启示。19世纪北美大平原的印第安人如果对历史感兴趣，可能对修昔底德说民主政体惯于侵略扩张的观点深有同感。可以肯定，21世纪的国际关系学者读修昔底德的著作既是为了消遣，也是为了从中获得启发。

伯里克利的葬礼演说

修昔底德对他写作手法的描述非常有趣。《伯罗奔尼撒战争史》以一系列的演说为主线来叙述各个事件的发生，揭示参与那些重大事件的人的性格。这就引起了一个明显的问题：那些话是否真的是有关的人说的？对此，修昔底德的回答是，他如果知道某人说了什么，就引用该人的原话，如果不知道，就根据当时的情势发展编出那个人应该说的话。伯里克利的葬礼演说比林肯的葛底斯堡演说更长，而且比它早2 500年；这两篇演说被广泛视为不仅是民主政府，而且是民主社会精神的有史以来最伟大的辩护词。林肯的演说是否参考了伯里克利的演说，我们不得而知，但两篇演说的修辞方法是一样的。两位演说人都强调，死者不需要演讲为他们增加荣耀，因为他们的事迹彪炳千秋。他们也都歌颂阵亡将士、赞扬国家的创始人、讴歌阵亡将士为之捐躯的社会和政体、呼吁勿因对死者的哀悼而减弱维护自己独一无二的政体及其生活方式的决心。提醒听众不要忘记他们为之战斗的事业，这是政治上的需要，也是这两篇演说的目的。林肯的联邦弥漫着厌战情绪。伯里克利的雅典遭受着超出意料的苦难。伯里克利知道，雅典陆军阻止不了斯巴达人及其盟友蹂躏阿提卡的乡村地区，所以劝说雅典人放弃乡村，迁入城里，靠海军保证粮食和其他物资的供应。这个策略聪明巧妙，但所有的人都为之付出了代价。雅典的富人在乡间的房屋和庄园被敌人摧毁，一般务农的人更是承受不了斯巴达人及其盟友造成的破坏。战局胶着，瘟疫肆虐，雅典人因此而斗志消沉。不久后，伯里克利遭到罚款和革职的处分，然后又被召回，但他随即感染了瘟疫，于公元前429年去世。

雅典国葬的传统源远流长。死者在葬礼上得到纪念，遗骨安放在凯拉米克斯公墓。伯里克利的演说无论是他本人写的，还是出自修昔底德之手，抑或是两者的结合，都与当时的习惯大相径庭。在演说开头的时候，他说他不该做此演说，因为死者的光荣不应受到演说中拙劣言辞的拖累，然后他转向对祖先的颂扬。演说至此还算是循规蹈矩，但接下来，他脱离了葬礼演说的常规，开始赞美死者为之捐躯的城邦。“（我们的政府形式）被称为民主，因为它不是为少数人，而是为多数人的利益服务的。根据法律，私人争端中各方都享有平等的权利。一个人无论在何处赢得民众的认可，都可得选担负与他的出色表现相对应的公职。我们是论才选优，而不是轮流制度。人才不会因贫穷而不得出头；如果一个穷人显示出造福城邦的真正能力，他决不会因出身寒微而被埋没。”[5]

伯里克利颂扬了按才授职和统治者依法为自己的行为负责后，接着强调说，一个自由开放的社会是生机勃勃的社会。“在公共生活中，我们有充分的自由，至于其他人的习惯，我们不因邻居以他自己的方式做事而愤怒，也不面露不满，因为不满的神色虽然不是惩罚，但会引起邻居的不安。”[6]不过，他所说的社会是充满政治激情的社会。“不关心政治的人，我们不说他是关注自己事务的人，而是说他根本就在无所事事。”这种参与性民主和全民参政的社会成了20世纪的民主国家衡量自己成败的参照。关于现代工业社会能够在多大程度上重建古雅典充满活力的参与性政治，20世纪晚期的改革者尽管意见不一，但都以它为最终的理想。

伯里克利的演说中有两处使现代读者感到不安。他对雅典阵亡将士美德的歌颂中有一句名言：“勇士天下无处不埋骨。”此言是为赞美雅典人在战争中的勇敢。雅典陆军和海军的士兵作战勇猛、败而不馁、对战友的忠诚永不动摇。他们的荣耀与他们为之献身的军事扩张紧紧相连。有些读者也许觉得，如果雅典对荣耀的理解更平和一些也许更好。修昔底德认为，雅典人的野心至少应有所收敛。真正使现代读者一颗心直沉下去的是伯里克利演讲中关于女性的部分。他说，她们应该哀悼死去的英雄，但她们的公共作用到此为止。“你们的伟大名声在于谨守你们本性的标准，在于你们无论是因美德还是因过失，都不让自己的名字在男人当中流传。”[7]这可不是现代民主的理想。

“米洛斯对话”

修昔底德笔下的历史围绕着事件参与者说的话或“根据当时形势的发展应当”说的话展开。这种手法使得他的巨著出奇的生动。一段段辩论中最出名的是雅典人和米洛斯人的辩论。公元前416年，雅典要求米洛斯向它称臣纳贡，以支援雅典的战争。米洛斯人声称自己有权保持中立，拒绝了雅典的要求。结果，雅典毫不含糊地变威胁为行动，杀死了米洛斯所有适龄作战的男子，把妇女和儿童全部卖为奴隶。此举恶名昭彰，因为它是一个通常正派的社会所犯下的最残忍的暴行，但更为重要的是，它是历史上最著名的一次不加节制的权力滥用。雅典人说，“正义是由势均力敌的双方做出的决定，但强者能够为所欲为，弱者则只能默默忍受。”[8]自古以来，从政者和哲学家一直在讨论雅典人这个观点。至少有些人觉得此言并非全无道理。

从修昔底德的叙述来看，米洛斯人似乎只是希望继续保持中立。事实并非如此。米洛斯是斯巴达的殖民地。它在理论上中立，但战争爆发伊始即向斯巴达提供帮助。而且，米洛斯人非常清楚自己可能遭遇的下场。此前雅典就曾差一点犯下屠城的暴行。战争爆发之初，莱斯博斯岛上的米蒂利尼人发动了叛乱，在斯巴达重装步兵和海军的帮助下坚持到公元前427年。他们终于投降后，雅典决定杀尽成年男子，把妇孺变为奴隶。派去向莱斯博斯岛上的雅典士兵宣布这项可怕任务的舰队不急于赶到目的地，在海上慢慢行驶。舰队出发不久，公民大会就改变了主意，派遣另一支舰队去取消原来的屠城命令。米蒂利尼人运气不错，第二支舰队赶上了第一支舰队。10年后轮到米洛斯人的时候，在战争久拖不决的情况下，雅典人没有改变主意。这种暴行有斯巴达的先例。斯巴达在公元前426年攻克普拉提亚城时，毫不犹豫地大开杀戒。修昔底德说，斯巴达人那次犯下暴行是受了底比斯人的挑唆。数年后，正是底比斯人把普拉提亚城彻底夷为平地。尽管如此，屠城的毕竟是斯巴达人。每一个适龄作战的普拉提亚男子都被拉出来讯问，问他做了什么帮助斯巴达的事情。因为普拉提亚是斯巴达的死敌，自然没人有过助敌的行为，结果全部遭到屠戮。妇女和儿童被卖作奴隶。普拉提亚就此灭亡。伯罗奔尼撒战争结束时，斯巴达人曾认真考虑过对雅典人如法炮制。

在修昔底德笔下，雅典人和米洛斯人的辩论组织得非常巧妙。米洛斯人承认，因为自己国小力弱，所以必须寻找一切理由来辩倒雅典人，但他们自始至终紧抓两个最重要的论点，一个是雅典人的自身利益，另一个是雅典人的正义感。米洛斯人对雅典人说，他们的所作所为将激起所有中立的独立城邦对雅典帝国的公愤，但雅典人对这样的风险一笑置之。米洛斯人又说，斯巴达一定会驰兵来援，但雅典人知道斯巴达不会冒险向如此遥远的地方派兵，所以对这个危险也不以为意。于是，雅典要毁灭一个弱小无援的城邦的独立这一行为潜在的不正义性质就成了关键。雅典人认为，强者为所欲为，弱者俯首听命，这是自然法则。米洛斯人拒绝让步，于是雅典人包围了米洛斯岛。经过长时期的封锁和激烈战斗后，该发生的终于发生了。米洛斯人弹尽粮绝，被迫投降。所有适龄当兵的男子尽遭屠戮，他们的妻儿被卖作奴隶。米洛斯落入雅典之手，500名雅典殖民者占据了这个岛屿。面对这个事件，所有认为民主政体本性爱好和平、慈悲为怀、公平正义的人都应仔细反思自己的观点。决不能低估民主政体犯下大规模屠杀的能力。

雅典和斯巴达打了15年的仗，仍是不分胜负。这相当于雅典的胜利，因为斯巴达的目的是摧毁雅典城以及雅典帝国，而雅典则只是要维护自己的所有。至少这是伯里克利的目的。虽然许多希腊城邦对雅典的统治心怀怨怼，但是他们绝不指望斯巴达会支持它们的自由和自决。他们对沦为奴隶的希洛人在斯巴达统治下的悲惨处境未敢稍忘。斯巴达人尽管在战斗中严格自律，但一旦离开斯巴达，就德行败坏、无恶不作。因为斯巴达的政策比雅典的政策更加赤裸裸地追求自身利益，所以它不是可靠的盟友。如果雅典人能满足于保持不败，伯罗奔尼撒联盟就必须无奈承认自己未达目的。若是达成这样的结果，那将是重大的成就，将证明雅典的民主制度、经济资源和军事策略是多么强大。

亚西比德与西西里惨败

雅典败于自己之手。造成雅典失败的原因有个人之间的竞争、领导层内部的不和，还有对自身能力的致命高估。雅典对西西里灾难性的远征由野心勃勃的亚西比德一手促成。亚西比德是古往今来最才华横溢，也是最自我毁灭、刚愎自用的政治家之一。他在伯里克利的监护下长大成人，是苏格拉底的得意门生，他英俊的相貌和哲学上的才能都使苏格拉底为之倾倒。亚西比德一心成名，为达目的不择手段。公元前415年后，他背叛雅典投向斯巴达，后来又背叛斯巴达转投雅典。斯巴达将他视为危险人物，于公元前404年劝说波斯人杀害了正当壮年的他。亚西比德具有惊人的勇气，是杰出的将军，也是极善鼓舞人心的领袖。他曾是雅典海军的桨手们崇拜的英雄，后来却为波斯人出谋划策，教他们通过帮助雅典的寡头政权来破坏民主，以此助斯巴达打败雅典。他是个活生生的例子，表明一个聪明能干、富有魅力、不择手段的煽动家能够把天真轻信的普通老百姓玩弄于股掌之上，为所有人带来灾难性的后果。

伯里克利去世后，雅典的政局开始不稳。几个煽动家竞相争取公民大会的支持，同时战争陷入没有结果的胶着状态。公元前421年，雅典政治家尼西亚斯谈判达成了以他命名的《尼西亚斯和约》，规定休战五年，不过休战的意义不言自明，交战双方都利用这段时间努力加强力量，准备再战。公元前415到前413年的西西里远征就是雅典备战活动的一部分。雅典的帝国在爱琴海，它对西地中海没有兴趣，但它想打击西西里和南部意大利的希腊殖民地，削弱其援助科林斯和斯巴达的能力，所以才发动了对西西里的远征。远征军由拉马库斯、亚西比德和尼西亚斯统率。拉马库斯作战经验丰富，善于攻伐；如果他的建议得到接受，雅典军立即全力对叙拉古发动攻击的话，那次远征很可能会取得成功。然而，他的两位同事长期不和；尼西亚斯谈判达成的和约给了交战双方五年的喘息时间，亚西比德却对其大加嘲笑，并力主对斯巴达采取更加咄咄逼人的策略。虽然两人在公元前416到前415年间曾联手击败了煽动家希帕波罗斯，但他们的秉性可说是冰炭不能相容；尼西亚斯是小心谨慎的长者，亚西比德则年少气盛。

修昔底德说，雅典人不知道西西里岛的广大面积和叙拉古的丰富资源，贸然投入了另一场规模可与伯罗奔尼撒战争相比拟的战争。此言并不公平。战局是一点点逐渐向着打不赢的方向发展的。亚西比德希望和西西里岛上的几个城邦结盟，但它们害怕雅典对它们图谋不轨，反而彼此结为联盟共同抵抗雅典。雅典对那次远征投入了巨大的资源，这是尼西亚斯坚持要求的。他这样做可能是担心资源不够会使远征失败，但也可能是希望公民大会因花费过于巨大而决定取消远征。作战期间，亚西比德接到命令，要他回雅典去回应关于他犯了亵渎罪的指控。舰队出发那天夜里，雅典城多座雕有赫耳墨斯*头像的路碑被损坏。亚西比德的政敌趁他不在，指控他策划了这起渎神行为。亚西比德发现，他在不在场的情况下被判了死刑，于是投奔了斯巴达人。接着，拉马库斯在一次战斗中阵亡，指挥雅典军队的任务于是落到了犹豫不决的尼西亚斯肩上。雅典军队没能成功地封锁叙拉古，在叙拉古湾的海战中被杀得溃不成军。他们的供应线被切断，如果不投降，就会活活饿死。他们投降了，士兵全被发配到叙拉古的采石场当奴隶做苦工，直至累死。

令人震惊的是，雅典仍然不肯罢手。它很快造出新的船只，重建了舰队，可是它无力阻止斯巴达军队对阿提卡地区的大肆蹂躏。斯巴达人直到公元前411年都有足智多谋的亚西比德为他们出谋划策。西西里远征的惨败加深了上层阶级对平民政府以及它所带来的负担的痛恨。公元前411年，发生了一场寡头政变，寡头政治的拥护者要取消thetes（他们是最底层的公民，雅典舰队的桨手就来自他们中间）的投票权，恢复梭伦和克里斯提尼的制度。不过，政变仅仅是昙花一现；寡头政治家的目标并不一致，削减下层阶级权力的企图也由于桨手们的威胁而不了了之。民主得到了恢复，亚西比德一度被召回重新起用，尽管他是雅典政变的重要推手，还曾对政变者保证说，如果能建立寡头政治，波斯会提供帮助。后来的两桩大错导致了雅典

---

* 希腊神话中众神的使者，掌管道路、疆界等。——译者注

最终的失败。第一桩是亚西比德指挥雅典海军打赢了塞西库斯战役后，雅典拒绝了斯巴达的求和。在小亚细亚的几场小规模战斗中的胜利使主战派头脑发热，误以为雅典尚有一战之力。第二桩是雅典海军于公元前406年在阿吉纽西最后一次赢得胜利后，雅典再次拒绝了斯巴达提出的求和。那次战役的胜利因公民大会自我毁灭的恶行而染上了污点。战斗结束后，得胜的雅典舰队对一些受伤的兵员没有提供救助，公民大会因此把带兵的将领送交审判——此举是非法的，因为只有作为最高法院的战神山议事会（Areopagus）才有权审判犯死罪的人。10位将军被判死刑，很快就被处决。此事给雅典的领导层与普通公民的关系造成了严重的破坏，这是斯巴达人无论怎么蓄意挑唆都无法做到的。这标志着雅典的完结。斯巴达和波斯终于结为同盟。靠着波斯的资金支持和斯巴达主将来山得的英明指挥，斯巴达在羊河海战中击溃了雅典舰队，建起了对雅典城坚不可摧的封锁。雅典于公元前404年投降，它著名的长墙*被毁，舰队只剩下12艘船。斯巴达还扶植了一个残暴的寡头政府——三十僭主。

对本书的主题来说，伯罗奔尼撒战争的意义不言自明。首先，根据修昔底德的叙述，它显示了民主的力量与弱点，为后来的每个时代所牢牢记取。一方面，雅典的才智、爱国心、精

* 在雅典主城与港口之间建有一条直线通路，用于两地间的交通运输。长墙即雅典在该道路两侧修建的城墙。——译者注

力和决心令人震惊；另一方面，它的易变、无情和内耗同样令人震惊。自那以后，支持民主的人可以说，普通人也能表现出大无畏的勇气和积极主动的精神，民主机构能够选出善战的将领、天才的组织者和热心公务的政治家；反对民主的人则可以反驳说，民主如果不是鸿运当头，只能导致分裂、混乱和战败。

其次，它揭示了希腊城邦最终无法抗衡马其顿帝国和罗马帝国崛起的一个主要原因。希腊各城邦的人民认为自己是希腊人，但又属于雅典人、底比斯人、斯巴达人等更狭义的族裔，这个意识根深蒂固。在我们看来，希腊各国应当像它们曾经团结一致抗击波斯一样，搁置彼此关于边界和政治形式的分歧，共同抵抗马其顿和罗马，这应该是不言而喻的。然而，斯巴达为打败雅典轻易地与波斯结盟，这表明了对其他希腊人的敌意是多么容易令希腊人克服对非希腊的强国的戒备。斯巴达也不是唯一这样做的希腊城邦；公元前4世纪，波斯和雅典就结为联盟，摧毁了斯巴达的军事霸权。至于如何把强烈的地方主义与更广泛的政治和军事统一相调和，希腊人并非找不到解决办法。是他们发明了近代世界最成功的政治形式——联邦国家。美国国父在为他们创建的政体辩护时，就以吕西亚同盟为例，该联盟是一个维持了很长时间的东爱琴海城邦团体。[9]美国和古希腊还有别的相似之处。美国在19世纪60年代血腥的南北战争中几乎解体，所以，公元前4世纪的希腊人没能使小邦的利益服从于全希腊人民更大的利益不足为奇。

对苏格拉底的审判

公元前404年战争结束后，雅典建起了一个短命而暴虐的寡头政权，领导人是克里蒂亚斯和塞拉梅尼斯。塞拉梅尼斯是温和派，曾在公元前411年的寡头政府中身居要职，为雅典未经流血即回归民主贡献卓著。克里蒂亚斯则是极端派。这个寡头政权的成员后来被称为“三十僭主”。他们剥夺了大部分雅典人参政的权利，只保留了约500名公民的参政权。只有最富的5 000名公民有权受到陪审团的审判。他们还不经审判程序杀害了许多反对他们的人，就连塞拉梅尼斯也被当作敌人，和反对暴政、支持民主的人一道处死。为确保塞拉梅尼斯必死无疑，他们褫夺了他的公民权，这样就可以不经审判而处死他。三十僭主的统治只维持了不到一年的时间，就被一贯支持民主、战功赫赫的将军色拉西布洛斯推翻。公元前403年，雅典的民主得到了恢复，但激进程度有所减弱。对投票权规定了限制，公民大会的权力也有所减少。色拉西布洛斯没有处决被推翻的寡头政治家，而是让他们自由选择是继续留在雅典城还是不受干扰地离开。为此，他当之无愧地被授予橄榄花冠。他建立的政权在被马其顿的腓力国王打败之前，一直干得有声有色。但他的政府成立伊始，首批行动就包括对苏格拉底以不敬神的罪名进行审判。对苏格拉底的司法谋杀一直和对米洛斯的屠城一道，被视为雅典民主的两大污点，不过包括黑格尔和尼采在内的一些评论者尽管崇拜苏格拉底，却认为雅典杀了他是对的。

苏格拉底的审判标志着西方政治思想史的开端。苏格拉底之死触发了柏拉图惊人的哲学生涯。柏拉图的对话录中只有五篇以政治为主题，但他在许多其他对话录中也谈到了雅典民主的实践。即使没有柏拉图其人，苏格拉底之死也会引起关于国家权威的界限和公民遵从合法权威的义务等棘手问题。苏格拉底于公元前399年因不敬神被判处死刑，他被指控犯下的主要罪行是：否认诸神的存在，腐蚀年轻人的心灵。事实上，苏格拉底非常敬神，不过是方式与众不同。然而，由于他没有留下文字的东西，并且不赞成写作，所以我们只能靠传记作者的描述来了解他的观点。据说他曾说，诸神不可能像人描绘的那样不堪。诸神英明睿智、无所不知，但在诗人笔下，他们却通奸、谋杀，无恶不作，并动辄发怒，毫无宽恕之心，而且虚荣自大、多愁善感、愚不可及。显然，苏格拉底的批评针对的是荷马的《伊利亚特》。现代读者可能会把这部史诗当作惊险故事来读，但《伊利亚特》在古希腊人心中几乎神圣不可侵犯，嘲笑它对诸神和英雄的描写会招来大祸。更重要的是，雅典人既世情练达又非常迷信。伯罗奔尼撒战争期间，公民大会通过了禁止渎神的新法律；雅典人和古时候大多数民族一样，认为轻视诸神会招致神谴。亚西比德就是按照这样的法律被判处死刑的，对苏格拉底的审判也是根据这样的法律。

审判背后的动机也许是政治。苏格拉底与不久前反对民主的人是朋友；更早的时候，在亚西比德的事上，他也和民主的反对派走得很近。这引起了其他公民的敌视。他们本不想处死他；审判方提出，只要他不再教授他的思想，就既往不咎，但苏格拉底不肯。[10]他在当庭自辩时本来可以请求轻判，使自己免于死刑，他却说陪审团应该给他奖励，因为他为他们指明了过正确生活的道路，结果惹得陪审团大怒。他说，陪审团伤害一个好人的唯一办法是减少他的美德，而死亡并不能做到这一点。无论如何，他年事已高，比起继续苟延残喘，早些了结此生反而是福。难怪在决定苏格拉底犯了亵渎罪的时候，500人的陪审团仅以微弱多数通过，但后来同意判处他死刑的人却多了许多。

即使在下达了死刑判决后，政府还是希望他离开雅典城去流亡。苏格拉底的回答使后世为之震惊。他坚称，他是雅典人，是公民，是社会中遵纪守法的成员。他宁肯服毒而亡，也不肯违背他一生受其保护的法律。于是他喝下毒堇汁死去。[11]他留下了从古到今一直令人竭虑难解的问题，还留下了一个全力以赴抨击雅典式民主，甚至拒绝一切政治的天才学生。那就是柏拉图。

第二章

柏拉图与反政治

矛盾的柏拉图

几乎所有的政治思想史都从柏拉图开始。这很奇怪，因为柏拉图的政治思想是反政治的。读过《理想国》的人看到柏拉图想象的政体中没有政治，为此大惑不解。但是，纵观欧洲历史，可以看到一股一以贯之的思潮，设想通过营造高度的社会和谐来解决由“一般政治”解决的矛盾，使需要通过日常政治解决的矛盾消失于无形，连政治也随之一起消失。这种去政治的乌托邦理想并非由1513年发表了《乌托邦》一书的托马斯·莫尔首次提出。可以保险地假定，犹太教与基督教的天堂王国中一定没有政治，虽然希腊奥林匹斯山上诸神的竞争和北欧瓦尔哈拉神殿中英灵之间的夙怨是另一回事。乌托邦思想家的理想是：社会秩序井然，人民安居乐业，没有经济和政治竞争，统治者也不必向统治阶层的其他成员或老百姓解释自己的决定。柏拉图是欧洲政治思想的创始人，也是反政治思想的创始人。有人也许认为，知道了伯罗奔尼撒战争期间的乱象，就很容易理解柏拉图对政治的反感，看到雅典的政治，任何人恐怕都会感到绝望。此话不假，但并非每一个对雅典民主幻灭的人都会以复杂的哲学推论来阐述应当弃绝政治。许多人想成立寡头政权，别的人想建立斯巴达那样的制度，还有人想创建温和中庸的政府，正如几十年后亚里士多德在《政治学》中描述的那样。

本书对柏拉图政治主张的讨论篇幅不长，并不面面俱到，只集中于两篇引人入胜的精辟对话——《高尔吉亚篇》和《理想国》。本书对这两篇对话持批评的态度，但并不予以贬低。20世纪有人批评柏拉图，说他崇尚种族主义、极权主义、法西斯主义，还给他罗列了其他现代意味浓烈的政治罪过。此类指控今古混淆、时空误置，不值一驳。希特勒和墨索里尼的思想来源无论是什么，都不是柏拉图的对话。对柏拉图较为站得住脚的批评是，他没有认真对待政治总会以某种形式存在这一不可避免的事实。柏拉图的形而上学思辨非常有趣；同样有趣的是，他坚信正义之人无论遭到何种尘世间的不幸，都比不义之人生活得好。他的政治思想经常等同于勒令消除需通过政治手段解决的冲突，并海阔天空地幻想如何达到这一目的。[1]思想家中并非只有他有这个问题。2 000多年后，卡尔·马克思不肯详细论述共产主义社会中的政治，因为他认为，废除了资本主义就消灭了经济矛盾，政府和政治也将随之消失。马克思和恩格斯与他们的法国前辈圣西门一样，相信强制性的政府将被技术管理人员所取代。[2]他们不肯对不可预知的未来妄作规定，此乃明智之举。但是，关于共产主义社会，他们除了说第一步是建立无产阶级专政之外，没有进一步阐述它可能如何运作，因而带来了一些灾难性的政治尝试。

柏拉图为什么要走去除政治的捷径？弄清这一点非常重要，因为他的理论对哲学家、政治理论家和许多统治者都很有吸引力；但正如亚里士多德所批评的，与其说柏拉图净化了政治，不如说他把政治净化没了。亚里士多德说，一个国家必须有一定的统一，否则就不成其为国家。[3]柏拉图对欧洲政治思想的影响难以确述。基督教思想形成之初就受了他的哲学思想的影响，尤其是他的《蒂迈欧篇》。但是，12世纪文艺复兴期间，古典学说研究在西欧重新兴起，学者想寻求政治上的启悟时，读的是亚里士多德的《政治学》，而非柏拉图的《理想国》。文艺复兴时期重新燃起的对柏拉图的兴趣集中于他的形而上学思想。虽然《理想国》有拉丁文译本，而且很多学者也能读懂希腊文原文，但受人重视的还是柏拉图关于形而上学的对话。难以确定《理想国》何时占据了它如今的主流地位；在维多利亚时代，人们一心要教育青年人参与公共生活，这似乎是《理想国》走红的部分原因。自那以来，许多评论家都把《理想国》视为论述教育的文章，它在政治方面发出的信息是：需要开发民智，使人民有资格成为理想的国家（kallipolis）的居民。

我刚才将柏拉图和马克思作了比较，因为他们二人有相似之处。马克思和柏拉图一样，期望在未来的世界中，国家、法律、强制和权力斗争统统消失，政治被理性的组织所取代。但是，他们又不完全一样。马克思主张，为了最终消灭政治，现在要采取激进的政治行动，无产阶级革命需要政治组织来发起。马克思的乌托邦是平等主义的，每个人都自愿服从理性组织的要求；他的乌托邦也需要物质的极大丰富，因为只有在无须做苦工的富裕社会中才有可能实现共产主义。柏拉图则是以哲学家的指令来取代政治。只有哲学家才能做统治者，因为只有他们有足够的智慧，能自主做出理性的决定。至于对物质的要求，柏拉图的理想社会比历史上的斯巴达还要简朴，而且虽然他在《理想国》中很少谈及劳动（这与《法律篇》不同），但他默认存在着奴隶和底层的劳动者。他提出的三种金属的比喻说明，宇宙是有等级的，只有少数几个人具有统治者的金子的灵魂。*

说柏拉图的政治论述只是说要消灭政治，未免有失公允，因为他在《法律篇》中不厌其烦地详细阐述了若是《理想国》的乌托邦无法实现，该如何建立第二好的国家。《法律篇》对国家的机构安排做了详尽的描写，亚里士多德在著述中也采纳了其中的一些内容，但亚里士多德像批评《理想国》一样，对《法律篇》也多有微词。[4]他批评说，这两部著作都对国家的宪制论

* 柏拉图在《理想国》中说诸神赋予统治者金的灵魂，卫国者银的灵魂，普通人铜的灵魂。——译者注

述不足，所以，《理想国》的标题是对读者的误导。标题的希腊文是politeia，意思是“城邦之政制”*。亚里士多德认为，这个词指的是在一个国家中各种合法力量之间达成的恰当平衡。柏拉图没有触及这个题目，他讨论的是政治家的愚昧无知。他认为，除非国王是哲人或哲人做国王，否则什么事也做不好；这是因为他坚信，知识为救赎之本，愚昧是灾祸之源。这自然引起了一连串的问题：需要什么样的知识？政治家应当学习哪些知识？哲学家的什么知识使他们有权做统治者？还可以问：为什么柏拉图如此肯定关键的问题是缺乏知识，而不是贪婪、愤怒，或人的其他危险情绪？亚西比德是一个明显的例子。他的问题是他的野心，不是他的无知；他的哲学造诣出类拔萃，在政治上却是灾星。

要回答这些问题，需要了解柏拉图与苏格拉底的关系。我们对苏格拉底其人的了解和对柏拉图的了解一样欠缺。阿里斯托芬†在他令人捧腹的喜剧《云》里把苏格拉底当作嘲笑的对象；柏拉图的对话则将他描绘为具有超人的智慧；色诺芬‡也对他钦敬崇拜，但没有像柏拉图那样极尽溢美之词。[5]苏格拉底相信，他负有启发雅典人心智的使命，神要他漫游大街小巷，和年轻人辩论重要的问题。可以想象，他这种行为会使一些人感到不

* politeia一词在不同的上下文中有不同的意思，有时是“城邦之政制”，有时仅指政制中的“共和制”形式。译文中会结合上下文译为不同的词语。——译者注

† 古希腊著名诗人，喜剧作家。——译者注

‡ 古希腊诗人、历史学家、作家、著有《回忆苏格拉底》。——译者注

安。《高尔吉亚篇》等对话结束时没有确切的结论，这似乎反映了苏格拉底与别人辩论的真实情形。苏格拉底的名言是，他什么都不知道。他听说德尔斐的神谕使者称他为雅典最睿智的人，感到大惑不解，但很快意识到神谕说得不错，因为其他人自以为知道得很多，而他至少明白自己什么都不知道。

柏拉图为据说是苏格拉底提出的理念进行了辩护，比如，无人自愿为恶；做坏事是错误的；遭受不义比施行不义要好；美德有多种表现，但万变不离其宗，等等；其中至少有一些真的是苏格拉底的理念。苏格拉底不像柏拉图那样热衷于数学。他是道德主义者，也是神秘主义者，对科学探索不感兴趣。传说他觉得探索自然世界太困难了；更重要的是，自然世界的运作与道德没有关系。苏格拉底并不想将自己的思想记录下来流传后世。据说他认为，书写的发明弱化了智力。因此，后人很难知道柏拉图笔下的苏格拉底的言论是否真的出自苏格拉底之口。虽然人们并未因此而停止寻找苏格拉底的真实思想，但无法就寻找的结果达成一致意见。

《高尔吉亚篇》和《理想国》中最不能使现代人信服的主张恰恰是苏格拉底的著名理念，特别是“美德即知识”和“无人自愿为恶”这两个理念。无人知晓苏格拉底在多大程度上同意《理想国》中的反民主思想。他可能和柏拉图一样，认为民主是所有政府形式中第二坏的，比专制政权只好一步，并经常会堕落为专制。他与受民主威胁的贵族为友；他之所以被复辟的民主政权处死，部分的原因可能就是他与三十僭主的寡头政权成员关系友好。荒诞的是，他差一点被那些寡头政治家处死。他们要杀害一个无辜的人，命令苏格拉底帮助抓到那个人，但被他拒绝。[6]寡头政权派他去执行那项非法任务，是要让他和他们的倒行逆施同流合污，而他的拒绝是他们所不能容忍的。多亏寡头政府垮了台，苏格拉底才得免一死，结果却是死在救了他的政权的手里。

柏拉图的生平

像莎士比亚一样，柏拉图对后世虽然影响巨大，关于他生平的可靠信息却少得可怜。他大约在公元前428年出生，约80年后去世。他出身于雅典一个上层阶级家庭，家中有亲戚是伯罗奔尼撒战争结束后一度取代了雅典民主政府的寡头政权的成员。他母亲的表兄克里蒂亚斯和兄弟查米德斯是公元前404到前403年间的寡头政府最极端、最凶暴的两位领导人，两人均在政权倒台时被杀。柏拉图在《第七封信》中说，寡头政府曾邀他加入，但政府的暴力使他避之不及。在那以后，他再也没有参与雅典的政治。身为贵族的他不喜欢民主，但更不喜欢杀人如麻的寡头政府。刚刚恢复民主的时候他欣喜欢迎，以为法治终于得到了恢复，但对苏格拉底的司法谋杀使他彻底幻灭。

公元前399年对苏格拉底的审判和处决是欧洲思想史上的一个关键时刻。从更直接意义上讲，它对苏格拉底的学生和弟子来说是大祸临头。许多人决定离开雅典，流亡到希腊别的地方，甚至远走西西里和意大利，柏拉图也是其中一个。七年后，他重返雅典，于公元前387年创办了他的讲学处——学园（Academy），在那里讲学，直到去世。后来无数的研究和教学机构都采用了学园的名字，而柏拉图的学园是因雅典的一片树丛而得名。学园的园训是“不懂几何者勿入斯门”。它显示，柏拉图孜孜以求的是能够认识的东西，而不仅是心中信仰的东西，也表明，他坚信只有在几何和数学的抽象领域中才能得到知识，其他形式的知识必须以几何和数学为蓝本。学园在当时是新鲜事物，自创立起，直到916年后的公元529年在一次对非基督教思想的大扫荡中被东罗马的查士丁尼皇帝下令关闭，其间它一直致力于教书育人，尽管有时因战乱而暂时中断。学园的目的是向贵族青年教授良好的道德和思想习惯。按照柏拉图的哲学，训练头脑和训练性格是同一回事。学园对青年的训练同时考虑到了他们将来可能要占据公共要职。

当时也有别的学校与学园竞争，后来类似的学校更是大量涌现，但有一个传统比学园更早，那就是老师一对一地向立志从政的青年教授修辞和哲学。这些教师被称为智者（Sophists），或称诡辩家，柏拉图在所有对话中都对他们很不客气。苏格拉底自己也应算是智者，而神谕说他是雅典最智慧的人。他受神的启示和鼓舞，宣布愿意和雅典的任何人辩论任何问题，并让他们尽管去找诡辩家指点。这里面有一个关键的分别。智者们以顾客争名逐利的愿望为出发点，教他们辩论术，使他们在法院诉讼和大会辩论中能够口若悬河，出人头地。而苏格拉底却颠覆他们的尘世人生抱负，教他们思索自己永恒的灵魂。智者们教课要收费，苏格拉底则一文不取。柏拉图办学园的目的就是要继续苏格拉底的工作，并将其常规化。

柏拉图对政治的实际参与非常有限，而且差点搭上性命。他在流亡期间认识了叙拉古的僭主狄奥尼修一世，两人成为朋友。后来狄奥尼修开始讨厌柏拉图，据说准备将他当作奴隶出卖。公元前387年，狄奥尼修勉强同意柏拉图离开西西里返回雅典，去创立学园。如果《第七封信》这方面的叙述属实的话，公元前366年，狄奥尼修再次把柏拉图请到叙拉古，去教导他的儿子和继承人狄奥尼修二世如何做哲人王。后来狄奥尼修再度翻脸，柏拉图很费了些力气才得以逃脱。几年后，他被连哄带骗，第三次到叙拉古，试图劝说、教导僭主，将他改造为哲人王，讵料和狄奥尼修再次闹翻，勉强脱身。很久以后，20世纪30年代初期由于为纳粹辩护而落下骂名的存在主义哲学家马丁·海德格尔接受了弗莱堡大学校长的职务，希望能教导希特勒成为哲人国王。10个月后，他放弃了努力，辞了职。一位同事和他打招呼时妙语双关：“喂，马丁，从叙拉古回来啦？”柏拉图除了这几次历险之外，把时间全用在教书和打理家庭事务上面。在雅典那个善讼的社会里，只要是有财产的人都不可能高枕无忧，但柏拉图身体力行他在《理想国》中向哲学家提出的告诫，与雅典的政治生活完全隔绝。他给后人留下的是他的对话录。曾有人企图确定这些对话撰写的确切日期，但没有成功，就连一般的“早期”“中期”和“晚期”这类大致的分组都有争议。这些对话录都注明了对话发生的具体时间和地点，这是它们的魅力之一，但在实际历史中，对话中有的人物在对话发生的时间之前就早已去世，或年龄与对话中显示的完全不同。柏拉图的对话录是艺术作品，不是学术报告。它们妙趣横生，使人不忍释卷。

柏拉图是位才华横溢的作者。他坚持要把艺术置于政治控制之下，甚至说要把诗人逐出《理想国》中的乌托邦，这反而说明他相信文学具有极大的影响力，平庸的作家是不会有此想法的。尽管如此，他的诸篇对话录各有各的文学旨趣。有的对话有苏格拉底的真实参与，表现他与人激烈争辩，捍卫他的哲学思想；相比之下，有些对话中柏拉图只是借苏格拉底之口说出他自己成熟观点，却显得相对生硬。不过也有例外，比如，柏拉图的《会饮篇》这篇晚期作品就有跌宕起伏的情节。然而，在明确讨论“政治”的对话中，《高尔吉亚篇》和《普罗泰哥拉》比《理想国》第一卷之后的部分更像真正的对话，而《理想国》又比《法律篇》和《政治家篇》更生动。本书集中讨论《高尔吉亚篇》和《理想国》，原因我下面会详细解说。

《高尔吉亚篇》

无法以寥寥数语概括“柏拉图的思想”。对话作为文学手法，吸引力在于它使作者得以从各种不同的角度探讨一个主张，却不必明确表示自己的立场。在最“苏格拉底式”的对话中，柏拉图充分利用了这一优势。本书把焦点放在《高尔吉亚篇》和《理想国》上，是因为它们讨论的题目正是柏拉图念兹在兹的问题：统治者应该知道什么？他们为自己和治下的城邦应该追求何种性质的正义？统治者必须接受何种训练才能成为明君？没有智者掌权会有什么后果？

《高尔吉亚篇》大约写于公元前380年，也可能更早。它的标题得名于在雅典教书的著名演说家，来自西西里的高尔吉亚。作品分为三部分。在第一部分中，苏格拉底询问高尔吉亚在教年轻人修辞的时候都教些什么。接着苏格拉底和高尔吉亚的学生普洛斯进行了长时间的争论。苏格拉底的观点是，看起来大权在握的人事实上非常虚弱可怜，因为他们达不到他们“真正”想要的目的，无法过合乎美德要求的生活。他由此推论，行正义之事永远比行不义之事对自己更加有益。苏格拉底在接下来和卡里克勒斯的争论中再次阐述了这个理念。那场争论激烈异常、扣人心弦，不过苏格拉底自己也承认，没有达成任何结论。在那时，“修辞”（rhetoric）没有讥贬的含义。如今我们用到修辞这个词时，通常是说“只是修辞（空话）而已”这类带贬义的话。苏格拉底也持同样的观点，但在当时的雅典，这属于少数人的意见。修辞没有花言巧语骗人的含义，它只是为达到教学和说服目的的一种运用言辞的技巧。在希腊和罗马，教授修辞是个重要而体面的职业。圣奥古斯丁在皈依基督教之前就曾做过一段时间的修辞学教授，试图以此开启帝国行政官员的职业生涯。雅典和罗马的政治机制虽然大不相同，但在这两个地方，在公共场合雄辩滔滔，使听众心悦诚服的本领都是政治上成功的重要条件。古时的公民大会既是审议和立法机构，也是法院。现代社会对立法、司法和行政的区分在那时并不存在。古时的演说家对公众的演说经常如同现代社会中重大案件的辩护律师对陪审团的陈情。一个人的身家性命和社会地位能否保全可能全靠他自己的或者他的委托人的修辞技巧。300年后的西塞罗虽然在许多哲学问题上都师法柏拉图，但是在修辞的价值这个问题上却另有看法。西塞罗认为，出色的演说家比政治家和哲学家都更伟大，因为演说家集两者的技巧于一身。西塞罗出于虚荣的原因不能作持平之论，但他抓住了古人的感觉，而且这种感觉不仅限于古时的人。

苏格拉底开了贬低修辞术的先河，《高尔吉亚篇》无疑代表了他的观点。苏格拉底以腐蚀青年道德的罪名接受公民大会审判的时候，他对修辞术的轻蔑溢于言表，对陪审员和雅典公共生活的用语习惯都嗤之以鼻。公民大会以为，他会同意不再上街对心灵如一张白纸的青年谈论危险的话题，他却宣布，如果被判无罪，继续谈论危险的话题正是他要做的，因为那是神赋予他的责任。柏拉图批评蛊惑人心的演说家嘴上把公民大会夸得天花乱坠，心里却根本看不起大会的成员，苏格拉底则对演说的常规极尽嘲讽之能事。读者从中可以想象，在公民大会演说的人是多么巧言令色地讨好听众。[7]

在《高尔吉亚篇》中，苏格拉底穷追猛打、诘问不休的对象主要是普洛斯和卡里克勒斯，尤其是后者。卡里克勒斯和普洛斯一样，也是高尔吉亚的学生，但除此之外我们对他一无所知。柏拉图在书中向他们提出了约30年后他在《理想国》中对色拉叙马霍斯提出的一些论点，其中特别值得一提的是，遭受不义比施行不义好；不义之人无论在世俗的意义上多么成功，内心都是不快乐的。对话一开始，苏格拉底就先捣毁了高尔吉亚身为人师的立足根本，把修辞术批得体无完肤。柏拉图必须把演说家逐出哲学家的领地，正如他理想中的城邦没有诗人的立足之地一样，因为在理想的城邦中，哲学家是国王，教育制度要受到严格的审查。青年人必须学习正义的本质，只有知道正义为何物的人才有资格教授正义，而只有哲学家才知道正义是什么。其他的一切都是从属。

古时候，贵族青年的培养十分重要，甚至比现在富人家孩子的培养更加重要。虎父生犬子是常有的事，即使是青年才俊也可能被名声冲昏头脑，结果毁掉自己还不算，连整个城邦也成为陪葬品。备受苏格拉底钟爱的亚西比德就是突出的例子。亚西比德有一位为人正直的父亲，又有伯里克利做监护人，但他却成了祸害。伯里克利亲生的儿子则没有一个成大器，都没能继承他们父亲的智慧和勇气。如果好父亲会生出不肖或无用之子，那一定是因为正直的人知晓正直之道，却不知如何教给别人，要么就是他能够教导却不自觉。正直的父亲生出的儿子如果腐化堕落，一定是教育失当；如果教育得当，他本不会落到如此地步。要想教育青年，把他们塑造成未来的政治家，自己必须掌握什么知识？要想一生行事公正，仰不愧天、俯不怍地，必须学习什么东西？

高尔吉亚自我介绍说，他是教会上层阶级的年轻人如何成功的老师。苏格拉底大感兴趣，想知道高尔吉亚到底教些什么奇妙的技艺。在他的追问下，高尔吉亚很快承认，他教不了保证日常生活中健康和舒适的任何手艺，如制鞋或畜牧。直至今日，这仍然是关于哲学和修辞学本质的首要问题。哲学与修理水管或维修汽车不同，它似乎没有具体的用途，但对研究哲学的人来说，它却至关重要。高尔吉亚教的是修辞，不是哲学，但也面临同样的问题，如果他教的不是治病或木工之类的技艺，也不是像天文学那样的科学，他就需要解释修辞到底是什么样的知识。这个问题的潜台词是，它应当是确保正义得到践行的艺术。

在抽丝剥茧的诘问下，最后发现，修辞艺术的用途是在向听众呈现一个情况的时候，无论其固有的利弊如何，都能够让听众按照你想要的方式去看待那个情况。阿里斯托芬在他的喜剧《云》中，对苏格拉底作出了同样的指控，基本上把苏格拉底和智者们算作一丘之貉。剧中年轻的斐狄庇得斯欠下了巨额赌债，于是他的父亲，务农的斯瑞西阿得斯送他去“思想所”（phrontisterion）向苏格拉底学习哄骗雅典陪审团的办法，把白的说成黑的，黑的说成白的。[8]可以想象，苏格拉底本人一定会希望为自己正名。他的学生柏拉图认为，修辞与哲学截然相反。哲学的目的是了解事物的本质，无论其表象如何；正是因为表面现象会欺人耳目，所以哲学才必不可少。哲学是透过表象认清下面掩藏的真相的艺术。在结束和高尔吉亚的讨论时，苏格拉底说，修辞根本不是技艺，它没有任何用处，达不到任何有益于人生的目的。接着，他话锋稍转，说如果修辞是技艺，也只能算是市场上有害健康的那一类技艺，如糕饼师傅的手艺，或被苏格拉底统统斥为“讨好迎合”的技艺。高尔吉亚所操行业的真相表明了民主政治及政客的弊病所在；花言巧语、谎话连篇的政治取代了探求真理的政治。[9]

苏格拉底没有说高尔吉亚的学生在法庭辩论中不成功，正如他没有说糕点师傅无法谋生。但他说高尔吉亚的学生取得的成功对他们自己以及城邦有害。他们的恶一以贯之，就是颠倒黑白。高尔吉亚教的技艺助长了不正义。苏格拉底对高尔吉亚的评论在现代读者看来简直是侮辱人，但他的批评对事不对人。高尔吉亚到处兜售他的才能不是因为他本性恶劣；民主本来看重的就只是表象，不是真理。高尔吉亚不是有意犯错，而是作了孽自己还懵然不知。愚昧无知并非无药可救，但在无知使人得益、知识于人无助的民主政体中，愚昧无知是不可能治愈的。

苏格拉底抨击的潜在目标是希腊人的普遍观点，认为不顾一切追求自我利益就是成功。高尔吉亚说，他的权力与僭主相当，甚至可能更大，因为僭主强迫人民做的事，他能说服他们心甘情愿地去做。苏格拉底坚称，那只是一种幻觉。看似成功追求自我利益的行为其实完全达不到目的。唯一值得拥有的是正义的灵魂。以不义的手法造成敌人被杀和他的财产被没收并不是成功，而是自己内心灵魂的死亡。干过这种事情的人如果知道自己的真正利益所在的话，就会希望受到应有的惩罚，而不是企图逃脱罪责。不出所料，高尔吉亚的学生普洛斯对苏格拉底这番话完全听不进去，他对苏格拉底冷嘲热讽，说没有人会同意他的话。苏格拉底说，嘲讽和援引多数人的意见都不是寻求真理的途径。他要求普洛斯通过论证来解释为什么不同意他的观点。

接下来，苏格拉底在和普洛斯的争论中提出了一个极端的观点。他说，不义之人无论在尘世间取得多大的成功，都永远不如正义之人幸福。身为高尔吉亚学生的普洛斯在辩论中学以致用，使用了修辞的技巧。他嘲笑苏格拉底相信无人相信的东西，但苏格拉底泰然不为所动。普洛斯援引成功的恶棍的例子，提到了通过弑杀自己的父亲、表哥和弟弟登上马其顿王位的阿克劳斯。若是拥有绝对权力，能够为所欲为，可以杀死自己的敌人、夺走他们的财产、霸占他们的妻女，这样的人肯定不可能不幸福。说他不幸福简直荒唐可笑。这里涉及两个问题，都是柏拉图之所以对常规政治反感厌恶的中心因素。较为简单的问题是：是什么动机促使人去追求政治权力？普洛斯认为，动机当然是利己性的，他的依据是大多数人心目中的一条普遍真理，即人都喜欢对别人发号施令，不愿意听别人指挥。他和大多数人一样，认为如果人掌握了绝对权力，就能予取予求，不受限制地满足自己的一切欲望，无论想要后宫三千，还是家财万贯，还是众人景慕。普洛斯一定所言不虚，否则人也不会如此费力地建立法规制度来约束统治者。“权力使人腐化，绝对的权力使人绝对地腐化”这句阿克顿爵士的名言表达的正是这种担心。现代读者不太习惯的是，普洛斯如此毫不掩饰地支持掌握绝对权力的统治者。

第二个问题更加深刻，是哲学上的。苏格拉底对普洛斯的权力（Power）概念提出了异议。他的话转弯抹角，听似自相矛盾。他说，有权力（Power）意味着能够得己所愿，但是普洛斯意义上的得己所愿其实得到的并非己之所愿，因此不是行使权力（Power）。难怪批评苏格拉底的人对他如此恼火。好在有一个比较简单的解释。苏格拉底在人想做的事和对人有益的事之间作了区分，对这样的区分我们都很熟悉。小孩子捉到虫子想放进嘴里吃下去，大人却对他说：“宝宝不想吃虫子。”大人的意思是：“吃了虫子你会生病。”苏格拉底认为，驱策着大多数政治领导人的野心是一种疯病，或者说是灵魂的疾病。高尔吉亚和普洛斯没有力量（Power）控制自己；因为他们无法追求他们所不理解的善的生活，所以他们也不可能掌握控制别人的力量（Power）。

对高尔吉亚和普洛斯的批评的依据是《高尔吉亚篇》和《理想国》的基础论点。苏格拉底指出，必须努力教授正义；正义不能只看表面现象；懂得正义为何物对成功的生活至关重要；最重要的是，正义不仅对社会有益，而且也对正义之人有益。无论正义之人的遭遇如何，正义均对他有益无害。读过柏拉图的人都认为这个理念有一定的道理，尽管要想证明柏拉图那种极端的说法有理，可以说是戛戛乎其难，也许正因为如此，人们才想迎着困难上。这个理念比较委婉的表达很容易说清，较强的说法在一定程度上也说得通，但《高尔吉亚篇》和《理想国》中的极端情形就另当别论了。然而，苏格拉底为之牺牲的就是极端的情况。这里有一点需要解释。柏拉图著作的所有译本都指出，dike这个希腊字译为“正义”不太恰当。dike的范围比英文的“正义”(justice)要广，至少在我们讨论的上下文中，对它最准确的理解应该是“全面正确”。英文的“正直”(righteousness)牵涉到太多《圣经》的含义，不可取，但一个adikos肯定是一个不正直的人，而且在《圣经》的英文译本中，正义和正直经常用做同义词。

高尔吉亚在辩论中败下阵来，普洛斯又离开了，于是卡里克勒斯挺身而出。读柏拉图对话的一大乐趣是看柏拉图借一个无所顾忌的吵架能手之口提出苏格拉底最难驳倒的论点，从中也似乎最能看到苏格拉底本人的真正风采。《高尔吉亚篇》里是卡里克勒斯，《理想国》里是色拉叙马霍斯；他们两人论点一样，辩论起来也都口不择言。两人在辩论开始时，都说苏格拉底是流着鼻涕口水大哭大闹的婴儿，得有奶妈带着才可以出门。苏格拉底说，受恶比作恶强；在《高尔吉亚篇》和《理想国》里更进一步指出，对一个坏人来说，受到惩罚比逍遥法外对他更有好处。公正的待遇是人能够得到的最好待遇，行正义之事永远是最应做的事，无论后果如何。卡里克勒斯则捍卫普洛斯提出的符合常识的观点，说遭遇不幸的好人的境遇不如逍遥法外的坏人。他捍卫的另一个观点在现代读者看来与常识相去甚远，但在荷马史诗中的英雄中非常普遍，那就是好生活意味着为所欲为，毫不顾及别人，这颇令当时荷马的读者心驰神往。《伊利亚特》中的诸神就是这样做的，而所有人都想过神的生活。对这种观点本身有两种不同的解释。一种是，个人的好生活是不道德的，或至少与道德和正义无关。另一种解释是反直觉的，说大自然的正义就是强者通吃。这是雅典人对米洛斯人说的话。柏拉图坚信，大自然站在通常意义上的正义一边，他甚至认为，宇宙中万物有序也是拜正义所赐。当然，可以认为柏拉图和雅典人都错了。在《理想国》中，格劳孔对正义本质的解释就是基于二者皆错的假设。

卡里克勒斯狡猾地提出了一个被苏格拉底欣然接受的观点。他说，哲学家搞不了政治。若讲到在辩论中驳倒对方或在法庭上打赢官司，一个平庸的政客就能轻而易举地打败最精明的哲学家。苏格拉底对此坦然承认。柏拉图在《理想国》中用了个比喻，说哲学家被真理的太阳眩花了眼，在充斥着表象的世界上看不清方向。在《高尔吉亚篇》里，他没有用这个比喻，而是让苏格拉底干脆地同意，按照搞政治的人的世故标准，哲学家根本不入流。但这恰好说明世故并不是标准。在《高尔吉亚篇》和其他对话录中，苏格拉底都自称是雅典屈指可数的真正政治家之一。但是，在败坏的大环境中，真正的政治家不可能有所作为。

苏格拉底说，卡里克勒斯说得不对。恶人自身也必受其害。这个理论在《高尔吉亚篇》和《理想国》中贯穿始终。两篇对话都使人不禁要想，在不考虑冥间赏善罚恶制度的情况下，苏格拉底此论到底能适用到何种程度？但在这两篇对话的辩论中，苏格拉底直到辩论即将结束之前，都一直闭口不谈人的行为给自己的今生或来世带来的后果。智慧之士所求的是在眼下为了正义而正义。如果他做了不义之事，他会比遭受尘世间任何折磨都更痛苦。不过，柏拉图在这两篇对话中还是设想了冥世的存在：在那里，人的灵魂将受到检验，根据灵魂的好坏决定一个人是升入极乐世界还是万世不得翻身。他猜想，世界上的统治者恐怕没有几个人在冥间会有好日子过。苏格拉底认为，“公正的人”亚里斯泰迪斯是少数几个在审判日能从容坦然的人之一。但是，说死后的惩罚远远超过生前作恶的收益是一回事，说即使没有死后的惩罚，不义之人此世的处境就比不上正义之人则完全是另一回事。苏格拉底所持的是后一种观点。

苏格拉底揭示了卡里克勒斯对善与恶本质的理解错误。他先问卡里克勒斯，什么才算更强、更好、更明智，以此来引他入彀。接着他证明，乍看之下简单的观点会产生相互矛盾的结论。卡里克勒斯说：“我认为，自然的正义是更好、更明智的人统治比他低下的人，自己得到大部分好处。”[10]更好、更明智的人统治比他低下的人不是为了那些人的利益，而是为了他自己的利益。苏格拉底问道，更好、更明智的人统治别人时是否也统治他自己呢？卡里克勒斯轻蔑地回答说，当然不是。被统治是可耻的，哪怕是被自己统治也是一样。控制自己的欲望是弱者的表现。这是个致命的失误。卡里克勒斯本来应该同意说，哪怕作恶都需要自我控制才能成功。他又旧话重提，说野心勃勃、总能得其所愿的人值得钦佩。接着，他在苏格拉底的引诱下表示同意，满足是好事，不满足是坏事。苏格拉底这下收了网，他说，人的欲望越大，不满足感也越大，就像企图灌满无数漏洞的水桶。

苏格拉底说明了欲望不大的人比欲求无限的人更容易满足，但他的推论并未到此为止，因为卡里克勒斯马上反驳说，如果人活着就是为了避免不满足，只停留在用木棍和石头的时代岂不是最好？苏格拉底通过一连串提问证明，卡里克勒斯和别人一样，也认为快乐有好坏之分。在卡里克勒斯看来，不事张扬、静思守虑的人的快乐不值得享有，因为他们是“错的一类人”；这就是说，只有好人的快乐是好的。既然如此，他就需要一种测验好人的方法。卡里克勒斯没有鲁莽到认为成功满足自我利益的人就是“对的一类人”，但他不得不同意，一心扩大自我利益的人也需要普通意义上的好人的某些素质。

柏拉图在《高尔吉亚篇》中没有像在《理想国》中那样进一步探究美德的本质，而是让苏格拉底离开主题，长篇大论地讨论政治家与民众的关系。这使我们有理由相信，这篇对话大概写成于公元前380年之前，可能在苏格拉底被处死后不久。对话开始时，苏格拉底对高尔吉亚的提问是在政治领域，他对统治者与民众关系的论述再次把对话拉回了政治领域。苏格拉底坚持说，只有他研究过真正的治国之道，他是雅典唯一名副其实的政治家。考虑到苏格拉底对雅典政治的冷淡漠然，此言真是自相矛盾。但它引出了对话结尾处的讨论，不仅谈到哲学与修辞学之间的关系，还讨论了政治家和民众相互的义务。真正的政治家不该“得到大部分好处”，而应服务民众，不计收益。但是，真正的政治家不指望能够让雅典的陪审团相信，愚化年轻人是服务民众。苏格拉底说，如果现状果真如此，他只得想着那些受恶棍迫害无辜死去的人比迫害他的那些人更清白干净，聊以自慰了。

《理想国》

《高尔吉亚篇》的论点以及讨论的形式都使读者大伤脑筋，想知道结论如何，看到的却是一连串谜题。它是绝佳的辅助教材，但如果没有老师指导，很难预料柏拉图的学生和读者对它会如何理解。《理想国》则大不相同。它的第一卷自成一体，讨论的问题是，人行正义之事是否总是比行不义之事于己有利？它与《高尔吉亚篇》一样，没有结论，参与讨论的几位每人发言的篇幅基本相等，大家对这个问题各执己见，结果不得不从头寻求正义的定义。从第二卷开始，参加谈话的只剩了三个人，谈到一半的时候，色拉叙马霍斯和波勒马库斯短暂地露了一下面，好让苏格拉底借机更加深刻地论述理想国家的本质；作为写作手法，这个方法相当蹩脚。苏格拉底口若悬河、滔滔不绝，格劳孔和阿德曼图斯只是偶尔插几句话。关于正义及其政治意义的理论，柏拉图的阐述远非平铺直叙，而是跟随辩论的发展极尽迂回曲折，中间还因话头转向形而上学和认识论而出现长期的搁置，但人们应如何治理自己这个问题得到了明确的回答。柏拉图不仅提出必须由哲学家做统治者，而且对统治精英的教育和生活方式也多有论述。《理想国》还比《高尔吉亚篇》更进一步，既论辩了正义之人在任何情况下都更幸福的理念，还描述了正义到底为何物。

时至今日，政治理论家仍然把正义社会和正义政治秩序的本质作为主要的研究课题，也仍然就正义的本质和正义社会所需的制度等问题各执一词。关于为何政府一定须以哲人王为首，柏拉图显然没有提出令人信服的确切说理；但有一点也许不那么明显，那就是，即使排除希腊文的dike和英文的“正义”之间在含义上的微妙差别，柏拉图的正义观仍然与21世纪的自由民主国家对正义的理解有所不同。在刑事司法的范畴以外，今人主要从经济角度来理解正义，认为致力于社会正义的国家会努力实现某种形式的经济公平。柏拉图心目中的正义则是正直的人掌权；这样的人会确保整个政体都实行正义，政体的组织和行为所体现的是正义之人的灵魂品质。尽管如此，在不满现代民主的人的心中，柏拉图对雅典民主政治的大部分批评还是能够引起共鸣，他关于民主国家的公民混乱灵魂的抨击在今天也广受认同。

《理想国》讨论的话题表面上看起来是《高尔吉亚篇》后半部分的主题，即遭受恶行是否永远比作恶强。柏拉图对此给出了肯定的回答，但《理想国》的主要目的是探讨究竟什么才算是正义的城邦。它假设，个人正义和国家正义是一回事。要明白正义的个人，必须研究正义的社会。柏拉图声称，在大处辨别正义比在小处容易，所以应该先在城邦中，然后再在个人身上寻找正义。[11]这个论点相当拙劣，但个中修辞手法却非常巧妙。柏拉图采用了迂回的手法来确定城邦中的正义究竟为何物。他提出了kallipolis，意思是美丽的城邦，也就是乌托邦；那是一个与头脑发热、朝三暮四、只顾现世的雅典民主截然不同的社会。他讨论的重点是：一个完美的正义社会的领导人应当接受何种教育？它的社会和经济安排应该是什么样子？柏拉图对秩序和稳定的重视引起了一个问题：哲人王统治下的国家是否会经久不变？有人也许以为回答是肯定的，柏拉图却说，非也。他说，历史进程是周期性的，国家在这个进程中不断地从盛及衰，再由衰而兴。这段话结束时，柏拉图像在《高尔吉亚篇》的结尾处一样，描述了僭主备受折磨的灵魂，并再次谈到诗歌与哲学的冲突，以及人死后的命运。

《理想国》以苏格拉底在街上与几位朋友相遇作为开篇。这里插入了一段小插曲，朋友们力邀他当天住在他们那里，大家好一起去观看纪念月亮女神的新定节日。雅典号称节日之城，每年大约要过120个节日。苏格拉底的朋友说，届时会有月光下的接力赛马，还有机会和许多年轻人交谈，所以力劝他留下来。苏格拉底欣然同意，和朋友们一起去了附近的一处房子，一边闲聊一边等待着节日活动的开始。这里提到的人物和地点都是真的。书中参与大部分交谈的两个角色在真实生活中是柏拉图的兄弟——格劳孔和阿德曼图斯。交谈场所的房主波勒马库斯是克法洛斯的儿子，而克法洛斯是一位富有的长者，是真正的好人，他亲身证明人能够拥有发自内心的传统美德，也证明这种美德无法言传。在实际生活中，波勒马库斯死于三十僭主之手，他在书中招待的是那些要置他于死地的人的亲戚子侄。节日活动在本底斯神庙举行，那是推翻三十僭主的战斗发生的地点，也是僭主政府领袖克里蒂亚斯身亡之处。柏拉图为何选择这样的地点和这样的人物，我们无从得知。在这群人中，和《高尔吉亚篇》中的卡里克勒斯一样口若悬河的人物是卡尔西登的色拉叙马霍斯，他是位智者，但历史上找不到关于他的记录。

谈话以苏格拉底询问克法洛斯对老年的看法开始。克法洛斯引用了索福克勒斯*的名言，说从性欲的热情中解放出来如同摆脱了一个残暴的奴隶主。他说，老年心境平和令人十分享受。苏格拉底和他开玩笑说，别人可能觉得，他之所以能心境平和是因为他有钱。克法洛斯完全不能同意。他说，赤贫的确难以忍受，但一个不快乐的人不管多么有钱照样不快乐。人无论贫富，好品质、好性格才是最重要的财富。苏格拉底对此当然同意，但他接着又问克法洛斯，财富的价值到底是什么？于是引出了对话中提出的正义的许多定义中的第一个。除了苏格拉底后来确定的定义之外，所有其他的定义都是不全面的，但它们都揭示了在特定条件下的正义行为，只有色拉叙马霍斯的观点

* 古希腊悲剧诗人。——译者注

例外，他说，正义是强者为了自己的利益统治别人——这当然从来就是错误的。克法洛斯说，因为他富有，所以他永远不需要欺诈或偷窃，他死的时候会坦然心安，因为他从未说过谎话，从未欠债不还。经典的正义观是："不伤害别人、做诚实的人、给每个人他应得的。"克法洛斯提到了其中的两个要素。

苏格拉底此时提出了第一个看似愚蠢的问题。克法洛斯把正义定义为不打诳语和欠债还钱，但归还从别人那里借的东西永远是对的吗？如果向某人借了一把刀，那人后来得了疯病，可能会伤害他自己，那么该把刀还给他吗？至于说真话，是否应该告诉发疯的朋友他发了疯呢？克法洛斯的儿子此时接过了话头，提出了又一个关于正义的传统定义：给每个人他应得的。苏格拉底后来给正义下的定义也包括这个要素，但现在他先提了另一个问题。"给每个人他应得的"这条原则讲的是操作的形式，但首先需要确定每个人应得的是什么；这就是苏格拉底向波勒马库斯提的问题。波勒马库斯的回答反映了希腊人的传统观点。他说，正义是帮助朋友、伤害敌人；朋友应得的是帮助，敌人应得的是伤害；财富和权力是好东西，因为它们使人有能力帮助朋友、伤害敌人。当要求雅典人解释他们在伯罗奔尼撒战争中的暴行的时候，他们理直气壮地说，他们有能力，所以去帮助朋友、伤害敌人。朋友应得到好处，敌人应受到伤害；国家个人，二者皆然。

苏格拉底对此不能同意。他说，伤害别人从来都是不对的，也就是说，使某人的境遇比原来更坏从来都是不对的。他达成这一结论的推理过程极尽曲折迂回，让现代读者看得一头雾水；而在《高尔吉亚篇》里，他直截了当地指出，如果一个人受到的处罚是公正的，那么处罚就不是对他的伤害。苏格拉底又问，有谁善于实行帮助朋友、伤害敌人的正义呢？我们会觉得这个问题问得奇怪，因为在今人的概念中，“实行正义”与修理汽车或翻耕田地没有共同之处。我们不把实行正义视为一种技能。柏拉图却正是这样认为。在他看来，掌握合适的技能十分重要，因为每个人都应奉行正义，也都应有能力过正义的生活。每一种实际活动都需要特定的技能，而有些人对某些技能掌握得比别人更熟练。这就引出了一些无法回答的问题：如果各种实际技能都有各自的用处，那正义的人用的是什么技能呢？水手会驾驶船只，外科医生会做手术；以此类推，每一项活动都有从事它的专才和专门的知识技能。正义需要什么样的专门技能呢？

如果每一项活动都有自己的“技艺”（techné，指专门的技术或实践技艺），那么道德又应起什么作用？回答必然是，道德决定着人使用其他“技艺”或技能的方式；关于这一点，亚里士多德比柏拉图说得更清楚。苏格拉底听到说正义要求人善待朋友、伤害敌人时，问道，谁最能做到这一点？给朋友治病、把敌人毒死为医生所擅长；如果是在海上，救起朋友、淹死敌人是水手的拿手。医学、航海，每一项都有专门的技艺。搞不清楚正义到底是管什么的，如苏格拉底开玩笑说的，似乎正义百无一用。它没有任何实际的用处，而所有其他的技艺都有具体的用途。

现代人会说，“做正义之人”或“行正义之事”根本不是一项技艺，柏拉图却不这样想。正义影响的是行正义之事和得到正义待遇的人的灵魂。直到对话最后达成了“各尽其分”这个正义的定义，苏格拉底自己的观点才明朗起来。即使如此，“各尽其分”算不算一项技艺也仍然值得怀疑。但是，使灵魂处于恰当、和谐的状态需要某种技艺，这一点还是可以成立的。首先需要驳倒正义等于帮助朋友、伤害敌人的说法。苏格拉底说，伤害别人意味着使他们的境遇变坏，而正义的目的不可能是使人的境遇变坏。遭受惩罚的人也许不喜欢惩罚，但如果惩罚是正义的，就不会伤害受惩罚的人，因为不会使他们的境遇变坏。惩罚反而会使他们变好，所以是他们应得的。希腊的传统观点是，帮助朋友、伤害敌人是正义；修昔底德说这是雅典人心目中天经地义的道德标准。苏格拉底反对这一传统观点，等于与雅典人的道德立场背道而驰。但苏格拉底的观点并非完全由他首创；在索福克勒斯的作品中可以看到此一观点的影子。荷马史诗中则没有。

此时，色拉叙马霍斯加入了辩论。他像《高尔吉亚篇》中的卡里克勒斯一样，上来先指责苏格拉底胡说八道，罔顾人的行为方式。读者不禁对色拉叙马霍斯感到同情，因为在哲学论点上，柏拉图发给他的牌比发给卡里克勒斯的牌还要差。他先说根本没有道德标准这回事，后来又为一种特定的道德极力辩护。他为之辩护的道德是反直觉的道德，但无论如何也是一种道德。他如此前后矛盾，自然成为众矢之的。色拉叙马霍斯开始时宣称，人的道德判断完全是胡言乱语，聪明的人一眼就能看穿。聪明人怎么对自己合适怎么来，如果他愿意对别人友善慷慨，他就会友善慷慨，如果他不愿意，他就不那么做。即使他容忍别人满口道德、夸夸其谈，他也绝不在自己的脑子里装那些乱七八糟的东西。这是非道德主义者的哲学立场。这一立场连贯一致，不难自圆其说；2 000年后尼采宣扬的思想中就有它在列。

柏拉图还给了色拉叙马霍斯一个更加艰巨的任务，要他为一种异乎寻常的道德辩护。色拉叙马霍斯争论说，人天生要扩大自己的利益。卡里克勒斯的意见也包括这个论点的一些要素。按他们两人的说法，人做事不遵守自然是错误的，遵守普通的道德标准也是错误的。他们宣扬的是另一种道德观。这种道德观的基本思想是：成功意味着击败所有其他人，行为越“坏”越好。这个论点的一个变种可以言之成理，即有的人，至少是像阿喀琉斯*那样灵魂高尚、英勇无畏、专断果敢的人，应该有自己的一套行为守则，而一般人无法，也不应该，采用那种行为守则。这个论点代表的道德观相当粗糙；不如阿喀琉斯灵魂高尚的普通人问到自己该怎么办的时候，回答是，英雄的道德规范不理会他们。普通人是英雄成就大业的原材料，而引人瞩目、意义重大的是英雄的事业，不是普通人。如尼采所说，羊羔不喜欢老鹰，但那又怎么样呢？[12]人道主义者或胆

---

* 希腊神话中特洛伊战争中的伟大英雄。——译者注

小温顺的人对这种观点不以为然；但无论如何，它是一个完整的思想。

在柏拉图笔下，色拉叙马霍斯自己陷入逻辑混乱中。他一口咬定，正义是一切符合强者利益的东西。此言可以理解为，由占上风的人按对自己有利的方式决定对与错，比如，富人对"正义"的定义是保全财产，穷人的定义则是对困苦者慷慨解囊。也可以理解为，正义实际上是真正符合强者利益的东西。前者是非道德主义，后者是一种非正统的道德观。色拉叙马霍斯的前提属于前者，但他后来的争论只有在后者的基础上才说得通。他先是指出，一旦了解了希腊城邦的政府形式，就可以知道立法是按照谁的利益制定的。在民主政体中，立法有利于穷人；在专制政体中，立法有利于僭主。也就是说，人按照自身利益的需要来确定正义是什么。在接下来一段明显不公平的辩论中，他被引入了歧途。苏格拉底先引诱色拉叙马霍斯承认，被统治者有义务遵从统治者，也就是说他们这样做是正义的。接下来，他又使他承认，有时统治者会把自己的利益搞错。将这两个前提放在一起，达成的结论就是，有时被统治者做不符合强者利益的事是正义的。换言之，色拉叙马霍斯等于承认，不义是正义；这根本是前言不搭后语。

苏格拉底像在《高尔吉亚篇》中一样，采取了迂回的论辩方式，从日常生活的技艺入手。他问道，这些技艺为谁的利益服务？医学照顾的是病人的利益，不是医生的利益；船长管理水手是为了全体船员和乘客的利益。如果正义是统治者的素质，统治者就应该关心治下人民的福祉，而不是自身利益。所以，正义促进的是弱者的利益，不是强者的利益。色拉叙马霍斯和卡里克勒斯一样，笑苏格拉底是吃奶的孩子，没有奶妈带着不能上街。统治者也许是牧羊人，但牧羊人照顾羊群是为了把羊养肥后送去屠宰。色拉叙马霍斯接受了关于正义的普遍概念，放弃了自己的正义概念，这是个致命的失误。从此刻开始，对正义的理解成了人所熟悉（尽管是仍然没有定义）的价值观——信守承诺、不讲假话、克尽责任、遵纪守法。色拉叙马霍斯既然放弃了给正义提出新定义的努力，就只能坚持一个比较简单的论点，那就是，做（普通人概念中的）正义之事是傻子才会干的事。不过，现代读者仍会觉得色拉叙马霍斯对这个论点的阐述方式有些奇怪，因为他并未放弃对正义的攻击。他说，如果行正义之事对人有坏处，正义就不是美德。

他就这样打出了他的第二张牌。只有傻子才信什么正义。不义之人总会比正义之人多占便宜，正义的人与狡猾无情的人打交道一定会吃亏。色拉叙马霍斯依然坚持他先前的论点，说正义是符合强者利益的事物。他还指出，犯了大罪的人不仅能免遭惩罚，而且还受人敬佩。小偷小摸为人所鄙视，抢掠神庙的人却受到歌颂。做的坏事只要足够大，就会得到敬仰。若干年后，一个被亚历山大大帝抓住的海盗说了一番著名的话。他对亚历山大说，他们二人之间的分别只是所犯罪行的大小。他的小偷小摸是海盗行径；亚历山大对别国的大规模抢掠却是光荣的行为。现代人通常会觉得，色拉叙马霍斯最有可能赢得辩论的方法是先接受关于正义的普遍概念，然后说，因为人做正义的事不是为自己，所以只有心肠软、头脑糊涂的人才会这样做。我们知道，色拉叙马霍斯不同意一般人关于正义的概念，因为他拒绝和苏格拉底“按照常规的思路争论这个问题”。他坚称，不义如果有回报，就是美德，正义如果没有回报，就不是美德。这并非怀疑论的立场，因为怀疑论认为正义根本不存在；亦非传统的立场，因为传统观点认为正义是美德，只是与自我利益不相符合。色拉叙马霍斯的观点是，如果正义与自我利益不一致，它就不是美德。结果不义成了美德，正义成了恶德。柏拉图的读者不会像今人一样，觉得这种观点非常奇怪。古希腊的道德观念与今天不同，“好生活”必须给人带来好处，所以苏格拉底才必须努力说明，好人无论处于何种境遇都是幸福的。

苏格拉底重复了他在《高尔吉亚篇》中对卡里克勒斯说过的话。正义之人无论在实际生活中处境如何，他的灵魂都健全饱满，这就是幸福（eudaemonia）的本质。他还提出了一个比较符合传统的观点，说姑且不论个人的遭遇如何，正义对于一个团体能否达到目标至关重要。与你争我夺、窝里反的强盗相比，彼此之间公正以待的强盗能团结一心去抢夺别人的财产，得益自然更大。苏格拉底论点的薄弱之处在这里暴露无遗。正义必须既符合个人的利益，也符合群体的利益。通常的正义规则要求群体中的个人彼此合作，这样大家平均来说都能得益，整个群体也能得益。证明这一点并不困难。一个人人都尊重别人权利的社会必定比人人都是骗子和小偷的社会更加繁荣。困难在于，从个人的角度来看，似乎最符合自己个人利益的办法是让社会中所有其他人都认真遵守正义的规则，而自己做了坏事却能免于处罚。如今有大量关于所谓“免费搭车人问题”的著述，讲的就是有上述想法的人利用别人的良好行为占便宜，“免费搭车”。（“免费搭车者”一词来自有人搭乘火车或公共汽车时逃票这个简单的例子。只要别人买车票，就会有公共汽车或火车服务，他就可以享受服务，却不付他应付的费用。）稍加思索就能看到，如果每个人都怀疑别人有此想法，由此而产生的互不信任就会破坏一切合作；另外，人们应该彼此监督，来确保有此念头的人无法得逞。

再进一步，就出现了如何监督那些监督别人的人这个挥之不去的问题：监管之人，谁人监管？*我们有理由希望，大家都致力于为了正义而遵守正义。然而，我们也有理由担心，在很多情况下，要满足自己的最佳利益，就得违背正义的要求。这个问题在经济关系中尤其尖锐，因为每个人从事经济活动的目的都是为自己谋利。凭什么相信人在做交易的时候不会欺诈呢？如果假设人根据理性采取行动，目的是实现自己得益的最大化，以此为基础来分析政治，那么就必须直面这个问题。如果认为可以由国家派人监督在市场上做生意的人，迫使他们按照正义的要求行事，那么就必须说明，如何监督

* qui custodet ipsos custodes，拉丁谚语，通常认为出自古罗马诗人尤维纳利斯的讽刺诗作。——译者注

国家派出的人员，如何保证他们的诚实。显然，国家人员完全可能，也有条件坑骗其他人，为自己谋取私利。这个问题自从在色拉叙马霍斯和苏格拉底的辩论中浮现出来，至今仍未得到很好的解决。

色拉叙马霍斯离开后的争论

苏格拉底试图说明，正义与自我利益的冲突只是表面现象，其间的谈话催生了历史上影响力最大的乌托邦的构想。色拉叙马霍斯气愤地退出了争论后，首场辩论随之结束。苏格拉底承认，他虽然驳倒了色拉叙马霍斯，但在正义的定义这个问题上并未取得多少进展。格劳孔再次引发了讨论，提出了一个关键的问题：行正义之事难道永远是符合自身利益的吗？如果做了坏事能不受惩罚，人们有什么理由不做坏事？如果谁得到了让人隐身的“古各斯之戒”，难道他不会去诱奸别人的妻子，或者去暗杀国王，自己取而代之吗？（在希腊神话中，吕西亚国王古各斯的祖先以牧羊为生，他发现了一枚魔戒，戴上后可以隐身，于是他就用它隐身杀了国王，自己登上王位。）格劳孔给苏格拉底提出了一项不可能的任务，要他说明正义之人比不义之人更幸福，即使不义之人被认为是道德的，生前死后都富裕优越、受人钦敬，而正义之人却被认为是邪恶阴险，在痛苦和旁人的鄙视中死去。

柏拉图的解答带我们一步步走过创立完美城邦的全过程，还讲到了完美城邦的领导阶层成员需要得到何种教育。首先，格劳孔对正义的起源提出了符合常识的观点。自托马斯·霍布斯的《利维坦》于1651年问世之后，格劳孔的观点就一直为政治思想家所看重，但在《理想国》中，它却遭到完败。人大多自私，这对希腊人来说算不得新闻，以经商为生的雅典人也非常熟悉订立合同的做法，所以这里很难讲苏格拉底为什么把格劳孔的这个观点驳得体无完肤。格劳孔说，人是自私的动物，只顾自己，不管别人。如果他们知道做了坏事不会受罚，就一定会做坏事；但比起占别人的便宜，人更想避免吃别人的苦头，所以同意自我克制，目的是让别人同样克制他们自己。道德，或道德行为，是一种形式的保险。正义来自人与人之间“不害人，也不受害”的协议。格劳孔的思辨很灵活。他承认，这并非一纸真正的协议，而是大家的心照不宣。它是对《圣经》中为人准则的逆命题：“己所不欲，勿施于人。”*以契约为例来解释正义是几世纪来政治理论家常用的手法，今天仍非常普遍。但这种思维方式并未自格劳孔之后即开始风行；他的观点被苏格拉底置之不理，湮没在后来对自然法理论的讨论中，而根据自然法的理论，正义的规则由大自然决定。

按照格劳孔的观点，如果人完全不会受到惩罚，干坏事就于己有利。这个想法看似危言耸听，其实没有那么可怕。世上没

* 《圣经·马太福音》说，“你们愿意人怎样待你们，你们也要怎样待人”。——译者注

有古各斯之戒，不可能保证做坏事不受惩罚；人在孩童时期完全依赖别人，得讨好父母和别的大人，在此过程中，人逐渐学会了克制自私的欲求。人在长大的过程中获得了良知，一生都受其制约。这种对道德的思考方式并未消弭自然（physis）和道德（nomos）之间的差别，并未说明只要遵从自然就是正义的。因此，它达不到柏拉图想要的目的。根据格劳孔的观点，道德并非天然，是人发明创造出来的。也许它是人类的一项最重要的发明，因为在它的基础上创造出了人的安全与幸福所系的其他伟大发明，包括政治制度、政府和法律。柏拉图认为，道德蕴含于自然秩序之中。对于自然无关道德、人天生自私、法律只是风俗习惯等等智者们的主张，他报以轻蔑和鄙弃。此类观点在智者中是否盛行并不清楚。在亚里士多德中庸之道的主张出现之前，智者派中一定有人先提出过，人的天性是遵守风俗习惯。显然，如果将习惯作为正义的基础，首先需要解释，人一旦接受习惯后为什么通常都会遵守。有些现代作者猜测，人在进化的过程中形成了公平的意识，并指出，大多数灵长类动物对“不公平”的反应和人类差不多。[13]柏拉图的《理想国》却是写于进化论出现的2 500年前。他对智者们发起了迎头痛击。

苏格拉底说服格劳孔和阿德曼图斯同意，正义的本质在城邦这样较大的规模上比较容易看清，于是他们开始一起描述理想的城邦该是什么样子。首先，社会建立在分工的基础上。这是柏拉图和马克思以及许多其他人共有的观点，但斯多葛派却认为，社会的出现是因为人天性合群，聚在一起是为了彼此作伴。柏拉图描绘的理想国更注重实际效用，也与如今的进化论遥相呼应。理想国还体现了柏拉图关于正义是“各尽其分”的观点。在最简单的社会中，人们各尽所能。人群聚在一起是为了利用各自的专长。如果我种田是一把好手，做鞋的手艺却很差，我就会用小麦向制鞋师傅换鞋子；穿上好鞋子，我走路会更加舒服。这种社会有了“消费主义”的味道，但那并非柏拉图真心所愿：他只想要最起码的专业分工。他那斯巴达式简朴刻苦的倾向很快就表现了出来。他说，如果人俭朴节约，就更容易达到自给自足。格劳孔抗议说，在苏格拉底描述的社会里，人的日子猪狗不如。苏格拉底反驳道，一个社会一旦开始追求舒适，很快就会发展为贪婪和自大，而那会促使它为了抢夺领土和财富而争战不休。苏格拉底让他们两人好好琢磨这个观点，同时把讨论的方向转向《理想国》的中心内容。如果繁荣兴旺意味着要打仗，而且也需要准备为自卫而战，那么就需要士兵。士兵应该训练有素，应该保护人民、打击敌人，而不是建立剥削人民的政权。士兵应该知道要保护谁、攻击谁。苏格拉底说，好的警卫犬就具备这样的能力。因此，好的警卫犬有哲学头脑，与它们行使同样职能的人自然必须是哲学家。行文至此，《理想国》成了论教育的论文。

守护人及其教育

苏格拉底用两页的篇幅为英才教育作了最著名的辩护，那也是关于政治教育最广为人知的论述。他说，一个秩序井然的城邦需要有分工，应该有一个精英统治阶层，其成员在年轻时当兵保卫城邦，成年后负责社会管理；担任社会管理的人应最具学习哲学的才能，至少学过10年数学，5年辩证法。这里也许应该顺便提一句，在柏拉图的学园学习的人基本上都不同意柏拉图的政治观点，他们学成后去治理的国家的政治制度也五花八门。女学生更是凤毛麟角。在理想国中，每个人都从事对自己最合适的行业。他们的技艺以先天的才能为基础，但仍需进一步发展。对精英阶层每个成员因才施教是国家的重要任务。不喜欢柏拉图的人抱怨说，他恨不得从一开始就把所有的诗人和艺术家都赶出他的理想国。即使并不反对他的学说的人也对他这个观点不敢苟同。柏拉图的计划很简单。教育的第一阶段是希腊人所谓的“音乐”，但希腊文mousike一词的范围比音乐宽，还包括舞蹈、诗歌和庆典仪式。柏拉图和苏格拉底一样，认为幼年教育对孩子的灵魂能产生深刻的影响，应该对儿童灌输勇敢和尊重真理的价值观。苏格拉底说，在传统的希腊诗歌里，诸神被描述为好色、狡诈、虚荣，甚至更糟，这是对神的侮辱——他就是为了这个观点付出了生命。柏拉图和苏格拉底都不否认希腊诗歌之美，柏拉图自己就是相当不错的诗人，但他认为，大多数艺术都是动人的谎言。在哲学的国度里没有谎言的立足之地（眼尖的读者可能会觉得柏拉图这一主张难以自圆其说，因为正是他发明了“高贵的谎言”一说），所以会为诗人戴上花环，赠予他们各种荣誉，把他们护送到城邦的边界，请他们到别处去作诗。幼儿教育中虽然包括诗歌、戏剧和舞蹈，但一定要按照斯巴达式的朴素原则进行。

除上述之外，柏拉图的艺术观不在本书讨论的范围之内。他关于知识的理论才是《理想国》论述的基础。按照他的理论，人每天所见的世界其实是真实世界的扭曲映象。真正的知识是关于形式（Forms）世界的知识；形式才是事物的真相，是永恒不变的。相比之下，人在周围看到的不过是转瞬即逝的物体。柏拉图提出的洞穴比喻就反映了这一思想；他用这个比喻来解释为什么哲学家不愿意做统治者，以及为什么他们在现存的国家中无法做统治者。艺术是双重的假象，因为它对已经失真的景象又再次作了失真的描绘。柏拉图使用诗人和画家的艺术手法来批评他们自己的活动，这是非常耐人寻味的论辩手法。他在批评修辞术时使用了各种修辞技巧，而且大肆渲染，使读者吃不准他什么时候是认真的，什么时候是在说反话。柏拉图和苏格拉底都持有一个令人困惑的观点，认为人即使明白什么是真善美，也无法付诸言传。似乎没有别的办法，只能借助比喻和寓言等手法来象征真理，却说不出真理到底是什么。苏格拉底在别的对话中不止一次地说，说话的不是他，而是一股他无法控制的力量。在《理想国》中，他讨论哲学真理的时候一律用比喻和对照，来强调真理与根据经验做出的推测是多么不同；人不清楚什么是真理，却知道什么不是真理。

至于对统治阶级的教育，柏拉图提出的建议似乎是严肃认真的，特别是他关于妇女应和男人接受同样教育的建议。这方面的参照是传说中由莱克格斯*制订的用于训练斯巴达年轻人的指令。与柏拉图的建议一样，莱克格斯的指令，也要求每个孩子服从国家需要，不过他更加偏重军事方面。然而，训练主旨是一样的，即不停地反复强化年轻人的自我约束力，以维护政治统一。柏拉图在《理想国》中提出的建议就是为了实现据说是莱克格斯在斯巴达取得的成果。伯罗奔尼撒战争结束后，柏拉图家族的人与亲斯巴达的寡头政权关系紧密，所以，他倾心于斯巴达的教育方法应在意料之中。不过很重要的是，柏拉图的建议在《理想国》中最终发展为哲学的教育，而不是像斯巴达那样，为了培育视死如归的重装步兵。当时的读者对《理想国》如何理解我们不得而知，也无从猜测。表面上看起来，柏拉图提出这个如此明白无误地打着斯巴达烙印的主张实在是非常鲁莽。公元前4世纪的雅典和公元前5世纪一样，仍在时断时续地与斯巴达作战。雅典的民主派决不会忘记，柏拉图有亲戚曾在公元前404年由斯巴达扶植的残暴的寡头政府中任职。

然而，柏拉图并不鄙视艺术。正是因为艺术力量强大，所以他才千方百计要确保艺术传播正确的信息，宣传诸神永远正

---

* 传说公元前9世纪斯巴达制订法典者。——译者注

直善良，是美德的化身。他建议的有些规定看起来荒唐可笑，比如禁止儿童在游戏中扮演胆小鬼和弱小者的角色，以防腐蚀他们的性格；不过这些规定完全出自斯巴达，也为后来的监察官加图*和让-雅克·卢梭等人所赞许。按照柏拉图设想的教育制度，先借助严格筛选的诗歌和戏剧给孩子灌输美德，然后让男女学生学习体操和战术。在此值得强调，女孩也接受同样的训练，这又是一个与雅典传统不合的主张，但它与斯巴达的做法类似。对柏拉图来说，性别并不重要，重要的是个性，虽然斯巴达人也并不要求妇女和男人一起并肩作战。最后，最出色的学生将接受哲学的训练，目的是把他们培养为乌托邦睿智正义的统治者。

柏拉图提出了两个论点来说明为什么需要训练已经具备了真善美素质的精英阶层。第一个论点是，人的灵魂各不相同。他设计了“高贵的谎言”，以此比喻的形式教导公民人的才能有高下之分。第二个论点建立在第一个论点的基础之上，终于回答了正义为何物这个问题。人的灵魂分金、银、铜三种。铜质灵魂的是工人；银质灵魂的是士兵——他们是柏拉图所谓的辅助者；金质灵魂的是守护者，是哲人王。柏拉图设想会建立一套周密的择优选才制度来选拔精英。他还提出了严密复杂的机制，来确保精英父母生出的后代也是精英。但他也考虑到，需要让普通老百姓了解并赞同这个制度的基础。读过阿尔杜斯·赫

* 古罗马政治家，又称大加图。——译者注

胥黎的《美丽新世界》的人都熟悉个中原因。书中被无线电波控制的工人说："我真高兴我属于二等。"他觉得头等的人太聪明了，担子太重。[14]伯特兰·罗素认为，赫胥黎从他那里剽窃了《美丽新世界》的创意。罗素担心，现代科学会使人类在一场新的灾难性世界大战中自我毁灭，希望能借助优生学来生产出爱好和平的人。赫胥黎的作品是对乌托邦理想的可怕扭曲。在柏拉图的理想国中，并不是精英设法让民众相信，他们的基因自然而然决定了他们的地位；这一点至关重要，因为柏拉图认为灵魂有金银铜之分的神话包含着深刻的真理，从而是"高贵的"谎言。告诉人民说，人的灵魂以不同的金属做成，每个人的社会地位反映了他的灵魂中哪种金属是主要质料；这是"高贵的谎言"，是必要的虚构神话。如果可以假设在理想社会的秩序和自然秩序之间存在着终极对等，"高贵的谎言"就成了更深刻的真理；但柏拉图没有进行这方面的论述。他相信，不同的人天生适合于不同的社会角色，而民主雅典众多的问题之一就是掌权者是不合适的人。

人可以创造一个结构与宇宙相契合的自然和谐的社会，这个思想将自然与道德调和了起来。柏拉图哲学的一条原理是，当人的社会地位反映了与自己个性相适合的地位时，人就会得到幸福和满足。如果没有这个关于和谐的自然等级制的设想，《理想国》的论证就失去了目的。只有当人们相信，社会在天生领袖的领导下才会平安无事，并且老百姓愿意服从领导，不愿意占据权位、担负责任，那么他们才会欢迎英才教育。这是苏格拉底反驳卡里克勒斯和色拉叙马霍斯的又一个理由。他们二人认为，每个人都想大权在握，因为谁都愿意享受权力带来的好处。舰队中的桨手希望对邻国作战，希望打了胜仗后抢夺战利品，所以他们珍视自己在公民大会中的政治权力，因为他们可借此迫使领导人推行好战的政策。他们并没有显示出“节制”这个柏拉图认为最适合劳动阶级的美德。2 000年后，坚决反对民主的托马斯·霍布斯在英国内战结束后提出了一个革命性的论点，说人生来平等，而非不平等，没有天生的贵族，劳动者和统治者之间没有天生的区别，一切政治等级制均系人为。[15]按照霍布斯的观点，应当毫不犹豫地服从统治者的领导，但那是为了和平，不是因为统治者是天生的领导。不过，亚里士多德和其他古典作家都同意柏拉图的宇宙论。柏拉图的宇宙观为后来基督教关于上帝安排宇宙秩序的思想提供了支持，并且反过来得到了基督教思想的加强，对于社会和政治秩序的影响显而易见。

柏拉图其实可以换一种方法，将他的论点作为社会学的主张提出来。一个城邦（或现代国家）有了明确的阶级结构才能最有效地运转；这个阶级结构包括没有权力的劳动者、坚守岗位的军事阶层，和受过良好教育的统治阶级，全社会毫不怀疑地接受统治阶级的统治权。现代中国的情况并非不能作为此一主张的论据。这是社会学的主张，不需要哲学理论作依据，只要有现实的证据即可。如果它是真理，也只是社会科学范畴内的真理。反之，一个组织得如此天衣无缝的社会也可能不是乌托邦，而是我们必须不惜一切代价予以避免的反乌托邦。阿尔杜斯·赫胥黎在《美丽新世界》中创造的正是这样一个反乌托邦。

正义之定义

有了由三个阶级组成的结构，现在可以来看正义本身了。人最重要的美德是节制、勇敢、理性和正义。我们也知道哪个阶级体现了哪些美德：适合劳动阶级的美德是节制。这个阶级可以说是社会的胃，负责满足社会的口腹之需，使社会像有机体一样活动；自控同样是劳动阶级的美德；适合辅助者的美德是勇敢，他们是社会的心脏，必须勇敢无畏。适合守护人的美德是智慧，他们是社会的头脑，而头脑的美德就是智慧。发现了三个阶级和与之相配的三种美德后，讨论似乎到此为止了。那么正义往哪里摆呢？答案是，正义是统管一切的最高美德。当社会中人人各得其所、各司其职的时候，正义就得到了实现。

现代读者会觉得此论不合情理，因为今人将正义视为几个美德中的一个，而柏拉图却用正义一词来表示接近“全面正确”的意思。我们已经看到，希腊文dike的含义广于我们所理解的正义。亚里士多德刻意将两种正义作了区分。一种是无所不包的全面正义，另一种是通常意义上的狭义正义。比如，正义与慈悲之间可能发生冲突的观点涉及的就是狭义正义，不是柏拉图所关心的广义正义。广义正义与慈悲不可能发生冲突。“正确的"结果就是"正义的"结果。柏拉图认为,"正确"的终极标准是人的灵魂得其所，是人按天性行事，对宇宙和社会的秩序出一份自己应尽的力量。这个观点与现代自由主义相较，完全背道而驰。

苏格拉底倡导由哲人王进行独裁统治，这并非一般意义上为贵族统治的辩护。统治者治理国家没有世俗的回报，行使权力需要极大的自我约束和克制。读过《理想国》的人都对柏拉图所描写的统治精英家庭生活的细节印象深刻，都纳闷他们的生活怎么会如此枯燥乏味。柏拉图理想中的守护人没有财产，也没有家庭，他们的孩子是整个阶级的孩子。柏拉图说，他们没有私财私产，所以才视整个城邦为"他们的"，并一心为集体。没有"我"和"我的"，只有"我们"和"我们的"。他们的利益从属于全体的利益，而不是相反。格劳孔和阿德曼图斯问道，这样守护人怎么能幸福呢？苏格拉底从两个方面回答了这个问题。第一，比起全社会的幸福来，监护人的幸福并不重要；第二，他们会幸福的，因为他们履行职责是在按照自己的本性行事。亚里士多德却认为两个回答都不对。

在此需要再次强调这些关于正义的思想的非政治或反政治的性质。有两个关于正义的关键思想柏拉图坚决不予考虑：第一个是法治，第二个是政治竞争。根据法治的思想，政府之所以存在，一个主要原因是为了确保个人得到公正的对待，也就是说，他们不会遭到抢劫或袭击、他们的财产可以保全、他们的生活有规可循，而不是由掌权者兴之所至任意处置。柏拉图的《理想国》中见不到法律的踪影。在哲人王的统治下，需要法律管理的冲突消失于无形。正义的一个核心内容也因而不复存在。与此相联系的第二个政治意义上的正义涉及权力的公平分配，比如，统治权是应该掌握在出身高贵的人的手中？还是大众的手中？柏拉图对这个问题的回答是，统治权必须由哲学家来掌握，谁都不愿意把自己的事务交给愚昧无知的人来管理，哪怕管理人是他自己。柏拉图不认为，仅仅因为大众想管理自己的生活，他们就肯定能管好。柏拉图的理念是非政治的政治，因为它没有相互冲突的合法利益这个概念。统治者的任务是知道应如何正确分配任务和奖赏，并将这样的知识付诸实施。

最后几点

《理想国》后2/3的部分阐述了柏拉图的形而上学观念，趣味无穷，可惜与本书的主题没有直接关系，只能略过不谈。不过后面的部分中有三个论点与我们的主题相关。第一个是为什么哲学家能够并且必须做统治者；第二个是为什么完美的国家无法连绵永续；第三个柏拉图前面曾经提及，在这里他最后一次试图说明，正义之人永远比不义之人幸福。柏拉图把求稳这个普通的政治论点变成了哲学论点，如果要创立反映自然秩序的城邦，哲学家的统治是必需的。既然只有通过哲学才能领悟神意安排的秩序，城邦就只有在哲学的庇护下才能趋于完善。

对不专攻哲学的读者来说，这个论点的有趣之处不是柏拉图有关自然秩序的思想的详细内容，而是因为他鼓吹哲人王的论点像极了后来各种为神权政体张目的说法。

如果同意政治的关键任务是使社会、经济和政治秩序与上天安排的自然秩序达成一致，这意味着，必须由懂得自然秩序的人担负社会的核心角色，即使不当日常管理社会的统治者，也要做统治者的精神监护人。此人的权威应如何行使，这个问题使中世纪的基督教世界困扰不已，在伊斯兰世界中至今尚未得到解决。中世纪的欧洲苦苦思索教皇能否罢免国王，就反映了这个问题的一个方面。现代伊朗是公开的神权国家，而以色列虽明确表示自己不是神权政体，但实际上内心斗争激烈。英国有自己的国教，但比起美国来，社会的世俗化程度明显地高很多；美国宪法明文禁止拥立任何宗教，政客却不遗余力地争取虔诚教徒的选票。柏拉图的回应是：哲学家必须做国王，国王必须是哲学家。不过却有一大困难：柏拉图自己也说过，哲学家不愿意当国王。柏拉图在洞穴比喻中说，人如同坐在幽暗的洞穴中，只能看到前方的景象。他面前的洞壁跳闪着在他身后走动的人的影子，而他以为那些影子就是现实。走出洞穴的哲学家先是被阳光眩花了眼目，然后看到了世事的真容。为寻找真理上下求索，终于如愿以偿的哲学家愿意不愿意再回到仅有幻象的世界中去呢？当然不愿意。哲学家这种不情不愿反而是好事，因为最好把政府交到没有个人野心的人的手中。另一方面，这又说明，在乌托邦外，哲学家做统治者也许不会成功。

乌托邦的政府十分精简，因为国家永远静水无波，可垂拱而治。在持批评意见的人看来，这是柏拉图的乌托邦的一大缺陷，柏拉图自己却视其为优点。国家物产贫乏，不会引起邻国的贪婪觊觎之心；国家的军队骁勇耐战，足以抵御入侵。因为大家都按自己的本性做自己适合做的事情，所以没有人会不自量力，逾矩行事。绝不会有新奇的爱好。守护人精心安排统治精英繁殖后代的方式，以确保能生出合适的人来占据合适的位置。至于守护人这样做的时候根据哪些考虑，如何进行，可惜柏拉图没有解释，只泛泛地提到一些晦涩难明的等式。只要守护人计算正确，就会千秋万代永保安宁。

关于普通人，或“铜质灵魂”的人，还有两个未解的大问题。一个是他们是否过着正义的生活。可以说他们过不了正义的生活，因为他们的灵魂是铜质的，他们的主要美德不过是节制而已；也可以说他们的生活是正义的，因为如果他们的社会地位与本性吻合，做的是自己分内的事，那么他们的生活就是正义的，因为他们坚守了本分。综合这两种想法，可以说，普通人的生活中有正义的内容，但不像哲学家那样完全正义。这个结论会使一些人反感，因为它等于说人的道德能力取决于他所属的阶级。另一个未解的大问题是普通人到底做些什么。回答似乎是，他们做在任何地方都通常做的事，但不受政治风云的影响。他们不必去打仗，也不能参政，一个重要的原因是没有什么政治好参与。他们做的事大概有种田、制造手工艺品、照顾家人；因为安全有所保障，所以他们享受着平凡的快乐，心无挂碍，幸福满足。他们不是在残暴的斯巴达主人铁蹄下挣扎的麦西尼亚奴隶，而是默默耕耘的劳动阶级。

衰败的国家

乌托邦如果能建立起来，似乎就应该能永久维持下去。柏拉图却说，非也。一定会出现各种问题。也许优生学计算出了差错，或者某些原因导致守护人不再能够或不再愿意履行职能，于是就引发政治变化，开始了衰败的循环。先是荣誉感压倒智慧，成为权威的基础。原来睿智审慎的精英统治变成了“荣誉至上的政治”，接着又进一步堕落为富人压迫穷人的寡头政治。书中说得很清楚，荣誉至上的政体就是斯巴达。它比最好的国家次一级，且不是向着好的方向发展，而是相反。正如乌托邦居民的灵魂反映了乌托邦的状况，信奉荣誉至上的人的灵魂反映的是以荣誉至上为治国方针的国家的价值观。寡头政治和寡头统治者也是一样；他们比荣誉至上的政治更加堕落，所追求的不是荣誉，而是财富。寡头政治的国家不是一个国家，而是两个，一个是富人的国家，一个是穷人的国家，彼此互为敌对。这种敌对不可避免地会引发革命，最终产生民主。

民主政治的原则是自由，而柏拉图对此毫不掩饰地坚决反对。雅典的政治自由或民主自由的概念是isegoria，意思是所有合乎资格的公民都有在公民大会中发言的平等权利；而

eleutheria一词的意思较为笼统，指没有主人，不是奴隶。希腊人抗击波斯，为的是捍卫他们的eleutheria；雅典人认为只有他们才有isegoria。柏拉图批评民主对所有人放任自流，任其各行其是。奴隶傲慢无礼，驴子在人行道上和公民抢路。最终，民主的种种过分和无节制将导致有钱有权阶级的疏离，循环至此到达最低点，即僭主的崛起。僭主政治是一切政府形式中最坏的一种，但如果僭主能成为哲学家，就有可能超越僭主统治，重新开始哲人王的循环。除了乌托邦的情况外，哲学家应远离政治，但也许哲学家能够教育僭主的孩子成为哲人王。柏拉图去叙拉古亲自试验过这个设想，结果险些连性命都搭进去。

政治思想史上，历史循环论每隔一阵就会大行其道。用这类理论来分析政治变化，其效果乏善可陈。但柏拉图的循环说还有别的目的。他对“荣誉至上的政治”的描述是对斯巴达的赞许，似乎是说，斯巴达尽管远非尽善尽美，但才是衰败刚刚开始的第一阶段。他说，当贵族利欲熏心的时候，“荣誉至上的政治”即开始堕落，此言用来描述斯巴达的情况十分恰当；希腊人也都明白他所说的好的统治和贪得无厌的富人统治之间的区别。柏拉图说民主制度酷嗜自由，所有人都各行其是。这完全是对雅典的毁谤，绝非持平之论。然而，这是上层阶级常有的抱怨。柏拉图对民主的批评与人称“老寡头”的作者*的意见如出一辙。伯里克利说，雅典公民不对他人的生活横加干涉，

* 公元前5世纪题为《雅典政制》的小册子的匿名作者。——译者注

因为他们自己的生活多姿多彩，柏拉图的批评无意中为伯里克利对雅典的礼赞提供了依据。在现代读者看来，柏拉图对民主的攻击是失败的，因为他笔下的雅典民主听起来如此热闹有趣。需要认真对待的是柏拉图对僭主政治的描述，因为那是他关于正义比不义好的论辩中最后一个关键的环节。

柏拉图的前提是，公民的灵魂反映国家的特点。他认为，民主政体中的公民几近疯狂地热心追捧新奇的东西，永远朝三暮四、虎头蛇尾，所以才发生了伯罗奔尼撒战争的灾难，正是雅典不自量力的鲁莽扩张导致了战争的爆发。色拉叙马霍斯崇拜暴君，因为暴君可以为所欲为，无人能挡。柏拉图却淋漓尽致地描绘了暴君/僭主的悲惨处境。他靠谋杀和欺骗上台，靠恐吓人民来维持统治，但这意味着他也激起了人民的仇恨。他心知肚明自己是世界的公敌，也将全世界视为敌人。他的心灵片刻不得安宁。他的食物可能被下毒；他在熟睡中可能被人刺死；他夺权期间没来得及杀害的旧友可能会伺机暗杀他。他的生命是不值得过的，他的恐惧随时可能成真。即使只看现世，作僭主/暴君也是不划算的。批评柏拉图的读者会一如既往，抱怨说柏拉图的描述夸大其词，但这种抱怨无关宏旨。

在《理想国》的结尾处，柏拉图先以奇怪的穿插方式重申了哲学和诗歌的冲突，接着，他像在《高尔吉亚篇》中一样，描述了正义之人和不义之人在冥间的命运；在那里，他们的灵魂将受到审查，他们将得到永恒的奖惩。那是正义之人和不义之人结总账的地方。西塞罗《论共和国》第六卷中的“西庇阿之梦”就是根据《理想国》的这一段写成的，宣称坚定不移为罗马共和国服务的领导人将得到永生。多少世纪以来，人们一直在西庇阿之梦的启示和激发下探讨转世的问题以及基督教与柏拉图的宇宙观是否相合。然而，在《理想国》论辩的狭隘范围内，厄尔的故事*没有太大意义，只表明柏拉图没有回应色拉叙马霍斯的质疑，或者说他回答了色拉叙马霍斯的质疑，却没有回答格劳孔的问题，即没能说明一个沉着冷静、处事泰然的僭主/暴君（假使具有这种心理素质的人存在）在这个世界中的境遇怎么会不如被他欺压的人。如伊曼努尔·康德所说，人渴望来世，恰恰是因为今生今世几乎看不出美德与幸福的联系。也许更具有政治意义的是，虽然柏拉图没能回答格劳孔的诘问——他当然回答不了——但他关于暴君生活那种悲惨无助的描写极具说服力。想想希特勒和斯大林过的日子，没有人会对他们心怀羡慕。这就足以驳倒色拉叙马霍斯将暴君奉为英雄的论点，不过不能证明苏格拉底的论点。同色拉叙马霍斯一样，他太过极端了。

最后，《理想国》使人看到，柏拉图对理想政体的叙述属于灵魂培养术，而非治国术；它根本不是对政治生活的描绘。在他的理想国中，没有经济生活需要规范，没有犯罪需要镇压，没有互相冲突的利益需要平衡，没有不同的政策观点需要调和，

---

* 《理想国》中苏格拉底讲的一个关于灵魂转世的神话，讲一个叫厄尔的战士战死后参观冥界的故事。——译者注

没有价值观的抵触需要安抚、统筹或压制。“我们在如此众多的重要问题上意见不一，如何能在一起生活？”对此，柏拉图的应对办法是否认问题的前提。他的回答是，“让我们永远在所有重要的问题上保持意见一致。”《美丽新世界》是反讽式的模仿，描绘了柏拉图的乌托邦在20世纪腐化变质的形式。霍布斯的《利维坦》探索了人需要达成多大程度的意见一致才能实现和平。自亚里士多德以降，大家都认识到，柏拉图与其说解决了建立正义政体的问题，不如说证明了此事不可行。柏拉图的天才部分地表现在他如此清晰地表明，人对和谐的渴望（谁不渴望和谐呢？）与提高日常政治生活的效率是多么格格不入。在这个基础上，亚里士多德论述了在一个非乌托邦的政体中有可能实现何种正义，现在就让我们来看他的理论。

第三章

亚里士多德：政治非哲学

生平与时代

亚里士多德与柏拉图不同，对政治涉足很深。公元前323年雅典起义反抗马其顿统治的时候，因怀疑他的忠诚而将他放逐，他就死在流亡期间。他是亚历山大大帝的导师，他的女儿嫁给了安提帕特将军。这位将军在亚历山大在公元前334年启程去征服波斯帝国时，被任命为镇守希腊的摄政者。古代的历史学家认为亚里士多德对他教过的亚历山大大帝怀有二心。普卢塔克*说，是他提供了毒药想毒杀亚历山大，但亚历山大英年早逝也可能不是死于毒药。（传说安提帕特怀疑亚历山大对自己起了戒心，可能会有杀身之祸，遂先下手为强。）亚里士多德公元前

* 古希腊散文家、传记家。——译者注

384年出生在希腊和马其顿边界上的小城斯塔吉拉，在现代的希腊第二大城市萨洛尼卡稍东一点儿。公元前367年，他来到雅典，到柏拉图的学园学习，一待就是20年。自他到达雅典，到他于公元前322年逝世这45年见证了雅典命运的大起大落。雅典在伯罗奔尼撒战争后经过休养生息，百废复兴，重振了国力；但后来在公元前338年的喀罗尼亚战役中被马其顿大军击败。公元前323年，雅典趁亚历山大大帝去世的机会发动起义，但在同年的阿莫格斯海战中再次败绩，希腊城邦的政治独立至此终告完结。

柏拉图死后，亚里士多德在学园的事业随之中断。学园的领导换了亚里士多德不喜欢的人，于是他偕朋友色诺克拉底离开了雅典。他在莱斯博斯住过一段时间，受那里的僭主赫米阿斯招待。赫米阿斯出身奴隶，但精明强干，后又从波斯国王那里买下了阿塔讷斯城的统治权。赫米阿斯曾在学园学习过，以高超的哲学造诣闻名。后来，波斯国王怀疑赫米阿斯密谋帮助马其顿入侵波斯，下令对他严刑拷打后予以处决。赫米阿斯死后，亚里士多德和他的侄女成了亲。亚里士多德是否由赫米阿斯引荐给了马其顿的腓力国王，这一点并不清楚，反正腓力国王在公元前342年将亚里士多德召到了佩拉，请他担任年少的亚历山大的导师。亚里士多德在这个位子上一直坐到公元前336年，但他肯定上任不久就成了半职的导师，因为自公元前340年起，亚历山大就开始在父亲不在时担负监国的责任，两年后，又在喀罗尼亚战役中统帅了其父的一部分军队。

公元前335年，亚里士多德返回雅典创办自己的学校——吕克昂学院（the Lyceum）。此时，雅典反抗马其顿统治的第二次起义刚刚失败。底比斯也曾反抗马其顿，战败后被夷为平地；但令人惊讶的是，腓力和亚历山大都没有以同样的方式惩罚雅典人。他们允许最坚决反对马其顿的领导人狄摩西尼继续留在雅典，没有将其强制流放。此时色诺克拉底执掌了学园，但没有证据表明亚里士多德要和他的老朋友唱对台戏。他创立自己的学校，绝无给朋友拆台的意思；他的学校有自己鲜明的特点，特别注重实际调查研究。亚里士多德要求学生描述并分析希腊158个城邦的政治法律，开创了政治学的经验研究学科。在我们所了解的通过科学、经验和实验认识世界的方法，和将自然视为人永远无法企及的美与秩序的来源那种近乎宗教式的崇敬之间，亚里士多德哲学的“自然主义”达成了一种平衡。他的引人入胜的政治分析充满了世故的智慧，同时也像柏拉图一样，试图说明最好的国家由其“本性”决定。

亚里士多德返回雅典后的生活并不平静。大多数雅典人都对马其顿的霸权极端仇视。直到狄摩西尼于公元前322年自杀身死之前，雅典政治中最受关注的问题一直是：雅典能否抵抗马其顿的霸权？胜算几何？安提帕特像任何占领军的首领一样不得人心；亚里士多德感到自己不仅是外邦人，而且不受欢迎。亚里士多德和莱克格斯*的友谊一度舒缓了他的窘境。莱克格斯

* 并非前文提到的斯巴达的莱克格斯。——译者注

曾师从柏拉图和伊索克拉底*，现负责雅典的财政和城市的日常维护；他名义上是民主派，属于狄摩西尼阵营，但他是亚里士多德在《政治学》中赞扬的那种温和的贵族派政治家。他保护有产阶级的经济利益，确保了他们对民主政体的支持。即使这样，最终亚里士多德在雅典还是无法容身。公元前323年6月，32岁的亚历山大在巴比伦猝死的消息引发了雅典的公开叛乱，关于亚历山大的死因，众说纷纭；有人说是死于疟疾，有人说是死于肝衰竭，还有人说是死于毒药。亚里士多德退隐到优卑亚岛的卡尔西斯，一年后去世。同年，安提帕特彻底粉碎了雅典恢复政治和军事独立的希望。

亚里士多德的政治偏见

现代读者对亚里士多德的几个观点深不以为然，其中最明显的是他关于奴隶制的观点和关于妇女的智力和政治能力的观点。[1]这两个观点当然是相互联系的。主人对下人——男性家长对妻子和奴隶——的关系是一项基本的、自然的人际关系。在亚里士多德看来，男公民的家是一个单位，家里的粗活由奴隶来做，因为干粗活会使人不适合从事政治。奴隶和普通劳工解放了公民，使他得以投身于政治生活。家长管理家庭部分地通

---

* 古希腊雄辩家、教育家。——译者注

过政治手法，部分地通过别的手法。公民之间的关系是平等的关系。主人对奴隶、丈夫对妻子、父亲对孩子的关系不是平等的关系，即使妻子肯定是自由人，而奴隶没有自由。[2]父亲对孩子行使“国王式”的统治，对妻子的统治则是“法规式”的，但亚里士多德没有说，丈夫和妻子应如公民参政一样轮流持家。下面我们将看到亚里士多德如何为这些关系的公正性辩护。但首先要注意两点。第一点非常令人不安，他说抢夺奴隶是一种作战和狩猎的技艺。[3]古代社会高度依赖奴隶，有些国家或海盗团伙将“抢人”视为合法的生意和谋生的手段。他们魔爪所及范围内的村民和在海上长时间航行的人随时有可能被抓住卖为奴隶。对于把战争中抓获的俘虏当作奴隶出卖的行为，亚里士多德建议了管理的办法，但并未批评这种行为本身。他本来有很多机会对奴隶制提出批评，因为他承认，许多撰著者都说奴隶制是有违人性的不义之举。

第二点需要注意的是，亚里士多德在试图从自然秩序中为奴隶制的存在寻找理由的时候提出，在自我管理能力上，（他认为）天生的奴隶和他们的主人之间存在着巨大的鸿沟。出身奴隶的赫米阿斯曾师从于他，也曾保护过他；亚里士多德写过一部回忆他的书，在他不幸死去后还娶了他的侄女。对于赫米阿斯他到底怎么看，我们只能想象。据说，赫米阿斯死前最后的话是：“我没有做任何有污哲学家名声的事。”亚里士多德同样认定，妇女在家庭中只能起附属作用。他说，她们的理智承担这样的作用是足够了，但远不能在政治事务上作出独立的判断。

妇女、奴隶和儿童只能待在井然有序的家里，市民辩论会和公民大会不是他们去的地方。值得思考的是，亚里士多德的观点在古希腊非常普遍，但是为什么读者经常会对他的观点愤怒不已呢？一个明显的原因是，他的论述都非常脚踏实地，表明他十分注意政治的实际运作，而这在对政治生活一概拒斥的柏拉图的著作中是看不到的。亚里士多德和很多聪敏的妇女交流过，有很多机会改变自己的观点；他也有很多机会结合赫米阿斯的情况反思奴隶制的正义性。简而言之，现代读者会觉得，纠正亚里士多德盲点的办法是更多地使用他自己倡导的经验法。

目的论：自然与政治

亚里士多德对我们来自未来的建议一定会无动于衷。他的“自然”概念与今人不同，寻求事物的自然秩序也不完全靠经验。赫米阿斯显然不是“天生的奴隶”，但这并不意味着没有天生的奴隶。亚里士多德写过一句著名的话：“显然，国家是自然的产物，人是天生的政治动物。”[4]因此，必须先来看一看亚里士多德对自然的理解。他提出了著名的四因说：第一种是质料因，即构成需要解释的物体的主要物质；第二种是形式因，即该物体所采取的形式；第三种是动力因，即该物体产生的过程；第四种是目的因，即物体的最终目的。要明白植物、动物、个人和机构等等实体的行为，需要研究它们的目的。这就是目的论，以目的作为解释的基础。17世纪的科学革命将目的论逐出了自然科学的行列。我们今天把物质原因理解为使某事发生的预先存在的条件，而不认为自然本身有某种“恰当”的状态。因此，现代关于自然的概念与亚里士多德的概念大不相同。今人用“自然的”或“天然的”来形容事物未经人为影响的状态，比如“天然的金发”，但亚里士多德把人为的结果也放入了有“自然”和“非自然”形式的事物之中。当今社会，妇女享受与男人平等的政治权利，这在他眼中就是“不自然的”。生活的“自然”形式是好的，因为它达到了自然赋予它的目的。亚里士多德的这个观点在罗马天主教会的教义中保留了下来，其基础思想是：上帝是大自然的造物主，自然法则和上帝的法律互相加强。亚里士多德并不认为是神创造了自然。对他来说，自然本身就是神。因此他非常容易接受怀疑论的观点，把“自然”与“不自然”的意思与“常见”与“少见”，或“道德”与“不道德”等同起来。

《政治学》通篇将“自然是社会规范的基础”作为毋庸置疑的前提。亚里士多德问：有没有人“自然（天生）”是奴隶？意思是有没有人在世界上恰当的位置就是做奴隶为别人服务？如果有这样的人，就证明奴隶制的存在是合理的，也说明为什么做奴隶对（自然的）奴隶是好事。一旦发现了什么是“自然的”，就明白了事物现状的由来以及事物应有的状态。另外，自然有等级之分。万物都追求某种善，最高级的事物追求的是最高的善。人为万物之灵长，必须从人应如何追求最高的善的角度去理解人的行为。尽管亚里士多德有他的偏见，但是他对于实际情况并未简单地生搬硬套理想政体的模式；只有通过调查人民自我治理的现状，才能知道他们应该如何自我治理。

要想发现自然要达到何种目的，就必须观察自然。自然并不总是能实现她想实现的善。世上总是有生长不良的树木、病体恹恹的儿童、夫妻不和的婚姻、陷入内战的国家。但是，只有知道事物发展正常顺利时的状况，才能明白“生长不良”和“有病”这样的字眼所包含的标准。因此，政治学是具有强烈规范性的一门自然历史科学。亚里士多德在《物理学》中提出了解释事物须达到的标准，2 000年来一直被奉为圭臬。四因——形式、质料、目的和动力因——在政治分析中各有其位。国家的形式是它的政体；质料是它的公民；目的是让公民一起过最好的生活；推动它形成的动因据《政治学》开头的章节说，似乎是对自足的追求。亚里士多德在《政治学》后几卷中关于革命的讨论既叙述了有些国家垮台的原因，也列举了有些国家虽风雨飘摇却仍苟延残喘的原因。

亚里士多德不同意柏拉图关于一切真正的知识皆须如几何或数学般精确的观点。柏拉图将感官世界斥为真实世界的模糊影象。如果对人手画出的等边三角形进行精确的测量，会发现没有一个是完全等边的，总有一边比另一边长，两边的夹角与其他角的度数也不相等。在柏拉图眼里，经验的世界本身是对超越经验的真实世界的拙劣模仿；而几何研究使几何图形达到完善。亚里士多德并不轻视人所观察到的世界。人理解的世界就是眼中所见的世界，尽管人有时会受感官的欺骗，比如，有黄疸病的人看一切东西都是黄色的。应当对“表象”作出透彻的解释，说明人所见、所闻、所尝、所嗅的世界为什么呈现出这样的表象。17世纪的伽利略向他同时代的人解释说，地球围绕着太阳转动。虽然他这一学说推翻了亚里士多德的天文学和物理学，但是他自称是亚里士多德的门徒，认为自己有义务说明，为什么看起来太阳似乎是在围绕地球转动。他推翻了亚里士多德的大部分物理学说（亚里士多德以为地球真的是宇宙之中心），但他同意亚里士多德的这个观点：任何解释都必须说清事物为什么具有特定的表象才算合格。

政治学是一种自然历史的研究。托马斯·霍布斯对亚里士多德的政治观点深恶痛绝，在《利维坦》中采纳柏拉图的方法，以几何作为政治学的基础。但是，他对亚里士多德的生物学钦佩备至。这种“生物学”风格与霍布斯和柏拉图一心要实现的政治学几何化大相径庭，并且产生了一个重要的后果。亚里士多德声称，政治分析只要达到“探究对象所允许的精确”就可以了。政治研究达不到几何学那样的精确，也不应该妄称能够达到。可用园林树木栽培学来作比喻。最适宜大部分树种生长的水土条件是固体土壤加上适量的水，但少数树种根部泡在泥水里时却长得最茂盛。科学家分析了这两类树木的差别后，加深了对树木的知识。这种知识对农夫来说可能有用；也可能没用。亚里士多德关于道德和政治的论述表示，农夫的需要（在政治中就是政治家和公民的需要）才最重要。寻求道德和政治知识的目的是为了采取行动。亚里士多德批评说，柏拉图对一切知识都同样对待，似乎它们都为同样的目的服务，但在道德和政治领域，人寻求真理是为了知道如何行事和如何自处。道德和政治是面向实践的学科。我们思索为什么有些行为、特质和生活方式得到赞扬或受到责备，以此来加深对道德的理解。然而，我们这样做是为了生活得更好，不是为了满足好奇心。

亚里士多德的自然与科学观还有最后一个方面属于本书关注的范畴。今天，大多数人首先想到的是个人的权利和需要，考虑的问题是：什么样的国家值得他们效忠？或能够最好地促进他们的福祉？换言之，个人，用亚里士多德的术语说，“先于”国家。亚里士多德则不这么认为。他说，人因天性决定只有在城邦里才能生存下来并且过善的生活，所以城邦“先于”个人。因此，既然政治的目的是要发现理想的国家在何种条件下能够形成并蓬勃发展，所以政治就成了最高级的科学和艺术。正如手存在的意义是便利主人的生活，衡量公民素质的高低要看他们能否使国家兴旺发达。打个戏剧方面的比方，每个演员都想演李尔王或哈姆雷特；想演李尔王是因为李尔王是一切戏剧中最伟大的悲剧英雄，想演哈姆雷特是因为演员需要使出浑身解数来表现哈姆雷特的优柔寡断和愁肠百结。李尔王和哈姆雷特是莎士比亚剧中的人物，观众看懂了戏，也就懂得了他们的内心。要懂得公民，首先要懂得城邦。正如每个演员都想演哈姆雷特或李尔王，每个有头脑的自由人都想在亚里士多德的城邦里担任公民的角色。

伦理与《政治学》

亚里士多德声称，城邦的存在“由自然决定”，因为自然要求人聚在一起过善的生活。因此，我们必须从亚里士多德对善的生活的看法入手。因为城邦的核心美德是正义，所以必须了解亚里士多德对正义以及“人为何须行事正义”的观点与柏拉图的观点有何不同。在《政治学》中，亚里士多德使用了他在《尼各马可伦理学》中对正义的描述。伦理学是对“过善的生活”的研究。要知道如何过善的生活，需要知道人生的目的，因为衡量某项活动成功与否的标准是看它在多大程度上实现了它的目的。亚里士多德说，人获得了特定的一种快乐，过的就是善的生活，这快乐只能是得到理性认可的快乐。只有获得了这种特定的快乐，人才是在发挥自然赋予他的能力，才“生活得善”。如果一个黑手党老大刚刚杀光了对头的全家男女老幼，他可能会感到快乐，但他那种快乐是出自他恶劣凶狠的个性。任何一个理性的人都不会用屠杀取乐。

自然想要我们享受善人的快乐。这个论述似乎构成了一个循环。我们问，什么是善的生活？回答说，快乐的生活是善的生活；我们又问，快乐是什么？回答说，是正当的人以正当的方法获得的乐趣；我们再问，怎样的人才是正当的人？回答说，是按照理性过符合美德的生活的人；我们接着问，什么是美德？回答说，美德是给具有正当品格的人带来快乐的那些思想及行动。这的确是一个循环，但不是恶性循环。要吃透这一理论，必须对理性、节制、忠贞、勇敢、正义等等具体的美德一一仔细研究，了解它们是如何使人过上善的生活的。亚里士多德做的正是这样的研究。事实证明，奉行美德的人在生活中正直高尚，亚里士多德对美德与善的生活密切相联的信心于是愈加坚定。需要再次指出，今人的道德概念与亚里士多德的道德伦理概念并不完全一样。他认为好城邦应该鼓励的各种美德中，许多并不属于我们所理解的道德品质，如教育良好、品味高雅、在公共场合举止得体。这些对健康的社交生活非常重要，健康的社交生活又是维持城邦团结的重要因素，然而，它们并非现代意义上的道德品质。

亚里士多德和柏拉图一样，认为成功的城邦须建立在正义的基础之上，但亚里士多德对正义的理解与柏拉图并不相同。他在《尼各马可伦理学》中，对柏拉图把一切美德都归入正义的做法提出了批评。亚里士多德将作为一项具体美德的正义与被视为普遍美德的正义作了对比。“全面正确”自成一格；但通常意义上的正义或公正指的是论功行赏、按过处罚、给每个人他所应得的。在政治上，这意味着根据政治品格分配权威和权力。正义国家的人民必须奉行正义。国民的生活符合正义，方可实现国家的正义。如果柏拉图的乌托邦里只有哲学家才能真正达到公平正义，那么乌托邦就有了白璧之瑕。因此必须表明，普通人只要通晓道理，也能够并愿意奉行正义；不过他只要能在非特殊的情况下奉行正义，这样就够了。《理想国》声称，无论在何种情况下，奉行正义都能给人带来好处；这种说法迹近强辩。柏拉图的理论尽管雄辩，却不能服人，因为他“正义之人必定比不义之人快乐”之言所指的快乐与普通意义上的快乐相去甚远。亚里士多德弥补了柏拉图理论的缺陷。

正义之人愿意行正义之事，将其作为善的生活的一部分。为人公正、品格端方是理性的表现，但不能保证正义之人总会比不义之人的日子过得好。大自然的意思是要正义蓬勃兴旺，但某个人也许运气不佳，行正义之事反而给自己带来麻烦。正义之人组成的社会总会比不义之人组成的社会发达，理性的人总会愿意生活在正义的社会中。然而，无法保证正义社会的每一个成员都兴旺发达。如果有其他美德的支撑，行正义之事就更加容易。一个无私的人会关心自己的家人和朋友，希望他们生活在正义的社会中，这就促使他做正义之事。即使最不公不义的人在一定程度上也相信公平正义，希望所有其他人都行事公正。比如，窃贼不想自家遭窃，强盗也不想自己被劫。不过，善人是为正义而正义。他从为人公正中获得快乐，为人公正对他追求快乐不可或缺；他想得到朋友的信任和同行的尊敬，而这些都与他的公正有必然的联系。换言之，正义之人能激起别人的信任和尊敬。

衡量亚里士多德此论的正确性并不容易。如果认为，人的本性是以自我为中心，只关心将一切事物尽可能为己所用，就很难想象，他们除了将他人视为实现自己快乐的手段之外，如何彼此相处。这是普洛斯、卡里克勒斯和色拉叙马霍斯的世界观。亚里士多德不认为人一生只有一个目标。人追求的目标为数众多，每个目标都有其意义。目标也是分等级的，比如，理性的人将追求品格的完美置于追求物质财产之上。他希望因自己的品格受到尊敬，非常在意别人对他的看法。但是，他的正义不止有功利的目的。色拉叙马霍斯“贪婪就是善”的观点在亚里士多德这里无法立足，在正直的生活中，每一种“真正的”善都有恰当的位置。“为什么人这种实质上自私的动物要在乎正义、诚实，以及任何其他有益于别人而非他们自己的美德”，这个一般性的问题并不成立，因为它的前提首先就站不住脚。

人追求幸福，但并非总能如愿以偿。不能如愿说明某个地方出了问题。一个头脑清楚的人想要于己有益的东西，从这个意义上说，对人有益的与人的需要紧密相连。但人想要的并非如色拉叙马霍斯所说，一定对人有益。不当的欲望（如吸毒、酗酒、赌博）毫无益处，反而对人不利。被误导的需要也会产生同样的结果，比如误把毒药当补药喝下去，本来是想恢复健康，却毒死了自己。还有更复杂的错误，比如，误以为无情虐待被打败的敌人能使他们乖乖服从，或在吓阻敌人成功后，误认为故技重施仍会奏效。还有的错误来自个性的缺陷，比如胆小鬼会误判形势，夸大危险，不相信勇气的作用。

政治分析

政治分析的正确模式至此已呼之欲出。应该全面考察各种政治制度，据此确定造成成功和失败的各种因素。可以将腐败的政府与优良的政府区分开来，看一看哪种制度能促进正直的政治生活，哪种制度正好相反。也可以找出不同国家的人民采纳不同制度的原因，以及为何我们所谓的“政治”只是在一些社会，而非在所有社会中蓬勃发达的理由。亚里士多德派学生去研究古希腊各城邦的政制，不过如今只有《雅典政制》硕果仅存。该书是各种信息的大杂烩，也许是亚里士多德写的，也许只是他的一个学生写的；无论如何，读起来都十分有趣。

《政治学》共八卷；最后两卷与前面的几卷很不一样，描述了一幅理想国的图景以及它的教育制度，但前几卷却将理想国的设计讥讽为浪费时间。此外，后两卷零散不全，最后一卷只有几页，专讲年轻人的教育；前六卷则是一个组织严密、结构分明的整体。第一卷将政治团体与所有其他团体作了区分，并将政治团体的组织原则与家庭的组织原则区分开来。第二卷论及理想国家的理论与实践。第三卷和第四卷探讨了政制形式和公民资格这两个相连的题目。第五卷和第六卷讨论的也是两个相连的问题——革命，以及如何建立能够预防、疏导或平息革命的宪政体制。

尽管如此，《政治学》的内容仍然相当繁杂，对许多同样的问题在不同的地方重复讨论，比如公民权的本质这一贯穿始终的主题。第一卷讨论权威形式的时候对它首次提及，将公民对公民的关系与主人对奴隶、丈夫对妻子、家长对孩子的关系区分开来；该卷的论辩为第二卷对柏拉图的政体模式的驳斥提供了铺垫。第三卷和第四卷的题目是公民资格，而在第五卷和第六卷中，论者探讨什么样的人应该掌握政治权力时，这个题目再次出现。读《政治学》须细品慢尝，方能从它对同一问题的反复论辩中获得乐趣。这里对《政治学》的介绍只能挂一漏万，还要结合对柏拉图《理想国》的讨论，以及亚里士多德去世后的两个千年中后人对他的理论的解释。我的讨论不按亚里士多德书中的顺序，先绕过第二卷，把它留到最后，把亚里士多德在第二卷中对理想国理论的批驳和他后来对理想国家的描述放在一起。[5]

政治人

《政治学》开篇不久，亚里士多德就宣称，人按其本性注定要生活在城邦之中。此前他在书中还提出了三个论点，也几乎同样出名。第一，他说一切团体都有其目的，城邦作为包容性最强的团体，目的也最具包容性；它是人类组织的终极形式，旨在达到社会生活的最高目标。第二，其他团体需要城邦的庇护，但城邦不需要附属于任何其他团体；它是自足的，可以满足成员生活各方面的要求。第三，这样的团体有其特有的正确治理方法，只有它应当以“政治”的方法来治理。亚里士多德批评一些学者将作为政体领导人的“政治家”（statesmen）的权威与征服者、丈夫、父亲或奴隶主的权威混为一谈。显然，亚里士多德批评的对象是柏拉图。城邦中的权威为城邦所特有，不应混同于其他关系中的权威。国家并非大家庭，家庭亦非小国家。国家发源时可能是集权制，因为它源自父系统治的家族，但国家一旦超出了家族，它的目标即不再与家族的目标相同。要了解一个团体，应看它的目的，而非它的起源。国家的目的不同于家庭或家族的目的。亚里士多德说，城邦“单纯为了生活而产生，但为了善的生活而存在。”

亚里士多德心目中的国家是希腊城邦。他的大部分学说似乎指的是所有种类的国家，而且令人惊讶的是，在大部分情况下也的确适用于所有国家，但他本人关心的是雅典人在公元前6世纪晚期创立的国家，以及其他类似的希腊国家的成功运作。他宣称，人因自然天性的决定，必然会组成城邦，意思是城邦为人提供了合适的环境，使人得以发挥最大的潜力，充分过善的生活。表面上看来，此论似乎与他别的言论互相矛盾，因为他在别处（甚至就在《政治学》中）说过，最好的生活是哲学家那种沉思的生活。[6]但亚里士多德用两个可以服人的说法化解了他自己观点的相互矛盾，他的追随者很可能对这两个说法都进行了充分的利用。

首先，亚里士多德指出，愿意按哲学家的方式生活的人为数寥寥。如果一个人在品味和脾性上适合从事哲学研究，也许做哲学家会使他得到特别的满足；也许凡是哲学家对其他的生活方式都不感兴趣。然而，具有这种品味和脾性的人毕竟不多，大部分人会发现，城邦为他们提供了过最适合他们的生活的环境。这并非说他们是“低等”人。他们的生活也体现了勇敢、正义、忠贞、诚实、节制等美德。他们过的是最好的行动型生活（vita activa），不是最好的沉思型生活（vita contemplativa）。沉思型生活也不一定优于行动型生活。其次，亚里士多德又指出，哲学家的事业有些奇特。他说，不需要城邦的人不是禽兽，就是神明。野兽没有语言和理性，所以不能组成政治社会；神明自己无所不能，因此不需要政治团体。[7]哲学家探索的是上帝*的思想，如果他成功了，他就会和神明一样悉具自足。因此，对他的生活成功与否的评判不能依常规而论。至于人除非如此渴望钻研哲学以致于身不由己，否则是否会心甘情愿做哲学家，这个问题十分深刻，不属于本书讨论的范畴。然而，它再次表现出哲学寻求绝对真理与政治寻求人类共处的权宜之计（modus vivendi）这两者之间的矛盾。

亚里士多德在《政治学》第一卷中用整卷的篇幅条分缕析，将这个观念的含意一一予以论述。既然城邦由村庄联合组成（亚里士多德参照的蓝本也许是雅典的村庄），而村庄又是由家庭组成，所以他首先分析了家庭的本质，主要着眼于经济生活和政治生活之间的关系，并时刻注意将这些不同领域中的权威与政治权威作出区分。在家庭内部，男性家长统治着妇女和孩子。亚里士多德没有说妇女不如男人，但他认为，妇女与其听从自己的理智，不如听从受过教育的男性。因此，妻子服从丈夫的

---

* 亚里士多德不可能论及基督教的“上帝”概念，这里是作者对亚氏思想的诠释。——译者注

管理于己有益；妇女若和男性公民一样参与公共生活反而于己有害。男人作为家长，在家中行使对妻子、孩子和奴隶的权力。他作为丈夫/父亲的权威并非依靠强力，亦非为他个人的狭隘利益服务。不过他对奴隶行使的却是货真价实的专制（despotic）权威；希腊文中despotis一词的意思就是“主人”。家长统治的目标是确保阖家兴旺。亚里士多德为后世留下的一个思想是：任何人类团体，它赖以维系的权威的范围及性质均由该团体的根本职能，亦即该团体的性质来决定。2 000年后，洛克在1690年发表的《政府论·第二篇》中对政府权威的分析正是以这个思想为基础的。也许是因为洛克的影响，这一思想，连带它所代表的有限政府的理念和以目的为赋权标准的理念，都载入了美国宪法。[8]

奴隶制

权力依职能而定的理念也涵盖了最使读者困扰的主人对奴隶的关系。亚里士多德假设，如果一个人（他概念中只有男人）要腾出时间参与社会的政治生活，就必须有奴隶来从事体面公民不屑为之的体力劳动。美国内战之前，南方捍卫奴隶制的人有时就以这个论点做根据，尽管他们更多地是援引《圣经》的启示，而不是哲学理论。有时他们干脆拿北方“自由劳动者”的辛苦当作论据。不过，亚里士多德当时没有这样的论据可以使用。亚里士多德冷酷地将奴隶说成是“有生命的工具”，是遵从主人的要求从事劳作的器具。大致来说，古希腊的奴隶比美国南方种植园和古罗马庄园的奴隶的境遇要好，但并非总是如此。通常，古希腊的战争中战败方的男女老幼一律成为奴隶，结果是许多奴隶受教育的程度比主人还高。家庭奴隶的处境经常还算过得去。柏拉图曾抱怨说，在雅典，奴隶和公民难以分辨；阿里斯托芬的喜剧中也常有快乐而懒散的家奴。然而，在支撑着雅典经济的劳里厄姆银矿中劳动的奴隶却境遇凄惨，大量死于劳累过度和铅中毒。不过，雅典人在叙拉古打了败仗后遭到同样的待遇，雅典战俘被送到西西里的采石场做苦工。但他们既不抱怨自己遭到的虐待，也没有因此改善自己对奴隶的待遇。广泛的人道主义在古罗马和在古希腊一样不流行。

把奴隶视为活的工具不是说主人对奴隶可以像对待一架犁或一把铁锹那样随意处置。它只是暗示，如果主人和奴隶的关系是自然本性所决定的，那么主人和奴隶的智力就应有所不同，奴隶的智力只够听从指示，需要在主人智力的指导下行动。要是主人和奴隶在外表上也有所不同就更好了。亚里士多德说，自然要求奴隶具备从事体力劳动的强壮体魄，但不美观，而主人的身材要美观矫健，但不必特别强壮。可惜的是，自然的这个要求经常达不到。[9]亚里士多德勉强承认，奴隶制主要由“习惯形成”，许多奴隶，可能甚至是多数奴隶，本来是不应该沦为奴隶的。但他不肯否认奴隶制。如果亚里士多德心目中的政治要存在下去，就必须有奴隶制。如果搞得好，也许主人和奴隶之间甚至可以发展出某种友谊，因为主人是会为奴隶的福祉着想的。不出意外，亚里士多德在提出理想国家的构想时，建议了折中的办法。希腊人不奴役希腊人，只奴役非希腊人，因为非希腊人本性就适于做奴隶，而希腊人却不是。[10]亚里士多德对此提过便罢，未加阐述。这表明，他关于希腊民族优于周边所有民族的观点仅为随意的假设，与现代的种族主义不同；也表明，他无须长篇大论地为奴隶制辩护，因为直到启蒙运动之前，奴隶制在理智上一直为社会所接受，被认为是理所当然。

亚里士多德关于奴隶制的观点的奇特之处在于他的立论自相矛盾，这在其他问题上鲜有出现；这种自相矛盾经常会使读者猜想，他可能其实是要拆奴隶制的台。说奴隶是有生命的工具，这意味着奴隶的主人只需以照料铁锹的注意力来照顾奴隶。人需要清洗并磨利铁锹，以便于用它挖土，但没有人想要和铁锹交朋友。承认主人和奴隶在很多情况下关系融洽就意味着奴隶仅为工具的论点站不住脚。这还不是唯一的矛盾。亚里士多德声称，对天性适于做奴隶的人来说，奴隶制是好事。然而，在讨论理想国家的时候，他又说，应当让奴隶有机会获得解放，虽然解放对那些只适合做奴隶的人并非好事。美国南北战争之前为奴隶制辩护的人则比较前后一致，他们坚称，奴隶获得自由后无法生存。如果自由对奴隶来说是好事，那么只有在正义战争中抓获的俘虏才应该当奴隶，算是对俘虏的惩罚，他们一旦得到解放就代表着惩罚的结束。在解释奴隶制时，亚里士多德遇到了解释丈夫对妻子权威的同样的困难。如果这种关系不是建立在赤裸裸的强力基础上的专制关系，那么地位高的一方就必须比地位低的一方更加理性。但是，亚里士多德的理论不仅假设地位低的一方可能和地位高的一方同样理性，而且还包含着一层未明言的意思，即地位低的一方有足够的智力作为理性的人接受管理。如果奴隶和妇女在智力上与主人和丈夫不相上下，亚里士多德理论的基础就岌岌可危了。他为奴隶制的辩护反而引起了众多问题，使他应接不暇。亚里士多德说，如果犁铧有可能自己耕田的话，就不需要奴隶了。[11]此话也许表现了他内心深处对于奴隶制的一丝不安。当然，这不是说只要能用机器代替奴隶，所有人就都会放弃奴隶制。美国打了一场南北战争才迫使南方奴隶主放弃了奴隶制。在南方奴隶主看来，为了维护他们心目中的贵族生活方式，在经济效率上做些牺牲是值得的。这种思维并非完全没有道理。

尽管亚里士多德在论证中遇到了种种困难，但他仍然坚持奴隶制的合理性；这可以从政治之本质的另一个方面找到解释。亚里士多德在第七卷中再次讨论政治的定义时提出，气候、文化和经济的原因可以解释为什么只有某些人可以从事政治活动。锡西厄人居住的地方寒冷贫瘠，谋生艰难，人们无暇举行公共辩论或从事政治交易。为生存而苦苦挣扎的人无法从事名副其实的政治。他们靠土里刨食，居无定所，他们的部落组织是无法维持政治生活的。另一方面，在气候太热的地方，人热得无精打采，当然也就没有精力进行政治生活所必需的激烈辩论，所以只能受专制统治。比如，波斯人就没有政治自治权。他们是双重的非自治：第一，他们没有自治，由波斯国王的总督辖治；第二，总督治理的办法并不经过公共辩论和讨论，而是秘密决定的，不对人民说明。亚里士多德没有说波斯的君主制没有“政治”可言，但他把波斯做事的方式和希腊的方式作了效果鲜明的对比。不出所料，亚里士多德出于在两个极端中间寻找恰当的平衡点的习惯，认为希腊人得天独厚，无论是在天性上、气候上，还是经济上，都最适合政治生活。有自由却非无政府，有秩序但不是暴政，这一点希腊做到了，或者说可以做到。[12]

经济活动

经济活动使政治生活得以蓬勃发展，但也可能对政治生活构成威胁。亚里士多德对什么样的生产与消费能最好地维持公民社会进行了讨论。可以想见，他努力在过分撙节、锱铢必较和唯利是图、大肆挥霍之间寻找中庸之道。斯巴达人念念不忘被他们奴役、受他们残暴压迫的希洛人构成的危险，也随时警惕不让公民被安逸生活所腐蚀。所以，他们尽量减少对外贸易，要求年轻人在公共食堂吃饭，通过共同生活来维持公共精神，防止他们追求舒适的私人生活。这个办法只能算部分奏效，斯巴达人一旦离开了他们城邦里压得人喘不过气来的纪律，就烧杀抢掠、无恶不作。斯巴达的教育和穷兵黩武没能使公民真正把道德观念由衷接纳。斯巴达人把他们的城邦变成了训练营，训练出来的士兵可以随时为好的、坏的，或无关紧要的理由而战死，但他们没有尽忠尽责的思想。斯巴达人很容易收买，他们的文化修养也比不上不如他们善战的国家。

亚里士多德的目标与柏拉图以及斯巴达人的目标一致：培养有公共精神的公民，避免让私人经济活动销蚀公共精神；但他希望通过温和的措施来达到这个目的。柏拉图钦佩斯巴达人对肉体舒适的轻蔑，亚里士多德则不以为然。更重要的是，他对柏拉图废除私人财产的偏执心存怀疑。他同意，公共宴会和节日庆祝这种“共同消费”能激发公共精神，但他不同意“共同生产”能提高效率。柏拉图认为，妻子、孩子及财产的共有能促使人们将通常对“我的家庭”和“我的财产”的感情转移到“我们”共同的家庭和财产上，亚里士多德对此大加嘲笑。他指出了一条真理，在今天有大片公共空间的国家中得到了强化；人们不认为属于所有人的东西真正属于每一个人，而是认为那东西不属于任何人，于是对它丝毫不加爱护。一个人只有为了自己的家人才会努力工作养家，只有对自己的农庄和庄稼才会精心照顾。亚里士多德提倡私人生产，共同消费。

更深层的思想是，有些工作本质上会对人性产生腐蚀败坏的影响，有些经济活动本身就是错误的。这方面的基本理念尽人皆知。人本能地知道自己衣食住行的需要。人需要足够的食物、饮水、住房和舒适，但不能过分，这是任何一个教养得宜的人都明白的道理。人的需要到底是什么，也许无法详细说明，但也没有必要说明。我们知道什么工作有损人格，即使无法确切地解释其中的原因。我们也都明白体面的人可以从事某些职业，却不能从事另外的某些职业，即使说不出为什么。现代经济学家不像亚里士多德和中世纪学者那样，致力于探究经济活动的“正当”目标。现代人也不像古希腊人一样，用正义的概念评判货物的定价。不过，现代人同样感到，有些物品的价格和有些人的收入太高或太低，这很不公平；也许说不清楚怎么不公平，但那种感觉十分强烈。工会一直致力于为工人争取公平合理的工资，这与亚里士多德的经济学观点相去不远。亚里士多德认为，人的自然需求决定了相关经济活动的界限。人通过劳动来获取食物、饮水、衣服和住房；生产是为了消费。因此，货币会造成麻烦。古希腊历史上，官方造币出现得较晚，留存下来最早的钱币是公元前600年左右铸造的。柏拉图和亚里士多德等保守的道德家都不信任货币。货币的“价值”可以相当于与它无论在物质上还是在其他方面都没有任何关系的物品，这是“不自然的”。比如，我们看到一双鞋子价值或定价175美元，而这又是100个面包的价格或价值，就会猜想，一定有某种基本的东西决定了一双鞋子和100个面包具有同等价值。无论这基本的东西是什么，它都不是购买鞋子或面包时用的银币。因此，需要对货币本身的价值做出解释。

自那以来，人们主要提出了两种合理的解释。一种解释的基本理念是，人使用的物品需要人力来制造、捕捉、挖掘或寻找。另一种解释则建立在人购买的物品反映了人的欲望这一事实之上。第一种解释根据生产者付出的努力来衡量价值；第二种解释则是根据购买者的欲望来衡量。这两种解释都不能普遍适用，尤其是二者只用其一的时候，不过二者相结合倒是比较有效。如果我制鞋的手艺非常糟糕，我制造鞋子时就会花很大力气；但是，我制成的鞋子在市场上没有价值，因为没有人要买。如果我无意中发现了一颗钻石，就能卖很高的价钱，虽然我并没有花多少力气。这两种情况说明，任何物品的价格都是由供应的多寡相对于需求所决定的。人要活下去需要面包，只有吃饱了肚子，才会想要钻石。但面包容易大量生产，钻石却并非如此。

在货物的市场价格的背后，存在着决定价格的真正的或自然的价值。亚里士多德开了这一思想的先河。他关于货币和高利贷的论述对后来的经济学产生了巨大的影响。最重要的是，他启发了中世纪对放债和高利贷的谴责。当然，他与这种谴责中反犹太人的内容没有关系。反犹是因为基督教禁止教徒放债收取利息，而犹太人被禁止参与大多数经济活动，于是犹太人操起了放债的行当，因而成为受人鄙视的对象。亚里士多德谴责的不是哄抬价格或过分提高利息的行为本身。他以他惯用的生物学比喻说明，对生活真正有用的物品是有机的，这些物品的生产及使用是生产与消费自然循环的一部分。货币如能促进这一循环，它就是有益的。货币本身不能生发，它是金属，不能像树木和植物那样产生后代。因此，以放高利贷为业不符合自然。靠放债收息为生的人是让没有繁殖能力的金属去繁殖。这种谋生方式是不自然的，应予以谴责。[13]

有人可能认为亚里士多德是在批评暴发户。然而，他批评的不止是社会现象。大部分生产活动都有自然的循环。人先制造出物品，然后消费制成的物品。但赚钱却没有这样的起始和终了，没有自然的终点。银行业和赚钱的活动会侵蚀社会秩序，这是自有货币以来，诗人、剧作家和社会理论家的一贯论点。即使在今天，每当金融业者的过分行为威胁到所有其他人的财富时，这个论点都会再次出现。

亚里士多德认为，国家最好由家境小康的人来治理，这种人的生计依靠农庄的生产，他们自己不从事农活或任何卑贱的劳动，以保持自己参与公共生活的恰当身份。鉴于亚里士多德有关经济活动的看法和对自给自足的赞美，他持此观点应在意料之中。公民应该是农夫和有一定家产的人，这些人应该有一定的余暇，但不能太过闲散。他们既然没有太多的时间在市民辩论会场“从政”，就必须依靠确立的规则来管理国事，换言之，依靠法治。亚里士多德是第一位提出“法治而非人治的政府”理念的学者。他在这个语境里说到的“农夫”指的是小土地拥有者或租用者，通常有一两个奴隶帮助打理农庄。[14]在其他情况中，他所说的“农夫”指真正在田里干活的人，而在理想的国家中，这样的人是奴隶，有的是私人拥有的奴隶，有的属于国家。[15]亚里士多德将理家之道和创造全社会良好生活条件所需的政治艺术作了区分后，在第二卷中转而讨论理想的国家。不过，他在第一卷中为公民、政体秩序和避免停滞这些他最关心的问题打下了基础，让我们先来看他关于这些问题的讨论，然后再回来看理想的国家。

公民与宪制

讨论完理想国家和建立乌托邦的实验后，亚里士多德谈起了使他的著作2 500年来一直长盛不衰的那些题目——公民身份的本质、好宪制的特质、革命的原因、预防动乱的方法。这些题目之间的联系是：宪制把权力分配给公民；管理着获得及使用政治权力的规则是任何宪制的中心要素；政治社会的居民对政治权利与义务的分配是否满意是决定政体是平安稳定还是冲突不断的关键。我们要寻求的是最不会激起不满的分配权利、义务和权力的方法。

这就引起了公民作为社会成员的品质与其个人品质之间的联系的问题。比如，忠诚是个人的美德，也是团体成员的美德，但如果一个团体追求的是坏的目标，对团体的忠诚就不一定是美德了，因为对团体的忠诚会帮助团体实现其（坏）目标。犯罪学家说，事实上窃贼之间没有荣誉信用可言，但常言说盗亦有道，这反映了一个普遍的假设，即彼此间讲究道义的窃贼作起案来会更加有效。好人是否一定是好公民，这在后来的2 000年间一直是引起激辩的问题。在从古代理想中汲取灵感的学者当中，马基雅维利坚称，忠心谋国者常常不得不犯奸作恶，为好人所不为，卢梭则担忧马基雅维利所言不虚，于是像柏拉图一样大力推崇组织简单、孤处一隅、非商业化的小共和国。这样的共和国与邻国老死不相往来，不会与别国有军事或其他方面的牵绊，因此使人不致为了爱国主义而牺牲人性和更广义的正义，而那种爱国主义其实就是个人和集体的自私。近代民族国家的出现未能消除这样的焦虑。谁都知道，近现代国家知道如何训练年轻人成为军人，却不知如何教会他们适应退伍后的平民生活。

亚里士多德关于公民必备品质的思想反映了富裕的雅典人对社会各阶级成员的看法，也表现了他对于经济利益影响政治行为的精明观察。亚里士多德心目中的公民与现代世界的概念不同。根据现代世界的概念，有了公民身份就有权得到政府的保护，也有权行使制度赋予的政治权利。在大部分现代国家中，外国居留者若行为不端可以将其驱逐，公民则不会被驱逐。在古希腊城邦，身为公民的领导人遭到驱逐却是家常便饭。另一方面，瑞士妇女直到最近才获得投票权，但是她们是现代意义上的瑞士公民，因为她们持瑞士护照，也享受现代国家居民通常享受的法律权利。按亚里士多德的标准来看，她们是自由人，也就是说，她们不是奴隶，但也不是完全的公民。亚里士多德认为，公民身份的根本是政治上（不是经济上）平等的人有“统治别人也受别人统治”（ruling and being ruled in turn）的权利。他不注重某人是否是某个政体的成员，古希腊人一般来说都对此不予重视，因为那个时代没有护照，也没有要求确认身份和资格的福利制度。这并非说政体成员的身份不重要。雅典人杀光米洛斯岛的男性居民，把他们的妻儿掳为奴隶的时候，是不是米洛斯社会的成员可是生死攸关的大事。

亚里士多德关心的问题是：由哪些人轮流掌握统治权比较保险。他的中庸之道提供了最为恰当的办法。既然人既非野兽亦非神明，所以人的社会组织就必须适应介乎于神明那种超然稳固的自给自足和野兽那种无意识的自给自足之间的生活状态。政治的基础是人与人之间某种形式的平等（或不平等）。亚里士多德在谈及决定公民身份的宪制安排时，表达了人所熟悉的观点。如果一个人与所有其他人的差别如同上帝与人或人与动物之间的差别那么大，这个人就应该掌握绝对权威。[16]然而，没有人能与别人有这么大的差别。反之，如果穷人与富人、奴隶与自由人、男人与女人、成年人与小孩子、本地人与外国人之间没有分别，那么所有人就都可以成为他们所在城邦的公民。但是，这些人之间有重要的分别。公民身份所意味的平等就存在于这些极端的中间。

亚里士多德没有说，因为每个人都需要法律的保护，所以所有的人就都应该得到（现代）公民应得的权利。在雅典，奴隶、外邦人和妇女的权利比公民的权利少得多，亚里士多德对此安之若素，尽管他自己在雅典也是外国居留者。事实上，他描述与他地位相同的人时，语气冷静得惊人："只是在有限的意义上称他们为公民，正如将公民的称号给予不到登记年龄的孩子，或被免除了国家责任的老人。"[17]亚里士多德也没有说，所有人都具有共同的属性，因此，无论出生于哪个国家的人都有权得到公民身份。后来的斯多葛派提出了这样的观点，在自由民主理论中得到普遍接受，但亚里士多德另有看法。他认为，有的人适合做公民，有的人不适合，此乃天经地义；教育得当、经济独立、本地出生的自由人是最好的公民人选。大自然注定女子从夫，所以女人做公民是违反自然。从事不用脑筋的重复性体力劳动的男人不适合就政治问题发表意见。亚里士多德不像后来反对给妇女投票权的人那样，认为因为妇女不像男人需要从军，所以不能享受和男人同等的政治地位；他也并不认为，无论个人的智力和职业如何，政府若是犯了错，所有的人都会受害，只凭这一条就应该给所有的人在政府事务中的发言权。亚里士多德使用的检验法是看一个人是否有天然的“自主”能力。在家里不自治的人不可以成为自治的政治团体的成员。

没有雅典人会相信有哪个希腊人对政治不感兴趣。哪怕是为了自我保护，他们也需要密切关注掌权者的行为。他们非常明白2 500年后托洛茨基的话：“你说你对政治不感兴趣，但政治对你感兴趣。”如今英国或美国“公民”对政治的冷漠和对从政者以及政治机构的无知是古雅典人所无法理解的。在古雅典那种大家低头不见抬头见的小社会中，也很难做到不关心政治。城邦内部的政治经常是阶级间的斗争。上层阶级试图为公民资格设立重重限制，以保护自己的财富和地位，较低层的阶级则争取扩大自己的政治权力，以图自保。雅典民主形成之前，曾有过一段长时期的斗争，最后才使得非富非贵的人也获得了参政和担任公职的权利。雅典的民主确立后，斗争仍未停止；普通平民试图扩大对政治进程的参与，支持寡头执政的人则试图削减对手争取到的成果。这样的斗争有时残酷异常，到了任何政治制度都难以遏制的程度。雅典和伯罗奔尼撒联盟的战争引发了别处的内战，全希腊多处沦为修罗场；修昔底德对这段历史的叙述清楚地表明，彼此对抗的穷人和富人不惜借用外援来解决地方问题，用极为暴烈的方式报复对方。[18]三十僭主在他们短命的统治期间犯下臭名昭著的暴行，他们自己也是被暴力推翻的。残酷的暴行在希腊可谓司空见惯。在希腊的政治生活中，极端的行为方式由来已久，因此，亚里士多德对政治温和的反复强调就更加令人服膺。不出意料，他希望温和的人做公民，也希望建立制度化的机制来缓解冲突。

与谁能做公民这个问题相对应的问题是，什么是最佳的宪制形式？亚里士多德概念中的宪法在本质上与现代的理解非常相似。它是由城邦通过的一套规则，确定各个机构的职能，也规定谁有权参与政治决策、影响到城邦的决定该如何做出。按照柏拉图的推理，如果“最好的”人能够掌权，对他们唯命是从就符合自身的利益。如果只有一个“最好的”人，他就应该是权力无限的独裁者（panbasileus）。既然按照定义，这样的独裁者只会做最好的事，所以就没有理由对他进行任何限制。亚里士多德也遇到了按柏拉图这个思路进行推理的诱惑，但他顶住了诱惑；他说，更可信的情形是，“最好的”人是一群人，他们就是理想的贵族。亚里士多德说，自然想要“最好的”人成为世袭的统治精英，自然也会确保适当的品质代代相传。这个观点使人迷惑不解；问题是，如同雅典和其他地方的历史所证明的，政治智慧和政治天才靠基因遗传非常靠不住。亚里士多德并不纠缠“正直的父亲为什么会生出邪恶的儿子”这个一直使柏拉图困惑不已的谜题，但他注意到，饲养人在繁殖动物的过程中成功地保证了好的特征得到遗传，但人的好品质却没有类似的遗传性。应该承认，亚里士多德也注意到，贵族掌握统治权“是自然决定的”，这主要是上层阶级自说自话，贵族以外阶层的人并不太相信。

其实，亚里士多德离解决他的这些焦虑只剩一步之遥。他确立了正确的前提，即政治统治的才能只有少数人具备，所以政治的本质上是“贵族式的”；政治才能的遗传并不可靠，所以世袭贵族制有缺陷。许多人自己没有政治才能，但看得出谁具备这样的才能，可以推选出非世袭的统治贵族。这就是近代出现的代议制政府。前提已经有了：亚里士多德坚信，穿鞋的人也许不会做鞋，但他知道鞋子的哪个地方夹脚；他还特意不惜笔墨地指出，在许多情况中，三个臭皮匠胜过一个诸葛亮。亚里士多德生活在近代代议制政府发明的2 000年前，而代议制政府的实质就是让民主国家的公民自己选择统治者。当这种制度按照预期运作良好的时候，它产生的就是“选出的贵族”（elective aristocracy），也就是亚里士多德所需要的那种多数人的常识与少数人的才能的结合。詹姆斯·麦迪逊和詹姆斯·穆勒这两位各自生活在18世纪末和19世纪初，相差20年的作者都认为，代议制是近代史上的一项伟大发明。有了它，才有可能建立大规模的民主（democratic）政府，或更确切地说是建立大规模的平民（popular）政府。然而，亚里士多德没有建议这样的政府形式，这个事实非常说明问题。在亚里士多德看来，如果一个国家的公民彼此不认识，这样的国家根本不能算作国家，所以国家的规模决不可太大。如果一国只有几千个公民，就不需要代议制；像雅典那样，公民选举只是为了选择官员。亚里士多德对公民总体的合理规模的讨论显示，他觉得雅典还是太大了。近代历史上，代议制民主这个思想出现的过程相当曲折。代表性机构存在了几个世纪后，才被视为实现某种民主——即“代议制民主”——的方法。卢梭提出，选出的贵族在一切政府形式中是为最佳，但他对作为选出贵族（elective aristocracy）近代基础的代议制却予以谴责。几年后，麦迪逊才清楚地阐明了关于代议制民主的近代观点，杰斐逊区分“纯粹的”和“代表性”民主形式的时候，也就此作了阐述。

亚里士多德对政体的分类

原则上，贵族制是最好的政府形式。在贵族制中，最好的人掌握统治权，因为他们有最高级的判断力、勇敢、公平正义和温和节制。他们显示出优秀的公民品质，由他们掌权的政体也将达到优秀的水平。在真正的贵族制中，少数出类拔萃的人为了全体人民的利益统治国家。然而，经验表明，贵族制有个令人遗憾的趋势，经常会退化为寡头统治，不再坚持公共精神，而是奉行阶级的优越感，温和节制也让位于对其他社会阶级的压迫。要知道亚里士多德如何解决这方面的困难，必须来看他最为著名的理论，即按照参政人数和政府的善与恶来区分的六种政府形式。

三种良性的政府形式是君主政制（kingship）、贵族政制（aristocracy）和共和政制（politeia）；在这些政府中，一个人、几个人或较多的人拥有最终权力，以社会的共善（the common good）为宗旨来治理国家。三种腐败的政府形式是专制政制（tyranny）、寡头政制（oligarchy）和民主政制（democracy）；在这些政府中，一个人、几个人或贫穷的多数人为了他们自己的狭隘利益进行统治。[19]“民主政治”成为近代代议制政府的流行标签后，对不良的平民政府形式不再称民主，而改称“暴民政治”（ochlocracy）；亚里士多德则没有这方面的顾虑。Demos一词的意思就是“贫穷的多数”，亚里士多德和所有其他古希腊思想家一样，认定贫穷的多数会利用政治权力来为自己的利益服务。设计宪制的难题在于如何分配权力以鼓励掌权的人用权力来促进共善，而不只是自己狭隘的阶级利益。民主派称，不能仅仅因为一个人家里穷或操贱业就不准他做积极参政的公民。亚里士多德认为，这种观点是错上加错。首先，穷人和从事卑贱行业的人没有足够的智力来思考全社会的利益；其次，穷人作为一个阶级对富裕的人心怀嫉恨，会不择手段抢夺富人的财产。解决这个问题的办法是结构平衡的共和政制所体现的“有限民主制”或“扩大贵族制”。在克里斯提尼建立的民主制下，社会最低层的阶级被排除在大部分公职之外；“有限民主制”比克里斯提尼的民主的限制还要多。另一方面，“扩大贵族制”对出身和财富的要求不像寡头政治那样严格。个中道理并不复杂：政体制度限制得太严格会引起忿怨，太宽松也会导致同样的结果。解决办法应当在两者之间取其中。

很清楚，亚里士多德把公民的优秀与宪制的优秀联系到了一起。虽然有的人无疑比别人优秀，但没有人能使所有其他人自认弗如，心悦诚服地听从他的领导。统治者若一人大权独揽，即使身具美德也难以加深智慧和德行，反而极易被权力所腐蚀。毫无制约的君主制会朝暴君专制的方向发展。任意放纵的民主政府会使富人感到恐惧，因而引发内战；即使不爆发内战，也可能发展为集体专制。需要后人所谓的权力制衡的机制，还需要确定程序来遴选担任公职的人，以保证正直胜任的人得到选拔。然而，亚里士多德的看法仍然与今人有异。现代政治的重点关注是个人人权；我们要求政府机构对掌握权力的人监督问责，以确保公民的个人权力得到尊重。亚里士多德却不注重个人人权。因为他的世界观基于目的论之上，所以他和柏拉图一样，关心的是如何确保国家的适当运作。公民的优秀和宪制的优秀也是从这个角度来理解的。所以，亚里士多德当然会把重点放在公民团体的集体智慧和集体认同上面；即使“多数人”不能信任，三个臭皮匠胜过诸葛亮的道理依然成立。

提到民主，现代读者就会想到代议制机构，再加上大约一半选民偶尔光顾一下投票站的选举进程。他们一定感到惊讶，亚里士多德竟然接受激进的民主观点，认为唯一的民主选拔方法就是抽签碰运气。[20]更使他们惊讶的是，仔细想想，亚里士多德说得一点儿不错。如果想要实现人人都有同样的影响力，有平等的机会担任公职的目的，那么用抽签这种随机的方式来选择领导人最为有效。大部分人都不愿意采用这种方式，这说明他们和亚里士多德一样，不想不惜一切代价追求政治影响力的平等。大部分人希望取贵族制和民主制之长，避两者之短。如果做到了这一点，就是创立了共和政制。亚里士多德称，共和制“总体来看是最好的”，也最经得起困扰着政治社会的各种烦难。

避免停滞

亚里士多德说，城邦存在的目的是给人提供最好的共同生活。此论可谓意向高远；但他也时刻不忘避免革命这个实际需要。共和政制是实际可以做到的最佳宪制，这一点十分重要；务实是国家的核心美德。亚里士多德的革命理论，或者应该说他避免革命的理论，之所以引人注意，原因有很多，其中一个是它极富说服力，2 500年之后仍然言之成理。亚里士多德关于革命的观念分两部分。一个是他所谓的停滞——政治生活无法继续进行；另一个是这种中断每每会导致的血腥内战。

训练有素的英国公务员将“把戏演下去”（keeping the show on the road）作为人生目标，停滞乃第一大忌；一旦发生停滞，戏肯定就演不下去了。然而，尽管政治陷入停顿，争夺权力的斗争却不会停止。一旦掌权的统治精英阶层或单一的统治者失去了民众的信任，不再一呼百应，反而异见迭起，无力镇压，就必然会爆发内战，产生新的统治者，这新的统治者也许是一个人，也许是一个阶层。所以，亚里士多德对此问题所做的研究的另一个方面是后来的理论家称为“以违宪的方法改变宪政”的情况。在这种情况中，不仅政治生活陷入停滞，而且发生了政权易手。这一革命观念既包括马克思和其他思想家所谓“真正的”革命，即包括反叛、流血和大规模动员民众的革命，也包括被马克思的门徒嗤之以鼻的单纯政变，指没有动员民众就发生了统治精英更迭的情况，其间可能使用了暴力，但没有公众的参与。

亚里士多德特别关注两种情形，并对其作了极为精辟的分析。第一种情形是民主派和寡头派之间的对立。他注重这个问题应在意料之中，因为它是希腊城邦政治的痼疾，还导致了最严重、最旷日持久的流血。对于其中的利害所在，亚里士多德提出了一个有趣的，尽管较简略的观点。他首先指出，引发革命的不单是经济及社会方面的利益冲突，还有民众对不公平的愤怒。他进一步提出，这里涉及两种不同的正义概念。根据民主的正义概念，政治权利平等的人也应享受平等的经济利益。这意味着民主政体的革命实质上是经济性的，驱动力是穷人不堪匮乏或要求致富。亚里士多德和马克思不同，他不认为多数人只因为贫穷就会造反。在他看来，在民主政体中，有些人认为既然人人政治地位平等，那么其他方面也应一律平等，这样的人会发动革命来消灭经济不平等，这是民主政治的无情现实。亚里士多德对争取经济平等的愿望毫不同情。他的基本政治观点是，自然决定了人的智力和其他美德各有不同，因此境遇也有所不同。他相信，总的来说，富人拥有的财富和占据的社会地位是他们应得的。需要做到的是使所有人的愿望得到一定的满足，以维持政治稳定。

如果民主派的正义概念会促使和富人享受同等政治权利的穷人发动经济革命，那么寡头革命就正好相反。寡头派的正义概念是，财富不平等的人在所有其他方面也不应平等，所以应当取消多数人的政治权利，由寡头派自己垄断财富和权力。在亚里士多德看来，雅典历史为这一思想提供了足够的佐证；其实还有无数的其他例子供他参考。伯罗奔尼撒战争代表着寡头派和民主派在全希腊和整个爱琴海域的残酷斗争，各个城邦因寡头派和民主派各自驰援他们在其他城邦的同志而陷于分裂。

亚里士多德在建议如何防止停滞造成的祸害时，充分显示了他精细微妙的思维。即使是比较糟糕的国家，若能明智地遵循他所建议的办法，也可自我保全。亚里士多德甚至愿意向僭主的专制政权提出建言，助其保有权力。他的建议合情合理，世代流传；听上去简单，却不易落实。僭主坐不稳宝座的原因不外两个，一是他的统治没有合法性，二是他作为统治者的行为恶劣不得人心。第一个缺乏合法性的问题是无法补救的。既然如此，他就必须采取双重战略。一方面，他必须设法维持反对派的分裂，使他们无法团结起来一致反对他；另一方面，他需要像依合法手段上台的合格君主那样，温和施政，正直行事。早在马基雅维利和其他的谋臣之前，亚里士多德就提出了和他们一样的建议，要统治者戒贪戒奢。理性维护自身利益的僭主为了保护手中的权力，会像后来的人常说的，牺牲肉体愉悦，不计个人恩怨。他尤其要避免调戏上层阶级成员的妻女。剥夺他们参与社会治理的应得权利是一回事，玷污他们妻女的贞操，使他们的家庭尊严和个人名誉蒙羞则是完全另外一回事。抢夺别人的财产显然也是大忌。《高尔吉亚篇》中普洛斯想象的那种僭主是不可能在权位上坐得久的。

亚里士多德的建议说明，他要分析国家如何才能顺利运作，而不是空自从道德的高度谴责僭主的卑鄙邪恶。今天，僭主“tyrant”这个词只剩了暴君的意思，如伊迪·阿明*那样杀人不眨眼的独裁者，于是，今人看到亚里士多德给这样的人献计献策，教他们如何维护王位，就愈发震惊，其实没有那么严重。亚里士多德的保护人，后来成了他岳父的赫米阿斯是个好人，但严格来说是僭主。并非所有人都像柏拉图在西西里那样倒霉。而且，在亚里士多德的时代，统治者和被统治者都能获得事关人命的用兵权，不像今天，只有统治者有此权力。比起今天的暴君，那时的僭主更加提心吊胆，必须时刻小心，如履薄冰；而现代的暴君只须保证军队的忠诚即可高枕无忧。

* 乌干达前总统，据说他非常残暴，嗜吃人肉。——译者注

看了亚里士多德给僭主的建议后，可想而知，他给其他类型政权的建议也是要它们扬长避短。民主政体已经迫使传统的统治精英把权力交给了穷人，如果进一步加剧传统精英的痛苦，就有可能引发革命。所以，应当避免在实现了权力的平等后进一步试图实现财富的平等。应避免将公共生活的一切负担都压在富人头上。另外，应允许富人在政治制度中保有恰当的一席之地。民主制越采纳贵族制的特点来中和自己，就越安全、越持久。对寡头政体来说则正好相反；它必须尽量减轻民主派对它的反感，应努力避免将穷困的多数人压迫到近乎奴隶的地步，以防把他们逼上梁山。

亚里士多德提出这些建议，开了建立在经验基础上的宪政理论的先河，这一理论经常被称为混合政制理论。然而，亚里士多德在这一理论传统中的地位却难以确定。通常，混合政制理论是要提出一个“混合型”政治体制，集君主制、贵族制和民主制的优点于一身。两个世纪后，波利比奥斯称赞罗马人采纳了这个办法。在我们的时代，英国人每当想到本国的政治，大都沾沾自喜地认为，英国的王室、上议院和下议院就是这样一个混合制度。美国人也因自己的制度而自豪，认为行政、立法、司法三权分立、互相制衡是最好的制度。亚里士多德感兴趣的却不是这些。他为稳定的政府制度开出的药方是：政治权力与经济利益须相匹配；这一理论得到了20世纪政治学的确认。在一个社会中，如果多数人拥有大部分财富，给予多数人政治权力的政治制度就特别稳定。这需要社会学家所谓财富的“菱形”

分配。如果极端贫穷和极端富有的人都为数不多，社会中大部分人属于“小康”，那么力图保护自身利益的中产阶层就会在投票人数上压倒穷人，不和穷人联手去剥夺富人的财产。另一方面，庞大的中产阶级也会威慑富人，使其不敢轻举妄动，去侵犯不如他们富有的人的权利或抢占那些人的财产。美国的政治社会学家指出，第二次世界大战之后，美国就实现了这样的最佳局面，因此保证了美国民主的坚强。亚里士多德阐述的不是结合了君主制、贵族制和民主制三者要素的混合政制，而是政治稳定所需的经济基础。但无论如何，这一理论和真正的混合政制理论都表明，亚里士多德如他自己所说，是在两个极端之间寻求中点。他承认，混合型政制为人称道正是因为它博采众长，好比青铜这种合金比合成它的金属更坚硬。但亚里士多德真正的兴趣所在是：如果无法依靠“最好的人”，又当如何？

一人统治太容易堕落为专制，民主则容易退化为暴民统治。独裁者自高自大，往往横行霸道；穷人愚昧无知，容易受煽动家的蛊惑。亚里士多德有一点为难之处，使他不能全面肯定严格意义上的混合型政权，那就是，使混合型政权名扬四方的是斯巴达，而斯巴达并未鼓励公民在各个方面争取优秀，而是只专心致志于一种优秀，即军事力量上的优秀。于是，亚里士多德转而依靠中间阶级的理智和稳健。在共和政制中，中间阶级行使着压倒性的权力，应可确保事态永远不致失控。所以，财富与收入的分配必须构成政治权力分配的基础。1961年，西摩·马丁·利普塞特发表了一部论述稳定的自由民主政府需要哪些条件的著作。在这部当之无愧的名著中，他坦承受了亚里士多德的启发，并将这部反映亚里士多德论点的书题为《政治人》。[21]但丁赞亚里士多德为“智慧大师”。时过六世纪，这一称号依然十分恰当。

研究此一问题的现代学者会强调，如果像在大多数富裕的现代经济体中那样，中产阶级的人数多于穷人，那么进一步压榨穷人是得不到多少油水的。即使穷人还有一些资源可供盘剥，分给中产阶级每一个成员的份额也太小，不值得为此而欺压穷人。亚里士多德看问题不取这个角度，而是聚焦于中间阶级的地位对其成员性格的影响。他们在社会地位和经济方面都居中，他们的愿望也因而温和有度。他们不想打倒比自己高的人，也不想压迫比自己低的人。在此需要再次提醒读者记住一条原则：研究任何问题时，只能努力达到该问题所允许的精确度。亚里士多德的论点并不适用于所有时期、所有地方，或所有类型的经济。现代自由民主国家的中产阶级与古希腊社会地位居中的阶级并不完全一样；古希腊那种贫穷的小型农业经济的情况也不能牵强附会地套用到拥有复杂而巨大的公共部门的现代工业化经济之上。据说，将希特勒推上台的就是人心惶惶的德国中产阶级，马克思主义者称其为“狂怒的小市民”（wildgewordene Kleinbürger）。他们与亚里士多德所想的中间阶级相去甚远。我们可以为亚里士多德的精辟分析所折服，但不能生搬硬套，对号入座。尽管如此，他的理论对后代的启示依然是惊人的。

理想的国家

亚里士多德的天才在于他指出了建立“实际能做到的最好国家”的道路。这并非简单的务实。政治生活的目标并不完全是世俗务实的。人组成政体是为了生活，但政体延续的目的却是为了使人过善的生活。善的生活蕴意丰富，包括追求正义、提高人辩论政治问题的能力，和培养对成功的国家来说一切必要的公共与私人的美德——战场上的勇敢、夫妻间的忠贞、对下一代身心健康的关注，等等，不一而足。要实现好生活，国家必须奉行亚里士多德心目中政治的精髓，那就是将自身利益不同的各类人等团结在一起，使得公元前4世纪的希腊社会成为利益一致的共同体。

亚里士多德提出的一个最著名的区分是蜜蜂和牛群的群居性与人的政治性之间的区分。最近的进化论研究结果表明，他可能低估了蜜蜂和牛社会生活的复杂性，但他提出的区分仍然立论坚实。聚在一起的群居性动物没有语言，无法讨论彼此的需要；人组成政治社会却先要就组合的条件是否公平达成协议，而达成这样的协议需要反复讨论。后来，霍布斯为了自己的目的扭曲了这个思想，妄称亚里士多德说蚂蚁和蜜蜂是天生的政治动物，进而提出，正是因为人必须先就正义的原则达成协议，然后才能建立政治社会，所以人不是天生的政治动物。[22]霍布斯为论述自己的观点借用亚里士多德的思想，又鱼目混珠，偷换概念；这也许可以作为反证，说明亚里士多德的论辩是多么有力。

《政治学》第二卷简要讨论了柏拉图的《法律篇》和《理想国》，然后总结说，这两部著作的寓意是，政治可以在容许各种利益和信仰共存的情况下实现团结。这一卷讨论了理想社会的理论和实践，但着墨最多的是柏拉图描述的乌托邦。如果亚里士多德在学园当学生时真的协助柏拉图撰写了《法律篇》，他在《政治学》第七卷和第八卷中对理想国家的描写与《法律篇》描述的政体有相似之处就不足为奇了。然而，在第二卷中，亚里士多德却对《理想国》和《法律篇》进行了严厉的批评。他说，柏拉图对分裂的危险念念不忘，到了偏执的地步。其实，柏拉图并非杞人忧天。雅典随时有爆发内战的危险；社会不同阶级之间严重对立；雅典与邻近城邦战争不断，催得它的自尊极度膨胀。无可厚非的是，柏拉图渴望实现社会团结，希望不必靠对外战争来维持国内的和平。不过，柏拉图错在不该企图将城邦变为典型的一元秩序，希冀以此来保证和平。

柏拉图的错误在于他的办法改变了城邦的本质。从根本上说，城邦是不同部分的组合，必须维持各个部分之间不断变化却又井然有序的关系。亚里士多德是第一个就此对柏拉图提出批评的人。此一批评在今天特别能引起共鸣，因为它针对的是某种过度理性主义的政治，以及那种政治所导致的极权国家。柏拉图建议的不是更好的政治，而是没有政治的社会，政治的生命力被他净化殆尽。尽管如此，亚里士多德还是感到了这种思维模式的吸引力。吸引力的核心是争取自足的渴望。在亚里士多德的分析推理中，自足显然是中心要素。按照逻辑，城邦先于个人，因为它比个人更加自足。个人必须在城邦中生活，因为他只靠自己无法做到自足。自足不仅是肉体生存的问题，也是道德问题。没有互相制约，人就连畜生都不如。只有神明或者野兽才不需要城邦。以此推论，城邦越团结，就越自足，也越能抵御时代变迁和战火冲突的影响。

亚里士多德批评柏拉图过分强调一致性，结果造成政治的消亡；这个总的批评和他对柏拉图理论的具体批评都很有道理。我们已经看到，亚里士多德卫护家庭，认为需要保留私有财产，对于柏拉图规定守护人不得有家庭生活表示怀疑，不相信那会使他们转而把忠诚献给城邦。毋庸置疑，有些赚钱的方法是不符合自然的，实用的财产比用于交换和购买的财产更加符合自然；但这并不影响私人财产本身的可取。亚里士多德赞成斯巴达年轻人在集体食堂吃饭的传统，却不认为那意味着要废除私有制，也不认为斯巴达式的严苛对社会有好处。最后，亚里士多德对柏拉图在《理想国》中描绘的社会幸福作出了犀利的反驳。柏拉图说，尽管守护人失去了财产、家庭和私人生活，但他们还是会因能为城邦服务而感到幸福，但后来柏拉图向后退了一步，说城邦会实现幸福——等于是默认，城邦的许多公民可能并不幸福。对此，亚里士多德反驳说，组成部分如果不幸福，整体就不可能幸福。如果公民不幸福，城邦也不会幸福。

可是，亚里士多德在《政治学》的结尾处也提出了他自己的理想国家设想。第七卷和第八卷多次重复别处讨论过的主题，更甚于其他几卷，以致于整部著作的连贯性都受到了影响。亚里士多德到底为什么要这样写，我们不得而知。第二卷对建立乌托邦的企图嗤之以鼻，这使人不禁怀疑第七卷和第八卷对理想国家的设想到底有没有意义。第二卷坚称，政治是一种艺术，目的是要克服虽可控制但永远无法消灭的困难，为实现善的生活创造条件。这说明理想国家是镜花水月。正像那个嘲笑经济学家的著名笑话所说的，流落到荒岛上的一群人找到了被潮水冲上岸来的食品罐头，问谁有开罐器，他们中间的一位经济学家说："设x为开罐器。"

尽管如此，《政治学》的最后两卷还是很有意思，因为它们揭示了亚里士多德心目中的完美国家。亚里士多德和柏拉图一样，把一个核心的政治问题弄颠倒了。他不研究"鉴于人性的脆弱和缺陷，领导人应如何维护秩序、追求共同的善？"，转而寻求解答另一个问题："领导人如何确保公民的性格正直而又随和？"亚里士多德提出了城镇规划者心中的理想国家。理想的城邦公民人数不得超过10 000人，以便使所有公民都彼此相识。亚里士多德以此提出了他的著名观点，国家不可太小，也不可太大。他以船为例，说一艘船不能只有5尺长，但也不能长达200米。他觉得，有了这个例子，道理即不言自明。其实他举的这个例子不免孟浪。读者会问，超级油轮算不算船？中国算不算国家？亚里士多德的理想国家的基础是农业经济，在田里干活的是奴隶，公民在集体食堂吃饭。关于集体食堂的地点，特别是城邦官员出资建立的集体食堂应设在何处，亚里士多德描述得惊人地详尽，这说明他和柏拉图一样，都深受斯巴达制度的影响，可能也反映了他与负责组织节日庆祝活动的莱克格斯的友谊。

更重要的是，这一方案提醒我们，虽然亚里士多德强调存在着多种合法利益，需要通过政治来调和，但那种利益的多元性并非现代自由政体中社会、道德和宗教多元主义的前身。虽然亚里士多德承认，社会成员对他们各自在社会和政治生活中所占收益和负担的公正份额持有强烈的关切，但他不承认，他们对正义的性质或善之生活的性质也正当地持有各不相同且不可调和的观点。亚里士多德看问题的角度是专制的角度，其表现之一是，他对隐私权这类概念丝毫不感兴趣。在亚里士多德看来，国家管理公民的性生活和家庭生活是天经地义。他为男女生孩子的年龄定下了严格的规则，还规定，女人怀孕若是不利于国家的人口政策，或胎儿不健康，就必须强制堕胎。他建议，堕胎应赶在胎儿有生命和感觉之前，他将其定为有胎动之前。这个观点引起了历史上旷日持久的争议。

简言之，亚里士多德关于自由社会、政治自由和自由人的观念对今人来说并不完全陌生，但又与今人的观念有所不同。这一点生动地表现在亚里士多德在《政治学》结尾处关于教育的零散评论中。他也许是第一位提出开明教育理论的思想家。他阐述了开明教育的价值，这种教育致力于让学生学习本身值得掌握的知识，把年轻人培养成绅士。至今，开明教育始终被定义为培养绅士的教育。19世纪中期，纽曼红衣主教在《大学的理念》中宣布，大学的目的是培养“绅士”。与其相反，比纽曼早一个半世纪的洛克更加注重实用教育和职业教育。洛克的理论风行一时，正是因为它颠覆了之前流行的亚里士多德的理论。但这里的“开明”(liberal)与政治自由主义毫无关系。它的意思是“非用于谋生的”或“适合思想自由的”，它的社会涵义是理直气壮的贵族式教育。

亚里士多德有一条建议会使现代人感到奇怪，他建议出身高贵的年轻人要学会一种乐器，但不要精通到被误以为是职业音乐家。这不是单纯的势利，也不是劝告出身好人家的小提琴手要务必确保自己不致于被错认是梅纽因或海菲茨*。那时，职业音乐家表演的场所都是些声名狼藉之地，召妓侑兴的派对也雇用职业音乐家。不像今天，男人聚会若是雇脱衣舞女，恐怕就不会雇弦乐四重奏小乐队。无论如何，亚里士多德热心于维护社会等级，注重“灵魂高尚”之人的社会地位。这提醒我们，即使是受他青睐、有众多体面稳重的中间阶级成员参政的共和政制，亚里士多德仍然渴望由真正的、也即自然的贵族来统治。2 500年后的今天，这种观念仍余音不绝。可幸的是，如今很少人像亚里士多德那样，对被排除在他的世界之外的人——包括妇女、普通劳动者、外国人和奴隶——漠不关心。不过，在亚里士多德之后的许多世纪中，仍然看不到多少对普通人的生命和幸福的关心，西塞罗的著作就是明证。

* 二者均为小提琴大师。——译者注

第四章

罗马人之卓见：波利比奥斯与西塞罗

波利比奥斯与西塞罗

本章介绍的两位人物的主要身份都不是哲学家。西塞罗是政治家，尽管他在哲学上的造诣比他自认的高，作为政治家的成就却不如他想象的大。波利比奥斯是军人、外交官，还是继希罗多德和修昔底德之后第三位伟大的古希腊历史学家。他在政治史和军事史方面的继承人是古罗马历史学家塔西陀和李维。波利比奥斯的《罗马帝国的崛起》只有部分内容流传至今，但他在书中对罗马人政治和军事上的丰功伟绩的解释，帮助西塞罗以及后来的学者了解了罗马的共和政制——“混合型”共和政制——以及它可能遇到的危险。因为现代共和政制的灵感主要来自罗马共和国而不是希腊民主，所以我们自己也是该书的受益者。波利比奥斯出生于伯罗奔尼撒半岛西北部阿哈伊亚的一个希腊贵族家庭，受过极好的教育，自年轻时起就积极参与家乡的军事和政治生活。他出生的时间是公元前2世纪初，大约是公元前200年和190年之间。那时，罗马挟其赫赫军威，已经把马其顿王国变成了属从，先后有好几位马其顿国王曾试图恢复国家独立，均未成功。到公元前168年，最后一次马其顿战争结束的时候，波利比奥斯和许多阿哈伊亚上层阶级的成员一起被带到意大利接受审讯，并被扣为人质。

波利比奥斯在外流亡了18年，其间幸运地结识了小西庇阿*；他因担任小西庇阿的导师和他相识，两人遂结为终生挚友。小西庇阿的父亲是将军，率领罗马军队在决定性的彼得那会战中打败了马其顿，小西庇阿自己也参加了彼得那会战。他义父的父亲是击败了汉尼拔†的大西庇阿，而小西庇阿亲自于公元前146年最终消灭了迦太基。波利比奥斯的《罗马帝国的崛起》就写到这里为止。西塞罗的《论共和国》把小西庇阿作为中心角色，但书中对他的叙述是虚构的。在共和国各机构衰朽老化，毁于内战之前，罗马共和主义曾有过一段最后的辉煌；西塞罗在书中借小西庇阿之口阐述了那段时期的共和主义价值观。波利比奥斯的流亡岁月在罗马度过，他在那里当过小西庇阿的秘书，因此对罗马共和国的运作了如指掌。公元前150年，他获准回家，但仍与小西庇阿保持着紧密的联系。第三次布匿战争期

---

* 古罗马军事统帅，曾两度任执政官。——译者注

† 迦太基名将。——译者注

间，他随侍在小西庇阿身旁，亲眼目睹了迦太基的毁灭。后来，希腊人不自量力，又一次发动叛乱，但和所有叛乱一样，被罗马轻易镇压。叛乱失败后，波利比奥斯担起了和罗马人打交道的任务，很好地维护了自己祖国的利益。希腊人感念他的功劳，他去世后在各地为他树立了很多雕像。迦太基遭罗马人洗劫、纵火、夷为平地的悲惨命运证明了波利比奥斯的调停弥足珍贵。他生命最后几年的情况不详，据说他是公元前118年于82岁高龄时坠马身亡的。这个传说证明，波利比奥斯的秉性更接近军人和政治家，而非沉思默想的哲学家。

西塞罗比波利比奥斯晚生90年。他于公元前106年出生在离罗马不远的阿尔皮诺城，家里是富裕的外省贵族，但不是元老阶级，不属于统治精英。他家属于骑士阶级（equites），居于这种社会地位人养得起马，也担负得起从军所需的其他武器装备的开销——如同后来中世纪的骑士。到西塞罗出生时，骑士阶级成了家境富裕的人的统称。元老院成员只限于担任过高级司法和行政职务的人。因为元老院的成员从事经济活动要受限制，所以家境小康却非大富的人一般不太愿意谋求公职。可是，西塞罗的父亲望子成龙，于是送西塞罗去罗马学习如何在那个陌生的世界里寻找并把握进身之阶。西塞罗在罗马是"新人"（homo novus），也是他家中第一个有志担任公职的人。他16岁当兵，参加了公元前90年罗马和它昔日的意大利盟友（socios）之间的"同盟者战争"，但他的志向一直是在法律界和政治界出人头地。他向罗马、雅典和罗得岛最好的演说家学习雄辩术，还拜见过一些著名哲学家，包括斯多葛派耆宿狄奥多托斯。西塞罗后来将狄奥多托斯接到家中供养，保证他老年生活无忧。西塞罗对哲学的热爱和他在哲学方面的才能无可置疑，但他注重的是如何通过学习哲学来成为伟大的雄辩家。公元前79至77年间，他在雅典学习雄辩术的时候接触到了逍遥派和学园派这两个相互竞争的哲学学派，学会了反驳两者任何一方论点的本领。他因此认为，在真理尚未确定的情况中，应当为看似最有说服力的理念辩护。难怪批评他的人说他不诚实。

西塞罗注重名声，自视甚高。他野心极大，自认可以成为罗马共和国的救星。他的文笔非常漂亮，在私人生活中对朋友慷慨大度，对子女慈爱有加，尽管在公共生活中无时无刻不想方设法提高自己的政治地位。他从政初期如彗星般迅速蹿红。公元前75年，他担任财务官，公元前66年升任司法官，公元前63年又升为执政官，每一次任职都是在规则许可的最低年龄。西塞罗成为检察官时，罗马已经打过两次内战，还经历了公元前82年的流血，那次流血事件是因为屡建战功的军队统帅科尼利厄斯·卢修斯·苏拉实行独裁而造成的。独裁官这个职位在一个多世纪前打败了汉尼拔后被废，在苏拉手里重新得到恢复。苏拉实行的独裁形式预示了后来奥古斯都皇帝的统治。过去，独裁官任期一次只限六个月。公元前82年，苏拉自立为独裁官，却宣布没有任期限制。不过，他推行了几项短命的政制改革后，出乎意料地自动引退。他推行的那些改革效果不彰，反而是他带兵攻打本应受军队保护的城市，创下的恶劣先例流毒甚广。

西塞罗做财务官时，任所在西西里；他审慎管理行省的财政，获得了人民的尊敬。后来，他以勒索罪对总督韦雷斯提出起诉，更是声名大振。西塞罗成功了（韦雷斯被西塞罗的起诉吓坏了，案子还没判决，就流亡国外），但他的政敌却说他接受了贿赂，减少了对韦雷斯的罚款额；立功而受诬这类情况在西塞罗的从政生涯中屡见不鲜。其实，西塞罗对韦雷斯的起诉能够成功已经是破天荒，因为这类审判的陪审团由元老院议员组成，他们通常都会宣判属于他们自己阶级的人无罪。

许多骑士阶级家庭好几代才能出一个财务官以上的官员，但西塞罗40岁就当上了负责财务法院的司法官，43岁又高升为执政官。他担任执政官时，发生了喀提林及其同伙图谋叛乱的事件。喀提林是一员猛将，但在政治、金钱和性生活上贪得无厌，虽然关于他的大部分故事都是坊间谣传。他曾经因强奸维斯太贞女而受到审判，那是最令人发指的犯罪，因为维斯太贞女负有在灶神维斯太神庙中保持圣火的责任，宣誓终身守贞。那次他被宣判无罪，他的敌人说那是因为他行了贿。喀提林不仅计划要抢班夺权，做独裁者，而且夸口说，一些反对他的元老院议员和官员遭到谋杀是他一手策划的。在西塞罗的运作下，元老院给喀提林定了罪，喀提林随即逃出罗马，兴兵造反。西塞罗趁喀提林不在，劝说元老院同意，对参与喀提林谋反的人抓到后格杀勿论。这是公然而且双重地违反法律：元老院无权审判死刑案，而且此举等于不经合法程序即定罪处决。然而，在当时内战一触即发之际，此乃不得不为。如西塞罗所说，在武装冲突当中，法律是没有发言权的（inter armas silent leges）。西塞罗被支持者赞颂为共和国的救星，他自己终其一生也不断在演讲和撰著中提醒人们不要忘了他的功劳；塞涅卡讽刺他说，“语出有因，却无尽头（non sine causa, sed sine fine）。”[1]喀提林逃走，不是因为害怕，而是为了组织军队反击共和国。他也许是个彻头彻尾的坏蛋，但也是个非常勇敢的人。他的叛军和西塞罗带领的军队短兵相接后，他奋勇作战，直至战死，他倒下的地方深入敌阵，周围躺满了敌人的尸体。

民主派（populares）哀悼喀提林的死亡；他们是罗马穷人的领袖，而穷人都支持喀提林，因为他提议免除穷人的债务。西塞罗所属的贵族派（optimates）则捍卫上层阶级的利益，反对任何减债免债的措施，或任何有财产平等化含义的行动。西塞罗不是极端反动派，但他是保守派，认为罗马的麻烦始自格拉古兄弟（提比略·格拉古和盖约·格拉古）为帮助穷人所实行的土地改革。西塞罗对暗杀格拉古兄弟的人大加赞扬，但他在任何著作中都未曾表现出他真正明白罗马共和国垮台的社会和经济原因。他是道德主义者，认为领导人和公民的个人品质就是一切；他不是社会学家，不关心政治稳定所需的经济和文化条件。

元老院并不一致支持西塞罗，他一卸任执政官，反对他的人就联起手来。恺撒、庞培和克拉苏在公元前60年组成三头同盟时，西塞罗拒绝成为这个小团体中的第四个成员；于是他们转而寻求民主派的支持，西塞罗则和贵族派的领导人小加图结为同盟。公元前58年，西塞罗被保民官克洛狄乌斯流放，财产被没收，但几乎立即就被庞培召回，财产也得到了归还。他对三头同盟没有用处。在罗马做领导人需要掌握兵权，还要能集合城里的暴民威胁元老院和主要的政治人物。西塞罗的演说口才派不上用场，他的政治触角也不太敏锐。他和许多其他人一样，总是支持失败的一方。他是庞培的门生，在公元前50年代晚期的内战中支持庞培，反对尤利乌斯·恺撒。公元前48年，庞培战败。公元前46年，西塞罗获得了恺撒的宽恕。自己也写得一手好文章的恺撒非常欣赏西塞罗的文才，西塞罗却不肯与恺撒和解。他没有参与公元前44年刺杀恺撒的阴谋，因为策划者知道他守不住秘密，喜欢多嘴多舌，一定会把阴谋泄露出去，但他赞成刺杀恺撒的举动。

刺杀恺撒本意是要拯救共和国免于一人独裁，实际的结果却是毁了共和国，引发了一系列的内战。直到恺撒的义子兼继承人屋大维在公元前31年的亚克兴角战役中击败马克·安东尼，内战才告结束。马克·安东尼是恺撒的支持者中最出名的一位，曾辅佐恺撒长达20年之久；被恺撒任命为继承人的屋大维还是个孩子，恺撒遇刺身死时他才18岁。内战的结束也意味着安东尼与屋大维之间斗争的结束。至于参与暗杀恺撒的那些人，他们低估了罗马穷人对恺撒的爱戴，在恺撒葬礼上的群情激愤中几乎当场丧命。不久后，西塞罗也被杀死。西塞罗将马克·安东尼视为对恢复共和国这项事业的最大威胁，在元老院中作了一连串反对安东尼的激烈演说。他的《反腓力辞》是以狄摩西尼反对马其顿腓力国王的演说为样板的；那篇演说也是他遭到杀害的部分原因。公元前43年，马克·安东尼和屋大维曾有过一段短暂的结盟期，两人同意互不干涉，各自对自己的敌人下狠手。他们想得有道理：正是因为恺撒在打赢内战后对敌人宽大，才使敌人有机会密谋策划反对他，最后甚至杀害了他。他们决不会重蹈恺撒的覆辙。两人也都想没收富人的财产，用来奖赏自己的支持者。杀戒一开，血流成河；据说有300名元老院成员和2 000名骑士阶级的成员死于非命。对西塞罗，安东尼采用的手法异乎寻常地残暴。他将西塞罗的头和双手砍下来，钉在元老院的讲台上，用以震慑敢于发言反对专制统治的人。西塞罗则显示了视死如归的勇气。他在乘车逃跑途中被敌人追上后，拉开车厢的帘子，探出头来，伸长脖子，命前来杀他的人赶快下手。西塞罗的生与死表明，他对罗马政治痴迷到欲罢不能的地步。他写过描写乡间隐居乐趣的优美文章，但心中真正渴望的却是元老院和法庭的喧嚣与躁乱。[2]他的政治理论经过了深思熟虑，但远非公平冷静。

政治家的政治，而非哲学家的政治

从柏拉图和亚里士多德转向波利比奥斯和西塞罗需要换一种思考政治的方法。简言之，需要从哲学转向治国术，但这样说未免过于简单，因为西塞罗从柏拉图那里学来的不仅是著作的标题——《论共和国》和《论法律》*。他自己说，他的《论责任》采用了古希腊哲学家帕奈提乌斯著作的格式，该书也的确有很多关于道德哲学的论述。尽管如此，西塞罗感兴趣的并非构成哲学家世界观基础的那些问题，而是政治家，或者说是罗马的政治家，应如何把希腊哲人智者的思想拿来为己所用。柏拉图和亚里士多德对政治的本质各执一词，但他们都是货真价实的哲学家。称他们为“职业哲学家”是年代错置，因为当时还没有这一行，但他们的确终其一生都在教授哲学和思考哲学问题。柏拉图如果给西西里的狄奥尼修父子提供了什么建议，也都是哲学方面的教导。柏拉图并不关心如何把戏演下去。哲学家和政治家之间的这个区别不是绝对的，比如，亚里士多德就愿意出谋划策，使不完美的戏继续演下去。同样，西塞罗提出，治国术中最重要的一条是保证领导人有正直的人格，还罗列了领导人应具的各种美德；这也模糊了哲学家和政治家的区别。

如果政治理论是哲学分析、道德意见、政制思辨和务实建议的混合体，那么下述的两个极端例子就可以凸显治国术与哲学之间的差异。霍布斯的《利维坦》和柏拉图的《理想国》一样，是异常纯粹的政治哲学著作。波利比奥斯的《罗马帝国的崛起》和马基雅维利的《君主论》则异乎寻常地只着眼于实效、历史和经验，其他一概不管。柏拉图和霍布斯要教人如何摆脱政治家为解决问题所采取的大致可用的粗糙办法。他们二人都

* 这两部著作的标题模仿了柏拉图的《理想国》和《法律篇》。——译者注

没有提到过必须以经验为师，也没有说过，人能够学到的只有经验法则。相比之下，治国术研究的重点是政治家、领导人、统治者这类的从政者，还要研究他们所属的政制安排是否可行。在治国术中，经验至关重要。明智的人都同意，经验教训“多多少少”是有道理的。哲学看政治家，是要评估他的行为是否符合道德；看政治体制，是要评估各种不同统治形式的合法性。治国术强烈偏重经验，因为它教的就是经验之谈。马基雅维利在《君主论》和《论李维》中嘲笑哲学家，强调经验的重要；波利比奥斯认为，探讨没人尝试过的乌托邦完全是浪费时间。他说，“至于柏拉图那出名的理想国，我认为关于政制的讨论根本不应涉及。正如我们不让没有登记在册或没有坚持训练的艺术家或运动员参加节日庆祝或运动会，我们也不应该在讨论各种政制的优点时把柏拉图式的政制也考虑进来，除非可以提出它实际实行的例子。”[3]

从这个角度来看，柏拉图的对话《政治家篇》是对治国术的讽刺性评论，不是为治国献计献策。参加对话的人讨论了政治家的定义和出类拔萃的政治家所应具备的知识，但他们讨论的政治家的艺术无法保护共和国不受亚西比德、苏拉或恺撒这类野心家的破坏，苏格拉底式的政治家掌握的辩论技巧也不能用来劝说罗马的元老院，使之“为了维护共和国，将原本非法的行为合法化”（salus populi suprema lex est），同意处决喀提林的同谋。柏拉图想象的政治家是神一般的高人，像牧羊一样照管着他治下的人群。苏格拉底式的治国术讲究的是对灵魂的培育。在《高尔吉亚篇》中，苏格拉底自称为雅典唯一的政治家，但并不指望别人会相信他。在本章所涉问题的意义上，他的技能根本不是治国术，他也不是政治家。[4]

亚里士多德为僭主和寡头政治家出谋划策，教他们如何在受到公共舆论反对的情况下保住权位。但《政治学》并非关于治国术的论文，亚里士多德的主意总的来说也和马基雅维利毫不掩饰地鼓吹暴力和欺骗的建议大相径庭。《政治学》从哲学的角度对善的生活的本质作了论述，进而阐述了希腊城邦的本质。它解释了政治家的技巧和脾性为何重要，却没有详细讨论政治家所需的技巧和脾性，也没有鼓励读者去学习培养这样的技巧和脾性。如亚里士多德自己所说，他的理想是法治，不是人治。[5]他论述的是政治生活，不是治国术。他令人信服地讲明，政治领域有其自主性，还大力提倡为柏拉图所不屑一顾的普通、务实的品质和才能。他为政治家的存在提供了哲学上的依据，也说明了为何不能用哲人王来取代政治领导人。他只需讲明柏拉图期冀的那种净化了的政治生活有其缺失，而不必详细解释哲学在实际生活中的作用，因为《尼各马可伦理学》中关于伦理道德与政治的论述已经作了实际生活的说明，此外还告诫说，年轻人不适合探索哲学在实际生活中的作用，应由世故较深，不会动辄头脑发热的人来做这样的研究。[6]亚里士多德倒是不像柏拉图那样，把雄辩术贬为粉饰太平、指鹿为马的狡辩，但他在《政治学》中对它没有提及。把雄辩术推举到中心地位的是西塞罗。

西塞罗想把柏拉图和斯多葛派关于正义、勇敢、节制和智慧的论述传授给他的罗马同胞。他坚持说，他传播的是希腊的智慧，他自己不仅是老师，也是学生。他向罗马人教授希腊人的哲学智慧是为了政治的目的。他教导的年轻人以后要成为政治家，而非哲学家。哲学的价值在于它对共和国有用，因为学习希腊人最精湛的思想会改善年轻人的品格，使他们摆脱正在拖垮罗马共和国的贪婪、残酷、虚荣和短视等恶质。《论责任》是写给他自己的儿子马库斯的。马库斯资质平庸，但西塞罗一心望子成龙。圣安布罗斯向基督徒力荐《论责任》这篇论述美德的文章。在中世纪的欧洲，它被广为抄传评论。伊拉斯谟和路德两人的密友菲利普·梅兰希顿积极推动出版它的袖珍本。直到19世纪，《论责任》无论是拉丁文原文本还是其他语文的译本，都是上层阶级年轻人的重要教育参考书。西塞罗坦承，他在书中吸取了柏拉图、亚里士多德和斯多葛派的学说，但书的对象是罗马的上层阶级。几世纪后，欧洲的统治精英将罗马前辈奉为榜样的时候，无论实际行动如何，都言必称西塞罗教导的美德。西塞罗的拉丁文优美易懂，是古典文献的楷模，这也是造成该书广为流传的一个因素。他那两部和柏拉图的著作同名的政论专著——《论共和国》和《论法律》——流传下来的版本有残缺，但它们同样是受希腊思想的启发，为罗马的目的服务，属于实用性论著。

波利比奥斯的独到之处

若想更好地了解西塞罗的目标和思想，先要看波利比奥斯在《罗马帝国的崛起》这本小书中对罗马的政治机构及其成功所作的清晰叙述，[7]它也许是历史上第一部这样的叙述。然后，再把西塞罗的政治著作放到他自己跌宕起伏，以灾难结束的政治生涯的背景中去看。开始时，罗马比起周边邻国来具有军事优势。尽管如此，它也仅仅是意大利众多小部落中的一个。它在“已知世界”——即地中海世界——的崛起起步时比较缓慢。公元前3世纪之前，罗马人一直纠缠于他们自己上层阶级（patrician）和下层阶级（plebeian）的斗争；意大利半岛上与他们竞争的其他部落以及自北入侵的高卢人构成的军事威胁也使他们应接不暇。到公元前3世纪期间，罗马人才牢牢占领了意大利全境，北起阿尔卑斯山，南至阻隔西西里岛的墨西拿海峡。好奇喜猜测的人可能会猜想，如果亚历山大大帝把注意力放在西欧而非波斯的话，不知会产生什么结果。

罗马人的势力扩张所及，离西西里仅有咫尺之遥，因此与迦太基这个西地中海最强大的国家起了冲突。罗马在公元前146年将迦太基夷为平地，寸草不留，结果历史上没有流传下来迦太基人对自己历史的任何叙述。波利比奥斯叙述罗马在“已知世界”称霸史的著作涵盖的时间始于公元前264年第一次布匿战争，止于公元前146年迦太基城被毁，前后共118年。迦太基是海上强国，也是贸易重镇，曾在不同时期控制过西西里岛、撒丁岛、科西嘉岛、北非大部和西班牙南部。它的政制似乎与罗马相似，是贵族把持的寡头统治，公民大会也起着相当大的作用，但公民大会的作用受到严密的控制。第二次布匿战争期间（公元前218—202年），迦太基出了汉尼拔这位名将，罗马方面除大西庇阿之外，无人能与他匹敌。但汉尼拔的遭遇与在他之后很久的拿破仑和希特勒的经历一样，证明在供给线没有保证的情况下远离本土作战是必败之路。第二次布匿战争的结果是，迦太基的力量遭到严重削弱，罗马夺取了对西班牙和北非的控制权。迦太基最后的毁灭发生在多年之后的公元前146年。当时爆发了一场叛乱，反抗罗马对迦太基独立的不断侵蚀，此即第三次布匿战争。在第一次布匿战争中，罗马和东地中海一些希腊王国刀兵相见，这些王国是在亚历山大大帝于公元前323年去世后建立的。迦太基本来是来自小亚细亚的希腊人建立的殖民地。在对罗马的战争中，迦太基与马其顿的腓力五世结盟，罗马则和希腊的一些仇视马其顿的国家结盟。经过一系列马其顿战争，最后一次于公元前168年结束后，整个东地中海都被罗马收入囊中，希腊各王国被彻底击溃。罗马成为了一个帝国。

波利比奥斯在《罗马帝国的崛起》中对这些事件都有描述，我们要注意的是其中的第六章；在这一章里，波利比奥斯解释了为什么罗马共和国比所有其他形式的政府都优越。他提出了混合型政府的理论；之前亚里士多德对它有所提及，却没有深入阐述。这个理论影响了历史上各个时期的思想家，包括美国宪法的起草者，特别受约翰·亚当斯的推崇。美国宪法是对波利比奥斯提出的这一理论最宏大的礼赞。当然，这个理论不能全归功于波利比奥斯。事实上，《联邦党人文集》中对波利比奥斯只字未提。波利比奥斯把混合型政制原则的出处追溯到公元前8世纪斯巴达的政制，认为莱克格斯是这一理论的发明者，也是第一个混合型政制的缔造者。历史上到底有没有莱克格斯其人暂且存疑，不过通常都将他视为稳定的斯巴达国家的奠基人。亚里士多德谈到斯巴达政制的优点时如是说："的确，有人说最好的政制是由所有现存的政制形式混合而成的，他们赞扬斯巴达，因为它由寡头制、君主制和民主制混合组成……"[8]亚里士多德提到了混合型政制，却没有论述它的优势从何而来。他并不想进一步发展这个理论，虽然最实际可行的是共和制，但在这样的国家中，享受公民身份的人比纯粹的贵族制中多很多。[9]而他的理想是由"最好的人"施行真正的贵族制。

亚里士多德没有像波利比奥斯那样，详细论述混合型政府为何比任何单一形式的政府都更优越。严格地说，混合型共和国的理论是：最好的政府集君主制、贵族制和民主制之大成。这是波利比奥斯的理论，也是西塞罗的观点。亚里士多德青睐的共和制是扩大了的贵族制（也可说是有严格限制的民主制），比起纯粹的贵族制来，能使更多的寒门之士进入"最好的人"的圈子（但比起较为激进的民主制来人数少很多）。亚里士多德对共和制的描述专门适用于希腊的情况。希腊人对于公民权的理解是：有权担任公职，统治别人也受别人统治；他们非常在意政治上的平等待遇。共和制能比贵族制容纳更多能干称职的公民，同时又不像纯粹民主制那样赋予许多不称职的人以公民权，因此可避免容易引发革命的阶级冲突。其实，在某种意义上，所有政制均为混合型政制；君主有枢密院襄赞，公民大会则有执行委员会及其主席做实际工作。

按亚里士多德的理论，混合体似乎总是比它各个组成部分的纯粹形式要好。青铜是锡和铜的合金，但比这两种金属坚硬很多，这为混合体强于其组成部分的论点提供了有力的论据。不仅金属如此，骡子也比马和驴强壮得多。这提出了两个问题：第一，混合型政制的力量何在？第二，怎么能肯定混合型政制会吸收作为其组成部分的纯粹政制的优点，而不是缺点？可以说，君主制的优点在于一人可以果断决策，而民主制的优点在于集思广益，更有可能明智决策。这正是西塞罗的观点。如果弄得好，两者的优点得以结合，那么就既有果断的决策者，又有众人集体智慧的协助。但是，弄得不好怎么办？难道不会出现众人的无常和鲁莽因领导人的傲慢和野心而变本加厉的情况吗？柏拉图认为，民主的雅典一旦落入煽动家的掌控就会发生这种情况。如果只弄好了一半，果断的领导人难道不会被踌躇不决的众人拖住后腿，一事无成吗？波利比奥斯提出的正是这个问题。他撰写的罗马共和国历史特具价值，因为里面解释了罗马的混合型政制如何在保留组成它的各种纯粹政制优点的同时，又抑制了它们的缺点；于是，叙述罗马人成功解决自己专有问题的历史，变成了关于稳定政府的普遍性理论。

波利比奥斯像柏拉图在《理想国》中所做的那样，将混合型政府的理论放入政治体制变化的循环理论当中，这使他的论述难以自圆其说，也使读者莫名其妙。本来只要说明集君主制、贵族制和民主制的优点于一身的混合型政府为什么特别稳定、合法性特别强就可以了——它特别稳定，因为它兼顾了不同的利益，所以能把戏一直演下去；它的合法性特别强，因为它实行了公平正义，允许社会的每一分子都对社会做出贡献。完全可以就此打住，把建立这种形式的政府所需的条件留待以后讨论。然而，波利比奥斯继承了古典的观点，认为改变即退化。他和许多在他之后的人因此推定，无论建立何种政制，都必须从一开始就做到完美无缺。随着时间的流逝，一切政治安排都会退化，如果开头没有搞好，接踵而来的将是无尽的麻烦。必须寻找一个和为斯巴达制订法典的莱克格斯一样的人物，或祈望这样的人物出现。这是又一个延续至今的神话，反映在美国人普遍的观念中；他们视《独立宣言》为“费城的奇迹”，认为美国国父个个都具有超人的智慧。

波利比奥斯提到了柏拉图的理论，但他对于好政治体制蜕变为坏体制的描绘更接近亚里士多德——君主政制、贵族政制和共和政制这些好的形式会变成正好相反的坏形式，即专制政治、寡头政制和暴民政制。波利比奥斯对寻找哲人王不感兴趣，也不想解释为什么完美的政制无法永世长存。乌托邦不值得研究，因为它从来没有存在过，无法提供经验教训。波利比奥斯知道，人造的东西是不完美的；或早或晚，就连罗马帝国也会衰败，也许比想象的还早。虽然是小西庇阿自己下令把迦太基夷为平地的，但他亲眼看到迦太基满目疮痍的景象时，还是不禁流下了眼泪。维吉尔的史诗《埃涅阿斯纪》叙述的是特洛伊和迦太基的命运——但罗马会怎么样呢？问题是，罗马人迄今为止是如何逃脱了似乎是无可避免的命运的？他们起初的政制令人不敢恭维，是选王制，国王的权力基本上没有制约。然而，古时候的罗马国王并没有变成专制的暴君，而是一个个都遭到了放逐。尽管如此，罗马的混合型政制并非由一位莱克格斯式的人物一举建立起来，而是通过试验摸索一步步发展而来的。罗马人是怎么做到的呢？深受波利比奥斯影响的李维对此进行了探讨，马基雅维利又在李维的启发下提出了这个问题。[10]即使我们拒绝历史的循环理论（或任何历史理论），这个问题依然重要。罗马的经验证明，国家可以从开局不顺中恢复过来；很值得研究这是怎么做到的。波利比奥斯清楚地看到，罗马做到了这一点。让他为难的是，怎么使事实与他的理论一致起来。

波利比奥斯和许多学者一样，喜欢将政体比作人体。他宣称，健康的开始必不可少。幼时孱弱的孩子长大后也不健康。莱克格斯之所以伟大，是因为他从一开始就把斯巴达的宪制设计得无懈可击："莱克格斯制订的立法和他表现出来的远见令人钦佩莫名，只能说他的智慧不是凡人能有的，而是神的赐予。"[11]尽管如此，波利比奥斯对斯巴达的经济安排还是提出了一针见血的批评。按照斯巴达人的办法，可以保持社会和平，维持一支令人生畏的国防军；但若想获得足够的经济能力去扩张版图、征服已知世界*，就必须像罗马一样，鼓励人民从事贸易、积累财富。[12]斯巴达人打赢伯罗奔尼撒战争靠的是波斯人的财富，不是他们自己的财富。

将开国视为一锤定音的决定性时刻，这个思想历久不息。美国宪法的起草者在着手建造这一"自行运作的机器"的时候，就坚称，他们新生国家的宪法将决定国家的未来，因此需要波利比奥斯式的方案。如果宪法赋予大众绝对的权力，就无法实现和平与繁荣，但如果富有的上层阶级垄断政治权力，剥削位于他们之下的其他阶级，阶级战争就势不可免。至于领导人，必须有一个万众归心、一呼百应的人做领袖，正如乔治·华盛顿在独立战争期间担任的角色，否则国家就会漫无方向。但如果华盛顿想效法英王乔治三世，美国就会变成专制国家，再想拨乱反正就只能发动第二次革命。按照将政体比作人体的比喻，因为多病的婴儿长大后不会健康长寿，所以不完美的宪法无法长期维持政府健康的运作。并非所有人都同意这个比喻，但同意的人仍然多得惊人；过去如此，今天依然如此。

罗马人没有遵守这些规则，却兴旺发达，甚至征服了整个（已知）世界。他们并未一开始就确立最合适的政制，而是通过试验摸索，几度濒临内战边缘才逐渐找到的。当时，阶级冲突十分普遍，直到公元前4世纪中期，贵族才放弃了对罗马最高层官职的世袭垄断。马基雅维利对此反复论述，因为它是"先

* 这个短语在此及后文中均指地中海地区。——译者注

天不足的国家成不了伟大的国家”这条一般性规则的突出例外。斯巴达出色地体现了起步完美的裨益，即使不确信历史上真有莱克格斯其人的人，也将斯巴达作为这方面的楷模。西塞罗两种观点兼备。他借大西庇阿之口引用老加图的话，说罗马“不是靠一人之能，而是集思广益形成的；不是在一代人的时间内，而是历经几代人才大功告成。”[13]但西塞罗又忍不住提出，最初创建罗马城的罗穆卢斯开创的政制和莱克格斯的一样，也是混合型政制。他还将领导斯巴达赢得了伯罗奔尼撒战争的名将来山得的成功归因于四个世纪前莱克格斯创立的政制。斯巴达的机构也全部归功于莱克格斯的天才。莱克格斯建立的宪政安排糅合了君主制、贵族制和民主制的要素；有两位世袭国王靠元老院（gerousia）为他们出谋划策，国王的决定要得到五位民选长官（ephors）的批准，最终权力掌握在公民大会手中。后来的2 000年中，反对纯粹民主制和反对纯粹君主制的国家采用的都是这一模式的各种变体。

罗马特点之详解

波利比奥斯是出色的历史学家，像修昔底德一样务求准确地记录历史。因此，他对罗马宪政历史的研究非常严谨，详细解释了罗马的政治制度如何助它崛起为世界霸主，甚至因让读者久等而语带歉意。他的《通史》共48卷，大都已湮没不存，其实他在48卷中的第六卷就讲到了罗马的政制，不该算是让读者等得太久。不过，波利比奥斯下笔踌躇是有道理的。罗马如何登上荣耀的宝座并不清楚，以后会如何更难以预测。波利比奥斯先是对将政制类型分为国王制、贵族制和民主制这一通常的做法提出异议。他和亚里士多德一样，认为只有好的一人统治可以称为国王制，其他的只能叫作僭主制或暴君制。同样，最精英的人的统治是贵族制，否则就只是少数人统治，或称寡头制。全体人民依法统治是民主制，但无法无天、变化无常的民众政府是暴民统治。这就构成了退化的循环：君主制沦为暴君制，贵族制堕落为寡头制，民主制则退化为暴民统治。波利比奥斯还将“君主制”和“国王制”作了区分：“君主制”是普通的一人统治的形式，靠的是君主的个人品质，例如力量和勇敢；“国王制”是特殊的一人统治，它依靠社会自发的认可，并受法律的制约——用今天的术语说就是立宪君主制。这么一来，波利比奥斯的论述就更复杂了一层。这个区分很有必要，当一人统治的部落形式转变为依法构建的国家形式时尤其重要，不过本书可以对此略过不谈。

至于波利比奥斯对推动政治变化的力量的描写，如果对它的理解不过分拘泥，还是颇有说服力的。它为罗马历史提出了合理的解释：靠才能成为领袖的人（至少起初）和群众打成一片，亲密无间，而靠世袭继承王位的人则高高在上，引人嫉恨。上层阶级会因为国王，或国王们（波利比奥斯知道，斯巴达和罗马曾实行过集体君主制）的傲慢无礼而奋起反对。国王（们）被推翻后，取而代之的贵族掌握了统治权。对贵族政府最常见的批评是它会堕落为寡头制，贵族制的现代版本——现代民主世界中占据权位的选举贵族——也常常遭受同样的批评。波利比奥斯不太能服人的论点是，寡头统治被推翻后必然出现民主。他说，民众对国王的暴政仍记忆犹新，因此不会出现从寡头制向君主制的逆向循环。然而，此论没有坚实的实践经验作基础，把雅典和罗马异乎寻常的经历当作了一般原则。其实，愤怒绝望的公众拥立独裁者，这种情况屡见不鲜；不过要为波利比奥斯说句公道话，“寡头制-民主制-独裁制”的循环也许是最常见的。

民众不再拥护民主，转而追随单一的领导人，这种现象早在尤利乌斯·恺撒赢得了罗马民众的衷心爱戴之前就一直存在。它也不总是坏事。修昔底德说，伯里克利掌权时，雅典名义上是民主，实际上却是君主制；但修昔底德对此没有意见。雅典人为亚西比德所倾倒时，问题不在于民众只追随一个人，而在于亚西比德心术不正。伯罗奔尼撒战争结束后，假使当时有梭伦或克里斯提尼这样的人，雅典的公民大会一定会同意将权力交给他，以使雅典不致落入亲斯巴达的寡头统治者手中。可惜这样的人没有出现。当屋大维于公元前27年登上皇位，成为奥古斯都皇帝的时候，罗马人很可能因希望他能结束杀戮和内战而对他欣然接受。尽管此事比波利比奥斯成书晚了120年，但仍和他的分析密切相关。导致罗马共和国最终灭亡的危险早已显现出来。罗马征服东地中海，使政治和社会精英阶层获得了巨额财富，一个幽灵随之抬头——带兵的将军可能会利用这笔财富收买野战军和城里民众的支持，以武力夺取政权。像尤利乌斯·恺撒这样富有而又果敢的领袖，成功发动政变的可能性显而易见。罗马民众很可能觉得，与其受整个贵族阶级的剥削压迫，还不如只受一个人的独裁统治。发生此种政变的可能令波利比奥斯忧心忡忡。到西塞罗于公元前44年撰写《论责任》之时就曾抱怨说，波利比奥斯的担忧已经成真。

罗马的成功

罗马在最辉煌的时期曾有过一段短暂的平静。它的军队是睥睨天下的雄师；它的上层阶级大公无私、清正廉明；它的百姓安居乐业、兴旺繁荣。这引起了两个问题：罗马的制度实际上是如何运作的？波利比奥斯和其他人对罗马制度的描述有多可信？对这两个问题的回答都包括同样的最重要的一点，即罗马人对自由的理解，以及自由在确保政府的合法性方面的作用。要明白个中缘由，需要后退一步，细看罗马的情况。混合型共和国保证了稳定，那是自由制度的稳定，不是像三个世纪前的波斯帝国那样的稳定。罗马没有僭主、寡头或暴民来威胁民众的自由。罗马的公民不是奴隶，统治他们的是法律，不是僭主的个人意志。罗马人愿意为他们的自由而战，正如德马拉图斯告诉大流士说，斯巴达人会为捍卫自己的自由战斗至死一样。这种自由有法律的规范，与无法无天的放纵迴然不同。罗马和斯巴达都不遗余力地对公民灌输自我纪律这一对自由制度来说必不可少的要素。由于斯巴达和罗马均高度军事化，人们也许会以为，罗马人的纪律只是训练有素的士兵的纪律而已。亚里士多德对斯巴达人的纪律也曾作过类似的评论。然而，在原则上，自我纪律的意义要广得多，它是法治赖以维系的重要因素。罗马人将自由（libertas）视为法律规范下的自由；自文艺复兴时期起，这一观念被共和派奉为圭臬。马基雅维利在《论李维》中讨论罗马之伟大时对罗马人的自由观赞赏有加，还因它的启发在《君主论》结尾处呼吁美第奇家族把意大利从蛮族手中解放出来。他渴望意大利人重获的自由是罗马人随着共和国的消亡而失去的自由。这种自由激励了美国革命和法国大革命，是现代共和制度的基础之一。

罗马的自由不包括的含义与它的含义同样重要。它不是现代的个人自由和经济的放任自流（laissez-faire）的概念，也不是雅典民主中的自由。罗马的思想家坚信，由普通人直接进行统治必定导致混乱。雅典人按财富将公民分为三六九等，罗马人则把这个办法推到了极致。即使是最底层的阶级也有一定的政治权利，但基本上只限于投票选举官员和通过法律这种形式上的权利。只有富有的骑士阶级才有资格担任公职。此外，共和国不受任何其他国家的管辖，在这个意义上它本身也是自由的。既然共和国不受外国统治，它的居民就是自由国家的自由公民。每个罗马人都不受其他罗马人的压迫。《使徒行传》中圣保罗和罗马执法人员打交道的故事表明，这一点十分重要。奴隶照例是没有自由的，但奴隶的存在更突出了自由人可免受其他人任意虐待这一权利的重要性。尽管居住在各行省的公民在罗马没有投票权，但他们也是自由的。用今天自由开明、注重个人的标准来衡量，罗马社会远非自由社会。国家对人民的要求相当繁重；私人领域没有清楚的界限来保护其不受公家的侵入；道德监察官有权以行为不检为由罢免官员，甚至褫夺其公民权。但所有自由的罗马人都拥有一种后人所谓的消极自由——除了行为不端要受到法律的惩罚之外，他们不会受到任何侵害。社会地位够高的罗马公民还享受一种形式的积极自由，即有权担任公职，参与制定国家的法律。[14]罗马共和国的垮台并不影响罗马相对于其他国家的主权，但罗马共和制度的许多形式尽管在帝国时期得到了保留，却成了一纸空文。在罗马帝国中，奴隶与自由人之间仍然有天壤之别，虽然许多公民是得到了解放的奴隶。

波利比奥斯和在他之后的好几代人都认为，在罗马宪政制度内，执政官代表君主制的内容，元老院代表贵族制的内容，公民大会代表民主制的内容。现代的美国读者也许会想用这个框架去套美国宪法，但需要非常小心。波利比奥斯所想的不是现代的行政、司法和立法的三权分立。他肯定想到了需要实现权力制衡，而三权分立的原则正是旨在加强权力制衡的；但他并未想到由不同的机构行使不同的权力这种做法。罗马宪制的组织形式并非行政部门向由上议院和下议院组成的立法部门负责，独立的司法部门与行政和立法部门分开。罗马的冗杂制度糅合的是君主制、贵族制和民主制因素；现代人行政、立法、司法各司其职的概念，罗马人是没有的。分权的概念直到孟德斯鸠才明确成形，可能就连孟德斯鸠对此概念也不甚明了。

波利比奥斯也觉得罗马的政制太无条理。执政官负责指挥在外作战的罗马军队，任期只有一年，一共两位，彼此可否决对方的决定。执政官也有权否决受他们领导的官员的任何决定。成为执政官就登上了罗马权力的顶峰。罗马共和国早期，贵族与平民反复缠斗的一个最有争议的问题就是：平民是否有资格担任执政官？执政官是选举出来的，所以虽然没有多少罗马人能达到候选人的资格，但执政官在一定程度上要对人民负责。竞争执政官职位有官职序列（cursus honorum）的管理。执政官候选人必须担任过财务官和司法官，以确保竞争有序,候选人有行政经验，并且因达到了一定的年龄而行事稳健。尽管如此，有意问鼎执政官宝座的人数仍然比实际的位子多，主要家族间通过幕后谈判来确定选举结果遂成为司空见惯之事。

元老院由来自社会最高阶层的人组成，议员均须担任过一次或多次政务官。元老院议员最初由国王任命，后来由执政官任命。开始时有100个议员，到了共和国晚期，增加到300人；恺撒成为独裁者后，更是增至900人。最后这次扩大其实是尤利乌斯·恺撒对元老院的打压，因为如此臃肿的机构不可能履行元老院一直以来行使的行政职责。元老院议员没有薪金，所能从事的经济活动也十分有限，否则就会失去议员的地位。早先，这意味着做议员必须拥有土地，不能是商人，后来发展为只有富人能做议员。执政官不在罗马期间，行政权完全由元老院掌握，它监督税收和开支，也处理对外关系。大部分时间内，元老院主要负责军事和对外关系。不同机构权力分工这一现代概念形成的时间很晚；1787年,创立美国宪法的费城大会已经召开，詹姆斯·麦迪逊还设想要由美国的参议院行使古罗马元老院行使的那些行政职能。[15]在外打仗的将军如果和元老院搞不好关系，军需供给就无法保证，援兵也迟迟不到，总之处处掣肘。作为最后一着，元老院可以收回将领的领兵权，但如果议员这样做没有充分的理由，反而会被指控犯下不爱国的行为。元老院在理论上既没有立法权也没有司法权，但它的决议（senatus consulta）除非被推翻，否则具有法律效力。元老院向由保民官召集的公民大会提出立法建议，经公民大会批准后才能成为法律。刑事案件由公民大会，而不是元老院来审理。元老院颁布法令，要求公民大会审理死刑案件，大会必须听审。波利比奥斯说，罗马人民拥有终极权力，这是他们自由的一部分。从狭隘的法律意义上说，此言不差。罗马人民选举政务官、批准法律，还审理刑事案件（民事案件则在特别任命，由富裕公民组成的陪审团面前审理）。然而，如波利比奥斯所强调的，更加重要的一点是，政制中每一个部分都需要其他部分的同意方可有效运作。执政官不敢惹怒元老院；人民虽然本身没有权力，但他们在选举中做出的选择可以决定谁飞黄腾达，谁壮志难酬；元老院如果未能为前线将士保证后勤补给，就会名声扫地。不同部分之间的平衡是罗马政制最突出的特点。

公民

许多人都知道这个故事：圣保罗就要遭到几个罗马士兵鞭打时，亮出了自己的公民身份："我是罗马公民。"从中可以推想，公民权利包括免受执法士兵的野蛮对待。人们也一定记得电影中和无数历史题材的油画中健壮的罗马军团士兵的形象。政治思想史高度推崇罗马公民，却很少谈及公民身份涉及的各种复杂的权利和责任，或不同公民的不同地位。这并不令人惊讶。罗马历史学家的著述只论及人数很少的精英阶层，被忽视的普通公民只是无名的士兵、农夫或城中大众的一员。波利比奥斯的读者都熟悉罗马的公民制度；这个制度历经几世纪的演变发展，三言两语是无法说清的。然而，必须说明它的两三个关键要素。罗马人自知达到了希腊城邦没能实现的成就。他们不断扩大势力范围，先是从罗马城及后方扩展到全意大利，然后又扩张到整个已知世界。在此过程中，他们把被征服的民族也纳入了他们的公民权利和责任的制度。由此产生了两个结果。在消极意义上，它在一定程度上保护了被征服的民族不受罗马的剥削，因而避免了剥削导致的不满、逃税，甚至公开的叛乱造反。在积极意义上，它向各行省中愿意效忠罗马、才高志远之士开放了从军和从政之路。

虽然罗马人明白，给被征服地方的居民以公民身份这一政策有各种好处，但是他们对此仍十分谨慎。罗马的公民资格和希腊城邦一样，是以国家的军事及财政需要为标准而制定的。17岁到60岁之间的所有男性公民都有义务服兵役。罗马军队是公民组成的民兵，不是常备军，也不是雇佣军，所以要等到打仗时才组建军团。但一旦入伍，服役期可能会长达18年。军团战士不是志愿兵，尽管到了共和国晚期，因人力奇缺曾经号召大家志愿参军。战局吃紧时，甚至奴隶也奉主人之命参军打仗。罗马还定期举行人口普查来确定公民的人数。

随着时间的推移，尽管发生了一些变化，但总的来说，罗马公民大致分为三“级”（ordines）：议员级、骑士级和平民级。议员和骑士组成了家境富足、教育良好、雄心勃勃的贵族阶级，平民位于他们之下。世袭贵族过去垄断着政治权力，但后来被迫同意让先前没有权力的平民获得投票权（ius suffragii）和担任公职的权利（ius honorum）。到西塞罗的时代，世袭贵族已是为数寥寥，在政治上也不再有影响力可言。平民根据经济地位、缴税额和是否从军分为五个阶层。监察官负责划分各个阶层，因此对决定每个罗马人的社会地位起着举足轻重的作用。骑士阶层的人可能会被降级，理由各种各样，包括胆小怯懦、躲避职责，或人品不好。完全失去公民身份的情况十分罕见，但并非从未发生过。监察官还将公民分成35个部落，这些部落是征兵的单位，也是选举、立法，以及——在一定程度上——司法系统的基础。部落按地区划分，每个部落又按照财力和年龄进一步分为10个百人团。46岁以上的人组成的百人团叫老年百人团。在这350个百人团以外，还有18个骑士百人团。百人团制度结合了民主制和寡头制的特点：一个百人团算一个投票单位，按内部的简单多数意见投一票。经济条件最好的百人团人数比经济条件较差的百人团少，所以富裕公民的票比相对贫穷的公民的票分量重。富裕公民的军事负担也大得多。

军团战士自带甲胄和武器，如有必要还自带马匹。打仗的一切费用都由自己承担。虽然有饷金，但是饷金中会扣去他们的食宿费用。希腊城邦的重装步兵也是由上层阶级组成的，在这一点上，罗马和希腊城邦的做法相同。罗马军团的重型步兵在战斗中处于前沿，战士们需要和斯巴达人一样勇敢无畏。服兵役和政治有着直接的关系；要想竞选公职，必须要有从军的经历。罗马的军事制度也显示了至今遗踪尚存的罗马保守主义。大部分统帅都愿意自己的兵来自乡间，而不是城市。军中战士是手拿武器的健壮农夫，这个传统从罗马传到不列颠，再从不列颠传到美国。美国宪法第二修正案中提到的“纪律优良的民兵部队”就是罗马式的民兵。对于从社会最贫穷的人中招募职业军人这一现代军队的做法，罗马人避之唯恐不及，而且直到公元前2世纪晚期之前，也成功地避免了这种做法。当然，与作战部队随行的有大批各行各业的平民，包括收购战利品的商人。

这种分级精细的公民资格制度一直持续到公元前2世纪晚期。另外，被罗马征服的城市开始时通常没有投票权，也就是说，那些城市的居民可以享受罗马的公民权利，但无权投票。

罗马靠这个办法先吸收同化了周边的近邻，然后又将公民制度扩展到整个意大利。有些城市保留了许多原有的机构和制度，它们的居民持有某种形式的双重国籍。一些人因而感到不安，正如19世纪末20世纪初有人对“归化的美国人”满腹狐疑一样。包括西塞罗在内的另一些人则认为，效忠两个国家比只效忠一个国家更能加强公民的归属感。西塞罗的家乡阿尔皮诺城公元前316年被纳入罗马版图，当时没有投票权，直到公元前188年，那里的居民才获得投票权。西塞罗的敌人为此嘲笑他是外省人，不是“真正的”罗马人。尽管这类嘲笑只是戏谑之辞，但它显示了罗马人根深蒂固的保守心态和他们对法律与制度的起源以及个人出身的异常重视。

公元212年，这一制度发生了巨变。卡拉卡拉皇帝把公民的身份赋予了帝国内所有的自由人。此举的目的当然是为了增加纳税人的数目，不是为了泽被苍生，让人人尽享罗马公民身份的惠益，也不是为了显示帝国政府的慷慨大度。公民身份事关重大，有此身份的人不仅不是奴隶，而且有资格享受一系列的公民权利，在罗马没有成为帝国之前，还能享受政治权利。妇女和男性公民有同样的公民权，只是不能投票和担任公职。她们有权拥有财产，也有权依法处理自己的财产，无论是出售还是遗赠。因为罗马的政治高度依赖个人关系，所以大笔财产的女继承人十分重要，为了政治或金钱的原因结婚或离婚是罗马政治生活的一个突出特点；另一个特点是收认义子。

公民的政治权利是投票和担任公职的权利。拥有这些权利的是“头等公民”（optimo iure）。然而，无投票权的公民，即“二等公民”（minore iure），也拥有重要的权利，其中特别宝贵的是若在刑事案件中不服政务官的判决，可以向公民大会上诉的申诉权（ius provocationis）。圣保罗表明自己的公民身份，得到的回答是：“你向恺撒上诉，你就应去找恺撒。”这就是圣保罗的申诉权。公民的其他特权包括不受钉十字架的刑罚、不受刑讯逼供、不受鞭刑。不过公民如果被判有罪，上诉又失败，可能会受棒刑和斩首的极刑，但那是另外一回事。不那么事关重大的公民权利包括做生意、结婚、向民事法庭提起诉讼、通过遗嘱赠予财产等权利。如果说，政治的概念源自古希腊，法制的概念就源自古罗马。

这一切都必须放到罗马生活中最令我们感到陌生的一个特点的背景中去看，这个特点就是男性家长在家中的绝对权威（patria potestas）。根据法律，父亲对任何年龄的未婚子女均拥有“父权”。父权包括对子女的人身和财产的支配。女子一结婚，即从父亲的父权之下转到丈夫的夫权之下，虽然离婚并不难。不过，她生的孩子归丈夫。男性家长对奴隶的权力不容挑战，这一点自不待言。原则上，父亲可以将孩子卖为奴隶，或为了他认为于己有益的任何原因杀死孩子，当然，实际上没有父亲会这么做。罗马和雅典一个有趣的差别是，罗马的妇女并不被排除在社会生活之外。虽然女儿常常被用作政治博弈的卒子，但她们深受疼爱——如果诗人和演说家的话可以当真的话。现代人活到七八十岁非常普遍，因此很难设想儿女和孙辈人到中年还要听命于父亲和祖父。古时候人均寿命较短，这意味着没有几个父亲能活到对不惑之年的儿子发号施令的时候。家庭生活中父权统治的特点是“扈从制”做法的自然延伸，根据扈从制，经济条件较差的人服务于富有的人，并成为他们的附属。

西塞罗

西塞罗的演讲、著作和私人信件与波利比奥斯和李维的历史著作一道，为后人了解古罗马的法律和政治制度提供了最重要的史料。本书只集中谈他狭义上的政治理论，介绍他如何试图将希腊哲学用来为罗马的社会和政治目的服务，但不会涉及他对雄辩术在政治生活中作用的辩护，尽管西塞罗这方面的论述已经成为学习雄辩术的指南。《论共和国》和《论法律》于公元前50年代期间写成，当时西塞罗正受庞培、克拉苏和恺撒三头同盟的排挤。《论责任》写于恺撒遇刺之后。这几部著作的遭遇迥然不同，前两部的经历更是跌宕起伏。《论法律》根本没有写完；它在古代无人问津，到了中世纪却声名显赫，因为那时西塞罗的著作成了人文主义学者和法律学者的案头必读。《论共和国》成书后名声大噪，后来却销声匿迹。19世纪时找到了该书的一些片断，是从圣奥古斯丁著作的手稿中复原而成的。那是从多次书写的羊皮纸中复原文字的尝试刚开始时取得的伟大成就。然而，伟大的罗马历史学家西奥多·莫姆森却对这部著作不屑一顾，说它既无政治智慧，也缺乏有见地的思想。使西塞罗如愿以偿，大受读者欢迎的是他的《论责任》。西塞罗有个本事：他把斯多葛学派、柏拉图学派和亚里士多德学派关于美德的思想去异存同、融合为一，将其不仅适用于罗马的政治家，而且适用于世界公民。人既是国家的公民，也是世界公民，受自然和各民族的法律管理，这个思想源自斯多葛派；西塞罗对斯多葛派的阐述在基督教欧洲大行其道，使西塞罗几乎成了教会的荣誉神父。奥古斯丁说，西塞罗是心向上帝的第一人。

西塞罗将希腊的思想巧加改动，用来支持被他理想化了的罗马共和国，诠释他心目中正义共和国的正直掌权者应当具备的道德和社会关切。对熟读马基雅维利《君主论》的读者来说，西塞罗的规劝似曾相识，又令人诧异；似曾相识是因为《君主论》中也提到了这些规劝，令人诧异是因为西塞罗对未来的政治家如此苦口婆心、郑重其事地提出的建议，1 600年后却被马基雅维利大加嘲讽。西塞罗的哲学思想来自希腊的各个学派，但他的宪制理论却师法波利比奥斯。西塞罗出生时恰值波利比奥斯去世不久，他读过波利比奥斯的历史著作，对波利比奥斯的朋友兼雇主小西庇阿极为崇敬。西塞罗和波利比奥斯的基调显然不同。波利比奥斯欢呼罗马实现的平衡，西塞罗则哀叹共和国的灭亡。西塞罗对罗马共和国政治的叙述忽而强调“宪制”，说国家正常运作靠的是良好的制度和能干却非超人的官员；忽而又强调“英雄”，说真正的伟人能够在国家濒临毁灭时挽狂澜于既倒，重整山河。西塞罗的虚荣自大是出了名的，谁都知道他自视为这样的英雄——他镇压了喀提林的谋反，难道不就是拯救了共和国吗？

西塞罗的这种论述是传统学说的特点，既强调开国复国的英雄人物，也强调稳定可靠的政府。开国英雄创立了宪政平衡的混合型共和国；维持着共和国运行的却是平凡的人。支持罗马共和国的学者并不汲汲于现代意义上的领导才能。许多现代学者坚信，政治永远处于连续不断的危机之中，可能这就是政治的本来状态，也可能是因为领导人自己的策划造成一个又一个危机，以此为由抓住权力不放。罗马共和国的理论家则专注于国家的建立与维持。在有关罗马共和国创立的许多故事中，特别是在不少近似神话的叙述中，国家甫一成立，建国者就消失了踪影，似乎是要强调，一俟国家建成，即不再需要建国者。苏拉放弃独裁官的位子是有例可循的。

《论共和国》和《论法律》均仅存片断，不能成篇。这两部著作的价值在于使我们看到，西塞罗如何将希腊哲学和波利比奥斯的混合型政府理论合为一体，提出了建立稳定的共和国政府之道。西塞罗坚称，罗马人的“先辈之习惯”（mos maiorum）包括了柏拉图、亚里士多德和斯多葛派的智慧。此言立论大胆，却难以服人。考虑到罗马共和国早期弥漫的反知识情绪，被西塞罗称赞为英明睿智的先辈也许不会喜欢他的恭维，但西塞罗借此与他的哲学思想来源巧妙地拉开了距离。对美德给予了应得的承认后，接下来就可以在没有先入为主观念的情况下考虑如何维持共和国的制度。在《论共和国》中，西塞罗借小西庇阿之口雄辩地讲述了罗马共和国最佳状况的由来，重点遂从对理想国家的哲学探讨转向了对现实世界中最好国家的建国史的叙述。小西庇阿在叙述中不点名地批评柏拉图一心只顾建立乌托邦。可以想象，小西庇阿也许的确和波利比奥斯一样，对柏拉图式的凭空猜想不以为然。西塞罗没有直接指出，政治要实现的不是理想，而是实际能达到的最好状态，所用的方法不是实行哲学的先验原则，而是对历史上的审慎行为进行分析。这些话是他借著作中人物之口说出来的。《论共和国》的结尾非常新颖，讲小西庇阿做了一个梦，梦见自己被祖父大西庇阿带到了天堂。这是对柏拉图《理想国》中厄尔神话的再现。但与柏拉图的神话大相径庭的是，梦中的大西庇阿鼓励小西庇阿勇敢无畏、献身国家、毁灭迦太基，以此为自己争取荣耀。但与此同时，又要他切记，大地广阔无垠，苍茫人世并未留下他的声名，唯一真正值得获取的善果是在天堂中聆听宇宙的美妙音乐。无须说，尘世间成功终属虚幻的主题引起了基督徒的共鸣。19世纪之前，西庇阿之梦一直是《论共和国》留存下来的唯一片断。原因与政治无关；与奥古斯丁同时期的异教哲学家和文选编者马克罗比乌斯就这一片段写了一篇长篇评论，专门讨论柏拉图和西塞罗的宇宙论在数卜方面的差别。下面很快会介绍奥古斯丁对西塞罗的看法。

西塞罗关于共和国本质和政治生活目标的理论一锤定音，

确立了共和理论的传统，这个成就非同小可。西塞罗给共和国本质下的定义被后人奉为经典。Res publica（共和国）就是res populi（人民之国）。Res publica这个词几乎无法翻译，若是翻成“公共之物”既不达意也不典雅。实质上，res publica代表着整个一套制度安排，以及这种制度在追求所有人最大福祉之时赖以维持的行为准则。所以，res publica就是res populi，即人民之国。共和国除非由人民做“主人”，否则就不能算共和国。西塞罗比波利比奥斯更进一步，将正义定为真正共和国的关键特点。早在奥古斯丁说出“国家若无正义，就只是一群强盗”的名言之前，西塞罗就提出了类似的思想，说腐败的国家根本不是共和国。如果政府机构被转而用于为私人利益服务，这样的国家就不是共和国。人民之国属于全体人民，代表着共善，政治的任务就是促进这样的共善；这就引起了一个明显的问题：在何种条件下才能出现共善？

西塞罗接受了亚里士多德的观点，认为共善是对幸福的理性追求，而政治必须为其创造社会、经济和政治条件。他不同意柏拉图仅把社会作为达到目的的手段的实用观点，认同亚里士多德和斯多葛派的观点，即人本性合群，在一起共处就感到愉快，与合作产生的实际回报没有关系。尽管如此，个人利益还是可能与他人的利益或共同利益发生冲突。好制度能保护共同利益不受私人利益的侵蚀，防止个人利益的冲突产生破坏性的结果。这样的好制度究竟是什么样子，这就是政治理论研究的题目。

《论共和国》没有提出一般性的理论，主要是赞扬罗马共和国全盛时期——即公元前133年之前的时间——所取得的成就，称颂了混合型宪政的各种优点。公元前133年，提比略·格拉古不择手段地强制推行土地改革，结果为自己招来了杀身之祸。这是几十年来罗马国内政治中第一次严重的暴力，它引发的冲突最终导致了共和国的消亡。西塞罗的叙述比起波利比奥斯的历史别有所长。书中小西庇阿讲述了驱逐塔昆国王*的历史，也介绍了共和国刚成立时各个机构的发展。西塞罗据此声称，罗马比斯巴达做得更好，因为罗马有机会试验摸索哪种机构最适合人民的需要。不知他这个观点如何能与他对莱克格斯的赞扬调合起来。无论如何，小西庇阿说得很对。一个伟人比吵吵闹闹的乌合之众取得的成就要大，但井然有序的实验使人得以从多个不同的角度看待问题，会揭示出伟人可能会忽视的真理。波利比奥斯一定也有同感，因为他一方面宣称自己对罗马的成功迷惑不解，另一方面又对这个他自称不解的问题提出了令人信服的解释，说罗马的成功是经过反复试验得来的。但是，西塞罗和波利比奥斯以及其他迷信创始人作用的人一样，也倾向于认为，如果要保证国家的成功，建国者必须从一开始就将一切都安排妥当。

虽然西塞罗笔下的罗马历史经常具有浓厚的感情色彩，但西塞罗对罗马政治的叙述比波利比奥斯更加冷静。波利比奥斯

---

* 传说中罗马第五代国王，原为王子监护人，国王死后篡夺了王位。——译者注

强调君主制、贵族制和民主制混合中的民主因素，夸大了罗马老百姓真正掌握的权力。西塞罗借小西庇阿之口，毫无保留地描述了罗马举行了第一次人口财产调查后是如何组织百人团这一基本投票单位的。公民不能以个人身份投票；投票以百人团作为单位，每个百人团投一票。少数富有的公民分成许多百人团，足以在票数上压倒实际人数多得多的贫穷公民。由于一旦各百人团在公民大会投票中达到了多数，投票即告终止，所以下层阶级实际上很少投票。罗马是财阀统治。小西庇阿赞成这种安排，难怪他多次说，若非难以确保国王不致堕落为暴君，君主制应该是最理想的政府形式，但既然君主制极易变为暴君制，所以它并非实际可行的最佳政府形式。不清楚西塞罗本人有多支持他借小西庇阿之口表达的所有理念。无论如何，不管罗马是否财阀统治，西塞罗及其笔下的小西庇阿都声称，当人民要求自由的时候（西塞罗和小西庇阿都支持这个要求）他们不是想要一个好主人，而是不想要任何主人。即使普通罗马人不如普通雅典人参政的机会多，罗马自由的含义仍然是人民自治。这意味着罗马不可能重设国王。的确，没有一个罗马皇帝敢自称rex（国王）。

西塞罗对混合型政府优点的介绍比波利比奥斯强的另一点是，他更加详细地解释了这种政府形式的积极优势。波利比奥斯的论述集中于消极优势，比如，政府机制中的一个部分如何能够防止另一个部分失去控制。混合型政府避免或减缓了退化的周期。国王若是需要贵族议院同意方能采取行动，就不容易变为专制暴君；司法机构若知道它的决定可能遭到类似斯巴达的五长官制的机构的否决，它就会自我克制，不轻率拍板或甘冒天下之大不韪；根本性的规则若是须经公民大会批准，富人在制订管理财产（特别是债务）的规则时，对于压迫老百姓、可能会激起民变的条款就要三思。这就是制衡理论，它的意义不容小觑。没有这个理论，后来的分权理论和传统的混合型政府理论就都没有意义。

但制衡不包括西塞罗提出的积极内容。一人统治有其优势——决策果断，没有七嘴八舌的不同建议；真正的贵族统治也有优势——遇事讨论，但并非议而不决，有一个专职从政的精英阶层协同治国；多数人统治也有优势——所有观点都能得到反映，做出的决定有参政人民的多数支持，任何决定都难以为一己私利服务。问题是能否吸纳这些政府形式各自的优点，而不只是抵制它们的缺点。西塞罗认为，组建得当的混合型政府可以集一人统治的果决、几人统治的专才、多人统治的务实和忠诚于一身。他这一观点被后人重复了2 000年，但不能因此断言它2 000年来一成不变。需要认识到，在这一理念的现代版中，“多人统治”占的份额多了许多。西塞罗强调，要把多数人牢牢置于富贵阶级的监护之下，这一观点在现代世界完全没了踪影。今人的政府概念是有一位总统或总理，由内阁辅助并受其制约，对议会或国民大会负责，而议会或国民大会代表的是全体人民，要对全体人民负责。这样的政府对普通老百姓的开放程度是西塞罗所无法想象的。

好法律与好公民

如果说，被阶级斗争和军阀混战撕裂之前的罗马共和国是实际可行的最佳政府，就需要解答两个问题。《论共和国》和《论法律》讨论了法律和法治的本质，《论责任》谈到了哪种人必须积极参政以及他们需要具备的美德。对“法律是什么？”和“谁应做治理者？”这两个问题的回答天衣无缝地彼此衔接，一是它们都基于西塞罗对自然法的斯多葛派概念，二要归功于西塞罗的辩才。西塞罗对法律的看法与现代不同。虽然他是关于具体国家法和适用于所有人的自然法（也就是万民法 jus gentium）之间关系讨论的发起人之一（这场讨论现在仍在进行），而且他对罗马法学的混乱过时颇多微词，但是，他没有关于立法权威的现代概念，也不像今人那样，将立法者和法官的职能严格区分开来。他在《论法律》中重点论述的内容也与人所想象的不太一样；这部著作流传至今的大部分内容仅涉及对宗教和仪式行为的规范。

因为现存的《论法律》只有残篇，所以无法得知西塞罗是否意识到他的著作与他所模仿的范例有多么不同。柏拉图的《法律篇》解答的问题是：如果《理想国》描述的理想国家无法实现，如何创造第二好的国家？西塞罗的《论法律》则集中论述自然法（他把自然法等同于道德法或神法）和具体国家的法律之间的关系。然而，西塞罗并未解释明白，他所定义的自然法如何启迪了他提到的罗马的具体法规。他对法律本质的论述源自斯多葛学派，一直是后人研究分析的基础。西塞罗说，法律是正确理性的体现，它基于人类天然的合群性；法律对所有人平等以待，任何单个群体的意见都不足以成为法律。这最后一点是西塞罗自然法理论的关键。法律要成为法律，必须有正确的理由和恰当的规定。在此基础上，出现了中世纪法学以及后来的法学中一个最重要的、引起了激辩的主张：injusta lex nulla lex est，意思是，有违正义的法律不能算是法律。有人根据这个主张提出，纳粹德国剥夺犹太人一切公民和政治权利的立法从来就是无效的，因为它太不公平，不能算作法律。与此观点形成鲜明对比的是所谓的肯定性观点，认为无论一项法律是多么邪恶，多么错误，只要它得到了确立的法律系统的接受，就是法律。令人失望的是，对这个如此意义深远的问题，西塞罗似乎无意探索，他只关心罗马的恶法这个具体的问题，没有在一般的层面上论述“恶法非法律”的观点。

既然《论共和国》和《论法律》都只有残缺的片断，后人特别重视《论责任》也就不足为奇了。现代读者读过此书后，一定心情复杂。一方面，它文笔犀利、论点中肯，介绍了各种美德及其社会与政治目的，主要依靠斯多葛派理论，但也兼收并蓄其他学说。另一方面，读者不禁会同情西塞罗这些道德及政治的谆谆教导的对象——他自己的儿子马库斯。马库斯一定被乃父的夸夸其谈压得喘不过气来。然而，由于这部著作立论中肯，所以得到了基督教学者的热情接受。它的基本理念是西塞罗经常阐述的观点，即哲学家争论的大部分源于术语差异，应当注意的是不同哲学理念的共同之处，因为那才是哲学理念的真谛。“一个真理，多种表述”的观念不仅对基督教创立之前的罗马人，而且对后来的基督徒都显然颇具价值。罗马人知道，他们生活在一个多民族的帝国中，不同民族有不同的观念；基督徒明白，自己必须和非基督徒以及与自己对宗教的理解稍有不同的其他基督徒共处。《论责任》具有高度的政治性，因为它自始至终都认定，受它教诲的年轻人会成长为具有公益精神、愿意竭诚为共和国服务的上层公民。

西塞罗先是论述了责任为何，把责任和私利清楚地区分开来，同时承认，道德对个人来说也必须有道德以外的意义。他反对伊壁鸠鲁派，因为他觉得他们没有作出这样的区分。伊壁鸠鲁派把道德与私利混为一谈，把责任解释为任何对自己有利的事情。有益的不等于正直的。公正勇敢并不总是对自己有利，这个符合常识的观点显然有理。尽管如此，有用的和正直的之间并无深刻或不可解的冲突。道德高尚的生活对人有一种自然的吸引力。西塞罗讲述了四种基本美德：智慧、正义、勇敢（他称其为“精神的伟大”）、节制，也讲述了如何合法获取自己喜欢的东西和如何处理责任与意愿的冲突。行不义之事决不会有利于自己的根本利益，美德与实惠的矛盾归根结底只是表面现象。然而，西塞罗对于现实生活有充分的认识，并没有简单地将这样的矛盾冲突斥为子虚乌有。在这方面，他不同意柏拉图关于哲学思索是终极幸福的观点。他承认，这个观点可以作为宗教教义，但他一贯坚持，明智的行动比空具理论知识要强，而明智的行动就是在社会中的行动。

道德的基础是理智和人天生的社会性。理智为人所特有。只有人才探究事物的本质，也只有人才思考自己的本性以及从中产生的责任。西塞罗在人的社会性这个问题上更是雄辩滔滔。人合群不是为了借他人之力来弥补自己的缺点，完全只是因为喜欢和朋友相处。虽然西塞罗心目中的责任既包括对自己的责任，也包括对他人的责任，但是《论责任》最值得注意的内容是关于正义的要求的论述。西塞罗就是在这部书中初次明确提出了他那些对后人影响深远的论点。比如，西塞罗引用柏拉图的话，说人不只是为自己而生，但他将这个论点进一步引伸为：人是为他的朋友、他的国家，和整个人类而生；柏拉图决不会持有这样的观点。柏拉图要引导我们探索深邃的哲学真理；西塞罗则把我们带入了社会关系的同心圆。

正义是一种愿望，要使每个人得到自己的一份，要维护共有物品不被个人占有，还要保持私有物品不被充公。西塞罗就应如何区分正义和善心提出的问题至今犹存。前者是给人以他们应当得到的，后者是出于慷慨给人以他们不期待得到的；两者之间该如何划分呢？不出所料，西塞罗也告诫读者，决不能慷他人之慨，即使是自己的东西也不能大手大脚，以免危及今后行善的能力。西塞罗在论述中时刻注意人的行为在他人眼中造成的印象，念念不忘提醒读者什么是高尚正直的行为，什么是正派得体的行为。行事公正并非仅仅为了自私的原因，但应该记住，为人公正是获得别人欣赏的一个办法。受人欣赏成了努力的目标，这是典型的西塞罗式思想——只要表示欣赏的人有正确的判断力。头脑不清和怪诞不群的人的欣赏不要也罢。

在《论责任》中，西塞罗再一次把希腊的哲学观点掺入罗马人的“先辈之习惯”。书中经常提及罗马的历史和当时的政治，对该批评的也都作了批评。在对于诚实的要求该有多严格这个问题的长篇论述中，西塞罗设想了自己如果仍是司法官可能会遇到的一些案例，使读者见识到他非凡的说服力。不过，西塞罗对罗马传统价值观最强有力的辩护表现在他对雷古卢斯的命运的讨论中。马库斯·阿提利乌斯·雷古卢斯是第一次布匿战争期间的罗马执政官，也是一位将军。他率领罗马军队打了几次胜仗，但在公元前255年的一次战斗中战败被俘。据传说，他被关押了几年后，公元前250年被迦太基人假释，派到罗马商讨交换战俘事宜，并许诺如果商谈不成功须返回迦太基。雷古卢斯在罗马极力反对交换战俘，还敦促他的罗马同胞继续对迦太基作战。然后，他遵守诺言回到迦太基，在那里被折磨至死；一说迦太基人把他装进一个里面钉满尖钉的木桶沿着山坡滚下去，一说把他的眼皮割掉，让他在阳光的直射下晒死。令人愕然的是，西塞罗坚持说，雷古卢斯不过是尽了他的责任；即使是在敌人威逼下作出的承诺也必须遵守。雷古卢斯回到迦太基去面对死亡是对的，因为他答应了迦太基人自己会回去。反之，在坎尼*被俘的人质企图逃避责任，不愿回到俘虏他们的人那里去，这种行为是错误的。西塞罗说，雷古卢斯的所作所为确实不值得大肆赞扬，他不过是尽了他对共和国的责任，做了他分内的事。[16]这样尽责任的代价未免也太高了些。并非所有高尚的原则落实到行动中都需要做如此大的牺牲。在谈到对人慷慨的时候，西塞罗自然而然地想到了罗马的附属国，他说，谁过去为我们出力最多，我们就最应该帮谁。他还说，对陌生人表现得过分慷慨说明那貌似慷慨的人也许别有用心，可能是为了不可告人的目的争取政治上的支持。此言流露了他的政治焦虑。

《论责任》大获成功，主要归功于西塞罗的风格，不仅是他的文体，而且也包括他的政论和说理风格。除了雷古卢斯的特殊情况以外，责任的要求通常不超过教育良好、家境富裕的人所能做到的范围。所以他坚称，勇气是必要的，但人的勇气不是狮子的凶猛；智慧是必要的，但人的智慧不是狐狸的狡猾。[17]后来，马基雅维利把这个出名的比喻颠倒了过来。据说苏拉就集狐狸的狡猾和狮子的凶猛于一身，这在马基雅维利看来是君主必备的素质，此论也成为他的著名观点。[18]西塞罗认为，人不应该效仿比自己低级的动物，而是应该探寻人所特有的行为模式。人可以靠理智与神相通，但是西塞罗论述的对象不是哲学家，而是出身良好，深知自己对朋友、家庭、阶级和地方的责任的人，目的是教他们如何保持体面、正直和可敬的善行。比

* 指第二次布匿战争中的坎尼会战。——译者注

起柏拉图哲学的高扬深邃，西塞罗的观点显得浅薄狭隘；但这正是今天我们仍然觉得他言之成理的众多原因中的一个。

可惜西塞罗没有也不可能拯救罗马共和国。他对罗马政治的思辨有一种告别的调子。我们知道，后来共和国没有重兴，而是变成了罗马帝国，精神和道德的寄托不再是“先辈之习惯”和罗马的传统信仰，而是变成了基督教。罗马帝国初期，基督徒运气好的时候只能得到官方勉强的容忍，运气差的时候随时都可能被杀；他们时刻盼望着基督很快复临，对罗马的政治没有置喙的权利，也没有兴趣。311年，君士坦丁大帝皈依基督教，却并未导致具有鲜明基督教色彩的政治哲学的迅速兴起。一个重要的原因是，狄奥多西皇帝在382年才宣布多神教为非法，自那开始，基督教才成为罗马帝国的“国教”。有鉴于此，第一部连贯阐述一个基督徒对世俗政治的思考的著作历经16个世纪仍然活力不衰，这个事实就更加令人震惊。奥古斯丁的《上帝之城》是基督教政治神学的杰作，虽然它的意义远不止此；而西塞罗就是书中批判的对象之一。

第五章

奥古斯丁的两座城

奥古斯丁的生平与时代

奥古斯丁对他之后欧洲历史的影响至为重要，当得起任何溢美之词。本书的重点是他的政治理论，那只是他113部著作和数不清的信件及布道词的九牛一毛。然而，他的政治理论涉及的问题使基督教欧洲，甚至于当今世界，都为之纠结难决。这些问题包括：追求永生的基督徒对此生的政治该关注到何种程度？国家有没有责任保护教会、镇压异端邪说，并确保公民信奉唯一正确的宗教？如果统治者不是基督徒，是否就不再有义务服从他的统治？还是说必须遵守圣保罗的教诲，“服从现有权威的统治”？[1]更广泛地说，奥古斯丁就一些至今仍有争议的问题提出了明确持久的思想，包括正义战争的性质、死刑的非法性、尘世间正义的局限，等等。他关于所有这些问题的观点都被纳入了他冷峻的神学理论，但其实它们没有神学作依托照样可以独立存在。只要对人的原罪的概念稍微有一点同感，就会发现奥古斯丁的许多想法非常有理，尽管也非常沉重。

奥古斯丁是罗马公民，354年出生于北非的塔加斯特城。一般认为他是柏柏尔人。他父亲是小官吏，担任什长（decurion）。这个头衔本来是罗马在各行省维持秩序的附属军队中的军阶，在文官的级别上等于镇长。奥古斯丁父亲的官职大小并不重要，重要的是他有钱把11岁的奥古斯丁送去寄宿学校读书。他的母亲莫妮卡是虔诚的基督徒，但没有受过教育。他的父亲不是基督徒，可能临死时皈依了基督教，但也可能没有。对基督徒最后一次大规模迫害发生在戴克里先皇帝在位的305—306年间。到奥古斯丁出生时，天主教刚刚成为罗马帝国的官方宗教。奥古斯丁小时候没有受洗，但那时给婴儿施洗礼还很不普及。他自称他的童年过得十分痛苦。在《上帝之城》中，他说他宁死也不愿意再回到童年的生活中去。但是，这话是他在阐述人生乃苦难之旅这个一贯的观点时说的，并不能确切地证明他的童年比多数人的童年或比他后来的生活更痛苦。事实上，他并未暗示自己的童年比别人更糟糕，因为他设问道："如果要在死去或再次变成小孩子之间做选择，谁不会避免后者而选择死去呢？"[2]

奥古斯丁说，他小时候不喜欢学习，宁肯因为拒绝学习希腊文而挨打，也不愿意上课。他还说，拉丁文容易学，因为周围的人都讲拉丁文，但希腊文难学，因为它是外语；此言合情合理，我们许多人学外语时都有同感。奥古斯丁肯定非常聪明，可能也如他自己所说，十分任性。他的希腊文学到了什么程度并不清楚，似乎阅读没有困难，不过他更喜欢拉丁文。他起初打算走仕途，进帝国政府做官。这就要求他学习演说的技巧。16岁时，他去迦太基学习修辞学，在那里结交了一个情妇，还生了儿子阿德奥达图斯。后来回首往事，他为自己年轻时沉迷肉欲的荒唐行为痛悔不已。读过他的《忏悔录》的现代人会觉得他的行为完全可以原谅；但使现代人难以接受的是，他始终没有提到他那位情妇的名字，而且12年后又抛弃了她，因为他为了自己的前程想迎娶一位女继承人。[3]不过，当时属于他那个阶级和受过他那种教育的任何人都会那样做。

奥古斯丁先是在北非，然后又到罗马教授修辞学，30岁时在米兰谋得了修辞学教授这一显耀的职位，这是通往省级总督位子的阶梯。但到那时，罗马已不再是帝国的首都。4世纪初，戴克里先皇帝在拜占庭建立了东都，在米兰建立了西都。在他之后的君士坦丁大帝将拜占庭改名为君士坦丁堡，并定都于此。到了4世纪末，罗马帝国实际上分成了东罗马帝国和西罗马帝国；西罗马帝国先在米兰定都，后迁都腊万纳。奥古斯丁在米兰教书时，安排了一桩对自己有利的婚事，对他跻身于罗马贵族的行列至关重要。但他经过反复的痛苦思考后，放弃了野心，于386年受洗成为基督徒，全身心地投入教职。给他施洗的米兰主教安布罗斯是那时在思想上和政治上最重要的教职人物，但真正劝奥古斯丁皈依的是他的一些虔诚的教徒朋友。应该说，他是重新皈依了基督教，因为他从小是作为基督徒被带大的，到了迦太基后才放弃了信仰。重新皈依基督教之前，他研究过古代晚期的许多宗教和半宗教的思想。他一度追随过摩尼教，但发现摩尼教的教义在理智上说服力不足，而且充斥着迷信和神话。后来他又对哲学家普罗提诺倡导的严格禁欲的新柏拉图主义产生了兴趣，而新柏拉图主义是通向基督教信仰的顺理成章的途径。奥古斯丁成为基督徒后，回到北非，先在塔加斯特建起了一个小小的由立誓禁欲的基督徒组成的社区，接着去了希波，在那里他于公元391年成为一名牧师，395年就任主教，次年入职。他在希波主教的任上度过了后半生，与他认为是异端的思想和其他危害教会的思想奋力斗争，撰写了一系列著作和小册子来宣传他关于真正的教会和真正的宗教的观点。

他作为主教撰写的第一批作品中有一部不属于上述的类型，那就是他于397—400年间写成的《忏悔录》。此书出版后，引起了读者极大的兴趣，至今未有稍减。虽然此书记录了奥古斯丁皈依基督教的心路历程，但它不是现代意义上的自传，甚至也不应该算古代意义上的自传。它更近似于向拯救了他的上帝的祈祷，伴以长篇大论的自责，痛悔自己过去的种种不良行为。它使人难忘的一点是奥古斯丁对人的存在这一奥秘的思索。该书前10卷松散地按照时间顺序组织，是对自己过去生活的忏悔（apologia pro vita sua），后三卷讨论了时间、三位一体论*和上帝

---

* 指圣父、圣子、圣灵三位一体。——译者注

创世。即使觉得奥古斯丁的文风太过激情洋溢的读者也深深地为此书所吸引，读起来欲罢不能，基督徒和无神论者莫不如此。[4]

4世纪末的时候，主教在教会里不是大人物。仅阿非利加行省的教会就有700名主教。然而，奥古斯丁在当地的世俗行政当局中也身居要职，负责行使司法和许多其他职能。虽然他从工作中能得到一定的满足感，但每每累得精疲力尽，而且那时正值西罗马帝国自我防卫和保护臣民的能力一路走下坡的时候。410年发生的灾难促使奥古斯丁开始了占去他余生大部分时间的工程——撰写《上帝之城》。该书于413年动笔，几经中断后完成于427年。410年，阿拉里克带领西哥特人洗劫了罗马城。人们发现，这座“永恒之城”是如此不堪一击，而曾以它为首都的西罗马帝国也脆弱不稳、每况愈下。罗马城的失陷在军事上并不重要，但象征意义十分巨大。虽然奥古斯丁没有提及，但罗马帝国在阿非利加的统治和在其他地方一样，也在衰落崩坏。在沿海城市以外的地区，罗马的控制日渐虚弱，代表罗马维持地方和平的军队越来越不听从帝国政府的指挥，反而成了蛮族部落入侵之外的另一个威胁。奥古斯丁去世的前几年，夺取了西班牙的汪达尔人看到阿非利加行省已成为他们的俎上之肉，于是渡海大举来侵。奥古斯丁430年死在希波；当时希波已经成了被困的孤城，挤满了从周围乡间逃来的难民。次年，希波惨遭洗劫后被付之一炬。

虽然在文艺复兴时期数不清的画像中，奥古斯丁都是坐在书桌旁，但其实他作为主教每天工作的地方不是书房。他上午的时间通常花在判决有关土地、继承权和日常生活中其他事情的诉讼上。作为主教，他需要监督教士，保证他们的行为比俗人更加端方，还要和教会中对上帝感悟最深的人交流。奥古斯丁通过他的大量著作对基督教历史产生了巨大的影响，仅次于圣保罗，但对此不仅他自己生前无法想象，而且当时的任何人都会难以置信。那时的基督教会在思想上仍然更接近希腊而不是罗马。安布罗斯和奥古斯丁是第一批使用拉丁文的神父，虽然他们并没有刻意追求这个第一。希腊文是哲学的语言，而奥古斯丁关于希腊哲学的知识是二手的，是通过读西塞罗的著作和新柏拉图派学者普罗提诺著作的拉丁文译本得来的。当时看起来，君士坦丁堡或耶路撒冷的教会似乎更有可能成为真正具有思想力量的基督教神学的来源。

作为西罗马人，奥古斯丁不是天主教教会顺理成章的思想领袖。他住在阿非利加，是乡下人；阿非利加的教会也是乡下的教会。关于基督教的要求，它的解释比意大利的教会更加严格。它不能接受贵族式放任自流的态度，不准许罗马人过半异教徒、半基督徒生活，也不能容忍教义上的不严谨。回顾历史，可以看到天主教的教义在那个时期逐渐定型为正统。与奥古斯丁同时期的人对基督教关于诸如意志自由、命运预定论、原罪和得救的标准等问题的教义尚不清楚。奥古斯丁的皇皇巨著《上帝之城》就所有这些问题发表的观点坚定不移、毫不妥协，具有无与伦比的强大思想力量。难怪他的观点取得了胜利。然而，采纳奥古斯丁的观点需要在思想上、感情上和道德上付出巨大的代价；

有鉴于此，他的观点居然得到了接受，不得不说是令人惊讶的。

奥古斯丁痛责自己在皈依基督教之前持有过其他的信仰。尽管如此，那些信仰还是对他的基督徒世界观产生了很大的影响。说他仍旧是新柏拉图主义者或摩尼教徒当然是无稽之谈；但他在性情和思想风格上仍然受摩尼教义和新柏拉图思想吸引，这却是明确的事实。这也不止是奥古斯丁个人的性格和思想的问题，基督教教义受东方秘教的神秘主义和希腊哲学的理性主义影响至深。让我们先从任何虔诚的基督徒在思考世俗政治时必然遇到的难题开始，看一看奥古斯丁年轻时的想法以及他对西塞罗的《论共和国》的反对，以此作为切入点来看他的《上帝之城》。这可能是了解此书，理出其中脉络的最好办法。这需要花相当的篇幅讨论奥古斯丁承受的教义上的压力，但是，正如柏拉图认为只有他提出的真理能够使尘世间社会得到救赎一样，相信只有上帝的眷顾才能拯救人类的奥古斯丁认为，基督教信仰中固有的真理包含着开启世俗政治有限价值的钥匙，也能够解释世俗政治与没有政治的天上王国之间的鸿沟。哲学家和神学家都坚信，他们的思想是有系统的整体，每个部分的破与立都决定着整个系统的存与亡，所以我们别无选择，只能一步步探索他们建起的大厦。

政治与宗教

自公元前43年西塞罗去世，到四个世纪后奥古斯丁出生，其间世事变迁，沧海桑田。最与现实息息相关的是罗马共和国完结后逐渐变为帝国。在此，不可能概述这四个世纪的历史，只能大致勾勒出一些关键的变化。尤利乌斯·恺撒遇刺后，内战爆发，恺撒的义子屋大维胜出，建立了“最高统治”，也就是一人统治的制度。罗马人对“国王”这一概念的激烈反对依然不减，所以共和国机构的形式继续保留了很长一段时间。我们现在所知的罗马帝国的行政结构出现得很晚。3世纪期间，罗马在军事上连连失利，经济不振，行政混乱，整个帝国大有风雨飘摇、朝不保夕之势，这才对政治结构进行了彻底改革，使帝国的西半部继续维持了一个世纪，东半部更是延续了千年之久。

一个接一个的罗马皇帝靠军事力量获得权位，创建了今人心目中标志着帝国制度特点的中央集权、高度一致的官僚行政制度。罗马帝国雄心依旧，仍然要统治整个已知世界，尽管在帝国西部，越来越多的地方政权自行其是，隐然形成了与中央政府分庭抗礼之态。在思想层面上，罗马注重协商一致的思维过去尽管屡遭违反，但仍为全社会所认可，现在则转向对服从和秩序的强调。正如此前共和国与帝国的对比谈到的，公民变成了臣民。历任皇帝中越来越多的人来自帝国东部，对统治者地位更加“波斯式”的观念遂随之形成。基督徒皇帝不能接受神的降福，但在他们之前的异教徒皇帝却一贯自称奉天承运；尽管后来基督徒皇帝登上了君士坦丁堡皇廷的宝座，但各种繁复宏大的仪式却未有稍改。

从长远来看，意义更大的是异教的罗马帝国变成了基督教帝国，君士坦丁大帝是奠基者。到4世纪末，最后一位同时掌握帝国东西两部统治权的狄奥多西皇帝宣布各个异教教派为非法，基督教帝国遂告确立。罗马帝国治下的地区和人民纷纷皈依基督教；即使在西罗马帝国衰败后，基督教的教化仍继续推行，因此确保了取代西罗马帝国的各“蛮族”王国也和拜占庭帝国一样，信奉基督教。欧洲蛮族人大批皈依基督教，误打误撞地使教皇成为整个西罗马教会的领袖，不再是众多主教中的一个。各王国在法律和文化上一律用拉丁文，这种语言在西方基督教世界普及，却不流行于希腊基督教世界；于是，拉丁文成了西方文化的通用语言，也成为西方天主教教会的鲜明特点。

丕平*和查理曼在8世纪创建法兰克王国之前，只有天主教教会的权威能够遍及西罗马帝国的全部领土。天主教教会维系了罗马统治天下的概念，又将它提升到精神的层次，罗马共和国的人对此一定会感到奇怪。本来事态的发展不一定是这个结果。回头看去，教皇作为圣彼得的继承人享受至高无上的地位

* 加洛林王朝创始人。——译者注

似乎事属必然，但当君士坦丁大帝把基督教定为帝国国教的时候，万众瞩目的是君士坦丁堡，而不是罗马城。在那之后，米兰和腊万纳的地位也与罗马城比肩。回首历史，可以看到各种因素结合在一起，创立了教会和国家各具特色的机构和制度，这些机构和制度互相合作，但服务于不同的目的，彼此之间就教义理念、教士的特权、对忠诚的不同要求等问题发生冲突的危险无时不在。但是，如果罗马帝国的东西两部分没有分道扬镳，基督教的历史就要重写，我们也绝不会像现在这样，将宗教和世俗机构之间的分工视为理所当然。[5]

由于宗教和政治这两个概念本身的意思就含糊不清，所以在理论上分析宗教与政治相对于彼此的各种作用就更加困难。政治和宗教的定义无法做到简单明确，其含糊不清之处也不会因人的主观愿望而消失。什么是宗教上的考虑，什么是政治上的考虑：宗教和政治的实质要求我们对这些问题持开放态度。只是简单的争夺权力可以算是一种政治。亚里士多德设想的政治是另一种；他认为，政治是一个城邦的公民统治别人也被别人统治。寻找“神一般的统治者”的社会中的政治与前两者又有所不同。宗教的概念也同样界限模糊。我们通常把“有组织的宗教”和更广义的“宗教性的”世界观区分开来，许多学者还认为前者和后者是互相敌对的。[6]和本书题目有关的是基督教政治与多神教政治之间的重要对比。一边是有着复杂的神学理论、激烈坚持一神的基督教的政治影响，另一边是古希腊和古罗马那种神学上随意轻松、信仰多神的“公民”

宗教的政治影响。两者的对比说明了信仰多神教的统治者迫使心存抵制的犹太人和基督徒向地方的神祇献祭为何如此费力，也说明了迫害犹太人和基督徒的狭义上的“宗教”动机。同时，两种神学的政治差异也显示了基督教政治神学最首要的诉求。[7]

基督教政治神学这一概念本身就存在问题。如果人仅为尘世的过客，大地只是去往天堂的途中必须经过的眼泪之谷，那么世俗政治就几乎没有任何价值。政体中的生活对人来说不可能是美好生活，因为只有死后才有幸福和满足。人在今生必须为永生做准备。对理性的人来说，确信来生的存在就意味着今世的幸福。在某些方面，这种“弃世主义”的观点与基督在他短暂的一生中积极参加社会生活的事实格格不入。基督也许没有参与“政治”，也确实宣称他的王国“不是在这个世界”，但他治愈病人、对人群布道，还宣扬道德制度；他的教诲对任何愿意受教的社会都必然产生深刻的政治影响。罗马统治下的朱迪亚那个地方的人民对耶稣的宣讲至少听进去了一部分，这也许是他遭到处决的一个原因。然而，在基督死后的头两个世纪期间，基督教很可能被认为是非政治的，或无关政治的。基督徒相信基督很快就将复临，所以对世俗政治漠不关心，而且基督教起初吸引的主要是穷人、奴隶和无权参与罗马的政治及公共生活的外来者。希腊东部的众多城市在罗马的首肯下保留了过去的机构制度，还存在着“地方政治”。在司法和行政服务领域中，也有相当大的公民参与的空间，包括上层阶级负担的半强迫性质的义务，如组织运动会、出钱买祭品，等等。不过，基督教作为穷人的宗教，对公共生活并无贡献。

然而，无论在罗马城还是在各行省，帝国的公民生活肯定会影响到基督徒。如果他们拒绝向当时的皇帝或罗马的诸神献祭，就会遭到严厉的惩罚，甚至惨死；每当发生饥荒或别的灾难，他们总是首当其冲的替罪羊。随着对基督徒迫害的逐渐减少，开始有较高社会阶层的人皈依基督教，而那些人均担负应有的公共义务；在这种情况下，基督徒与国家关系的问题就越来越难以回避。最后，君士坦丁大帝皈依了基督教，整个帝国成了基督教帝国。至此，人们所熟悉的一系列问题，如国家应如何支持宗教？基督徒应如何支持信仰基督教或不信仰基督教的国家？等等，就成了亟需回答的问题。就一些人们反复争论的问题，比如，神法与民法，进而与自然法（lex naturae）和万民法（lex gentium）应是什么关系？基督徒法官能不能判处罪犯死刑，因而造成流血？基督徒应否当兵打仗？等等，基督教思想家必须提出意见。早期基督教具有强烈的和平主义色彩，君士坦丁大帝的基督教却正好相反。基督徒要在道德上做出何种牺牲以及多大的牺牲，才能成为好公民？这些问题不是奥古斯丁提出的，他也没有一一作出回答，但他为后代提供了思想上的工具，使他们借以提出这些问题并寻求答案。

摩尼教

奥古斯丁的寻求信仰之路充满了矛盾。他激烈批评异教哲学，一口咬定只有基督教才能使人得到救赎，但他是通过西塞罗的哲学著作和新柏拉图主义的学说才找到了具有强大思想威力的基督教义。他关于两座城的设想的前身是西塞罗《论共和国》结尾处的西庇阿之梦，而西庇阿之梦又是源自柏拉图提出的哲学家身处的两个领域（一个是尘世的共和国，另一个是哲学揭示的真实）。最初，吸引了奥古斯丁的是摩尼教。

他刚加入摩尼教时，做“听令人”（hearer），为受到特别启示的先知先觉者（illuminati）服务，给他们做饭。摩尼教当时尚未成为备受诋毁的异端邪说；基督教也没有像中世纪西欧教廷那样的统一权威；没有权威能迫使所有人接受关于正统和异端的一致观点。出现这种情况并非有意要鼓励宽容，也不意味着当时的人认为世俗权威和精神权威应当分开，这种观点在近代之前根本不存在。教会和世俗当局会镇压它们不喜欢的思想，但镇压时有时无，并不持续。在没有能力或具体的理由进行镇压的情况下，它们只能容忍各种思想，那是出于无奈，不是有意的宽容。摩尼教由3世纪的一位波斯智者摩尼所创立，他自称是基督的使徒。[8]摩尼教唯一的，但非常重要的思想力量是它对有关恶的问题提出的回答。问题很简单：如果上帝仁慈博爱、无所不能，为什么世界上还有痛苦？奥古斯丁最终认为，有痛苦是因为人有罪。这个观点的基础是完全接受原罪的理念，相信亚当的罪一代代传了下来。异教的多神论完全没有这个问题，因为它将恶视为残酷的现实，人只能接受。它并不认为诸神想减轻人的痛苦，所以没有这方面的困惑。

作为摩尼教基本理念的二元论与基督教和犹太教都不一样。它认为，物质世界以及所有物质都是邪恶的，所以世界上才充满了苦难。《旧约》中的上帝代表善，是纯精神。但《创世记》说得不对，世界不是上帝的创造，而是魔鬼的产物。为此原因，摩尼教反对性激情，无论是表现在人还是别的动物身上。创造出来的世界是罪恶的，正如人之肉身的性质和性繁殖。这是摩尼教坚持素食的原因之一。除此之外，奥古斯丁时代的摩尼教特别看重瓜类水果，认为它们象征着上帝的居住地——太阳。太阳崇拜是拜火教的传统，奥古斯丁就是因为摩尼教中的拜火教内容而很快疏远了摩尼教。摩尼的著述中还就星辰和日食月食等现象提出了一些明显错误的观点。后来，奥古斯丁发现，异教徒的著作中记叙了对日食月食等天体运行现象的仔细观察，他们的预测总是对的，而摩尼书中的预测总是错的，他对摩尼教的信仰因此彻底坍塌。[9]

尽管如此，摩尼教的有些观点仍然有巨大的吸引力。它不把无辜人的痛苦归责于上帝。无辜人受苦这个问题如同一块礁石，随时有可能使基督教这艘船触礁沉没。基督教说，我们这个不完美的世界是仁慈万能的上帝所创造的，批评者在反驳中则总是用痛苦死去的孩子来证明，上帝要么不是万能的，要么不是仁慈的。但很少人有胆子接受第三种可能，即那些孩子有罪，受苦是应该的。奥古斯丁有这个胆量。他提出，人来到世上，都带着亚当的罪，遭受的任何痛苦都是罪有应得。[10]相比之下，摩尼教说上帝是善的源头，但无法打退魔鬼；这个观点似乎比较容易接受。摩尼教一直存在到中世纪晚期，这一事实说明摩尼教的观点拥护者众多。

奥古斯丁的母亲莫妮卡是虔诚的基督徒，得知奥古斯丁当了摩尼教的“听令人”后，不准他进门。其实，摩尼教徒和基督教徒有许多共同之处。这在那个时候并不奇怪。当时，非基督徒哲学家把基督归入他们所钦佩的能创造奇迹的人和僧侣一类，将基督是上帝的儿子的说法视为无稽之谈，对基督死后复活的说法也嗤之以鼻。摩尼教徒对基督的看法和诺斯替教的异端看法一样，认为基督是伟大的教师。他和其他伟大教义的发明者一样，来自上帝，却不真的是上帝的儿子。他也不可能遭到被钉在十字架上的痛苦；十字架上的基督不过是幻象。基督是纯精神，别人看到的基督其人仅仅是神的精神在凡间暂时的表象。基督的使命是启发心智，他担负着教诲人民的任务，这是他生命的中心。基督的复活是他的精神从凡间肉身中的解放，任何其他人的复活同样也是精神从肉体中的解脱。

诺斯替教的教派五花八门、为数众多，摩尼教就吸收了当地许多诺斯替教派的思想。关于奥古斯丁的摩尼教信仰，除了他自己在《忏悔录》中所述，找不到更完整精确的介绍，也没有别的叙述能用来与奥古斯丁的话相比较。基督教在波斯以西的地区大为盛行，加之统治者对摩尼教教义中无政府含义的反感，结果摩尼教的文献几乎消失殆尽，留存下来的寥寥无几。不过对摩尼教不需要精确了解。一旦基督教正统接受了道成肉身（the Incarnation）和耶稣复活（the Resurrection），诺斯替教就成了基督教这两个中心理念的对立面。基督教内部围绕三位一体问题的斗争十分激烈，但斗争双方都是基督徒，都相信被摩尼教徒和诺斯替教徒所拒斥的教义。

从狭义上说，多数宗教得以存在，靠的不是思想上的连贯性，而是两个其他因素。一个是能激起强烈的感情共鸣，另一个是所提出的生活愿景有说服力。对奥古斯丁来说，摩尼教帮助解决了他内心的一个大问题，那就是他感到心中充满了坏的欲望。这是他本人的“恶的困扰”。他这种专注于罪恶感的宗教思想产生了持久的政治后果。只有当他从与他有同感的圣保罗那里得到了启发之后，他才找到了比摩尼教教义更令他满意的解答。

最后需要提一下，摩尼教的一个令人信服的特点是它提出了精神生活的“二层”理论。这个理论稍加发展，就成了基督教的世界观。表面上，摩尼教似乎对物质世界充满敌意，到了鼓励人自杀的程度。如果肉身是恶，精神是善，那么借自杀摆脱肉身就是通往幸福之路，至少能从尘世的恶中解放出来。实际上，即使是最虔诚的摩尼教徒，只要减少生活中涉及肉体的内容也就足够了，比如禁欲、茹素少食、只喝清水、穿麻布做的衣服、避免使用动物皮毛，等等。中世纪时，称为perfecti的摩尼教精英就是这样生活的。只有感到自己专门得到了启示的人才有义务过这样的生活，大部分摩尼教徒的生活依然照旧。身处物质世界中，只要不过分沉溺于贪婪、淫欲、愤怒和其他的肉体罪孽，就不算犯罪。平常生活需求方面人们所能接受的节制在《上帝之城》自始至终多次提到。

从摩尼教到基督教

奥古斯丁在讲述自己从摩尼教转向基督教的心路历程时说，新柏拉图主义哲学是催促他对人的困境寻求非迷信的理智解答的首要力量。在这方面，很难将西塞罗的作用与新柏拉图主义者普罗提诺和波菲利的作用区分开来，很可能后两人的影响更深更大。普罗提诺与波菲利二人锲而不舍地思索的问题和柏拉图考虑的一样，提出的论点也和柏拉图一样激烈坚定、细致入微。至于对奥古斯丁的政治思想，西塞罗的著作肯定影响更大。奥古斯丁19岁时读了西塞罗的《荷滕西斯》，此书现早已散佚，内容不得而知，但《上帝之城》显然参考了西塞罗的政治论述。奥古斯丁批评罗马盛行的权力欲（libido dominationis），说它为了权力而贪求权力，有害于实现正义，哪怕只是尘世间的正义。这个观点直接来自西塞罗的《论共和国》。《上帝之城》中“政治”性最强的论述分布在相隔很远的不同卷中，写作的时间也相隔多年。奥古斯丁先是在第二卷中谈到西塞罗的理论，到了

第二十一卷才又回到这个话题上，但论述方法没有变，仍然按照西塞罗的标准评价罗马。

奥古斯丁从新柏拉图主义者那里学会了如何将终极实在的幸福与日常生活中的苦难相调和。此生世界必然是眼泪之谷，因为它只是神意之光照耀下的真正世界的影子。这个思想去除了摩尼那荒唐的宇宙神话，更容易被人接受；它认为，终极实在是唯一、完美、不可分也不可动摇的，而人所居住的世界则四分五裂、混乱无序，不断受到各种灾难的冲击，其中有天灾，也有鲁莽愚蠢的人造成的人祸。恶是一种缺失，不是积极的力量。与上帝分离是人类最大的不幸。基督教徒和犹太教徒信仰人格化的上帝，新柏拉图主义者则坚信，世界的动力是一种至高无上的心智；他们之间至少是有对话的空间的。奥古斯丁本人曾说，他通过阅读哲学著作得到启发，这才真正理解了约翰福音开宗明义那几句话："太初有道，道与上帝同在，道就是上帝。"[11]

不过，真正促使奥古斯丁皈依——或者说重新皈依——基督教的是圣保罗的著作。当时，他日益抑郁不快，茫然无着。最后，他相信他接到了神的旨意，要他打开《圣经》，拜读里面的训诫。他打开了《圣经》，读了使徒书信中的一段后，觉得那是直接对他发出的谕示，要他追随耶稣基督。与摩尼教决裂对奥古斯丁来说，感情上的意义比思想上的意义更大，他在《忏悔录》中写道，他如同受到了雷轰电击。无论如何，奥古斯丁的皈依与他是否应继续沿着争取当行省总督的道路走下去的问题完全无关。大多数基督徒都是在俗的男男女女，过着平常的日子。只有少数人遁世隐修或进入修道院修行。奥古斯丁起初想做隐修的修士，当基督徒版的普罗提诺，退隐乡间安静地沉思。母亲莫妮卡死后，他回到阿非利加，也没有马上获任教职。他在塔加斯特成立了一个小小的基督教社区，后来才在希波教众半强迫的推举下担任了神父的职务。

政治的实践与理论：《上帝之城》的发问

奥古斯丁真心不想放弃学者的安静生活。远离政治对他而言是求之不得的。他好争辩，著述也都是辩论性的，但他与之争论的是那些死抱着思想、道德和精神上的错误观念不放的人。他是为神学真理的事业而战的斗士。这说明，虽然《上帝之城》卷帙浩繁，人称“松散累赘的怪物”，[12]但是它并非奥古斯丁的“政治理论”。政治理论的概念后来才出现，不是奥古斯丁发明的。《上帝之城》大部分内容讲的都是神学的争议和重大的哲学问题。有些内容自古以来一直争议不断。对于一些在今天属于政治理论范畴的思想，甚至是基督教政治理论的中心思想，如国家有权强制推行宗教一致性，奥古斯丁在《上帝之城》中几乎没有提及。他之所以不提，是因为在他看来，真心敬神的世俗统治者带领人民皈依是当然的好事，无须赘言。但是，关于统治者为此使用的方法，奥古斯丁是有顾忌的。比如，他不希望对5世纪早期在北非对他的教会构成威胁的多纳图派教徒用刑，尽管多纳图派的教徒经常对别人动粗。但是，奥古斯丁认为，世俗统治者如有可能，应该将治下的人民带向上帝。舍此之外，他们又能做什么呢？[13]

促使奥古斯丁动笔撰写《上帝之城》的是410年罗马城的惨遭洗劫。那次事件并非“罗马帝国灭亡”的标志；西罗马帝国被动挨打的情形持续了两个世纪，到476年，16岁的末代皇帝罗穆卢斯·奥古斯都才被废黜；在那之后，罗马的一些行政管理制度在西方又继续存在了一个世纪之久。拜占庭帝国则一直延续到1453年。阿拉里克带领的西哥特人给罗马城造成的破坏也并不严重，远比不上罗马人洗劫迦太基。不过，心理上的冲击则另当别论。此外，它引起了关于基督教在罗马之殇中作用的争论，奥古斯丁对此也做了回应。在基督教成为罗马帝国官方宗教之前的几世纪期间，基督徒受尽迫害，理由是他们不愿向传统的诸神献祭，给国家造成了危害。多神教认为，世间的灾祸是诸神因受了侮辱或轻视而发怒造成的，所以基督徒不愿意祭祀诸神是对其他公民福祉的实实在在的威胁。[14]除此之外，基本没有关于基督徒造成其他威胁的指责，不过，尼禄为了给罗马大火找替罪羊，又找上了基督徒这群不受欢迎的人，把责任推到他们头上，后来，别的人在发生了各种灾难时也曾归罪过基督徒。

对于基督徒对古老诸神的不敬敲响了罗马的丧钟这个说法，奥古斯丁没有马上回应。413年，他在阿拉里克洗劫了罗马城的三年后动笔撰写《上帝之城》。无论他当时撰著是出于什么动机，写成的著作都斐然可观。奥古斯丁把西塞罗的理论颠倒过来，创立了基督教的政治神学。西塞罗的《论共和国》结尾处花了几页的篇幅叙述西庇阿之梦的故事，绘声绘色地讲述小西庇阿梦中去了天堂，见到了安居在那里的大西庇阿。大西庇阿口中的死后生活和柏拉图在《理想国》终篇时所说的几无二致，他还谈到了斯多葛派和新柏拉图主义都同意的许多观点，包括尘世欲望的虚妄、荣耀的无常、肉体的渺小，等等。这个故事显示了今生与来世之间的矛盾，奥古斯丁在《上帝之城》中自始至终都必须予以回应，尽管他和马克罗比乌斯*一样，主要根据西庇阿之梦来探讨灵魂转世这类问题。在《上帝之城》中，奥古斯丁批评了小西庇阿对罗马历史的叙述和他关于真正的共和国的意见。在《论共和国》中，小西庇阿是主角，他列出了真正共和国的标准，并讨论了真正的人民需要具备的条件。国家实行世俗意义上的正义，促进人民的共善。没有正义，就没有人民之国，也就没有共和国。正义的标准放之四海而皆准，它们来自自然法，而所有理性的人都明白自然法的法则。这里关键的思想是正义与理性。共和国建立在正义之上，正义的要求为理性的人所熟知。人与野兽的不同之处在于人有理智，与其他合群物种的不同之处在于人组成社会不仅出于合群的本性，而且以实行正义为基础。[15]

奥古斯丁接受了这些观点，但将其颠倒了过来。他不否认人有理智，但到他开始撰写《上帝之城》时，他已不再相信理

---

* 古罗马作家，著有《"西庇阿之梦"评释》。——译者注

智能使人采取理性的行动。他说，人的自由意志非常有限，总的来说，理性只能帮助人在都有罪的行动中选择罪大一些或小一些的行动。奥古斯丁也不否认西塞罗准确地描述了正义的本质，即保证每个人得到其应得的。但是，他不承认世界上有哪个国家过去是，现在是，或将来会成为西塞罗意义上的真正的共和国，也因而否认有哪国人民可以成为西塞罗所说的，实行真正正义的政治社群。《上帝之城》提出了两个论点，一个比较简单，另一个更加复杂。简单的论点是：没有一个异教国家实行西塞罗式的正义，因为它们没有给唯一真正的上帝祂所应得的。为了同样的原因，异教国家不可能有真正的共善，所以它不是人民之国。这个论点似乎不太公平，也不能普遍适用，因为政治社会成员彼此之间的正义似乎很难与对上帝的正义相提并论。尽管如此，它还是可以用来反驳指责基督徒因不敬奉传统的诸神而导致罗马灭亡的论调。持那种论点的人说，基督徒皇帝禁止敬奉传统的诸神，剥夺了诸神应得的香火，这是对诸神的不公正，所以诸神才进行报复，不再保护罗马。奥古斯丁提出的一个最出色、最有力的反驳是，传统的诸神从来没有兑现过他们的许诺。无论信徒有多么虔诚，诸神都从来没有给任何国家提供过保护。奥古斯丁列举了罗马在最虔信各种神祇的时期遭受过的历次灾难，在《上帝之城》中自始至终坚称，好运或厄运降临时，惠及或打击的对象是不分正义之人和不义之人的。[16]

比较复杂的论点是，就连基督教国家也未必能实行真正的正义，尽管基督教国家显然比异教国家强得多。基督教国家只敬奉唯一真正的上帝，因此可以给上帝祂所应得的。但既然真正的正义是给每一个人所真正应得的，而只有上帝才知道谁真正应得什么，所以，人没有能力在世界上实现真正的正义，至少人无法知道是否实现了真正的正义。如果人类事务的基础不是正义，那么是什么呢？奥古斯丁的回答是“爱”，不过他所说的爱含义十分复杂。保持这个字的拉丁文原文libido会省很多事，但那等于知难而退。按照奥古斯丁的用法，爱包括强烈的喜欢这个普通的含义，当然也包括性欲，但还包括数学家希望发现对一条几何定理的简练证明方法和将军想打胜仗那类的愿望。奥古斯丁的意思并非“我们做事情是因为我们想做”这一尽人皆知的浅显道理。话虽不错，但了无意趣。奥古斯丁所谓的爱是世界上一股能动的力量。他声称，在两人相爱的关系中，有三个因素在起作用：爱人者、被爱者和“爱本身”。拉丁文libido的意思是积极的欲望，它是推动世界，特别是社会和政治世界，前进的动力。人也会落于这股能动力量的支配和控制之下。刺激奥古斯丁撰写《上帝之城》的是罗马城的悲惨遭遇，而罗马过去就曾痴迷于征服别人的权力欲，以致于完全为这种欲望所支配。性激情会使人上瘾，获得荣耀的欲望也是一样。

奥古斯丁接受了普罗提诺的观点，认为恶不是积极能动的力量，而是一种缺乏，是善的丧失；这样，他就摆脱了摩尼教关于恶是能动力量的观点的钳制。新柏拉图主义声称，世界离太一的真理越远，就越邪恶、越不真实。奥古斯丁从基督教的角度提出了新柏拉图主义这一观点的翻版，把恶解释为疏离上帝和失去上帝的惠宠。然而，他也承认，世界上有一些力量如果引导不当，会给人类带来灾祸，爱是其中最重要的一个。这些力量的存在不影响个人的自主性。奥古斯丁高度强调个人意志，在当时可算是自古以来绝无仅有。对他来说，意志至关重要。他本人按照任何标准都算得上意志坚强；而且他强烈地感到，自己年轻时曾有意步入歧途。个人意志的观念是对柏拉图传统的重大背离，不亚于将新柏拉图主义中非人格的“太一”与《旧约》里人格化的上帝等同起来。苏格拉底语惊当世，坚称人作恶是一种失误，人之所以邪恶是因为他不知道什么是善。奥古斯丁则把圣保罗话中的含义挑明了：人拒明守暗，犯下罪孽，是因为人有作恶的意志。

奥古斯丁在《忏悔录》中叙述的故事中，有一个故事使一些评论家迷惑不解。[17]他小时候，有一次和几个朋友去邻居的果园偷梨。那是一次毫无意义的行为：梨并不好吃，他和朋友们也不想吃梨，把偷来的梨都喂了猪。那次偷窃行为具有双重的象征意义。它首先是有意的犯罪，不是为了吃梨子，而是单纯地为了使坏；其次，小奥古斯丁就是为了破坏规矩，才犯下这个毫无意义的偷窃行为。亚当并不想吃苹果。他说他受了夏娃的欺骗，但那只是托词。他其实是想破坏上帝给他定下的几条规矩中最重要的那一条。亚当，或奥古斯丁，或任何人为什么要这样做？奥古斯丁想到了两个原因。第一个是骄傲之心。人不仅有自己的意志，而且想将自己的意志付诸实施。上帝让约伯经历了那么多没有必要的危难，不就是为了挫杀他的骄锐之气吗？直到12个世纪之后，才有托马斯·霍布斯这位思想家，能够和奥古斯丁一样敏锐地洞察到意志在人的不幸中的作用，尤其是骄傲之心的中心作用。

第二个原因是随大流。与其说亚当是受了夏娃的“骗”，不如说他为了得到她的欢心什么都肯做。人没有同伴是活不下去的。奥古斯丁想得到当地小流氓的赞许，于是和他们沆瀣一气。这同样适用于如今的暴民和打劫者；对他们的行为动机，奥古斯丁比只顾寻找动乱深层原因的时事评论家把握得更加准确。奥古斯丁毫不讳言，他是自愿去偷窃的，而且乐在其中。这与摩尼教的理念不同——偷梨的是他整个的人，不只是他的身体；也与柏拉图的思想相异——他偷梨不是无心之过，而是故意作恶。奥古斯丁关于意志自由的观点比较艰涩，在此不需要讨论它的复杂含义。但值得指出，亚当有真正的意志自由，能够按自己的意志在善与恶之间做出选择，只有在天堂和堕落之间的选择是真正自由意志的选择。[18]堕落到尘世的人除非得到上帝的降福，否则只能在不同的恶中间做出选择。即使如此，人仍然常常做出选择，而且是自主选择。

奥古斯丁这些深刻的见解可以轻易地驳倒任何反对意见，但他花了整整14年的时间，写出了长达1 200页的22卷巨著来阐明他的理论。罗马城的陷落并非由基督徒造成。罗马城并非因为罗马人怠慢古老的诸神，才遭到被攻陷的厄运。《上帝之城》花了大量篇幅集中论述这个问题，不过读者很容易忘记这一点，因为奥古斯丁还不厌其详地转述了众多罗马历史学家笔下罗马辉煌的每一个细枝末节。奥古斯丁对许多传统的问题都未予提及。全书中没有一处讨论到不同政府形式的优劣。奥古斯丁对波利比奥斯或亚里士多德对政府的分类法不感兴趣，也不关心亚里士多德最关注的防止停滞的问题。这也许使人感到意外，但奥古斯丁生活的世界不是有着活跃公民的雅典城邦，而是官僚制度统治下的帝国。帝国也许会在蛮族人的入侵中遭到惨败，但不会因为停滞而垮台。无论如何，政体的江山永固、万世长存反正只是徒劳的幻想。总的来说，和平比战争好，当然有一些必要的例外，但凡人不可能永久维持和平，必须接受这个现实。人唯一的安慰是，在世间万物永恒的运作中，是死在当下还是10年之后都不重要。这顿然使罗马的辉煌，尤其是罗马的自由，变得无足轻重："尘世间的生命转瞬即逝。对很快就要死去的人来说，只要统治者不迫使他去做不虔诚和邪恶的事情，统治制度如何又有什么关系呢？"[19]罗马对被它征服的人民也许没有造成真正的伤害，但同样，罗马人的光荣也没有给他们自己带来真正的好处。

上帝之城的公民

要完全理解这一切，必须先来看最明显的问题。上帝之城是什么？谁是上帝之城的公民？尘世之城是什么？谁是尘世之城的公民？奥古斯丁的回答是：上帝之城的公民是蒙上帝恩准得救的人，尘世之城则居住着除了上帝之城居民之外的所有人。“尘世之城”和“上帝之城”一样，只是概念，不是地理单位。《旧约》中的圣徒是上帝之城的居民；此外，尚未出生，但将来会获得上帝恩典的胎儿也是那里的居民。尘世间实际城市的居民中有被上帝选中的，也有没被选中的，但凡人无法得知谁是选民，谁不是选民。上帝的降恩凡人看不到，也不能通过善行来争取。我们都是罪人，上帝完全有理由罚我们永远受苦。14个世纪以后，激烈反对法国大革命的约瑟夫·德·迈斯特将奥古斯丁这个论点奉为至宝。伏尔泰问，上帝为什么要通过1755年的大地震摧毁里斯本？巴黎难道不也是花天酒地、放荡奢靡吗？迈斯特的回答即是奥古斯丁的论点。所有人都背负着亚当的罪。人生来就有目无上帝的骄傲之心。人们常说孩子无辜，但婴儿并不无辜，只是弱小。钻在妈妈怀里找奶吃，哭得声嘶力竭、小脸红红的婴儿并非不想把世界闹个天翻地覆，不过是没有力量罢了。[20]他的小心灵充满了恶欲。上帝只拯救一些人，但让许多人永远吃苦受罚，这不是上帝的错，而是受罚的人罪有应得。上帝完全有理由惩罚所有人，但他免除了一些人的苦难，我们对此应该感激不尽。

尘世中肉眼凡胎的俗人无法知道谁是上帝之城的一员。由此产生的一个重要结果是，政治关系无法建立在得救和未得救的人之间的区分之上。奥古斯丁坚称，一切社会的本质都善恶参半，这是解释当时地方冲突的一个强有力的论点，同时也是对基督教政治本质的重要说明。奥古斯丁说，任何提供国家所能提供的尘世间有限惠益的统治者都应当得到人民的服从。在这个基础上，他提出了两个具有争议的著名观点。第一个观点后来为阿奎那所接受，说基督徒必须服从非基督徒统治者；第二个观点在17世纪的欧洲引起轩然大波，提出由基督徒组成的共和国应该像任何其他共和国一样来治理。[21]使奥古斯丁有感而发的地方性问题是他那个时代和地区所特有的。阿非利加天主教教会的统一当时受到了巨大的威胁，威胁来自所谓的多纳图教派，该教派因其领导人，4世纪中期迦太基的主教多纳图斯而得名。这个教派严格异常，只接纳上帝的选民。他们判断一个人是否上帝选民的标准是看他在上一次迫害期间的行为。任何对迫害屈服的人都无权施圣餐，教派的所有成员都必须重新接受洗礼。

多纳图派多次受到罗马帝国法令和公会议的谴责，但多纳图教徒遭受的迫害愈烈，就愈极端，到4世纪末，他们已经偏执到坚信自己是世界上唯一的基督教教会，有权以武力强迫人皈依的地步。身为主教期间奥古斯丁和他们斗争了20年，心力交瘁。也是因为他们，奥古斯丁后来比刚就任主教时更加经常使用国家的力量镇压异见者。多纳图派还不是唯一使奥古斯丁头痛的教派，更加桀骜不驯的Circumcellion派是从多纳图派中派生出来的一个教派，它的名字的意思是“住在附近村子里的人”。这类教派对奥古斯丁政治理论的形成起了一定的作用，迫使他清楚地阐明：灵验的是圣餐，不是施圣餐的人；重要的是所施的圣餐，不是神父本人在道德上的纯洁无瑕。这本身不是政治观点，但有着清楚的政治含义。如果重要的是法律及其效果，就不该探究政治领导人的个性，而应看他们对治下人民生活的影响。

奥古斯丁提出的理念是，每一个由人组成的共同体，包括天主教教会，都是由得救的人和未得救的人混合组成的，也就是说，尘世间没有哪个社会可以自称为“尘世的上帝之城”，而且尽管基督徒的苦修应予称许（奥古斯丁自成为神父起就和一群禁欲的人生活在一起），却丝毫不能缩小鱼龙混杂的世俗社会与得救之人居住的上帝之城的差别。苦修者的社团不能算上帝选民的社团。这个观点对教会相对于国家的权威影响巨大。奥古斯丁坚信，教会的任务是在统治者及其臣民行为有违道德的时候向他们提出告诫，不这样做就是对他们犯下了不义的行为，因为告诫是他们应得的。[22]然而，总的来说，教会不应当担负世俗的责任。这并不是说教会的神职人员不能履行世俗的行政职责。奥古斯丁知道，实际生活中，主教需要负起审理教区的民事案件的责任，只有这样帝国才能运作。既然皇帝将这副担子放在了主教肩上，主教就有义务在不违背基督教信仰的情况下尽力履行职责。这意味着教会作为一个机构，首要的责任是行使自己独特的职能，即照顾教众的灵魂，虽然帮助不幸的穷人也是基督徒的责任。

奥古斯丁阐述他的理论时需要特别小心。基督告诉追随他的人，上帝的归上帝，恺撒的归恺撒。基督徒需要缴税，对于民事当局的指令，只要不直接违背基督的训谕，就应当遵守。到奥古斯丁的时代，早期教会的和平主义已经成为过去，人们一致认为，基督徒如果被招募入帝国的军队，就必须为帝国而战。然而，基督徒还是不能介入政治。他们不能抵抗暴君，也不能不遵从合法的统治者，除非出现了非常极端的情况，即使那样也只能消极抵抗。只有当向他们发出的命令等于要求他们否定基督的时候，他们才能拒绝执行。在每一次对基督徒的迫害中，迫害者都要求被怀疑为基督徒的人向异教的神祇献祭，并吃下胙肉，或要求他们宣誓忠于皇帝的教派。总有基督徒因拒绝这些要求而以身殉教。对民事当局来说，宣誓忠于皇帝的教派是对罗马臣民忠诚的最起码的要求，但犹太教徒和基督教徒都难以做到。奥古斯丁认为，如果当局要求基督徒效忠皇帝的教派，他们只能服从。如果他们足够坚强，可以拒绝并承受后果，但是，他们决不能揭竿而起，鼓动弑杀暴君，或破坏帝国的和平。[23]

前面说过，西塞罗对弑杀暴君大为称扬，得到他盛赞的有杀害格拉古兄弟的人，包括他自己在内的杀害喀提林的追随者的人，还有后来刺杀尤利乌斯·恺撒的人。由此可见古典政治思想与基督教政治思想之间的鸿沟。个中原因不必重复，但尽管两者之间差别巨大，还是不能夸大这些差别的影响。西塞罗的思想限于今世，奥古斯丁的思想则面向来世。西塞罗的共和国值得尊敬、景仰、效忠；共和国的光荣是大善。奥古斯丁却认为，尘世的所有国家都由凶狠暴烈、自欺欺人的人所把持，尘世的光荣不过是梦幻泡影。然而，决不能据此断定，奥古斯丁把尘世的生活看得一无是处，或认为对国家应抱以轻蔑。

政治是有限度的善

若如上述所想是大错特错。世界由上帝创造，蔑视世界就是对上帝的亵渎。奥古斯丁不像古典哲学家那样彻底地轻视肉体。古典哲学家注重思想，却贬低肉体；以奥古斯丁非凡的智慧，他不需要拔高思想，也不想贬低肉体。他肯定对肉体充满了好奇；使人认为他念念不忘地纠缠于性的一个原因是，他多次谈到亚当在被逐出天堂前后的对比。亚当在被贬谪前是出于友谊和好感与夏娃性交，只有当他想要的时候才会有勃起；而被逐出天堂后的人完全受肉欲的驱使，不想要的时候也经常有勃起，有时想要的时候却疲不能兴。[24]其实，奥古斯丁对于欺骗、恶意和单纯的残酷的关注要比对性节制的关注大得多。

男性性器官的奇怪特点显示了人——指被逐出天堂的男人——无法控制自己非常想控制的东西。灵与肉各行其是，这个事实具有深刻的意义。奥古斯丁考虑的不仅是男人。他特别声称，罗马城遭到洗劫时，被阿拉里克带领的西哥特人强奸的女人在精神上没有被亵渎、被污辱。遭到强暴和主动挑逗交媾大不相同；即使有些妇女在被强暴的过程中不自觉地产生了性兴奋，也不必为此感到耻辱，那不过是肉体的一种自动反应。至于被塔昆强暴后自杀的罗马贞烈女子卢克丽霞，奥古斯丁说她犯了双重错误，一是错认为自己被强暴是受了污辱，二是杀死了自己。她被强暴，是遭到袭击的无辜受害者；她自杀，等于是杀死了一个无辜的女子，因此是货真价实的杀人犯。奥古斯丁自己也承认，他讨论卢克丽霞的情况花了太多的篇幅，但他是为了使用卢克丽霞的例子以及为罗马历史学家和诗人所称颂的许多其他自杀的例子，来论说自杀是杀人，不应当赞扬，而是应当谴责。[25]

地上王国的目的是促进世界上的和平。现世的好处与投入上帝怀抱的终极之善比起来微不足道，但不应轻视。地上的和平无法与在上帝身边的和平相提并论，但和平是大善。人与他所处的世界均为上帝所创造。人在下界生活的时候，必须接受下界的各种现实。一个现实就是宗教无力抵挡尘世的恶。罗马的衰落不是基督徒造成的，罗马的辉煌也不是战神马尔斯的功劳。尘世的成与败有尘世的原因。上帝降下的灾难好人坏人概莫能免，只从本地发生的罪恶中寻找灾难的直接原因是错误的。奥古斯丁在《上帝之城》中多次阐述的一条更大的道理是，就连罗马的成功也不值得自豪。国家之所以存在，是因为人注重尘世间的事物，需要尘世间的机构来满足人的愿望。比如，财产这受国家保护的最重要的东西虽然价值有限，但确实有其价值。如果没有法律来管理我的和你的（meum et tuum）财产，就会发生争夺、流血和饥荒。然而，财产的价值只是相对的，它的副作用令人头痛，包括物欲、贪婪和偷盗。[26]没有国家，对财产的拥有就没有保障。所以，要保障法治，需要起码的政治和法律机构，也需要足以使人民维持温饱的经济。

这样的政权无法实现终极正义。换言之，它不能使每个人得到自己所应得的。一个重要的原因是，在最后审判日到来之前，我们不知道每个人应得的是什么。政府建立在人对尘世间事物的喜爱的基础之上，目的是协调人的行为以保障人的长期福祉，而不是满足人的短期冲动；因此，财产和保护财产的法律机构应当细心维护。如果人不应该自杀，也就不应该不好好管理自己，所以应该重视并认真遵守日常的法律或常规意义上的正义。奥古斯丁一会儿说，“当然，按照较为实际的定义，的确有共和国，古时的罗马人对共和国的管理肯定比后来的人管理得好”，[27]但一会儿又反复说从来没有过“一个符合西庇阿在西塞罗的对话中所定义的罗马共和国”，[28]使读者迷惑不解。他否认有真正的共和国，是因为他一贯认为，任何社会，只要人民不能敬奉唯一的真神，就无法给人民他们所应得的。不信真神的共和国不是真正的共和国。既然唯一重要的公共事务是敬奉唯一的真神，那么敬奉魔鬼的政体就没有公共事务，组成政体的人群也不是真正的人民。从这个角度来看，只有上帝之城的公民才是唯一真正的人民。但以更加“实际”的眼光来看，尘世间的正义显然比不正义要好。

罗马超越了合理追求恰当的尘世间利益的界限，征服了世界。波利比奥斯和西塞罗都将公元前2世纪中期的罗马共和国视为政治成就的巅峰，奥古斯丁却反其道而行，一直批评罗马的征战，说那是由征服的权力欲所驱动的。他和柏拉图一样，认为帝国野心是自我毁灭的愚蠢念头。理性的办法不是建立帝国，而是成立许多很小的国家——奥古斯丁称之为“王国”(regna)，其实指的是任何政治安排和组织。众多无害的微型政体彼此会和平相处，内部也因此会平安无事。正如城里的无数住户，谁也不想统治别的住户，每个住户家内也和睦安乐。[29]这并非基督教和平主义的重兴。奥古斯丁坦承，有正义的战争，并认为不参加正义战争是严重的罪孽。即使如此，他提倡成立众多“王国”的主张仍然令人惊讶，尽管人们可能会想到，古希腊城邦的例子表明，国小而多并不能保证各国之间会和平共处。

国家、惩罚与正义战争

国家最重要的特点是它有强迫的力量。个人只能哄劝、恳求，国家却可以发布命令，并对违命不从的人施以暴力，以确保令行禁止。惩罚的威胁迫使坏人检点行为。坏人心里也许只认钱财，但可以用惩罚来吓阻他们的行动，以此来促进和平。人自从被逐出天堂以后，只在一定限度内有自由意志，但奥古斯丁相信，人在适当的帮助下能够避免选择最明显危害社会的罪恶。政治社会存在的终极原因是罪孽。如果没有自天堂的堕落，人可能会生活在简单朴实、人人平等的共产主义社会中，没有财产，没有法律，也没有政治权威。但既然人性已经堕落，那么就需要管理。奥古斯丁在他那个小小的禁欲苦修的社团中的日常行为显示，他认为责备和鼓励都能加强同伴们趋善避恶的决心，他在《上帝之城》中也是这样说的。[30]如果威胁不起作用，惩罚可能会使罪犯洗心革面。因为奥古斯丁希望改造罪犯，所以他不赞成死刑。他泰然接受罗马政府的严刑峻法，但根据他对惩罚目的的理解，他认为死刑是彻头彻尾的错误。施行惩罚是一个教育过程。正如父亲惩戒儿子使他养成好习惯，以后自然会循规蹈矩，不必再受惩戒一样，政府的惩罚手法若是成功，也能教育罪犯弃恶从善。如果罪犯受惩罚后形成了守法的好习惯，以后就无需对他再施惩罚。若将人处以死刑，就剥夺了他痛改前非的机会。[31]

关于罪犯和定罪行刑者，奥古斯丁的论辩更深一层。奥古斯丁认为，惩罚本应旨在使罪犯改恶从善，但若是处死他，他临死前几乎不可能有心向善。考虑到罗马死刑的残忍，此论当是言下无虚。还有别的事实为凭。在罗马的刑事程序中，被指控的人通常要经受“讯问”，也就是严刑拷打，直到审讯官认为他说出了实话。证人也是同样的遭遇。罗马公民最珍视的特权就是公民作证时不必受刑。奥古斯丁极为注重防止冤案。在他看来，即使在最好的情形中，法官的工作也是非常令人不愉快的。因为法官无法确知一切相关的情形，所以他永远不可能肯定自己是否做到了（尘世间的）公正。奥古斯丁特别担心自己会判决对一个无辜的人处以鞭刑甚至死刑。这样的推理同样适用于罪犯。一个无辜的人可能受尽酷刑仍咬紧牙关不肯认罪，但那样他就会被刑求至死；另一方面，他也可能因为受不了严刑拷打而承认他没有犯的罪。冤杀无辜或将无辜的人屈打成招是骇人听闻的罪恶，拷问着法官的良心。比起对肉体施加的酷刑来，罪孽对人的灵魂的影响更使奥古斯丁痛心。

奥古斯丁这个想法并非现代人道主义的思想。况且，现代人道主义的适用范围至今仍无定论。今人尽管不愿承认，但其实我们与以观看罪犯被野兽撕咬成碎块为乐的古罗马人没有多少分别。奥古斯丁完全没有假惺惺的慈悲，他平静地看待人遭受的肉体折磨，坦然接受刽子手、士兵和警察存在的事实。刽子手以屠杀自己的同类为生，操此行当无疑需要特别的禀赋，但这并不意味着刽子手不是上帝的工具。在尘世这个悲伤之谷中，刽子手恰恰是上帝的工具。时隔漫长的历史回头看去，不应无视这样一个事实：当社会担负不起为犯人提供食宿的费用，只有富人才有钱支付罚金的时候（他们的确经常受罚），体刑和死刑几乎不可避免。贫穷的强盗和窃贼这类诉诸暴力的穷人自然要遭受政府的暴力。奥古斯丁不可怜犯人受刑，他担心的是他们无辜受刑。

按照这种看待惩罚的观点，国家相当于严父，迫使不听话的孩子遵守规矩。奥古斯丁关于正义战争的论述也是以这种观点为前提的。他的论述影响巨大，虽然他的基本论点的部分内容将国家惩罚自己公民的权利与惩罚其他国家的权利相提并论，而这是现代世界所不接受的。他的有些观点尽人皆知，其中一个是合法自卫权；任何人受到攻击都有权反击，自卫永远是恰当的作战理由（casus belli）。不必等敌人兵临城下才开始抵抗，可以先发制人让敌人知难而退，放弃进攻。这些论点成为中世纪晚期正义战争理念的标准要素，有些甚至被纳入《联合国宪章》，被奉为现代理念的一部分。奥古斯丁还有一个不太寻常的论点，说国家打正义战争是为了惩罚另一个国家及其人民所犯的罪。这看起来似乎是集体有罪的概念，奥古斯丁在别处从未提到过。它似乎表明奥古斯丁不在乎牺牲无辜人的生命，但这又与他对死刑的谴责相矛盾。可以说，国家是以全球正义的名义采取行动，当然，应考虑现世能够在多大程度上实现真正的正义，也要考虑奥古斯丁在多大程度上认为，有一种管理着所有人民的法律赋予了国家这样的权利或责任。

正义战争的动机是给每个人他所应得的，具体来说就是给侵略者以应有的惩罚。国家采取行动促进正义的主张与罗马的思想并行不悖，但和奥古斯丁心目中罗马的真正动机背道而驰。罗马有个古老的传统——不动无名之师。出师之名具有一定的法律效力，这方面存在着一个同样古老的传统，那就是为寻找出师之名而制造事端。奥古斯丁一方面断言尘世间正义之不足，另一方面又为所谓的“正义战争”极力辩护，显然难以自圆其说。同样，他一边强调，尘世间没有真正的正义，同时却又坚称，我们必须在法院、警察和监狱这些执行“正义”的机构中起到自己的作用。不过，奥古斯丁的这些论述既包括上帝之城那个由仅为尘世过客的得救之人组成的社会，也包括尘世间的城市。他也正确地提醒我们，尘世不像上帝之城那样公正，我们也无法精准地确知国家和个人应得的赏罚。[32]

奥古斯丁的立场还有一点特别之处。他与在他之前的西塞罗和在他之后，几乎和他同样对世事悲观的托马斯·霍布斯不同，他相信人是有罪的。西塞罗认为，许多罗马人行为恶劣，但他没有从“罪”的角度来讨论这个问题。霍布斯认为，没有稳固的政府，人会彼此伤害，经常会因为意气之争而作恶，但他明确否定了原罪的思想。奥古斯丁却认为，原罪是人最重要的特征。有些人得救，有些人无法得救，但所有人都有罪。这给他的理论染上了特有的色彩。他的理论如果没有原罪理念的框架，就是完全立足于今世，根据历史经验形成的对政治权威和政治生活的阴郁悲观之论。如果没有政府及其法律和执法机器，人因为害怕被别人抢劫、袭击或杀死，必定会不由自主地作恶。在没有政府、没有执法的情况下，理性的人会先发制人，在遭到别人攻击之前先攻击别人——人人都明白这一点，于是更加彼此提防，也更有可能先下手为强。这就是霍布斯的观点。

若没有原罪，政府机构就能打破这个恶性循环。如果我们知道别人害怕法律，就不会害怕别人；别人一旦知道我们也害怕法律，也就不再害怕我们。人因为彼此害怕才互相威胁，一旦去除了恐惧的因素，人就能和平相处、彼此合作。奥古斯丁将这一（霍布斯式的）观点一步步都论述到了，但他没有到此为止。可以说，他承认，“在实际意义上”，罗马在政治清明的时候的确达到了尘世间的（某种）“正义”。但他进一步指出，如果人类真的如前所述冷静自控、理性行事的话，历史上就不会发生那么多不幸事件。人性有过分倾向于偷窃和暴力的弱点，这是原罪产生的恶。纯粹为了捣乱而去偷梨的男孩是一种恶的少年版，他长大成人后就会去抢劫邻居，或者为掠夺财物和立威扬名而侵略别国。奥古斯丁说，这就是驱使亚当去摘苹果的罪。苹果并不重要，摘苹果的自我意志才是关键所在。奥古斯丁赞扬国家对暴力和抢劫进行镇压，但提醒说，驱使人犯下暴力和抢劫行为的动力依然存在，仅仅是受到了压制，但无法根除。

奥古斯丁认为，尘世所有城市的居民都执迷于尘世之物。他没有详细解说尘世间哪个城市比别的城市更好以及相关的原因，虽然有些城市明显地比别的好得多。安乐和平、井然有序显然是好的；战火连绵、混乱动荡显然是坏的。但好坏的对比仅到此为止。相对好的尘世间城市够不上最深层的意义上的正义，不过是“井然有序”而已。这个思想意义非凡，它巧妙地绑架了通常属于共和派思想的一个主张。马基雅维利和卢梭渴望的“井然有序”的共和国是西塞罗描述的共和国的理想化版本，美国国父梦寐以求的也是这样的共和国。然而，据奥古斯丁所言，混合型共和国和创建得完美无缺的国家并无特别的优势。他认为，只要和平得以维持、达成的协议得到遵守、人民服从法律、政府不朝令夕改，任何国家都能够做到“井然有序”。卢梭说，当绝对君主制实现上述种种的时候，结果是坟场一般的沉默；奥古斯丁若地下有知，会斥之为不谙世事的胡言乱语。

现代人读到奥古斯丁对正义战争、惩罚、个人与国家的关系等问题的论述时，还会注意到另一个令人困扰但很有意思的内容，那就是他坚持说，个人必须将政治交由掌权者管理。奥古斯丁坚信，在（几乎）任何情况下都决不能抵抗统治者；他提出这个观点的理由耐人寻味，而且不得不说是非常危险的。他的观点几乎与所有其他思想家的有关论述都背道而驰。霍布斯说，在一切不对生命安全构成威胁的问题上，都必须服从统治者，但一旦威胁到生命安全，就要尽力自救。这与洛克提倡的抵抗理念有所不同，和西塞罗鼓吹弑杀暴君的理念更是大相径庭。洛克认为，如果君主违背了确立他权威的契约，人民就可以起来反抗；西塞罗则将暴君视为罪犯，人人得以诛之。霍布斯的观点完全立足于世俗，认为若由个人随意选择服从或违反哪些规定，国将不国，所以，为了自己的生命不受到威胁，人民必须服从统治者。奥古斯丁早就想到了这一点，但他坚信人早死或晚死没有多大关系，所以他并不以自卫权为理由来捍卫“拼死”反抗统治者的权利。奥古斯丁同意圣保罗的观点，说掌权者承命于上帝，（除了以前讲过的情况之外）对他的旨意的违背就是对上帝的冒犯。

然而，这个观点并非为国王的神授权利辩护，亦非支持神权统治、提倡给僧侣以政治权力。奥古斯丁与后来的一些撰著人不同，并未声称因为国王由上帝指定，所以统治权是上帝赋予国王本人的。他只是说，上帝创造了统治者，统治者的权力是天意的一部分，所以人民必须接受。这个论点悲观无奈到了极点，其悲观程度从《上帝之城》第四卷著名的结束语中可见一斑：“如果没有正义，国家岂非一大群成功的强盗？”奥古斯丁说，即使是强盗，要想成功，也必须遵守正义的某些规则。强盗比谁都清楚，抢劫是不正义的错误行为，因为他们自己不想遭到别人抢劫。许多人因此想当然地推论，奥古斯丁同意西塞罗的意见，认为真正的国家要建立在正义的基础之上。既然连协调作恶的活动也需要正义，那么，为了善的目的建立起来的组织所需要的正义岂不更多？

如果奥古斯丁的观点真的如此发展下去，他的学说就会更加可信服人，但创造性和意趣却将大为减色。有些国家不过是一大群成功的强盗，还有些国家是建立在正义基础上的合法政权。纳粹政权是前者，英美政府是后者。然而，奥古斯丁没有做出如此黑白分明的区分。他在书中特意引用了一个被俘的海盗对亚历山大大帝勇敢的，或者说是鲁莽的回答。亚历山大大帝问那个被俘的海盗，他为什么要做海盗，海盗回答说，为的是和亚历山大一样的目的。他说他不服气，仅仅因为亚历山大有许多艘船，而他只有一艘，他就被谴责为海盗，而亚历山大却被颂扬为英雄。奥古斯丁的观点似乎是，国家本来就是一大群成功的强盗，但在国家的保护下，仍然可以追求尘世生活中有限的善。

简言之，奥古斯丁真正的意思是，国家存在的目的在于使人在尘世间的渴望得到满足，同时避免过分的混乱。人的各种渴望永远会造成混乱，法律再多都不可能将混乱完全杜绝。惩罚和惩罚的威胁能迫使人改恶向善，虽然那只是因为人太在乎生命、自由和财产，所以才慑于死亡、囚禁和罚款的威胁。总的来说，国家的确和横行霸道的强盗匪帮相差无几。许多国家出于统治别国的贪欲而发动战争。如果人更有理智，不为激情所左右的话，就会建立无数个自给自足的小型国家，也就不会像现在这样战事频仍。施放圣餐的主教也许生性怯懦，但我们只须接受他手中的圣餐，不必管他的个性如何；同理，我们服从尘世的统治者，因为他是统治者，不是因为他是好人。如果赶上了仁慈善良的统治者，是我们的运气；如果赶不上，也只能认命。这一观点的缺点是，它没有提出抵御希特勒和斯大林这类灭绝种族的杀人狂魔的方法，只是说他们终有一天会有恶报。这对受害者没有丝毫安慰。

奥古斯丁没有如人所愿地鼓励抵抗，但也没有进一步阐述他思想中固有的宽容和宗教自由的因素。他不赞成死刑，主要是因为他希望，在天主教教会与各个竞争者，特别是与阿非利加的多纳图教派的斗争中，败方能归顺胜方的意见，在胜方的友爱与说服的感召下重回天主教教会的怀抱。至于他自己，他最终对多纳图教徒的胡作非为实在忍无可忍。那些人借暴力和恫吓迫使天主教徒皈依他们的教派，否认世俗当局管理他们的权利，不服帝国政府对他们的谴责，同时却又不断请求帝国政府作出对他们有利的评判。对这种人，谁不会失去耐心呢？叫作“住在附近村子里的人”的教派更加恶劣。难怪奥古斯丁要求世俗当局镇压他们。

奥古斯丁的个人好恶并不重要。重要的是，他对尘世城市有限用途的叙述，加之“包括教会在内的所有尘世间组合均为混合型”的言论，自然而然地导出了这样的思想：国家管理的是人的身外之事，如维持和平、管理财产、执行必要而有用的任务，包括提供法庭来解决争端，等等，生命的意义与美德的终极酬赏这类深层问题则只能到别的地方去求解。强迫是国家自然的、合适的工具，但强力起不到劝说的作用。我们可以威吓别人按我们想要的去做，但无法威吓他们相信，我们想要的是好的。最终，这个思想中萌生了新教的宽容概念；教会是自愿性的组织，用来一起敬仰上帝并讨论有关信仰的问题，而国家则是强迫性、非自愿性的组织，用来管理身外的事务。

奥古斯丁若有知，会觉得这些结论莫名其妙。他生活在不久前还由多神教主导的世界中，多神教徒都害怕基督教对诸神的不敬会给罗马带来灾难。他的底线是，反对采取极端的强迫措施，特别是反对死刑，因为人死不能复生。然而，虽然也许可将他视为新教最早的奠基者，但是他从未设想过，宗教在任何情况下能够处于国家控制的“界限之外”。这并不奇怪。当时离近代的宽容思想问世尚有1 000多年。宽容的思想得以传播，既是因为人们接受了宽容的新理念，也是因为经过了16、17世纪的宗教战争后，欧洲人实在是精疲力尽。神圣罗马帝国的皇帝自动保护宗教机构，教会成了政策的受益者，不再是受害者。

奥古斯丁思想中一个危险的新内容是拓展了强迫的范围，从迫使人表面上遵从宗教的要求，扩大到镇压异端邪说。苏格拉底和《旧约》中遭天谴的人都未曾被指控为异端。自古以来，就有人因亵渎、激怒神灵，或崇拜不该崇拜的神而被处死，但异端邪说的概念完全是基督教的发明。它的危险在于，它可以使基督徒彼此迫害而不受良心的谴责。奥古斯丁理所当然地认为，被强迫接受真理是受益，不是负担。他持此观点当在意料之中，因为他认为，为了将误入歧途者拉回正道，可以怀着爱护的心情对他严刑拷打。至于这个观点是否符合他的“强暴说”在灵与肉之间划下的严格界限，则要另当别论——奥古斯丁谈到被阿拉里克带领的西哥特士兵强暴的妇女时，说她们并没有受到侵犯，因为发生在肉体上的事不损伤灵魂的完整。鉴于奥古斯丁自己回忆说，他小时候宁愿挨一顿痛打也不愿意学希腊文，由他提出这个观点能否服人更是要另当别论。但无论如何，这个观点成了基督教正统的一部分。基督徒必须顺从强加给他们的正统，这项规定只有一条根据，那就是基督“勉强他人进来”（compelle intrare）的训谕。奥古斯丁曾千方百计地将基督“转过另一边脸由他打”的训谕解释为比喻，强调其精神上的含义，以便使基督徒参军打仗时没有良心的挂碍。对于勉强将不想出席宴会的宾客拉进屋来的寓言，现在他又千方百计把“勉强他人进来”严格按照字面意思解释，用来说明世俗统治者为什么可以——应该说是必须——强迫治下人民接受正统。奥古斯丁留下的这个遗产是危险的，它不仅使基督徒完全因统治者的一时之兴就可能被指控为异端，而且必然使教会声称自己有权监督基督徒统治者是否正统，统治者也必然会予以反击。

第二部

基督教世界

第二部前言

鉴于圣奥古斯丁对后来基督教思想的影响，以他的去世作为古典政治思想史的结束似乎不合情理。难道不应该以他作为基督教政治思想史的开端吗？对这个问题没有一锤定音的回答，但有一个看待政治思想史的有效办法：奥古斯丁的政治世界是罗马帝国的世界。无可否认，当时西部的帝国日薄西山，在无数入侵的“蛮族”部落的蚕食下逐渐分崩离析。在东部，帝国仍巍然屹立，6世纪时在查士丁尼皇帝的统治下还收复了被入侵者抢走的大片领土，包括北非、意大利、西西里岛、西班牙和达尔马提亚。然而好景不长。查士丁尼是最后一位以拉丁文而不是希腊文为第一语言的帝国皇帝。他去世后，夺回的大部分领土又得而复失。奥古斯丁注意的是西罗马帝国。我们前面看到，他反驳了西塞罗关于合法共和国的理论。他敏锐地指出，如果罗马不好大喜功，一意推行帝国统治，如果能建立众多的小型王国，彼此互不干扰、相安无事，世界就会太平得多。除此之外，他主要批评的是罗马的政治概念。

在西罗马帝国解体后的漫长时期内，天主教是西欧唯一的统一力量。在长达几世纪之久的时间内，欧洲的政治版图一直由王国组成，而各个王国的国王在现代的意义上说就是军阀。根据现代观念，国家这个实体的关键特质是：有统一的权威，由一个或一群人掌握，在下属官员的辅佐下依照法律行使权威。具有讽刺意味的是，这个观念不是由世俗当局，而是由教会提倡而成的。继承了西罗马帝国的领土，也继承了帝国的国家观念的，是教廷，而不是蛮族的王国。教廷模仿了帝国机构的外部特征，但关键并不在此。重要的是，教会成了向中世纪欧洲传达罗马关于依法治理的政治社会观念的中介。

这并不意味着世俗政治的发达不重要。征服者威廉在1066年入侵不列颠后之所以轻而易举地站稳了脚跟，一个原因就是已经有了一个权力集中的国家，既有力量对外作战，又有能力对内维持法律和秩序，保护财产权和个人权利，治理国家的方式也有了明显的近代特征。的确，国王有义务带兵打仗，但威廉的大军不是蛮族的乌合之众，而是封建制度下征来的兵员。当然，到那时，墨洛温王朝和加洛林王朝都已成为明日黄花。早在公元800年，查理曼被加冕为皇帝。962年，奥托一世登上皇帝的宝座，通常认为他开创的奥托王朝是神圣罗马帝国“真正的”开始。

从奥古斯丁到阿奎那，这八个世纪间的政治思想无从分析。思想家都把社会视为基督教主导的整体，不将政治看作有自身规则和目的的单独一类的活动。试图探究各种近代思想在中世纪的源头，好比想把烘好的蛋糕再变回水和面粉的状态，或把毛衣拆成一段段彩色毛线。然而，问题不在于近代对人性的看法与中世纪早期大相径庭。很容易如此认为，因为一般人都会想，中世纪政治思想以宗教为基础，近代政治思想则以世俗化为特点；中世纪的人相信上帝和原罪，今人却不信。从另一个角度说，我们认为，不能让自己关于上帝和罪的观点影响对政治、公共政策和政府结构的看法，而我们的中世纪祖先却看不出除此之外还有什么能够决定他们的政治思想。

其实，这并非中世纪思想和近代思想真正的分野。谁都知道，无论是否相信原罪，人在政治斗争中的行为与原罪促使人做的事别无二致：仅仅为了获得击败对手的满足而进行毫无意义的争斗、为谋私利剥削别人、公开发表恶意和残酷的言论，并且热衷于权力欲（正如奥古斯丁痛斥的那样）。18世纪启蒙运动的中心人物大卫·休谟对宗教持怀疑态度，但他坚持，“每个人都应被假定为恶棍，这是一条政治准则。”[1]坚定的无神论者伯特兰·罗素声称，不深信原罪存在的人不能教学生。他指的不是亚当被逐出天堂的原罪。他的意思是，每一个孩子的本性深处都存在着做毫无意义的不公不义、不忠不信之事的欲望，老师若是认识不到这一严酷的现实，就很难教好学生。[2]20世纪早期，西格蒙·弗洛伊德提出了一个惊世骇俗的观点，说儿童深受性欲之扰，人有一种与生俱来的对性满足的需要，这种需要的形式变幻不定，但十分强烈。罗素和弗洛伊德都不认同奥古斯丁的宗教信仰，但都同意他关于人性的观点。评论家说，奥古斯丁的观点有奇怪的“近代”色彩，其实他不过是看清了问题而已。今天的政治与自古以来一样，受制于堕落的人性，考虑到现代世界中坏人一旦得逞所获得的好处，人性之恶的政治困扰可能于今尤以为烈。

奥古斯丁的另一个观点使今人比较费解。他认为，真正的人性，即上帝造人时赋予他的本性，只存在于亚当被上帝造出来到他犯错之间的那一段时间。通常泛指的人性是人被逐出天堂之后的堕落的人性。政治要应付的就是堕落的人性。堕落的概念大大降低了世俗政治的有限价值，效果远甚于人性趋恶的概念。结果，即使在基督教成为罗马帝国国教，基督徒开始在罗马行政机构任职后，基督教对世俗政治的态度仍然若即若离，把基督徒担任行政职务和尽忠职守仅仅当作道德上的义务。

基督徒对政治是认真的，他们认为，在政治领域中，虽不完美但有建设性的意图抑制着罪恶的、破坏性的意图。但基督教与古典政治哲学及历史学的不同之处在于它降低了政治的价值。如果此生只是来生的前奏，政治就远不如宗教重要，国家能为人民提供的最大服务是帮助他们做虔诚的基督徒。现代的自由主义和古典的爱国主义之间有着类似的分别：如果终极价值属于文化和人际关系这些私人领域，那么政治的重要性就只在于为私人领域中的那些价值提供保护。然而，基督教对政治的贬低并非自始至终一以贯之。阿奎那吸收了亚里士多德在《政治学》中阐述的观点，再次提出政体是人的（世俗）组合的最高形式。但无论如何，奥古斯丁认定人只是尘世间的过客，这对亚里士多德说政治生活是至善生活的观点等于是釜底抽薪。尘世间的城市最多不过是基督徒梦系神萦的天堂之城的苍白影子。奥古斯丁同意，被波利比奥斯和西塞罗推崇备至的罗马共和国展示了“某种善”，他这样说是因为他认为，上帝想要人通过罗马共和国稍窥真正的上帝之城。[3]教会成立早期，基督徒属于另一个城——上帝之城——的观点导致了反律法主义（antinomianism）的兴起，其主张是，基督徒不受国家法律的管束，因为基督的到来废除了国家的法律。这一观点也促成了无政府主义的思想，认为基督徒应生活在自己的社区里，对周围的政治不闻不问。宗教改革期间，力图恢复早期教会的纯洁的努力产生了类似的结果。

然而，到那时，我们今天所知的古典文学和哲学文献大部分已经重见天日，中世纪期间按古典城邦的形式建立意大利城邦共和国的过程也开始由盛而衰。同时，由官僚管理的近代君主制国家正在欧洲北部兴起，这个兴起的过程在神圣罗马帝国的领土上由于宗教战争而遭到拖延，在法国受到百年战争和宗教冲突的耽误，在英国因玫瑰战争的王朝之争而进展放缓。但是，大势所趋已显而易见。至于新的君主制政权的专制程度是大是小，信奉的是天主教还是新教，这些全由当地的力量平衡来决定。但有一点是清楚的：君主制是未来的国家形式，其他形式均为次要。

第六章

从奥古斯丁到阿奎那

中世纪有政治理论吗？

本书共有四章以宗教（具体来说是基督教）对政治思想的影响为主题，本章是其中之一。但本章与前后的章节不同，重点介绍的不是具体的思想家，而是世俗和宗教当局最为关注的一些问题，如统治者的权威和被统治者的义务、中世纪关于法律、财产和奴隶制的观点、教会与国家的关系，等等。最后有一小段结语，介绍1159年索尔兹伯里的约翰*发表的《论政府原理》，那本书被许多人视为政治思考的重生。既然说是重生，那么中世纪是否有过政治思考似乎就成了值得怀疑之事。有些学者断然否认中世纪有政治思想。评论家都同意，中世纪的思

* 英国基督教教士、哲学家。——译者注

想与之前和之后的历史时期都完全不同。这不是因为所使用的语汇不同。古希腊人，还有罗马共和国灭亡前的古罗马人，都曾就严格意义上的城邦的政治争论不休。那时城邦的公民不像现代人具有个人人权的意识，但他们强烈认为，自己有权在城邦和国家的政治生活中发挥作用，有权参与制定管理着自己的法律。关于君主制、贵族制、民主制的美德和暴君制、寡头制、暴民统治的危险，大有争论的余地。事实上，争论是不可避免的。

恺撒·奥古斯都在公元前27年建立帝制后，罗马帝国取代了罗马共和国。这在思想上或理念上确定了一个占统治地位的政治模式——君主制。另外，罗马帝国像过去希腊那些实行君主制的国家一样，采纳了波斯人将统治者奉为半神的做法。自4世纪开始，君士坦丁大帝之后的皇帝都成了基督徒，不能再像过去信奉多神教的皇帝那样自立为神，但除此之外，他们全部继承了过去的做法。对此西罗马帝国的教会不仅不予抑制，反而将罗马帝国皇帝的御座、皇冠和皇袍全盘照搬过来。红衣主教本来是协助教皇主持礼拜仪式，并且照顾穷人的，后来逐渐形成了仿照罗马元老院的红衣主教团。东罗马帝国的皇帝集世俗及精神的权威于一身，拥有任命君士坦丁堡最高主教的不容置疑的权力；在西部，任命教皇的适当模式到了1059年才有定论，当时锐意改革的教廷坚持，红衣主教团选举教皇是唯一合法的方式。教廷这个唯一的跨国机构与西欧五花八门的王国和更小的实体同时并存，这提出了世俗与精神权力的关系这个古时候没有先例的问题。国王能任命主教吗？还是说国王由教皇任命？或至少需要教皇的首肯？

思想家仍然以古典哲学作为知识来源，尽管他们对古典哲学的了解是二手的。12世纪之前，西欧人对柏拉图和亚里士多德的著作没有直接的了解。这种情况的一个后果是，近代西欧各国和欧洲定居者在别的大陆上建立的国家的政治机构植根于中世纪的欧洲，今人却以为它们源自古希腊和古罗马。近代代议制政府的根源是中世纪的行政和征兵制度，那种制度经常被称为封建制度，其中依稀可见古时候部落组织的痕迹。但是，我们描述它们时使用的却是希腊民主制和罗马共和的语汇。我们所知的代议制政府始自中世纪，当时代表的是地方和群体。时至今日，我们仍然以地理选区为基础来选举立法机构成员，只不过选出来的代表是代表每个公民罢了。英国议会制政府的前身是君主制下“国王与议会”的制度，美国则把英国的代议制纳入了一个别有渊源的框架——以西塞罗的理想为基础，也许还部分地受了吕西亚联盟*启发的共和国。不过，这种矛盾只是表面上的。西欧中世纪的制度的确受到了古典思想的启迪，尽管那些思想起源于别的地方。波利比奥斯关于混合型政府的思想与中世纪关于国王应听取贵族议会的意见、征税应得到代表平民的机构的认可的思想不谋而合。公元前4世纪和公元前3世纪，希腊人为了共同安全建立起联盟，采用了代议制，吕西

* 公元前8世纪小亚细亚临地中海的城市组成的联盟。——译者注

亚联盟实行代议制的时间更长得多。公元前4世纪的雅典人或公元前2世纪的罗马人假使能穿越时空，向10世纪的盎格鲁-撒克逊人解释古希腊或古罗马的公民概念，听者完全不会有理解上的困难。

中世纪的权威观念

一些研究中世纪政治思想的学者非常重视权威自下而上和自上而下这两种理论的分别。[1]自下而上的理论认为，统治者的政治权威来自受他统治的个人、群体，或全体“人民”。自上而下的理论则认为，统治者的权威是固有的，或者是由上帝这个更高的权威赋予他的。自上而下的观点似乎比较适合君主制和视上帝为王中之王的世界。但在欧洲中世纪早期的封建制度中，王公与臣民是契约的关系，这种关系把自下而上的观念和自上而下的观念结合在了一起。共和制度是权威自下而上模式的典型范例，但在原则上，即使是最广泛的绝对权威也是由人民（一次性地）赋予的。6世纪初的查士丁尼皇帝就是这样获得了他的权威。由人民将短期或长期的绝对权威赋予领导人，这个设想并不荒谬，虽然它引起了人民能否收回权威的难题。

自西罗马帝国末代皇帝，16岁的罗穆卢斯·奥古斯都于476年被推翻，直到第二次世界大战结束，欧洲最常见的政府形式就是某种形式的一人统治；政府首脑可能是国王，也可能是王爵、公爵、伯爵、主教，或教皇。也有其他形式的政府。意大利和亚得里亚海沿岸的城邦是共和国，西塞罗若是看到一定感到似曾相识。那些城邦没有一个实行雅典式民主，虽然有的与雅典民主非常近似。它们大多由贵族家族统治，那些家族认为自己的统治权与生俱来，不是人民赋予的有条件的权利。还有许多城邦需要仰国王或教皇的鼻息。大部分政治单位都比较小，不过在800年，教皇利奥三世为法兰克国王查理曼加冕为罗马皇帝，查理曼自768年就已经是法兰克国王。然而，神圣罗马帝国的第一版并不长久，到962年，德意志人奥托登上皇位，这个被伏尔泰讥讽为“既非神圣、亦非罗马、更非帝国”的机构才开始了它连绵的历史。神圣罗马帝国的大本营是德意志，但皇帝是选举出来的。德意志地区有一大批各种各样的政治实体，有主教辖区，有王国，还有自由城市，直到德意志在19世纪被普鲁士强行统一后，这些实体才告完结。

一些在国家以下的机构，如欧洲各地的大学、行会和公社，自1000年左右开始实行自我管理。这种政治上的自治在当时并不少见，但这种自治权经常被解释为更高权威的赠与或特许，自上而下权威观的力量由此可见一斑。到14世纪，帕多瓦的马西里乌斯才清楚地提出，统治者行使权力须有被统治者的同意。但他也只是说，人民只需选择一位杰出的智者做统治者就万事大吉。根据自上而下的权威观，权威由上帝赋予教皇和国王，再向下传给他们的下属，这与中世纪统治者及基督教的世界观恰好契合。基督教世界观的基础是等级制僧侣统治的权威观念，这一观念超越了政治范畴，认为一切权威均为天赋神授。基督这个王与众不同，但他归根结底是王，不是雅典模式的管理委员会中任期只有一天的主席。[2]

284年登基的戴克里先是第一位来自亚得里亚海以东的皇帝。他建立了一个膜拜皇帝的非基督教教派，还对治下的基督徒大加迫害。君士坦丁大帝于324年皈依基督教，将基督教立为国教后，不能再把皇帝当神来拜。不过，君士坦丁和他之后的罗马皇帝除了没有将皇帝供上神坛之外，其他的无所不用其极。他们为铺设排场用尽手法，甚至在君士坦丁堡的皇宫里安装精巧复杂的舞台机关，使觐见者眼花缭乱，不得不信皇帝陛下不是凡人，而是幸承了上帝的宠惠。拜占庭帝国对西方的影响比较有限，尽管皇都设在君士坦丁堡的帝国自称罗马（Rhum），自认是（唯一的）罗马帝国。1050年以前，一直存在拜占庭入侵意大利的可能，确切地说是入侵意大利剩下的地方，因为拜占庭本来占领着西西里岛，8到10世纪期间被阿拉伯征服者赶走，只在意大利南部仍保留了一些飞地。6世纪时，查士丁尼曾从哥特人手中夺回了意大利，在他之后的皇帝再创辉煌本来不是完全不可能。然而，查士丁尼死后没有几年，意大利的大部分土地就落到了伦巴第入侵者手中，两个罗马帝国渐行渐远。拜占庭帝国讲希腊语，西罗马帝国的通用语言则是拉丁语。新罗马实际上是希腊，与原来的罗马日益疏离。

自查理曼在公元800年圣诞日那天被加冕为神圣罗马帝国皇帝后，西欧就声称自己继承了罗马帝国的衣钵。随着拜占庭帝国一点点被斯拉夫和穆斯林敌人蚕食，它自称是整个罗马帝国继承者的说法日益站不住脚，它的影响力也日益衰落，因为在礼拜仪式和教义方面，东部教会与西部天主教教会之间的差异日益加大。两者在教义上的分别在不同的问题上有大有小，比如，西欧基督教特别重视圣父、圣子、圣灵的三位一体，而希腊基督教却不认为圣灵是第三“位格”。它们对涉及教会政治的主要问题的观点也大不相同，这些问题包括：教会和国家谁拥有最终权威？被统治者和统治者各自有哪些责任和义务？世俗和精神权威如何分工？等等。罗马天主教和希腊东正教之间的最后决裂发生在1054年，但在那之前，双方已经就是否应礼拜圣像圣图发生了争执，在教皇与东正教的大主教谁应服从谁的问题上也各不相让。这些问题至今仍未解决，尽管两个教会1054年作出的互相开除教籍的决定和对被革出教门者的咒词均已收回。

在政治上，东罗马帝国皇帝拥有对君士坦丁堡最高主教的任命权，这正是罗马天主教廷要尽力避免的。拜占庭皇帝掌握最高权威，君士坦丁堡最高主教由他任命，这一点从来无人置疑。西欧历史上有几段时期，教皇的废立实际由德意志地方的国王和后来的法国国王所决定，但那属于例外情况。国王对教廷行使权力没有法律基础，纯靠恃强凌弱。14世纪时，法国国王欺负教廷更是登峰造极——居然将教廷强行迁到阿维尼翁以便就近监视。教廷的长久奋斗目标就是维持自己采取政治行动的自由，这方面对它有利的一个因素是，西欧的王国为数众多，且大多领土狭小，国王的财力比不上教廷雄厚。拜占庭将所有权力归于一人之手的做法在西欧不可行，也得不到支持。君士坦丁堡的大主教亦不像教皇，后者掌握着整个天主教教会的最高权力，前者却指挥不了各地的东正教教会。在罗马看来，君士坦丁堡的大主教与其说是教会的主人，不如说是帝国皇帝的奴仆。

被动服从与政治义务：谁来判断？

基督教的政治权威观基于圣保罗在《罗马书》中关于统治者的权力由上帝赐予的言论。为了良心的安宁，为了死后不受地狱之火的煎熬，必须服从世俗的统治者。这条训诫虽然斩钉截铁、不容分说，却并不能解答所有的问题，其中一个是上帝对宇宙的统治与君主统治权之间的关系。在奥古斯丁看来，因为人的堕落，所以需要政府。政府利用人趋利避害的本性，通过威胁尘世间的惩罚和许诺尘世间的奖赏来管控人的欲望。至于管控的形式和负责的人员，各地的情况有所不同，但那并不重要。真正重要是，古典哲学认为自足是大善，城邦是最完美的制度，因为它最能自足；基督徒却知道，人在尘世永远不可能自足，只有在上帝的王国中才能找到真正的和平与正义。在这个世界上，必须服从现有的统治者。[3]至于统治者是如何登上权位的，这个问题并不相干。对罗马帝国各行省的人民来说，这个回答也许足够了，但对西欧的新国王和王公治下一些实力强大的人来说，它却不总是能令他们满意。他们中间的任何人都可能认为，自己比现任统治者更应该得登大宝，并可能会因此动起刀兵。

统治者受命于天。人民为了良心的安宁，也出于对惩罚的惧怕，必须服从于他。不服从者将被罚入地狱。国王是上帝手下的摄政者，他的王位是上帝赋予的。即使国王信奉异教，或者是异端，也必须服从他。这是奥古斯丁的一贯立场在政治领域中的反映。他的立场是：在宗教行为中，我们尊敬的是圣职和圣礼仪式，不是担任职位的那个人。[4]但是，这一观点不能回答统治者的统治是否正义的问题。有些国王是暴君，还有的是通过谋杀前任而登上王位的。拜占庭宫廷中为争王位弑杀亲人是司空见惯的事。国王的王位由上帝赋予，此言并不能说明人民对国王究竟要服从到什么程度。人民的服从必须有一个限度，超过了这个限度，就应该抗命。直到16世纪，通常的看法是，如果统治者要求治下人民否定基督，就不能遵命，除此之外，必须服从统治者的一切命令。不遵命不意味着有权推翻合法的统治者，只能进行与消极服从相对应的消极抵抗。教徒若是消极抵抗，在多大程度上要做好慷慨赴死的准备？即使在罗马帝国停止迫害基督教之后，天主教内部就此问题仍然争论不休。严格主义者*认为，所有基督徒都必须随时准备以身殉教。反对

---

* 天主教道德神学中的一派。——译者注

者则不以为然。他们认为，上帝更注重我们心中想的，而不是嘴上说的。我们可以在口头上批判基督，但在心里保持对基督的忠诚。奥古斯丁力主将基督徒殉教与他所强烈反对的属于多神教行为的自杀区分开来。[5]罗马当局显然觉得，治下的基督徒似乎争先恐后地要当殉教的烈士。[6]

如果当局对基督教正面发起攻击，基督徒就不必再服从当局，但即使那样也不能反叛。那么，基督徒对不攻击基督教的国王又负有什么义务呢？是所有国王都得到了上帝的首肯？还是只有通过合法渠道获得王位的国王才有上帝的保佑？在国王的合法性无可质疑的情况下，是否只有为全体利益治理国家的国王是受命于天？而只顾谋一己私利或照顾亲信的国王就得不到上帝的眷顾？这些问题都没有明显的答案。如果关键在于统治者是否履行了应有的责任，那么，暴君不依法治国、残杀人民、诱奸他们的妻子、抢夺他们的财产，这种种所作所为都与他的责任背道而驰，由此即可得出结论说，他辜负了上帝的委托。[7]这就引起了如下众所周知的难题：谁能决定统治者失去了上帝的授权？谁有权力免除人民服从统治者的义务？后来，教皇宣称，如果国王信奉异端或道德堕落，教皇即有权免除臣民忠于国王的义务；如果教皇革除了国王的教籍，人民即不再有服从国王的义务。13世纪早期，英格兰的约翰国王亲身体会了教皇一纸停止教权的禁令的威力*，但有的国王违抗教皇也能平安

* 约翰国王因坎特伯雷大主教的任命一事和教皇起了冲突，1209年被教皇开除教籍。——译者注

无事。16世纪宗教改革后，英国教会转向新教。1570年，教皇宣布伊丽莎白一世女王为异端，罢免了她的王位。可是，教皇的敕令对女王毫发无损，只加深了英国人对天主教教会干预政治的厌恶。1688—1689年革命后，英国国王的加冕誓词加上了一条，要国王将教皇以异端为由罢免国王的“可憎教义”谴责为“异端邪说、对神不敬”。[8]

反抗暴君的法外手段是弑杀暴君，也就是政治暗杀。任何信奉消极服从的人都不会认同将弑杀暴君视为君子行为的古罗马观点。无论如何，弑杀暴君都不是解决问题的办法，因为仍然搞不清楚能否在某些具体情况中拒绝听从统治者的指令，同时又不否认统治权威和统治者的合法性。可以认为，国王无权强令人民信奉某个特定的宗教，人民有权不服从国王在这方面的命令，但人民无权将国王作为暴君杀死，也无权不服从国王未逾越其权威范围的命令。如果美国联邦政府命令人民在星期天必须去教堂参加美国新教圣公会的礼拜仪式，人民有权置之不理，不论此令是否符合宪法。但是，在从纳税到遵守交通规则等所有其他事项上，应该继续严守政府的法规。1944年密谋暗杀希特勒的德国军官并不因为决心要杀死国家元首就不必遵守国家的一般法律。一个统治者可能总的来说不算暴君，但在某个方面表现得特别恶劣。如果能促进好的目标，也应该在一定程度上与坏政权合作。支持弑杀暴君的论述并未说明，尘世间究竟有没有法庭有权判定某个国王已经丧失了统治的权利。多数中世纪思想家都毫不怀疑地认为，个人无权就此作出判断。17世纪晚期的洛克则坚持说，个人别无选择，必须作出判断。他这个观点与中世纪的传统思想背道而驰。[9]

“谁来判断？”的问题引起的争议旷日持久。如果国王要对世俗的机构负责，就需要决定该机构如何组成，也要规定好，如果这个世俗机构与国王的意见相左该如何处理。完全有可能建立这样的机构，古罗马历史在这方面提供了某种意义上的先例：执政官的任何行动均须获得元老院的事先同意，两位执政官之间也需要统一认识。后来的历史中此类例子更是不胜枚举。日耳曼部落领兵打仗的统帅由众人推举选出，能力不足者会被众人罢免。在统帅的指挥下作战的人有权判断他的军事才能和其他方面的领导才能是否合格。保障土地保有权的封建制度建立之后，统治者行使权威须有条件、须获得社会同意的思想扎下了根。扈从宣誓对领主忠诚不二，随时应领主的召唤投入作战，以此换取对自己的土地拥有权的保障和主公的公平待遇。封建社会等级制的顶点是国王，他的行为可能是由王国的高等贵族来评判的。如果国王拒绝接受他们的评判，恐怕贵族们除了发动内战，没有别的办法能强制国王接受他们的意见。作为最后一着，也许国王手下地位最高的封建王侯，例如1215年逼迫英格兰的约翰国王签署《大宪章》的那些贵族，可以宣布废黜国王，免除臣民效忠国王的义务。但是，谁都极力避免出此下策，因为它几近煽动造反，可能会引起天下大乱。无论如何，到14世纪末，已经有思想家认为，教皇应对大公会议负责。他们提出，不仅国王，而且教皇也应当接受那些向他提供建议、同意受他统治的人们的评判。古罗马的先例在前，统治者须对某个机构负责的思想不止适用于一种制度。

教皇与国王

封建贵族并非唯一可以判断国王合法性的人选。如果世俗统治者可以因行为邪恶而遭罢黜的话，教会就肯定有置喙的余地。福音书说，基督给了圣彼得捆绑和释放的权力：凡他在地上所捆绑的，在天上也要捆绑；凡他在地上所释放的，在天上也要释放。[10]这说明，即使教会不管国王与其他世俗权威的实际能力，也应当决定他们在道德上是否合格。奥古斯丁说，主教有责任批评国王，但不能罢黜国王。他讲到，圣安布罗斯在狄奥多西皇帝想进入安布罗斯在米兰的教堂时，坚持要求皇帝忏悔。他提及这件著名的轶事，重点是强调狄奥多西高尚的胸怀，而不是安布罗斯的权威。[11]这个论点很容易推到危险的极致。要说有谁能知道上帝赐予统治者权力时附有何种条件，以及在何种情况下应不再服从统治者，那肯定非教会的高级神职人员莫属。这等于暗示，教皇有权以罪为由（ratione peccati）罢免国王。后来教皇也真的抓到了这个权力。从教皇的角度来看，这样做有一个危险；一切权威来自上帝的思想也可能起反作用。基督集王与神父的职能于一身。国王在加冕时行涂油礼，以象征他的权威为神所授。如果国王敬承天命，就意味着国王可能拥有在教会之内，或凌驾于教会之上的权威。如果教皇有权以罪为由罢黜国王，这也为国王以违背教规或对教会管理不善为由罢黜教皇打开了大门。如果认为国王和教皇共掌世俗和教会机构，主教对教区教士的权威以及教会对主教的权威的来源和范围就有可能遭到质疑。主教教区是地理单位，那时的统治者和今天的许多政府一样，认为教会的世俗内容属于自己的权力范围。宗教教义也许不在他们管辖之内（尽管他们也经常插手与教义有关的问题），但教会作为拥有财产的机构却要另当别论。

长达几个世纪的时间内，一直无人想过设计某种宪政机制，使用和平合法的手段罢免统治者。甚至在今日，世界上许多地方仍然没有这样的机制，统治者靠强力压迫或收买贿赂死死占着权位，只有用武力才能强迫他们下台。许多教皇和国王心地邪恶或颟顸无能，或二者兼备。也有许多国王和几个教皇被以正当或不正当的手段推翻，但是很少是经过了合法程序的，也很少是因为根据宪法判定他们未能履行职责而遭到推翻的。在根据法律对某个统治者提出指控的时候，一般都是批评他获取权力的方式，不是批评他执政的表现，除非后者能用来作为前者的佐证。不出意料，对教皇这方面的指控特别难以成立。教皇象征着绝对的无限权威，似乎对他不能适用依法罢免的程序，就连自动辞职似乎都不适用。教皇权威的理论是：教皇的权威直接由基督赋予，教皇是圣彼得的继承人，不是前任教皇的继承人。每个教皇都拥有绝对权威，前任无法制约后任，一位教皇做出的让步对另一位教皇没有约束力。每个教皇当选时都获得了圣彼得被基督赋予的捆绑和释放的充分权力（plentitudo potestatis）。与红衣主教团不同，世俗贵族拒绝接受一任国王做出的让步对其继任者没有约束力的主张。他们为了自己的利益，支持立宪君主制而非绝对君主制。红衣主教自己想当教皇，动机自然不同。

自然法与约定法

中世纪的法律史庞杂博大、令人着迷，无法浅入辄止。本书几乎完全不涉及这个题目。部落的习俗和德意志各国国王的敕令逐渐演变为法律；11世纪时发现了查士丁尼的著作；也是在11世纪，意大利的博洛尼亚开始建立机构来培养教士和民事律师。这一切本书都不会讨论。但有一个问题不得不谈，即基督教思想对关于法律及其权威的辩论的影响。根据《圣经》，上帝的圣迹中有一件是制定法律，但是，人被逐出天堂的教义给人与法律的关系造成了一个明显的问题，这里的法律指所有形式的法律，包括神授法、自然法和约定法。这个问题是，不清楚从天堂堕落后的人是否能够明白法律为何物。即使人有这个能力，也不能肯定他会遵守法律，而不是想方设法钻法律的漏洞。自基督教创立以来，调和世俗的法律和基督制定的法律殊非易事；不仅如此，据说基督既要人们严格服从“恺撒”，却又持有看似反律法主义的观点，[12]结果使困难进一步加剧。要明白中世纪基督教的法律观，最容易的办法是看一看奴隶制和财产所有制这两个核心的社会和法律制度造成的问题。基督教思想家和古典思想家一样，也思考约定俗成的地方法律是否有自然法作依托这个题目，但他们既像古典思想家那样，把这个问题视为理性的法律与地方法律的关系，也从基督教的角度，将它视为神的训诫与地方法律之间的关系。柏拉图和亚里士多德都说过，在书面法出现之前，已经有了理性所知的自然法，对所有人都有约束力。亚里士多德写道，“有人说只有一种正义，正如火在这里和在波斯同样燃烧。”[13]他对这个观点表示了同意。习俗与自然法的关系错综复杂。不同的婚姻习俗殊途同归；无论采取何种方式，保障孩子的福利、维护家庭财产在道德上都是可取的。不同的习俗均可达到自然法的普遍要求。不过，持此看法的人不一定对自然法有同样的概念，古时如此，后来也是如此。罗马人的法律论述以人生来平等的概念为出发点；柏拉图和亚里士多德肯定不会同意这个概念，斯多葛派和基督徒却欣然接受。

地方法律的权威引起的一些问题至今犹存。某个社会中的法律之所以成为法律是因为它是当地统治者的命令呢？还是因为它是当地的习俗呢？抑或是因为它与自然法相一致呢？19世纪，查尔斯·内皮尔爵士在印度企图废除寡妇焚身殉夫的做法。有人反对说，这是当地的习俗，他反驳道，根据英国的习俗，对谋杀妇女的人要处以绞刑。[14]奥古斯丁无疑会认为，那些自愿烧死自己的妇女——如果真有人自愿的话——也犯了谋杀罪。在传统的指引下，中世纪思想家的思考方向和现代的法律理论不谋而合：一种观点认为，法律由至高无上的立法者制定；另一种观点则认为，法律按理性的需要而定，为人民的福祉服务。查士丁尼的《民法大全》（*Corpus juris civilis*）体现了第一种观点。查士丁尼关于他自己的权威和法律的权威的概念完全是"自上而下"式的。他继承了古希腊人关于国王的概念，认为国王是专制者（autokrator），也是唯一的统治者（kosmokrator）。根据查士丁尼编纂的法典，法律是统治者意志的反映，法律的有效性取决于它是否符合统治者的意志；王命即法律（dicet rex et fiat lex）。这种观点将主权立法者的指令接受为合法的法律。这也是今天大多数人的观点，当然加上了现代法律制度的制约，即书面宪法对立法者的限制。主权立法者可以是多人组成的主权立法机构；法律的权威来自具有立法权力的个人或机构，这个思想是很能服人的。

然而，《民法大全》是在昔时权威人士著作的基础上编订的，那些权威人士属于另一个传统。他们生活在2世纪和3世纪。尽管那时罗马共和国早已消亡，但他们仍然记录下了他们心目中传统的罗马法律观。他们和西塞罗一样，认为地方法的基础是自然法（lex naturae）和万民法（jus gentium），是它们确定了法律的标准。西塞罗曾抱怨罗马官员奉命执行的法律晦涩难解、语焉不详，但是法律的不明确为采纳新标准提供了空间，并给了司法官员以余地，使他们能够在没有别的办法实现正义的情况下提供公平的解决办法。若说法律管理下的人民在道德上和法律上都有义务守法，那么法律也必须达到适当的道德标准。对于自然法与万民法的区别，有各种各样的解释，实质在于：一个是所有理性的人都明白的法律，是对“理性的人为了安全、正义和更好地追求共善，会同意遵守何种规则？”这一问题的回答；另一个是各族群接受的共同法律，是对“管理人类社会的有哪些共同原则？”这一问题的回答。公民权利（ius civile）是罗马社会特有的法律，由罗马公民自己确立。后来，西方基督教世界的居民在一定程度上自认为新罗马公民，也使用公民权利的理念来管理自己的事务。

对第二个问题的回答并非全凭经验，不像“有些社会这样做，有些社会那样做”那么简单。需要梳理各种各样的不同做法，以寻求基本的理性原则，正如在一个社会中确立习惯法一样。自然法决定，必须有某种规则来管理对有用的物质材料的获取、使用和处理，这就是财产法。因此，财产权由自然法所授。几乎所有社会都接受私有财产，承认人可以通过劳动和购买来获取私有财产，并规定家庭中哪些成员可以比别的成员有优先继承财产的权利。这些是万民法的规定。然而，自然法和万民法之间并非总是如此契合。按照斯多葛学派对自然法的解释，在奴隶制的合法性问题上，自然法宣布，人一律平等，没有天生的奴隶。然而，奴隶制在万民法中是合法的。万民法管理的是脱离了天真未凿状态的社会。万民法最详细的特点是各国交往中表现出来的特点，比如善待来使、归还战俘，等等。因此，万民法具有不成文国际法的特点。这也意味着，奴隶制属于万民法，不属于自然法的范畴，因为许多关于奴隶制起源的学说都指出，最初的奴隶是在正义战争中抓获的俘虏。

流传到中世纪欧洲的法律理念芜杂不清，但在哲理上发人深思。有些思想家开始研究是否所有的生物，无论有没有理性，都受自然法的管理。亚里士多德说，所有生物在一定程度上都受自然法的管理。除人之外的动物本能地遵守“法则”，按照它们的方式繁衍生息。既然它们不理解所遵循的法则，所以不能说它们具有美德，但它们也不会像人那样违背法律。怀疑论者也许会觉得，亚里士多德是在暗示，亚当在被逐出伊甸园之前的善不过是动物的天真浑沌。更常见的观点是，只有能够理解理性要求的动物才能遵循自然法。按照这种观点，自然法只适用于理性的动物，也就是说只适用于人类，因为只有人类才理解自然法，并可自主决定是否要遵守自然法。查士丁尼手下的人在编纂《民法大全》时使用的原材料是过去罗马人的著作，但那些罗马人的意见并不一致。其中最著名的是3世纪早期的法学家兼皇家顾问尤庇安。他认为，所有生物均遵从自然法，而人类除此之外还遵从万民法。但是，他所谓的万民法包括了被许多其他作者归为自然法的内容。

私有财产之起源与存在的理由

最初的基督徒相信基督很快将要复临。他们社区的组织形式似乎是一种简单的共产主义社会；成员将财产集中在一起，从中各取所需。如果基督复临真的指日可待，讨论财产的性质就没有任何意义。后来，教堂和修道院建立了起来，开始接受赠与，拥有土地和房屋，于是出现了关于所有制性质的一些人们所熟悉的问题有待回答。到公元1000年前后，教廷已是财力雄厚，并成为一个强大的政治机构。它拥有全西欧法律最健全的制度；它在行政方面的需求强有力地推动了法律理论研究的重兴。当时，对世俗的法律理论的需求显而易见。这样的理论贴上何种标签并不重要，重要的是它需要为自然法和万民法处理的问题提出解答。其中最重要的一个问题就是财产的性质和私有制存在的理由。对现代人来说，奴隶制这个将人作为财产的制度特别令人难以接受，但在中世纪早期，私人财产的问题要比奴隶制棘手得多。人被逐出天堂之前，不可能有奴隶制；而在历史进程的另一头，上帝的王国得到实现后，也不再有犹太人与非犹太人、奴隶与自由人之分。在现世这个眼泪之谷中，奴隶制不过是人被逐出天堂的又一个不幸后果而已。早期教会就曾役使奴隶干耕田之类的活计。修道社团不准使用奴隶，但那不是因为认为奴隶制不对，而是因为劳作是修道生活至关重要的一部分。那时，除了说奴隶应服从主人，主人应善待奴隶之外，没有任何关于奴隶制的论述。刑法也没有困扰着民法的思想及政治方面的难题。基督徒能否做挥刀斩首的刽子手这个问题没有定论；身为基督徒的法官也许拿不准自己有没有冤枉好人。然而，在中世纪欧洲关于刑法的必要性和本质却是没有争议的。一旦自然的法则与基督的训谕糅合为一，自然法被吸收入“你们愿意人怎样待你们，你们也要怎样待人”的道德金律之后，即可清楚地看到，动手袭击他人是不能容许的行为；同样清楚的是，一旦有了私有财产，偷窃也是不可容许的。由此自然而然地产生了惩罚观：人有权保护自己不受袭击和偷窃，并要求他人与自己一样遵守规则。但是，首先需要对财产权作出解释，这才是更深层的问题。

财产的重要性显而易见。人若要从事种田、贸易等生计，若想把财产留给孩子或任何其他人，就必须知道什么属于自己，也需要懂得如何获得并转手财产。不那么明显的是，在只要粮食连续两年歉收就会发生饥馑的社会中，需要明确富人对穷人的责任。我粮仓里的粮食是我的，但如果你在挨饿，我却仓廪充足，仓里的玉米难道还都是我的吗？还是说你活下去的权利减少了我对仓里粮食的所有权？如果对财产的基础没有一个完整连贯的说法，就很难说清，对同一件物品，拥有者和非拥有者是否都有权利，有哪些权利。基督敦促他的追随者尽其所有帮助穷人，所以，对基督徒来说，经济活动的适当界限一直是一个难解的问题，至今依然如此。如果谁都不去获取财产，就没有力量赈穷济贫，但贪婪自私的人很容易利用这个说法大肆为自己敛财，却对穷人一毛不拔。然而，学习过圣保罗训诫的人都记得，万恶之源并非金钱，而是人对金钱的贪欲。获取财物时克己节制，散财助人时慷慨大方，这显然构成了基督教经济学的基础。[15]

关于所有权的本质，意见分歧比较大。罗马法把对物的权利（ius in rem）与对人的权利（ius ad personam）严格区分开来。从某个意义上说，一切权利都是对人的权利，因为只有人才会尊重或侵犯别人的权利。比如，我有一匹马，我对它的所有权是对物的权利，但只有另一个人才会把我的马偷走，当作赃物卖掉，或不经我允许就骑我的马，等等。所有权是相对于全世界的，每个人都有义务尊重我的所有权。对物的权利四海皆准。与之形成对比的是，对人的权利只适用于具体的对象。如果我对你欠钱不还，只有你能把我告上法庭，我也只有义务把钱还给你一个人。可以说，在罗马法下，财产的拥有者是他手中财产的君主，他掌握着财产的命运。

在封建制度下，根据欧洲北部和西部发展起来的习惯法，所有权的规定没有那么清楚。有人说，封建主义没有所有权，此话未免言过其实。在一个意义上，国王占有他治下的全部领土，因为理论上，封建领地的所有权自领主和王公向上汇入宗主之手，而宗主就是位于封建社会顶点的国王。国王以下的土地拥有者对于国王和王公分封给他们的土地有拥有权和使用权，但不一定有处置权。原则上，土地处置权属于国王，国王之下的人只有在征得国王同意后才有权处置土地；实际上，缴付一定数量的实物或现金就通常可以得到国王的默许；土地的原主人缴纳出售费，新主人则缴纳购买费。因此，所有权包括不容他人染指的使用权和占有权，但不包括罗马法中对物品的绝对权利。在英国法律中，到1925年之前，不动产的绝对所有权依然受这种规定的管理；即使是今天，没有注册地契的不动产交易还是遵循着这样的规定。所有权仅意味着比竞争者拥有“更大的权利”而已。

这样的权利总是有可能受到挟更大权利而来的人的威胁，比如一位久已失联的亲戚突然现身，确定自己才是财产的合法继承人。以此为楔子展开情节的英国戏剧和小说数不胜数。契据保险公司的作用就是使人安心，不至于整天提心吊胆。在时世艰难，围绕着富人是否有义务出资济贫的问题爆发争论的时候，对所有权不同看法的重要性即凸显出来。评论家有时说，饥肠辘辘的穷人才是富人粮仓里存粮的主人，有时却又在富人的所有权和穷人得到慈善救济的权利之间划出严格的界限。后来，洛克说穷人“有权”得到富人的盈余；休谟却说这不成为问题，因为如果发生饥荒，政府反正会要求富人开仓赈灾。[16]整个中世纪期间，围绕着教会财产这个问题始终争议不断。开始时，许多基督徒愿意过身无分文的贫穷生活，因为他们真心相信基督的话，要他们莫担忧明天，只须等待他很快复临。后来，教会变成了机构，机构的运作需要资金，而教会依赖的是教众自愿缴纳的税赋，于是非教职人员开始向地方教会赠款，贵族也开始向罗马教廷以及米兰和腊万纳等首府的教会做出大量捐赠。

这种情况造成了一些紧迫的问题，如：教会应当拥有财产吗？谁能代表“教会”拥有财产？掌管教区的主教不能将慈善捐赠据为己有，所以拥有者必须是教会这个实体。代表教会行使对财产的出售和交换这类处置权的合适人选是主教或由执事组成的小组，如同一个委员会，监护的财产为委员们集体所有，但不属于委员个人。这种集体模式成了教会财产所有权的模式。教皇是教会财产的管理者，而非拥有者。对于公有财产的这种安排，古时候没有问题，但在封建制度下出现了麻烦；麻烦是政治上的，不是概念上的。非教职人员一旦把土地赠予教会，封建领主就失去了所有权的“附属权利”。不担任教职的人把土地传给继承人的时候，继承人要向分封土地的领主支付现金或实物，然后才能得到继承的土地。这实质上等于是在需要延长租约或换新租客的时候缴付签约金。

教会是永恒的。它没有继承人；它的土地永远不会从一个人转给另一个人；它也不向领主缴纳税赋。结果，土地的领主就吃了亏，而最可能对此耿耿于怀的土地领主就是国王。此外，还存在着为谋私利而欺诈舞弊的诱惑。如果将土地赠予教会时条件谈得合适，赠与人的后代也许能获得一份有保证的收入以及对所赠土地的相当程度的控制权，或者能在教会中得到一份优差。教会拥有财产所引起的问题还不止于此，还有什一税和教会享受的税赋豁免的问题。什一税是不担任教职的信徒按自己拥有财产的比例向教会纳的税。至于教会当初如何获得了征收什一税的权利，这一点并不清楚。许多世俗统治者则认为，因为世俗政府为教会提供保护，所以理当像对待平民一样对教会征税。慈善机构的财产是否应当免除一般性税赋，这个问题在20世纪的美国引起了争议，但其实历史上早有先例。

连续好几个世纪，这些问题一直毒化着教会与政府的关系。即使今日，它们仍然会引发不安，比如，美国学生听说大多数德国人都向政府缴纳用于教会的税赋，感到惊讶万分。本书关注的题目不包括财产权的历史和有关的手段，例如英国王室于1279年颁布《没收法》(*Statute of Mortmain*)，目的是遏阻向宗教机构赠送财产并禁止宗教机构接受赠与。我们所关注的是，由于这样的事态发展，思想家不得不为财产权提出道德上的解释。后来发展为基督教正统的理念是，最初财产是公有的——这不是罗马律师的意见，而是斯多葛派哲学家的观点。[17]上帝将世界给了全人类；理性与自然法都将世界视为上帝赠予整个人类的财富，而不是只给个别人的礼物。人类得到的财富应该分给个人，亚里士多德阐述了这方面的道理，但即使是从未读过他的著作的人，靠常识对此也会无师自通。这促使每个人都细心照料自己拥有的土地，因为土地的出产属于自己和家人。然而，财产制度为社会的共善服务，只有建立了有关共善的普遍概念后，财产私有制才能为人所接受。尽管不能说忍饥挨饿的人拥有富人粮仓里的粮食，至少可以肯定地说，富人若是对挨饿的穷人不管不顾，任其饿死，是不对的。如果他犯下了不可容忍的行为，他的权利即随之消失。

外部力量造成（或未造成）的影响

西罗马帝国的覆亡史在很大程度上是日耳曼部落的入侵史。入侵的游牧及半游牧民族在后来的法兰西、德意志和英格兰这些地方定居下来，建立了王国；西方基督教世界的历史基本上就是这些王国的历史。但是，有一个现象造成了巨大的实际冲击，对政治思想的影响却微乎其微，那就是伊斯兰教的崛起。自8世纪起直至今日，北非和近东伊斯兰国家的存在一直影响着欧洲政治，无论是从11世纪晚期到13世纪的十字军东征，还是11世纪到15世纪末的西班牙收复失地运动，又或是奥斯曼帝国的兴衰，以及在奥斯曼帝国的废墟上成立的各个继承国的动荡不稳。然而，作为宗教信仰，伊斯兰教对西方政治思想没有影响。关于伊斯兰社团的政治组织和穆斯林与非穆斯林之间的关系，伊斯兰学者的论述颇丰，但他们的观点在伊斯兰世界之外无人问津。即使有哪个西方思想家愿意研究伊斯兰理论，西方的宗教与世俗的分离也与伊斯兰教格格不入；伊斯兰教没有西方的教会概念，因此不能理解西方人关于教会与国家间关系的焦虑。对于西方哲学、医学和技术的发展，阿拉伯学者厥功至伟，主要是因为他们保存并翻译了本来会湮没佚失的古希腊文献。但即便西方学者有兴趣深挖细寻，在阿拉伯学者的著作中仍找不到关于如何更加有效地治理社会的新思想。

伊斯兰教的影响是在军事方面。第一波伊斯兰征服战不仅拿下了西班牙，而且占领了法兰西南部的大部分地方。摩尔人的大军甚至开到了卢瓦河边的图尔，直到在732年的普瓦提埃战役中败于查理·马特*之手。吉本†对这一役高度重视，甚至说，假如查理·马特兵败，“阿拉伯舰队可能一场海战也不必打即直驶至泰晤士河口。也许今天牛津大学各学院教的就是翻译过来的《古兰经》，老师在课堂上对行过割礼的学生只能宣讲穆罕默德的谕示是多么神圣的至理名言”[18]（语出《罗马帝国的兴亡》，吉本著）。摩尔人保持住了征服北非的成果，不像他们虽一度占领了西西里岛，到11世纪却得而复失。他们在西班牙的统治持续了几百年的时间。拜占庭帝国回天无力，逐渐走向灭亡，最后以1453年君士坦丁堡的陷落而画上休止符。直到第一次世界大战结束，伊斯兰一直稳稳占据着希腊和巴尔干地区。

在被征服的地方，非犹太人和非基督徒面临着要么皈依伊斯兰教，要么掉脑袋的严峻抉择。犹太人和基督徒作为“有经人”，只须接受伊斯兰统治者的政治权威，并因他们的低下身份缴付额外的税赋，就能为当局所容忍。伊斯兰教通过米勒特制度（millet system）将各种不同的信仰和文化并入一个政治伞下。这种做法有其优点：伊斯兰统治者允许治下的非穆斯林人民享受相当大的社区自治。在伊斯兰统治下，犹太人的处境比在基督教欧洲安全得多。尽管如此，伊斯兰的多元主义并未产生出

---

* 法兰克王国宫相。——译者注

† 英国历史学家。——译者注

使西方读者感兴趣的政治思想，直到许多世纪之后，将奥斯曼帝国的多元主义与西方的多元主义形式作比较的学者才开始对伊斯兰的政治思想发生兴趣。我们心目中与伊斯兰哲学有关的思想家，例如法拉比*、阿维森纳†和阿维罗伊‡，都对柏拉图、亚里士多德和新柏拉图主义的形而上学理论深感兴趣。14世纪的伊本·哈勒敦也许是兴趣较为广泛的第一位伊斯兰政治学者，他的道德和政治观点均来源于亚里士多德。虽然当时没有这样的用语，但可以说，哈勒敦是位具有原创性的政治社会学家，他的成就包括提出了后来被称为精英循环论的令人心服的理论。不过，他不是具有原创性的政治思想家。[19]

犹太学者与他们的阿拉伯同行一样，保存并翻译了古典希腊思想家的杰作，还撰写了有关评注，但他们没有提出可资西方思想家利用的关于国王、主教、教皇和贵族的权威的思想。在第一个千年结束之前，西欧尚未产生出任何知识的时候，他们致力于传播医学与数学的知识，而没有提出在他们的基督徒邻居眼中具有特色的道德和政治思想。他们若是做到了这一点反而会令人震惊；若是提出了这样的思想，又得到了基督徒邻居的理解和重视，那就更加令人震惊。流散海外的犹太人不需要思索与世俗权威有关的问题。他们命中注定是社会中的人下人，只能得到当局勉强的容忍，对统治自己的政府的事务无权置喙。于是，他们把精力

---

* 穆斯林哲学家、医学家。——译者注

† 亦称伊本·西纳，中亚哲学家。——译者注

‡ 穆斯林西班牙哲学家。——译者注

用来探索如何保持社团的德行，还思考一些令人不安的题目，比如，要为逃脱迫害而自杀，在哪个时候自杀最好。无论如何，他们思考的问题都与迫害他们的基督徒的政治困境毫无关系。

最后，必须记住非常明显却反遭忽视的一点。首先，中世纪的思想家几乎无一例外是神学家；其次，是哲学家；再次，才是政治思想的探索者。奥古斯丁是伟大的政治思想家，因为他着力思考当时的政治难题，然而，他在政治思想方面的成就与他在其他方面的成就相比起来是最小的。中世纪思想界影响力最大的一位人物是“亚略巴古的伪狄奥尼修斯”（Pseudo-Dionysius the Areopagite）。他是位叙利亚僧侣，在世的时期比奥古斯丁稍晚一些。新柏拉图主义的思想就是通过他传到了12世纪和13世纪的。那些思想最终对政治理论起了重要的作用，因为它们加强了一种观念，认为整个宇宙由不同等级构成，在决定一切生物的权利与义务的“巨大链条”中，人类是一个环节。阿奎那在13世纪的第三个25年间整合古典学说与基督教学说的时候，将这些都包括了进去。尽管如此，伪狄奥尼修斯还是属于神学史，政治思想史除非范围广大到离谱的程度，否则不会将他包括进去。[20]

教皇之绝对权力与授职权之争议

然而，中世纪早期政治思想结构中一个最重要的因素却是由5世纪晚期的一位教皇提出的，包含在措辞尖锐的两段文字当中。杰拉西乌斯一世在492年和496年之间担任教皇，那一段时间可算是艰难时世。西罗马帝国的末代皇帝已于16年前逊位；天主教教会陷入异端和异教徒的重围；罗马瘟疫流行；教皇根据教义对于君士坦丁堡大主教享有的权威受到激烈质疑。君士坦丁堡的大主教受东罗马帝国皇帝的保护，由皇帝任命，而皇帝自然不愿意让自己任命的人听从教皇的指挥。这个争端促使杰拉西乌斯在494年写信给阿纳斯塔修斯皇帝，信中提出了被后人称为“双剑说”的论点，并坚称精神权威高于世俗权威，因为归根结底，教皇要为皇帝的道德表现向上帝负责。“双剑说”意思很简单：教皇和皇帝的权力均为上帝赋予。他们是各自领域中的绝对权威，并应维护彼此的权威，对此他们是没有争议的。但是，君士坦丁堡的皇帝认为自己的权威高于大主教和教皇；杰拉西乌斯的观点则正好相反。

杰拉西乌斯的信中至为重要的内容有两段。最关键的是开篇两句中的第二句：“皇帝陛下，统治世界的有两种权力，教士的神授权威与皇帝的权威。两者当中教士的权威更大，因为他们必须为上帝的审判提出关于所有人行为的报告，即使是国王也不例外。”[21]杰拉西乌斯在信中接着指出，两种权威之间存在着交换：教士遵守世俗权威为维护社会和平与繁荣而制定的法律；皇帝则承认教皇在涉及宗教问题上的权威。后来，此说被视为教会与国家的契约，但对杰拉西乌斯以及直到13世纪早期的各任教皇来说，它别有意义。当然，它阐明了尽人皆知的教会与国家间的分工。但更具有争议性的是，它否认了皇帝在君士坦丁堡自认为理所当然的权威，宣示了教皇的自主权，更提出教皇的权威高于所有大主教，无论他们是在耶路撒冷、安条克，还是在君士坦丁堡。这个观点必然引起麻烦，因为它几乎等于说教皇有权判断皇帝是否称职，由此推论，也有权判断任何其他世俗统治者是否合格，而直到中世纪晚期，流传的许多法律神话中，有一个就是：基督教世界的每个统治者都要臣服于皇帝，也就是经选举产生的神圣罗马帝国的皇帝。

这个机构上的冲突一直潜伏未发，直到11世纪中期爆发了所谓的授职权之争。那时，主教不仅是教堂之主，掌握着大片的土地和其他财产，而且还是封建贵族的成员。发生战争时，他们要向世俗的主公提供军事支持；有些主教甚至亲自带兵参战，捐躯沙场。主教不同作用的交织产生了两个做法。一个是“私有教堂”——如果在俗的人建立教堂，赠予教堂财产，他就是教堂的主人，可以按照自己的喜好和条件任命教士。另一个是“外人授职”——主教由世俗统治者“授予”他主教职权，正如封建扈从自主公那里接受封地。事实上，主教被授予主教区时要宣誓效忠国王。这两种做法在世俗当局来看都合情合理。社会动荡不安，大量经济和军事资源掌握在教士手中，当然要保证那些资源可以为世俗的目的而用。

虔诚的贵族和君主纷纷建立或重建修道院，并将土地和房屋赠予它们。这种做法虽然加强了教会的权威，却影响了教会对其精神使命的执行。主教的职位成了值钱的资产，堪称一本万利。出钱购买神父或主教职位是买卖圣职罪，属于严格禁止之列。然而，事实上这个做法非常普遍，就连教皇的位子也经常是买卖的对象。圣职买卖成了宗教改革者攻击的目标；另一个目标是主教的生活方式，他们的奢华铺张与在俗的贵族毫无二致，和教士的简朴生活完全沾不上边儿。宗教改革运动的发展非常缓慢。先是在10世纪开始改革僧侣生活，后来接连出现了几位锐意改革的教皇，恰好正值仍是孩子的亨利四世皇帝即位，改革的势头遂趁机坐大。利奥九世（1049—1054）、尼古拉二世（1059—1061）和格列高利七世（1073—1085）这三位教皇开始着手做三件事。第一件是确保教皇只能由红衣主教团选举，其他人无权选举教皇。利奥九世奠定了基础，1059年，尼古拉二世召开拉特兰公会，裁定了这个选举方式。此举首先是为了削弱作为红衣主教人选主要来源的罗马贵族的影响力，也是为了减少神圣罗马帝国皇帝的影响。皇帝实质上是德意志的一个国王，他对教廷的价值在于他能控制伦巴第人，那些伦巴第人不时侵犯北部和中部意大利，对教廷的领土构成了威胁。11世纪70年代期间，格列高利七世教皇和亨利四世皇帝就俗人授圣职的问题发生了冲突。看似矛盾的是，它其实标志了一段改革进程的结束。这段改革的起端是亨利三世皇帝召集会议来处理11世纪40年代期间发生的三教皇并立的丑闻。1046年的苏特里会议废黜了本尼迪克特九世、西尔维斯特三世和格列高利六世，差一点酿成冲突，可幸最终有惊无险。虔诚的亨利三世拒绝让格列高利六世为他加冕，因为格列高利六世是从本尼迪克特九世那里买到的教皇头衔，犯了买卖圣职罪。但是，亨利三世扶立了他自己选中的克雷芒二世做教皇。他坚持认为，正如君士坦丁堡的皇帝任命大主教一样，神圣罗马帝国的皇帝也应任命自己选中的人作教皇。

教皇要做的第二件事是消除俗人授圣职的现象。此举的目的在于确保只有大主教或教皇方能授予主教各种权力，俗人无权参与。亨利四世为了这个原因进行了抵抗。结果格列高利七世将他开除教籍，意大利和德意志几乎兵戎相向。格列高利七世起初占了上风，1077年，亨利四世不得不含耻忍辱，在纷飞的大雪中侍立在教皇的卡诺萨城堡外请求宽恕。但格列高利后来弄巧成拙，被逐出罗马，死于流亡之中。就俗人授圣职的争端最后达成的解决显然是双方的妥协，在格列高利七世和亨利四世均已辞世后方才纳入1122年的《沃尔姆斯宗教协定》。皇帝一方放弃了为主教授职的权力，但确保了在授予主教不动产的时候必须有皇帝或钦差在场。教会掌握了任命主教的权力，皇家则保证了自己对主教辖区的土地及财产的权利。《沃尔姆斯宗教协定》并未完全满足任何一方，但它确定教廷为半君主制的机构，教皇为教会在精神问题上的绝对首脑，同时也使教廷在中部意大利拥有了相当大的世俗力量。

教廷想做成的第三件事是争取天主教教会在基督教世界中的首要地位，可是它在这方面却一败涂地。利奥九世努力的唯一结果就是与君士坦丁堡教会决裂，至今无法弥合。1054年，教廷的代表前去君士坦丁堡，要求那里的最高主教接受教皇至高无上的地位，要求被拒绝后即宣布开除大主教迈克·切鲁拉里奥斯的教籍；切鲁拉里奥斯以牙还牙，也宣布将这些代表革出教门。教廷确保了自己的政治自主和精神权威，势力范围却大大缩水。

很容易以为，中世纪的政治思想专注于教会与国家的冲突。世世代代的评论家也的确是这样描述的。但这样的描述忽视了教会和世俗当局各自内部的紧迫要求所造成的官员政治思维的逐渐演变。尤其值得一提的是，从业律师对于上层与下层的人如何相处互动、上层的意志与法律的关系等等问题发展出了一些主张。1265年首次召开会议的英国议会并非凭空产生，教会中所谓的公会议运动也有其渊源。不过，这些更属于一般历史学家，而非思想史学家的研究范畴，因为它们的诞生是出于实际的需要，或者是对实际需要的回应。然而，在此过程中偶尔会迸出思想创新的火花，很难解释其发生的原因，也不易确定其发生的地点。这些创新的思想在当时不起任何作用，但在很久以后却备受珍视。

索尔兹伯里的约翰

一部提出了创新思想的著作是索尔兹伯里的约翰撰写的《论政府原理》（*Policraticus*）。这部著作阐述的各种思想既有古典政治思想家观点的影子，也使人联想到中世纪晚期，甚至近代世界的主张。这说明，自古代结束之后，类似的想法一定一直流传了下来，不过是没有留下书面的东西罢了。也许它们淹没在了关于神学和教会方针的讨论之中，但仍然以口头的方式留存了下来。约翰在1110年左右出生于索尔兹伯里，去世时是沙特尔地方的主教。他和托马斯·贝克特*是无话不谈的好朋友，还为这位殉教的大主教写了一部传记。他因和贝克特以及在贝克特之前任坎特伯雷大主教的西奥博尔德大主教的关系而数次遭到流放。他经历了教会与国家冲突最激烈的一段时期，但也有幸看到了古典哲学的新译本和节录，受益匪浅。后来，正是那些古典文献的翻译引发了12世纪的文艺复兴。[22]然而，索尔兹伯里的约翰不是学者，他并不钻研全本原著，而是高度依赖作品选集。

《论政府原理》的字面意思是"政治家之书"。它在一定程度上属于一种常见的体裁，是提醒统治者勿忘责任的手册，不过它采用的是奉承，而非告诫的调子。它和本书后面的一章将要谈到的克里斯蒂娜·德·皮桑关于政治体的书一样，十分借重希腊和罗马的历史以及《圣经》中的劝谕性故事，强调这类故事的寓意。《论政府原理》之所以出名，是因为它重新提出了弑杀暴君这一古老的信条，或者说为其找到了理由。约翰的推论并不复杂，但得出的结论十分大胆。他反复讨论了君主与暴君之间的关键分别，甚至别出心裁，提出了教会暴君这一新颖类别。[23]在这本书中，约翰的根本前提与中世纪的其他思想家一致。他认为，政治权威来自上帝；国王的真正权威是神赐

---

* 坎特伯雷大主教。——译者注

的，若是不服从，不仅肉体会受到责罚，而且灵魂也会沉沦。需要记住，尽管查士丁尼的《民法大全》坚称国王的敕令即法律，但接下来又说，法律之所以对国王的臣民有约束力，是因为他们将权威给予了国王。由此可见，约翰此论并非无可争议。说权威来自“神赐”（Dei gratia），却又体现人民的呼声（vox populi），此中的矛盾显而易见，但查士丁尼手下编写《民法大全》的那批人却对其视若无睹。索尔兹伯里的约翰完全没有王权由人民赋予的概念，对他来说，国王的权威来自上帝，所以才是权威。这个观点流传甚广，得到普遍接受。四个世纪后，约翰·福蒂斯丘爵士*说英国是“皇室加政治”（regale et politicum）的王国，意思是说它是由君主以宪政的方式来治理的。它的法律经人民的同意而制定；它是政治体，因为它依靠人民实现共善的共同意志而成为整体，国王则是这个整体的首领。它是“奥体”（corpus mysticum），不是实体，但其实与西塞罗所说的共和国并无二致。西塞罗坚持说，共和国是“公共事务”，因为它存在的目的是为了追求共善。最关键的分别在于国王治下的人民是臣民，不是公民，没有独立行动的权力。[24]

约翰认为，上帝赐予国王权力，是为了让他们遵守法纪、维护正义、管好上帝交由他们治理的人民的福利。尽管这个观点不是立宪主义，但它提出了一个重要的分别，约翰就是抓住了这个分别大做文章。国王与暴君有天壤之别，这一点本身没有争

* 英格兰大法官，政治理论家。——译者注

议。如卡莱尔兄弟在他们的皇皇巨著《中世纪政治学说史》中所说，奥古斯丁对尘世间的国王能否给人民以真正的正义这个问题避而不谈，后来中世纪的思想家却并未因之产生疑惑。他们一边倒地认为，奥古斯丁说没有正义的国家不过是一大群强盗，意思是，依法建立的国家不是一群强盗，而是天理昭彰、弘扬正义的王国。这正是索尔兹伯里的约翰的观点。[25]如此解释奥古斯丁的论点减少了它的新鲜趣味，但使它更加易为后人所用。

真正的国王践行正义，人民应该服从他，将他当作上帝的代理人；而国王作为上帝代理人的标志就是他践行正义。上帝赋予国王权力的条件是，国王必须践行正义，落实上帝设立国王的初衷。这种对政治的表述比奥古斯丁的描写更合情理、更有规范、也更乐观；但它在思想上更古板、道德上更松弛。约翰得出的结论乍看起来十分惊人。他说，统治者——应该说自称的统治者——如果不实行正义就不是国王，而是暴君。合乎法律的统治是君主制，不公不义的统治是暴君制。暴君没有上帝权威的支持，而且——这是关键所在——如果他们遭到人民反抗并且被杀的话，他们是罪有应得，人民没有做错。[26]问题是，这一思想可以适用到何种程度？回答并不简单。让我们回顾一下西塞罗的观点：在他看来，弑杀暴君不仅可以原谅，而且在道德上和政治上功德无量；凡是有此能力的人都有责任弑杀暴君。西塞罗镇压喀提林的追随者做得对；布鲁图及其同伴杀死恺撒也做得对。约翰也说，杀死“公开的暴君”是值得称赞之举。

然而，约翰并不想重兴罗马共和国的思想。他引用的例子来自《旧约》，而非罗马共和国的历史。他谈到尼禄和卡利古拉之类的暴君时，说基督徒有义务忍受他们的暴政。即使在讨论《旧约》的时候，他也认为，以色列人反抗上帝的训诫，所以他们得到了不顺服上帝的扫罗王是自作自受。约翰不像弑杀暴君的罗马人那样激烈极端。统治者的话是法律，但只有当他的话（真的）能算得上法律的时候才行。君主异想天开的心血来潮不能算法律，否则就成了任由邪恶肆虐；但当君主遵从公平正义的时候，他为维护和促进社会福祉而定的规矩就是法律。这不是立宪主义，因为它丝毫不涉及要为确保国王和教皇遵守公平正义而建立必要的机构制度；但是，它是对法治的捍卫。教皇是上帝众仆人的仆人（servus servorum Dei）；按照法律，国王是共善的仆人。国王拥有真正的权威，不受他向臣民颁布的法律的束缚，但只有在这种豁免对公共利益有利的情况下，国王才能不受法律的束缚。奉神赐权威统治和按照法律统治之间并无矛盾。上帝按法律统治宇宙；为上帝服务的国王要遵从上帝借以统治宇宙的法律。[27]

这就使约翰对弑杀暴君的态度有些难以捉摸。对君主来说，一旦成为暴君就丧失了权威，受到人民反抗或被杀死是罪有应得，这是一回事；但说如果君主是暴君，对某些人来说就有杀死他的使命，以此践行一种政治上的美德，则是完全另外一回事。约翰在基督教温顺服从的传统和古典世界弑杀暴君的传统之间左右为难。他无疑对历史上弑杀暴君的行为持赞许态度，并正确地援引《旧约》和罗马的历史来说明，弑杀暴君的人因这样的行为而受到称赞。他认定暴君丧失了掌权的资格，应该推翻。尽管如此，基督教的框架仍然与古典理念难以调和，虽然《旧约》也许与古典理念距离不大。毕竟，如奥古斯丁所说，暴君也可能是被上帝派来惩罚我们犯下的罪的，我们也许不应该抵抗罪恶，而是应该默默承受。即使如此，约翰如此不假思索地将好几个世纪之前的共和派思想家提出的论点投射到教会领导人的身上，仍然令人震惊。他说，假如杀死暴君是合法的，那么如果任教职的人是暴君，杀死他也一定是合法的。《旧约》中关于杀死为巴力*效力的教士的故事表明，教士以权作恶要受到惩罚。

简而言之，像约翰这样的12世纪的思想家能够汲取丰富多样的知识来源，就世俗与教会权威存在的条件和对老百姓压迫的限度提出令人瞩目的观点。此中明显的结论是：既不应夸大这样的思想家与我们是多么一致，也不应认为他们在空间与时间上都离我们太远，以致于需要解码他们的思想，好像那些思想是关于完全神秘莫测的生活方式的玛雅象形符号。

* 《旧约》中的一个异教神祇。——译者注

第七章

阿奎那与合成法

哲学之重兴

本章着重讲阿奎那，但主题是古典哲学与古典法律及政治思想的重见天日对基督教政治思想产生的影响。阿奎那的情况与奥古斯丁恰恰相反。在奥古斯丁的有生之年，罗马帝国刚刚皈依基督教，它的思想来源基本上还是异教的。阿奎那的欧洲已是基督教的世界，基督教就是它的特征。从奥古斯丁逝世到阿奎那出生之间的800年间，欧洲经历了西罗马帝国灭亡带来的天下大乱和乱后的休养生息。它虽然在政治上仍然分为各个不同的国家，但实现了由基督教所代表的精神上的统一。它在知识方面也实现了统一，因为拉丁文成了欧洲通用的法律、学术和精神语言，教会大学在此方面也功不可没。在这样的环境中重振古典哲学研究与抗争异教的迷信完全是两回事。

阿奎那企图把异教哲学的见解纳入基督教，使理性的人倾心皈依，雄心不可谓不大。对于重新发起对亚里士多德学说的研究，教会当局的态度往好里说是疑虑重重，往坏里说是充满敌意；就在阿奎那去世四年前的1270年，教会还再一次对亚里士多德的著作发出谴责。因此，阿奎那致力于此应该说是勇气可嘉。研究阿奎那政治思想的现代读者很难体会这一点。他们知道，阿奎那成了天主教教会的“官方”哲学家，想找到他的一些惊世骇俗的观点，却每每失望。此中的部分原因是阿奎那著作等身，对政治思想的论述只占其中的很小一部分。但更重要的是，阿奎那的政治思想几乎从来都合情合理，但经常读起来像是淡化了的亚里士多德的观点，只有在亚里士多德的观点与基督教正统势如水火、难以调和的问题上，他的思想才变得有意思起来。相比之下，奥古斯丁的著作常常令人不安，却没有一刻沉闷的时候；阿奎那与奥古斯丁的对比简直是再鲜明不过了。然而，这正说明了他们二人的区别。奥古斯丁毫不放松地把政治及国家与堕落有罪的人性联系在一起。阿奎那虽然从不否认人的堕落，但他同意亚里士多德的意见，认为国家保护着至少是相对善的社会生活形式。他与亚里士多德意见相异的地方是，他不相信人可以在政治社会中完善自己。尽管如此，人还是可以过正直、幸福的生活，不虚度此生。阿奎那没有惊人的观点，部分地是因为他十分成功地将奥古斯丁对尘世生活一贯消极的观点从道德和政治辩论中剔除了出去。他本人也许仅仅把亚里士多德的论点纳入了基督教框架，没有将那些观点进一步发展，但其他人很快就填上了这方面的空白。

阿奎那所著《神学大全》的内容可能会使现代读者难以理解，该书的文体又使困难进一步加剧。他的文笔无论如何都算不上优雅。鉴于他的著作量如此之大，写作速度如此之快，有时甚至同时对五个抄录员口授五部不同的著作，有"天使博士"之誉的阿奎那若是能写出优雅流畅的文字来简直是叨天之幸。中世纪经院哲学的体裁给现代读者造成了无尽的头痛。在忠于原文文字和结构的译文中，阿奎那的观点是以问答的方式来表现的，对一个问题的回答引起了进一步的问题，对那些问题再提出回答，如此种种。这一体裁反映了中世纪大学中讲课（和学习）的习惯，不符合21世纪的阅读习惯。它是经院式论文的体裁。从15世纪到17世纪，抨击天主教神学和中世纪哲学的人一直以消灭这一体裁为己任，在他们口中，"经院式"成了贬义词。他们的努力大获成功，结果，21世纪的读者看不懂阿奎那的著作，不明白其实他的论述在文体、内容和论辩方法上根据当今的教育标准都非常通俗易懂。[1]我们需要后退一步，看一看阿奎那为了什么提出他那些合情合理的政治意见——暂且不论他阐述意见的方式。同时不能忘记，阿奎那尽管出身贵族，但毕竟是多明我会修士，他提出的主张不管我们觉得是多么"合情合理"，若是为上头所不喜，就可能为他自己招致麻烦。

阿奎那的生平与时代

阿奎那享寿不长。他生于1224年或1225年，卒于1274年。他家里是贵族，住在那不勒斯北面的阿奎诺。他出生在自家的罗卡塞卡城堡中，20岁时，他的兄弟们为了阻止他加入多明我会，曾把他禁闭在城堡里达一年之久。他幼年被送往蒙特卡西诺，在他叔叔任院长的本笃会修道院中接受初级教育。1238年，他上了那不勒斯新成立的大学，在那里初次接触到多明我会修士。1244年，他决定加入多明我会。他家里则希望他进蒙特卡西诺修道院做本笃会修士，在13世纪的意大利，修道院院长是为人艳羡的大人物。可是，托马斯的家人最终没能犟得过他，一年后，他们无奈之下只得让他离家去上巴黎大学。

阿奎那做见习修士时，师从学富五车的德意志神学家阿尔伯图斯·马格努斯；先在巴黎，后又追随他去了科隆。阿奎那听阿尔伯图斯讲过亚里士多德的《伦理学》，记下的课堂笔记留存至今。一起留存下来的还有他听阿尔伯图斯讲伪狄奥尼修斯的课堂笔记。阿奎那年轻时虎背熊腰，被其他修士谑称为“壮牛”，他年纪稍长后，所用的桌子特意挖出一块半圆形，好让他的肚子有地方放。大家公认阿奎那异常聪敏。阿尔伯图斯曾说，“那头壮牛的吼叫将响遍世界”，虽然他怎么也不会想到托马斯主义*最

* 指阿奎那的哲学和神学，他的全名是托马斯·阿奎那。——译者注

终能成为天主教教会的官方哲学。1252年，阿奎那返回巴黎攻读硕士学位（licentium docendi）；1256年获得了硕士学位。硕士学位的一个要求是对彼得·朗巴德*的《名言集》做出评论，既要写一篇书面论文，又要就此题目做口头演讲。阿奎那获得学位后，一边教书，一边参加辩论，还开始撰写他两部巨著中的第一部《驳异大全》，以供传教士劝化穆斯林和犹太人之用。1215年的第四次十字军东征拉杂混乱、一无所成，干成的唯一一件事是洗劫了君士坦丁堡。尽管如此，13世纪期间基督教会在伊斯兰世界中传道的努力仍是有增无减，而多明我会正是致力于传道的教派。

三年后，阿奎那去了多明我会在那不勒斯的修道院，后来又去了教廷属下的一个位于奥尔维耶托的多明我会小隐修院。1265年，他在罗马开办了一所大学，完成了《论君主政制》的写作，并动笔撰写《神学大全》。那些年间，他和穆尔贝克的威廉†一道合作，当时威廉已开始根据希腊文原文翻译亚里士多德的著作，避免了过去亚里士多德的著作先被译成阿拉伯文，然后才从阿拉伯文译成拉丁文的重重转译过程中发生的谬误和舛错。1269年，阿奎那回到巴黎，在巴黎大学做教授，还一度担任过修道院院长。三年后，他重返那不勒斯。1273年12月，他得了一场大病，因此宣布封笔。据说他自己说："我现在看我以前所写的，不过

* 意大利神学家。——译者注

† 比利时哲学家兼翻译家。——译者注

是些稻草。”[2]他的病似乎是中风，但上司仍然派他去参加里昂的公会议。途中他的病情恶化，结果于1274年3月7日去世。1323年，阿奎那被封为圣者，但托马斯主义成为天主教教会的官方哲学是一个极为缓慢的过程。只是到了教廷面对新教的宗教改革运动，不得不动员起一切思辩资源与之抗争的时候，托马斯主义才为天主教所吸收，成为天主教哲学上深邃先进的标志。

多明我会创立于1216年。方济各会强调贫穷简朴、恤助穷人，多明我会则从一开始就注重学问*。多明我会的修士被称为上帝的猎犬（canis Domini）。这个教派是教会激进派负责思想宣传的分支，创立的初衷是为了捍卫教会，打击像法国南部的阿尔比派那类的异端。世俗当局的刀剑无法竟其全功；教会需要受过良好教育的人出外传道，宣道兄弟会†为此全力以赴。教廷专门派多明我会的修士对外宣扬十字军的各种远征——有打击异端的远征，有对萨拉森人的远征，在教皇与神圣罗马帝国皇帝争夺权力的时候还有对腓特烈二世皇帝的远征。多明我会的修士不传道的时候要学习；开始时只限于研究《圣经》和神学，但这个限制很快就放松了。他们成了出名的语言专家，对传道所至任何地方的语言都能流利掌握，很快就能以希腊语、阿拉伯语和希伯来语讲道。阿奎那加入多明我会，可谓得其所哉。

---

* 方济各会和多明我会是两个最大、最早成立的天主教托钵修会。这类修会的修士较为清贫，以乞讨云游为生，活动于社会各阶层，以传道为己任。由于修士服饰特点的原因，方济各会又称“灰衣修会”，多明我会又称“白衣修会”。——译者注

† 多明我会的别称。——译者注

13世纪欧洲的知识生活

阿奎那一生中大部分时间都在巴黎大学教书。中世纪欧洲的大学最初是国王为培养称职的律师而建立的，所以开始时，中世纪的知识生活仅限于研究罗马法。教会有自己专门的法律制度，称为教会法（canon law），有经过严格训练的律师；世俗当局也需要称职的律师。9世纪创立的博洛尼亚大学是欧洲大学的鼻祖，包括巴黎大学和牛津大学在内的所有其他大学都算是它的晚辈。随着时间的推移，大学逐渐成为各类学者聚集的地方，不仅有研究法律、医学和神学的，也有研究包括数学和"自然哲学"（物理学和天文学）在内的各种其他学科的。不同学业水平的安排逐渐形成了一种制度，当学生熟练掌握了"学士"一级的知识后，即可继续升学，届时他们会获得学习高级学科的许可（licentium studendi）。一旦完成"硕士"级的学业，就能得到教书许可（licentium docendi）。教会法规、民法和医学一直在大学课程中占据着中心地位；到13世纪，科学与数学得到了蓬勃发展。尽管如此，欧洲还是基督教的欧洲，所以神学是科学之王，是大学最重要的学科。如古往今来的任何时代一样，那时也有地盘之争；律师，尤其是教会法律师，与哲学家和神学家为谁是伦理和政治方面的专家而争吵不休。中世纪大学倒是不必操心职业教育和非职业教育的冲突。一切学习都是神赋的天职。

神学是科学之王，但胡乱猜测是危险的，非基督教的思想来源也不被容许。当局害怕异教思想会影响容易想入非非的青年。对非正统思想的容忍界限没有清楚的规定，但若是被定罪为异端就会坐牢，甚至更糟。然而，在哲学层面对基督教信仰做出解释势在必行，因为基督教会的许多教义是由教会的长老反复讨论达成的，而他们所借鉴的就是希腊哲学。自奥古斯丁去世到第二个千年开始那段时期经常被称为“黑暗时代”，但其实这个标签仅适用于北部欧洲，并不适用于那段时期欧洲的其他地方。学生的知识来源从不像后人想象的那样匮乏。不过，那时的知识来源偏向性较强，没有对于各种古希腊和古罗马思想的全面公正的介绍。

古希腊思想中注重实验和科学的内容开始时完全没有提及，其神秘色彩较浓的内容有一部分介绍了过来，并一直为基督教欧洲所欣然接受；事实上，在现代读者眼中，那些就是基督教的最初思想。4世纪和5世纪期间，新柏拉图主义通过奥古斯丁和伪狄奥尼修斯的著述再获新生。虽然柏拉图只有三部对话录翻译成了拉丁文，但其中有《蒂迈欧篇》，中世纪的学生因而得以接触到货真价实的柏拉图形而上学学说。不过，他们无从得知柏拉图的政治论述。彼得·朗巴德的《名言集》选录了初期教会长老的谈话，读者甚众；《名言集》和塞维利亚的圣伊西多尔*内容浩瀚的著作使后人了解了早期基督教会和罗马帝国所依

* 西班牙学者和神学家。——译者注

靠的哲学资源。公元1100年后，亚里士多德的著作由阿拉伯学者翻译成拉丁文，他自此进入了西方世界的视野，很快获誉“大哲学家”。在注重宗教、忽视政治和科学的译者手中，亚里士多德在一定程度上被“柏拉图化”了，译者对亚里士多德的政治和伦理观点发表评论时，一般都刻意缩小他与柏拉图之间的分别。这并不要紧，阿维森纳和阿维罗伊翻译的具新柏拉图主义风味的亚里士多德，比原汁原味的希腊文原著更容易吸收。即使如此，教会仍不时将亚里士多德的著作列为禁书。

12世纪期间，亚里士多德的著作进入了大学，开始只能把希腊文原文的阿拉伯文译本转译成拉丁文，因为西方懂希腊文的学者为数寥寥。一旦可以直接从希腊文译成拉丁文，阿奎那便坚持使用这种更直接的译本。为此目的，他特意找到另一位多明我会修士——穆尔贝克的威廉——帮忙。威廉翻译的第一批作品中就有亚里士多德的《政治学》。到西欧学者普遍通晓希腊文，看得懂亚里士多德的著作原文的时候，还要再等两个世纪。

理智对启示：信仰与哲学

形而上学和宗教问题对政治实践是否重要，这取决于做出何种政治选择。神权政治将宗教正统作为政治合法性的基础，而现代世俗国家则认为，不同的宗教信仰与政治忠诚和政治合法性并不相悖。一个社会如果坚信真正的信仰只有一个，就难以确保宗教问题上的异见不会产生严重的政治后果。气氛宽松的世俗政体则毫不介意意见的多样性。基督徒如果认真接受亚里士多德的形而上学理论，就会在精神、思想和政治上遇到严重困难。首先，对天地之初的解释就构成了问题。亚里士多德认为，世界之存在、无限与永恒是理性的必然前提。基督教则依靠犹太教的创世故事，认为世界由上帝创造，世界实质上是一个历史性的实体，始于上帝的第一次创造。历史自人被逐出天堂开始，将随着基督复临、最后审判的到来、上帝的王国得以恢复而结束。对基督教来说，柏拉图式和新柏拉图式的神话比亚里士多德的科学更容易接受。

亚里士多德的哲学是哲学，这一点毋庸置疑；基督教不是哲学，这一点同样毋庸置疑。基督教和犹太教及伊斯兰教一样，是历史上一种特定的信仰，建立在启示的基础上。这些宗教的创立是因为特定的团体和个人在历史的某一时刻接到了神的启示。对哲学家来说，《圣经》讲述的上帝的故事显然难以置信。不靠神的启示的理性思考者认为，上帝创造世界的原因并不清楚。以为上帝不得不这样做，等于是说上帝的行动自由受到限制，是对上帝的亵渎；但以为上帝创造世界是任性的举动，又是对上帝智慧的侮辱。亚里士多德说，创造世界需要本身无因的第一因；但第一因不像耶和华那样是拟人的。亚里士多德此论到底是什么意思，哲学家一直百思不得其解，但他的理论不会引起关于创造宇宙的实体的动机这种无法解答的问题。

阿奎那着手将亚里士多德的形而上学与基督教信仰调和起

来。他关于基督教与哲学关系的精微见解提出得正当其时。过分依赖信仰会导致非理性；过分强调理性又会导致怀疑论。理性是自然之光，但自然的理性有其限制。阿奎那有一句名言："恩典不是破坏自然，而是完善自然。"（gratia naturam non tollit sed perfecit）[3]人不能靠理性了解他需要知道的一切，但理性是上帝赐予的工具，应在其限制内予以有效利用。阿奎那坚信，应在合适的范围内使用理性，这与奥古斯丁所持的极端态度形成了鲜明对比。奥古斯丁不止一次地宣称，理性其实是一种幻觉，还举哲学家为例，说他们用尽了才华来否定自己的才华。

阿奎那不像奥古斯丁那样对理性心存怀疑，更没有后来霍布斯的那种更加极端的怀疑论思想；霍布斯认为，人无从知道永恒的世界是什么样子，宗教问题上没有理性置喙的余地。阿奎那在信仰和理性之间取中。人可以对信仰涉及的问题有一定的了解，但无法获得足够的了解。人在理性的指引下认识到需要信仰，并相信自己的信仰是真实的；但要完全明了存在的终极秘理，只能等到死后见到上帝时才能实现。在那之前，人只能通过类比来推想可能的终极真理。

在哲学和阿奎那的《神学大全》中，伦理与政治均占次要地位。如果思想者首要关注的题目是上帝的本质、创造的本质，和上帝所有造物彼此之间以及它们与上帝的关系，那么伦理和政治就只是他所关心的很小一部分。况且，它们也不属于最高层次的哲学。哲学试图阐明必然的真理，要解释事物为何必此非彼。它寻求的是结论性的真理。阿奎那和亚里士多德一样，认为对问题求解只能做到可能做到的程度；伦理和政治寻求的是实际知识，不是理论知识；此类知识总的来说是对的，或者说大致不错，不过没有断然的确定性。伦理与政治讲究的是审慎明理，不是几何学要求的那种丝毫不差的精确。阿奎那在13世纪70年代初曾为他在巴黎大学的学生写过对亚里士多德的《尼各马可伦理学》和《政治学》的评注，但没有写过政治专著。他的《论君主政制》原是政治专著，本来要献给塞浦路斯国王，但阿奎那写完第一章和第二章的一部分之后就因国王去世而停笔了。该书后来由卢卡的托勒密续写完成。除了阿奎那给布拉班特公爵夫人的复函，里面回答了她关于该向她领地上的犹太人收多少税的询问之外，阿奎那所有其他有意思的观点都载于他著的两部大全之中，即《驳异大全》和《神学大全》。

政治背景：教会与帝国

尽管政治及政治理论并非阿奎那的主要关注，但是，他有生之年教廷和帝国之间的敌意造成的种种动荡不安居然在他的著作中丝毫没有反映，实在令人惊讶。腓特烈二世皇帝是阿奎那的远亲，多明我会修士却以宣扬十字军远征为己任，其中一次远征就是教皇英诺森四世对腓特烈二世发动的。教廷和神圣罗马帝国历任皇帝的冲突一言难尽，也许根本不可能做出连贯一致的叙述。政治理论家可能会认为，教皇与皇帝之间的外交和军事冲突势不可免，原因就是本书前一章提到的问题：谁掌握着基督赋予尘世间统治者的最终权威？[4]这种归因严重夸大了思想在利益冲突中的作用。事实上，造成冲突的主要原因是领土和金钱。教廷在意大利中部是强有力的世俗政治实体。在意大利于1871年终于实现再统一之前，教会辖地自东北部的腊万纳至西南部的罗马形成了一条S形地带。腓特烈二世是西西里国王，也是意大利北方大部分土地的封建领主。他要尽力将权力扩大到意大利中部，教皇则要尽力阻止他的企图。他们各有自己的盟友，基本上靠威逼利诱来维持，但关于合法性的不同观点也起了一定的作用。800年建立神圣罗马帝国时，有一项不成文的协议，规定教皇和皇帝各为自己势力范围内的绝对权威，但这项协议只有在双方就各自势力范围的界限没有异议的情况下方可成立。然而，教皇和皇帝各不相让，都宣称自己有权力在极端情况下罢黜对方。

有些关于政治和教会权威的观点在教皇和皇帝那里两头不讨好，因为它们根据的是“自下而上”的世俗权威理论。共和理论和自然法理论对权威的理解是：权威在社会内生成，可以合法地采用许多不同的宪政安排来制定、解释和执行法律。无论是教皇还是皇帝都无法用这样的理论作为绝对权威的基础。西塞罗的著作使民法律师趋之若鹜，因为它提供了最为人所熟悉，也最持久的有关政府权力的“自下而上”的理论，那就是：自然法确定了社会正义的标准；人民赋予精英阶层权力，使之可以按照自然法制定法律；政府是何种形式并不重要，重要的是政府形式须适合它统治下的人民，并将追求正义和追求共善结合为一。所有中世纪的思想家都认为，建立君主制是人民的明智选择；尽管如此，权威的来源是人民，这一点仍然显而易见。

这一观点在众多的意大利城邦中深得人心，那些城邦自12世纪到16世纪一直实行某种形式的自治，有的自治的时间甚至更长。威尼斯共和国一直维持到亡于拿破仑之手。历任教皇和皇帝都拒绝承认意大利各城邦是真正的自治政权，都坚称它们只有在教皇或皇帝的许可下才能行使自我治理的权力。双方争论不休的问题是，教皇对皇帝或皇帝对教皇的权威有多大。教廷依靠极端的例子作凭据，说因为神圣罗马帝国是教皇西尔维斯特三世通过为查理曼加冕而创立的，所以皇帝是教皇的下属。至于教皇如何能扶立皇帝，这个问题由所谓的《君士坦丁赠与》提供了回答。君士坦丁把帝国赠予了教皇，教皇反过来又将帝国赐予了君士坦丁及其继承人。[5]一旦教廷不再需要皇帝保护其领土不受伦巴第人的侵犯，皇帝就成了对教廷政治独立的威胁。向南，皇帝控制着西西里王国，不仅是西西里岛，而且包括陆上的大片土地（“两西西里王国”）；往北，皇帝是北部意大利许多城邦的封建领主，因而君临北方大部。皇帝既掌握着意大利南方，又可调动军队越过阿尔卑斯山自意大利北方长驱而下；他完全可以罢黜与他敌对的教皇，扶植友好的教皇上台。事实上，即使控制不了南部地区，入侵者仍可以沿意大利西海岸挥师罗马；一旦将教皇赶出罗马，用威逼利诱的手段迫使红衣主教团废黜教皇当非难事。

形势似乎对皇帝有利，其实不然。神圣罗马帝国的皇帝经选举产生，作为选帝侯的德意志王公彼此间的不和成了教廷最有力的武器。皇帝在北部意大利也不得人心；各城邦非常珍视自己的自治，为了捍卫自治不惜反抗它们名义上的领主。13世纪初的英诺森三世教皇玩弄政治权术的手腕炉火纯青。他先是支持一个对他友好的候选人当皇帝，后来又和别人串通结盟，背叛了那个候选人，以防止那人除了他自己在德意志的领地外把西西里也收入囊中，结果是把西西里留给了年仅三岁即登上王位的腓特烈二世。腓特烈成人后，成了中世纪所有国王中最聪明博学、最招人喜欢的国王。他能熟练掌握五六种语言，谁要是和他作对可是给自己找了个劲敌。英诺森在道义上先着一鞭，答允为腓特烈加冕，但他也提出了条件，要腓特烈尊教皇为上，而且腓特烈若当选为神圣罗马帝国皇帝，须宣布放弃西西里王国。他还要腓特烈作出承诺，保证在将来的某个时候发动十字军东征。腓特烈的祖父，与亚历山大三世教皇争斗多年的巴巴罗萨大帝就是死在了第三次十字军东征的途中。即使腓特烈二世在东征中安然无恙，他也会无暇旁顾意大利的事务。腓特烈却根本无意尊教皇为上；英诺森三世死后，他设法当选为神圣罗马帝国皇帝，1220年正式加冕；他还宣布要实现自西西里至阿尔卑斯山脉意大利全境的统一。他几乎从不在德意志逗留，反正他的权威在德意志南部以外的地区本来就不牢靠。1237年后，他再也没有回去过，声称谁也无法治理一个语言如犬吠蛙鸣的国家。腓特烈的抱负是在意大利建立一个以西西里为基础，包括各个教会辖地和北部城邦在内的多语言世俗国家。[6]

腓特烈为实现这个抱负耗尽了他能调动的资源，也把教廷拖得精疲力竭。他差一点就大功告成，可惜终功亏一篑。他于1250年去世后，皇帝的宝座虚悬近四分之一世纪无人填补。不到半个世纪，法国国王就发展为对教廷独立的强大威胁，远比神圣罗马帝国皇帝为甚。法国国王构成的威胁主要在政治实践中，不在政治理论的层面；直到1576年，让·博丹写出了《共和六书》，才阐明了主权国家的近代概念，从主权不可分的角度提出了国家统一的理论。一位国王因而声称："朕即国家。"中世纪的世界是基督教的世界，不是民族国家的世界。13世纪和14世纪交接的那段时间内，教廷面临的棘手问题是法国卡佩王朝的成功。起初，法国国王的力量还不如国王下面实力最强的封建王公，后来，历代君主逐渐壮大，终于成为凌驾于封建王公之上无可置疑的王。到13世纪末，人称"美男子腓力"的腓力四世已经有能力发动猛烈的军事和外交攻势，打得教廷难以招架。如果国王不得人心，控制不了大贵族，囊中羞涩，无力派大军长时间作战，那么教皇只要发布敕令，即可开除他的教籍，废黜他的王位。腓力四世虽不深受百姓爱戴，但牢牢控制着国家的贵族、财政和军队，因此也就能把握事态的发展。腓特烈二世没有那么多的资源，所以他在欧洲创立第一个世俗国家的计划才胎死腹中。与腓力同时代的英王爱德华一世和腓力一样实力强大，也同样对教廷提出的金钱和政治方面的要求置之不理，但对教廷来说可幸的是，英国国王在意大利没有利益牵涉。

阿奎那的政治理论

阿奎那撰著不是因地方政治的需要，而是为了把神学与哲学的观点归纳合成为一体。在基督教的神授法观念遭遇古典的自然法观念的最高层次上，需要确定神授法与自然法之间的关系及其对实在法的意义。在人通过法律管理的制度中，财产属于最重要之列。鉴于方济各会对财富及其误用的批评，最关键的问题是：私有制是否合法？是否符合自然？有哪些限制？比如，奴隶制这种将人作为财产的制度是否合法？既然已经有了亚里士多德的理论和《圣经》的说法，阿奎那对有些问题是不能回避的，比如，人可以合法建立何种形式的政治权威？是否有的形式比其他的更自然、更合法，或更符合神意？在统治者和被统治者的行为方面，基督教真理对实际政治能产生何种影响？

亚里士多德显然无法回答最后这个问题，不过，古典政治哲学家虽然很少对宗教提出的真理原义发表看法，却都无一例外地强调宗教在政治上的重要性。亚里士多德对实际的和理想的国家选定祭司这件事十分关心。16世纪之前，没有人认为世俗当局可以对老百姓的宗教信仰不闻不问。若是以私人宗教信仰无关法律为理由来鼓吹宽容，保管没有人听得懂。罗马帝国敞开怀抱接受各种各样的宗教信仰，只要它们不破坏政治统一，只要可以确信它们的信徒忠于国家；但谁若是提出宗教不是国家该管的事，一定会被斥为荒唐无稽。腓特烈二世坚持，西西里王国的犹太人和穆斯林应自由信仰他们的宗教。他的开明使他美名远扬，但就连他也下令把伦巴第的异端分子绑在火刑柱上活活烧死。

在对自然法的讨论中，阿奎那必须调和两种观点。第一种是基督教的观点，将人被逐出天堂之后的社会安排与倘若人从未被逐出天堂而应有的安排区分开来；第二种是异教的观点，将社会及政治视为自然的延续。另一种普遍的古典观点模糊了这两种观点的差别。那种观点认为，人类曾有过一段天真烂漫的黄金时期，那时，人的生活更简单淳朴、更合乎理性，也更无忧无虑。在那段黄金时期，人没有束缚、彼此平等、心无恶意。斯多葛派关于人后来堕落的观点与基督教关于人被逐出天堂的观点不谋而合，至少二者都把人的心机智谋的增加与美德的丧失等同起来。尽管如此，犹太教和基督教所想象的人类骤然失去神宠那种戏剧性场面却是古典学说中所没有的。斯多葛派并不认为死亡与罪密不可分，也不把人失去天堂视为实质上对上帝的反叛。斯多葛派将上帝看作世界的灵魂，在天地造物中无所不在，所以反叛上帝根本是不可能的。基督教认为，每个人都与上天那位易怒而又慈爱的上帝有着直接的关系；这个思想在古典学说中完全无迹可寻。只有神的干预，即上帝的恩典，才能使人得到救赎；这种说法也与古典思想风马牛不相及。

同样，斯多葛派“恬淡寡欲”（apatheia）的信条对基督教来说也是隔靴搔痒。恬淡寡欲使人从肉体及其纷乱的欲望中解脱出来，确保人不受威胁和哄骗，只接受理智。基督徒也许觉得恬淡寡欲有一定的好处，因为它能使人心灵澄澈，无阻碍地聆听上帝的声音。但是，它不是最终的办法。只有上帝的恩典才能使人得救，斯多葛学派却没有恩典这一说。

如果说，基督教与在它之前的古典学说之间最明显的区别是基督教中的救赎因素，那么基督教思想就与所有的古典自然法理论都并无冲突，不过，它与亚里士多德的许多论点却扞格不入。一个关键的问题是不平等是否符合自然。基督教严格区分自然的平等和生活中的不平等。亚里士多德有关自然法的观点则认为，自然世界中随处可见的等级制也包括人类社会中的优劣之分；自然决定了贵族比普通人强，尽管有时自然会出错，使上层阶级的父母生出的孩子还不如下等人的孩子。关于不平等是自然所定这个理念，亚里士多德最极端的言论之一是：有些人天生是奴隶，他们为人奴仆既为主人服务，自己也恰得其所。[7]在这方面，斯多葛派与基督教思想接近得多，因为它的出发点是：大自然规定人人平等，奴隶制不符合自然，但无法避免。

阿奎那不能全盘照搬亚里士多德的自然观念，但他的观点和亚里士多德对自然与习俗关系的看法相当契合。他与亚里士多德的不同之处在于他信奉正统基督教的观点，认为上帝把世界交给了全人类，所以，在最严格的意义上，自然中既没有财产，也没有奴隶，更没有政治权威。[8]然而，阿奎那同意亚里士多德为私有财产的辩护。事实上，他似乎毫无困难地接受了亚里士多德对尘世间事务的自然主义观点。他和亚里士多德一样，认为通过适当的观察与思考，几乎可以学会在日常生活中如何自处的一切须知。亚里士多德的目的论对阿奎那的启发特别大。他几乎比亚里士多德还要热心地辩称，万物生长均有其特定的至善。比如，苹果可以吃，但也会长成其特有的圆滚滚的形状，染上红喷喷的颜色。我们常说植物"欣欣向荣"，这就说明我们知道它们特定的最佳状态，或至善之状。

所以，虽然阿奎那同意基督教的正统思想，认为人若是从未犯罪堕落，根本不必在政体中生活，但是他又同意亚里士多德的观点，认为政体的存在是为了使人在尘世间过尽可能善的生活。[9]也许因为人犯了罪，所以不得不成立强迫性的国家，但如果国家治理良好、秩序井然，它就不止是一个不得已而存在的机构。人无法实现亚里士多德心目中的至善，即绝对的自足；那种境界只能等见到上帝的时候才能达到。尽管如此，阿奎那差一点就认同了亚里士多德关于城邦是人类结群最高形式的观点。他有充足的理由不能完全接受这个观点，因为基督教认为，最高形式的社团是由虔诚的基督徒组成的社团。然而，人并不像奥古斯丁说的，仅仅是等待着今世的磨难结束的世间过客（peregrini）。如亚里士多德所说，人活一世，要过善的生活，要和别人一同向善，正如家庭需要社区的支持，村庄也需要法律制度来管理村民的行为和与其他村庄的关系。需要政治制度来保证这一切，使人得以过善的生活。[10]

阿奎那在《论君主政制》中特意提出，最好的政府形式是君主制。鉴于《论君主政制》是献给国王的，恐怕他也只能这样说。但是他的论述高度抽象；君主统治并不一定是国王统治，他只是说，单独一个人能比由许多人或好几个人组成的团体更加有效地体现共善的一致性，以及追求共善的努力的连贯性。[11]在《神学大全》中，阿奎那讨论了亚里士多德对共和制的描述。按亚里士多德所说，共和制国家是有法规管理的，它糅合了贵族制和民主制的优点，使富人和穷人都得到正义，因此可以维持和平。奇怪的是，阿奎那是在讨论《旧约》中上帝为犹太人规定的政府的时候提到共和制的，但他坦然地同意亚里士多德的观点，认为共和制是实际可行的最佳国家形式。[12]总的来说，他和亚里士多德一样认为，如果做得到，贵族制比共和制更好。但阿奎那比亚里士多德更进一步，觉得就效率而言，君主制又强过贵族制。根据亚里士多德的好政府与坏政府之分，民主制好于暴君制，正是因为前者缺乏效率——许多人的恶政在作恶的效率上比不上一个人的恶政。总而言之，值得注意的是阿奎那讨论这个问题时表现出来的高度务实的态度。

有人也许会问，这是否意味着国家的确如亚里士多德所说，是按“自然”之道存在的呢？阿奎那的回答是：也对也不对。一方面，国家符合自然，因为人类按此形式组织起来非常合适；政治组织可以保护并鼓励真正的善，政治生活也需要并可以激发真正的美德。另一方面，国家又不符合自然，因为人如果没有被逐出天堂，本来不会组成政治社会。阿奎那的论述精准而谨慎。亚当既不需要，也没有行使过强迫性权威，而这种权威正是国家所特有的，是国家与非正式团体的分别所在。但亚当拥有近似财产的东西，也拥有近似政治权威的东西。他有权为了自己的利益使用低等形式的造物。如果他没有犯罪，即使在伊甸园中也本来可以获得相对于妻子和孩子的家长权。他本来可以成为家长，享受对大家庭的权威，所有家庭成员都会承认他的权威；用不着强迫性的法律，也不会存在那样的法律。阿奎那引用了奥古斯丁的话："上帝无意让祂以自身形象创造的理性生物去统治非理性生物以外的任何别的理性生物：人不能统治人，只能统治野兽。"[13]他表示对此言不能同意。他这种表态等于接受亚里士多德的自然等级制——父母对孩子有父权，丈夫对妻子有夫权。

法律的种类

任何关于法律的讨论都会涉及不同法律的区分，阿奎那对此深感兴趣。他首先提出，存在着永恒法；上帝创造了宇宙，这个宇宙具有理性可达的准则与目的，在创世中就暗含了永恒法。一说世界的法律不可能是永恒的，因为上帝是法律的制定者，世界尚不存在时就已经有了上帝。对此，阿奎那回答说，法律是立法者的务实理性产生的原则，不是立法者向受法律管辖的一方发布的指令。上帝是永恒的，祂创造宇宙的计划中固有的法则也是永恒的。然而，以理性为基础的永恒法和自然法不是一回事。严格说起来，自然法是只有人才能遵守的法律，因为只有使用理智方能分辨出什么是自然法。动物出于生存本能按照行为法则行动只是看似遵守自然法而已。阿奎那同意，没有理性的动物受自然法的指导或管理，但它们不“理解”自然法则，不像人那样自觉地遵守。[14]至于自然法的内容，阿奎那坚称，它的戒律简单而普适，归根结底四个字：“趋善避恶”；或者是道德黄金律的某种变体：想别人如何待己，也要如何待人，特别是己所不欲，勿施于人。终极法则虽然简单，含义却相当复杂，必须运用常识，在具体情况中使用正当的决疑法进行推理。因此，如果从某人那里借了一件武器，而那人要用武器去反叛国家，那么有借有还这条不言而喻的规矩就不适用了。这类考虑影响到私有财产的合法性，在具体情况中，私有制的合法性在决定个人权利时只能起到有限的作用。

阿奎那对不同形式的法律提出了又一个区分。犹太人和基督徒由上帝以比较直接集中的方式赐予了法律。这就是神授实在法（divine positive law）。阿奎那并不怀疑犹太人从上帝那里得到了法律，那是旧法。他花了不少力气来解释的问题是：神授实在法是只有一部？还是不止一部？对此有两种回答。可以说，上帝统治全人类，是全人类的立法者，只发布了一部法律。另一方面，基督曾说，他是来发布新法的；这说明有旧法和新法两部法律。阿奎那灵活地腾挪在这个难题的两端之间。

说法律只有一部，是因为它由一个上帝赐予；这是19世纪法律哲学家的理论先驱，他们就是从法律的颁布者是单一的主权权威这个角度来解释法律系统的一体性的。说法律不止一部，是因为它是在先后不同的时候，针对不止一个社会提出的。譬如一个人从孩子长大成人，即使他儿时和成年后的相貌大不一样，但他仍然是同一个人。同样，无论是在《旧约》中部分地赐予犹太人的法律，还是后来全部赐予基督徒的法律，都是同一部法律。[15]

阿奎那解释了为什么有神授法和永恒法之分。他说，永恒法的依据既有上帝的旨意，也有理智，是任何理性动物的行为标准，但它在神授实在法涉及的许多问题上都没有规定。因此，载于福音书中的神授新法体现了自然法，但反之并不如此。他还依据同样的论点讨论了自然法能否改变的问题。对这个问题正反两方面回答的理由都很清楚：一方面，理智的原则是永恒的，但另一方面，上帝在《旧约》中发出了与自然法相抵触的指示，人定的法律中也引进了自然法所没有的一些内容，例如私有财产制度。所以，全面的回答是：自然法的先验原则是永恒的，它衍生的后果却非永恒；若是为了实现法律的目标而需要增删法规，那么自然法即变化与永恒二者兼备。

这就涉及到一些经常问到的问题，比如，人能否在没有法律的情况下生活？人制定的实在法是否必须符合永恒法、自然法或神法才算真正的法律？才应得到遵守？要回答这类问题，需要讲清楚人定法律的权威凭借的是什么，它的权威如何受到人须遵守的其他形式法律的制约。中世纪的思想认为，有两种相互矛盾的可能性。一方面，统治者依靠上帝赋予的统治权颁布法律。这是“自上而下”的权威观，在涉及上帝的法律时，（除霍布斯之外的几乎所有人都认为）似乎其他的观点都说不通。根据这样的观点，君主之言即为法律。另一方面，人们常说，统治者制定法律的权力是人民给予的，或者是得到社会同意的。这是“自下而上”的权威观，是对立宪制统治者权威的合理解释。根据这样的观点，法律表达的是政治社会的意志。相对于人定法的权威，自然法的权威必须另有解释；据西塞罗和亚里士多德的理论，自然法的权威在于在确立了实在法的标准。如果人有义务追求自善与共善，那么人也有义务服从为达到善的目标而人为定立的规则。

这仍未回答自然法对人定法的合法性产生何种制约的问题。阿奎那一直力图适用亚里士多德的思想，而亚里士多德没有关于政治义务的近代观念，也从未清楚地说明过，与自然法不一致的法律是否还算法律。显然，符合常识的办法是，将约束一切理性生物的一般性规则与那些规则在具体情况中的具体要求区分开来。自称法律，却违背了自然法所有根本理念的规则不可能对人有任何（道德上的）约束力，但如果制定规则时是出于诚意，是真心想执行自然法，只是规定不当，那么就应该遵守规则。

然而，阿奎那的观点和亚里士多德并不完全一致。他和任何信仰基督教的思想家一样，感到有罪的人所处的政治世界与人类堕落前的世界之间存在着巨大的鸿沟；这一观点与古典观点截然不同。他说，在人类堕落后的世界中，人定法起着不可或缺的作用。制订人定法来补充那些管理着人类的其他法，这最起码是有用的——其实他的意思是“不可或缺的”。[16]阿奎那说法律“有用”，并不意味着他与18世纪或19世纪的功利主义者思想相同；对他来说，法律的价值不止是促进一般意义上的幸福。阿奎那对善的生活的看法更接近亚里士多德，而不是杰里米·边沁。当然，需要记住，阿奎那的美德观以及对“符合美德的好生活”的理解来自基督教，不是古典思想。人定法的目的不光是有序组织人与人的关系，还要使人的行为符合美德。狭隘的功利主义考虑不是没有，但并不是主要的因素。

阿奎那引用塞维利亚的圣伊西多尔的话说（其实奥古斯丁和许多其他人也说过同样的话），许多人只有在害怕受到惩罚的时候才会守规矩。阿奎那同意，这是确立强迫性法律的好理由。不过，他并未提及现代人会想到的许多其他因素。我们和阿奎那一样，对刑法能有效地压制反社会的恶劣行为感到满意，但大部分人对民法在便利经济活动方面的作用更是欣赏。阿奎那对经济活动兴趣不大；他对赚钱持亚里士多德式的态度，反对以增加钱财为目的进行交易，尤其不齿以高利放贷为生的行为；[17]他是13世纪的多明我会修士，思维方式与18世纪的古典经济学家不同。虽然阿奎那接受了亚里士多德关于人类因为不能自给自足，所以必须彼此合作的观点，但是他接下来讨论的自足是在符合美德的生活中的自足。人互相帮助的最大意义不是通过合作来满足彼此身体上的需要，而是在于达到“互相管束以获得美德的需要”。[18]

法律不公即无效（lex injusta nulla lex）。法律不再能为其目的服务的时候，也同样会丧失权威。阿奎那对财产权的态度就显示了这一点。他采纳了斯多葛派-基督教的观点，认为在自然状态中，没有私有财产。上帝为造福生命将大地赐予全人类，如非人有犯罪的本性，原不需要规定哪些是我的，哪些是你的。阿奎那对经济增长或繁荣兴旺不感兴趣。他和亚里士多德一样，认为人应追求的是“足够”，不是尽可能多。阿奎那谨守亚里士多德的中庸之道；饥饿而死的苦修者和撑胀而死的饕餮一样，都是误入歧途。效益最大化这一现代经济学基础理念所反映的心理，是阿奎那所不能理解的。

私有财产之美德

阿奎那关心私有财产的道德性，既有他那个时代特有的原因，也有和我们一样的理由，那就是对穷人的贫困和富人的贪婪的关注。多明我会和方济各会对财产的观点迥然不同。方济各会声称，无论是本会的修士个人还是整个修会都一无所有；多明我会则认为，本会所拥有的一切都属于修会，不属于修士个人。至少按方济各会的正式要求，它的修士从来就比多明我会修士更注重苦修；他们坚信，他们的教会一无所有，仅仅是使用教皇允许他们使用的资源。这个区别十分重要。根据基督教教义，占有欲（amor habendi）为万恶之源；人类堕落之前，亚当可以使用上帝的丰富资源，但不拥有任何东西，因为个人一旦拥有了东西，即可不许他人使用。方济各会这种观点宣传起来自然容易被人接受。

阿奎那谈到物品和土地私有制的合法性时说，对于财产的一些著名批评言之有理，但也不必认定一切私有均属非法。他的论辩简洁明了、说服力强。上帝是世界唯一的主人，所以，人不可能掌握对外部世界的统治，这种统治与其说是所有权，不如说是主权。尽管如此，上帝还是将世界交给了人类来使用和改善，祂也给了人类对低等生物的统管权。以此推论，人一定有权从外部世界中拿取对他的生活有用的东西。至于个人私有财产的优点，阿奎那援引亚里士多德的观点，指出私有财产比其他种类的财产更高效，因为人关心自己的财产甚于关心公共财产，也因为每个人都知道应对属于自己的东西负责。更有意思的是，他还说，财产在人民中间公平分配，使每人都对自己所得的一份感到满意，这会带来和平；财产公有比私有更容易引起民众的不满。阿奎那提出这个观点时，也许指的是农夫组成的社区，但他更有可能只是想说，如果没有商定的规则，人们会为求私利而你争我夺。[19]

另一方面，应尽量做到财产公共使用。阿奎那借了亚里士多德的一项主张，稍加调整来为基督教所用。亚里士多德提出“私有公用”，是为了既不必过斯巴达式的生活，又能保持斯巴达的美德。亚里士多德指的是斯巴达规定所有男性在一起吃饭的军队食堂制度，但阿奎那考虑的范围更广。他从法律旨在促进共善这一点入手，指出既然财产的合法性由法律确定，财产的分配就应该服务于共善，而不仅是财产的合法拥有者的自身利益。阿奎那从慈善的角度来阐述财产的共同使用；一个人可随意使用自己的财产，但在别人陷入困难的时候要拿出财产来帮助别人。如果某人一毛不拔，对别人见死不救，他对财产的所有权即告无效。这个观点与柏拉图和亚里士多德感兴趣的斯巴达食堂关系不大，与现代福利国家的道德观却很接近。

阿奎那在谈及盗窃的时候又提到了这个问题。盗窃显然是错的。财产的本质是它受拥有者的控制，使用财产须得到拥有者的许可；只要有财产，就不能没有禁止盗窃的规则，所以盗窃为错，这一点不言自明。阿奎那讨论了在不同情况下犯下盗窃错误的严重程度的不同，但关键的问题是：如果一个人不得不偷东西，否则就要活活饿死，那他盗窃算不算错？阿奎那大胆地提出，富人的盈余属于挨饿的人，后者拿走他有权得到的东西不算盗窃。[20]三个世纪后，洛克在《政府论·第一篇》中一字不差地重复了这个论点。[21]此论令人瞩目，但阿奎那提出此论的方式同样值得注意。他说，如果富人的财产安全对穷人的福祉至关重要的话，就可以要求穷人不可从富人的盈余中拿走他们需要的东西。圣巴西勒*曾说，富人好比一个人在剧院占了座位，下一个来的人因此就没有座位可坐。如果圣巴西勒此言不

* 基督教希腊神父。——译者注

对，那一定是因为富人拥有的财产不会阻碍穷人获得自己的财产，反而能确保穷人发达起来。[22]

若是做不到这一点，此论即无法成立。穷人就不再有义务不去拿富人的东西。发生饥荒的时候，如果没有人帮助穷人，他们就有权自己去拿。阿奎那似乎更进一步，说富人的盈余“属于”挨饿的穷人。一般不会说穷人“拥有”富人的盈余，正如没有人说，因为公立医院有义务为病人治病，所以病人就是医院的主人。阿奎那也许认为，在极端匮乏的情况下，人会直接回到万物公有的自然状态，或者不再像平常那样清楚地区分不同种类的“所有”。然而，后一种猜测有悖于多明我会和方济各会对所有权与使用权之间区别的严格强调。也许前一种猜测是对的（在匮乏情况下人会回到万物公有的自然状态）。

战争

没有法律的支持，财产就无法存在，而法律就牵涉到法庭和刑罚。没有国家的保护，同样无法想象财产的存在；但国家不止一个，彼此经常交战。阿奎那是论述战争正义问题的最具影响力的理论家之一。他对战争正义的论述是在一个更大的问题内展开的，这个问题是：什么给予了我们造成其他人死亡的权力？这个论述角度非常合理。既然政治的目的是维持和平与团结，战争状态就与良好的政治状态恰恰相反，但战争可以在一定程度上予以管控。阿奎那密切追随奥古斯丁对正义战争的论述，不时抬出奥古斯丁的名号来证明他论述的权威性。合法的战争需要达到三个条件：第一，必须是官方的战争，由有权宣战的一个人或一组人所宣布；私人寻仇或匪盗行为不是战争，没有正当的理由；个人遇到不公可以诉诸法庭，无需也无权采取战争行为。[23]第二，必须有正义的理由；只有为了自卫方可打仗，但自卫行动在时间方面既包括为阻止即将发生的攻击而采取先发制人的打击，也包括事后动手，比如收复被强行霸占的领土。第三，必须有正确的意图，自始至终要以恢复和平、惩罚邪恶为目的。[24]

阿奎那的论述合理务实。他反对主教和神父亲自上战场，但没有说他们在战争中不能发挥作用，而是说他们可以鼓舞士气、安抚伤员。这在中世纪欧洲是实实在在的问题，因为那时的主教也行使世俗的权力，大有可能带领教会所在地的封建领主的武装，或者教会自己的民兵去上战场打仗。在这样的情况中，阿奎那要想自亚里士多德的假设中推论出明确的原则，尚需对那些假设做出大量补充。他同意亚里士多德的观点，认为主要从事一项任务的人不应同时从事与之相悖的其他任务，但他的主要论点不是说如果一个主教有时参加作战，在和平时期就必定不称职，而是“作战的特点是躁动暴烈，因此会大大影响人的思绪，使神职者不能履行其职责，包括静心思考神的启示、赞美上帝、为民众祈祷。”[25]福音书中有更加明确反对主教参战的内容；不过，转过另一边脸让人打的训谕的意思应该是禁止任何人打仗，不仅是主教。可是阿奎那追随奥古斯丁的观点，去除了该训谕反战的寓意。

国家与基督教

虽然阿奎那是亚里士多德的忠实信徒，但是他的政治论既非现代亦非古典，而是属于基督教和中世纪的。他一旦在基督教特有的背景下论述宗教在政治中的作用，如教皇的世俗权威、基督徒是否应忠于非基督徒统治者，以及该如何对待犹太人、不信基督的人和异端，等等，亚里士多德自然就帮不上忙了。亚里士多德并未鼓吹宗教宽容，但他没有异端的概念。近代的宽容理想出现的时间比阿奎那晚四个世纪，基督教处心积虑打压异端的行为促成了这个理想，也反衬出了它的内涵。我们（包括各位读者）不单觉得，宽容异教徒比烧死他们好，而且我们看到异教徒出于坚定的信念和决心，宁肯死于火刑也不肯叛教，为此对他们肃然起敬。异教徒对自己信念的执着使我们感到，镇压他们是罪恶的。

阿奎那却不这样想。基督教政体可以做到异教政体无法做到的事。它能使人民在人的脑力所及范围内获得对基督教真理的最大领悟，能使他们谨守规矩，有望邀主恩宠、获得永生。基督教国家不能直接使人领悟真理或获得正确的道德观；只有教会有这个能力。国家可以确保教会不受邪恶势力的打击，并在世俗事务中听从教会的指导，促进真正的宗教。这就引起了世俗权威与教会权威的关系问题。阿奎那这方面的观点和他对其他问题的观点一样，并不极端。教廷宣称，教士享有不受刑事法院管辖的豁免，还说，只有经教会同意方可对教会的财产征税。对于此类言论，阿奎那没有驳斥；但他也没有说教皇在教会辖地之外的地方具有世俗权力。[26]尽管如此，他还是声称教会对犹太人有世俗的权威，并说，教会对不信上帝的人不行使权利是格外开恩。[27]在基督教政体的日常政治中，教会的权威与国家的权威没有竞争；世俗事务一般来说由世俗权威来处理。教皇插手世俗政治必须“以罪为由”；若发生了涉及道德的大事，教皇就能合法干预。最通常的情况是皇室人员要解除婚姻，那就需要教皇的准许。“罪”这个理由弹性很大，教皇有可能利用“以罪为由”的理由大肆干涉属于世俗君主权限内的事务，毕竟多数政治争议都有涉及道德的一面。阿奎那绝对不卫护这样的教皇至上主义；他逝世30年后，卜尼法斯八世教皇宣称自己对世俗事务具有全面管辖权，结果为教廷招来了大祸。阿奎那的理论中没有任何论点支持教皇如此扩大在世俗事务中的作用。

读者也许会纳闷，阿奎那为何不坚持指出，国家旨在促进现世利益，而教会则旨在促进来世利益，进而拥护政教分离的近代观念。一个答案是，没有人持此观点。17世纪的宗教宽容和政教分离的思想在13世纪时尚不存在。13世纪的人认为，国家和教会的管辖权有所区分，但彼此相连并互相重叠。重视政教分离的美国人为了维护这种分离，不惜采纳众多含义不清的法理概念；阿奎那却认为，国家努力培育公民的美德是天经地义。美德的性质大致可通过理性得知，但基督教的启示更增加了对美德性质的理解；基督徒统治者促进的是基督徒所理解的美德。此外，基督徒统治者若任由治下人民松懈信仰，或允许域内的教会发生混乱，那不啻奇耻大辱。他必须保持民众对教义的一致信仰；教会及神职人员，包括罗马的主教，比非神职人员更理解教义的真谛，所以一般来说，世俗统治者应该接受教会在此类事务中的权威。人人各司其职，事情就好办。教会接管世俗的职能，正如君主自立为神学权威，是没有道理的；断然划分教会和国家的职权范围同样没有道理。国王应在教会的道德指导下进行统治，教会则应在国家的世俗手段的帮助下拯救民众的灵魂。

阿奎那对非基督徒对基督徒行使权威的问题持同样温和的观点。事实上，基督徒外出旅行，若是走出西欧的边界，就必须依靠非基督教政府的保护。值得探讨的是，他们在多大程度上有道德上的义务服从非基督徒统治者。在这个问题上，阿奎那接受传统，以耶稣基督接受异教罗马帝国的权威作为根据。上帝将人置于邪恶的统治者手下，是为了使人痛切地认清自己犯下的罪——对于这个思想，阿奎那不像奥古斯丁那样津津乐道，但他指出，教会的神父明白，需要与信奉异教的皇帝打交道。圣彼得生活在疯狂邪恶的尼禄的统治下，但他从未说过要使用基督赋予他的捆绑与释放的权力来推翻尼禄。[28]道理很简单：尘世统治者在履行其应有的职能时应该得到服从。当他们不是在履行自己的职能时，情况变得复杂起来，但奉公守法的根本责任意味着除非促进的善多过造成的伤害，否则决不能从事法外活动。唯一的例外是那个常被提及的情况，即当统治者要求民众做基督教教义所明确禁止的事情的时候。奥古斯丁认为，在那样的情况下，人民应进行纯粹的消极抵抗。阿奎那的观点更复杂些；他说，提出这样要求的统治者等于放弃了得到民众服从的权利，结果是回到了自然状态，民众为了重建稳定、合法、非压迫性的政权，无论采取何种行动，只要在道德上可以接受，就都是合法的。要吃透阿奎那的观点，首先应看一看基督教在世俗政治中作用的两个其他方面，然后再来看他关于如何对待暴君的论述。

两个方面中第一个是如何处理异端，第二个是如何对待犹太人。阿奎那说，在强迫不信上帝的人皈依基督教这个问题上，有许多反对意见。[29]信仰必须发自内心，强迫人皈依不是真正的信仰。他的论述照例以对福音书的比喻性解释作为出发点。基督告诫门徒不要拔除稗子，因为那样恐怕会连麦子也拔起来；此言应理解为：不要杀死不信上帝的人，因为那些人中有的将来可能成为基督徒。阿奎那也十分重视“强迫人进来”的训谕。多少世纪以来，《圣经》中那个办婚宴的人因为贺客寥寥，于是要仆人到大街小巷去“强迫人进来”的寓言导致了无数的流血战争。这个寓言似乎是责令基督徒强迫不信基督教的人加入教会。阿奎那在这个问题上小心翼翼。他说，当然应该阻止不信上帝的人颠覆基督徒的信仰。基督徒国王统治的国家中如果有少数不信上帝的人，国王可以限制他们的言论及行动自由，以防他们动摇占人口多数的基督徒的信仰。

这并非说因为那些人不信上帝就可以对他们大开杀戒；杀死异教徒本身不是好事。然而，阿奎那在讨论了使用温和的强迫办法能否使不信上帝的人信仰基督教之后，接下来令人心中一凛，谈及若不成功可考虑将他们处决。提倡采用温和的强迫措施的理念既不复杂，也不出奇，尽管思想开明的读者会不以为然。强迫能起作用，温和的强迫最为有效。残酷的迫害会激起反抗，温和的强迫却不会。许多人说，他们很高兴被迫遵守宗教规定，使自己免于误入歧途。打个庸俗的现代比方，一个人可能会感激朋友在他喝醉后拿走了他的汽车钥匙，虽然他当时百般不肯交出来。被劝入教的新基督徒会感激迫使他转向正确方向的人，因为他使他看到了光明。

异端则是另一回事；这样的人不是单纯的不信上帝。他们原来有信仰，但后来抽身退步，违背了自愿承担的义务，所以必须强迫他们承担那些义务。这并不说明教会应该残酷打压异端，但阿奎那对异端的立场是坚定不移的。异端分子犯下了大罪，陷入万劫不复之地；他的罪比要杀头的假冒签名罪和伪造货币罪还大。对异端分子应格杀勿论，尽管实际上从未这样做过，因为教会恪守其自制和仁慈的使命。只有当异端分子屡教不改，拒不悔过自新、回归信仰的时候，才会将他处以死刑。既然异端比单纯的不信上帝恶劣得多，那么依此推论，虽然一个从未做过基督徒的不信上帝的统治者可以对基督徒行使普通的政治权力，基督徒也有义务服从他的统治、接受他的法律的约束，但是对异端统治者则完全要另当别论。可以因为他叛教而推翻他。阿奎那并未坚持必须推翻异端统治者，但他说格列高利七世教皇废黜神圣罗马帝国的亨利四世皇帝是正确的。[30]教皇开除亨利的教籍没有错，被开除了教籍的皇帝不再拥有对臣民的权威。不知道阿奎那对他的远亲腓特烈二世的情况怎么想。自阿奎那出生到他25岁期间，腓特烈二世一直是神圣罗马帝国的皇帝，这位皇帝不下四次被开除教籍；在这四次当中，第一次是因为他没有兑现承诺去发动十字军远征，另一次却是因为他在未恢复教籍的情况下发动了十字军远征。

在从未做过基督徒的非信徒中，犹太人属于特殊的一类。阿奎那接受教会法规关于犹太人是“教会的奴隶”的规定，尽管教会从未将此规定付诸实施，哪怕是在教会有此能力的教会辖地。此外，还有别的教会法规与这条法规相矛盾。阿奎那并不想劝化犹太人，也没有说过犹太人仅仅因为不是基督徒就犯了罪，所以他接受这条法规就更加奇怪。如果犹太人皈依了基督教，他们就必须遵守自己作出的承诺，万一反悔，又回归原来的宗教，就要受到惩罚。如果犹太人一直信仰自己原有的宗教，应当允许他们按照传统生活下去，部分地因为舍此而外要大费周章，得不偿失；另一部分因为可以用他们作活样板，来显示旧的宗教多有瑕疵，基督教才是尽善尽美的。这并不说明阿奎那对犹太人和犹太教态度友好。在谈到容忍犹太人的宗教仪式的时候，他提出的一项论据是奥古斯丁的惊人建议——应允许卖淫，以避免使全世界的人欲火焚身。[31]

阿奎那的这些思想是在为布拉班特公爵夫人解答问题的时候阐述的。布拉班特公爵夫人问道，向犹太人征税是否合法？阿奎那回信作答时论述了如何治理犹太人的问题。他说，既然犹太人是永远的奴隶，他们的财产就都属于主人，全部可以拿走，留下的仅够他们活命即可。公爵夫人认为，她领地内犹太人的一切都是靠放高利贷得来，既然高利贷是非法的，所以她可以把他们通过放高利贷赚钱获得的财产没收归己。阿奎那的回答也许不太中公爵夫人的意。他说，将这些财产从犹太人手中拿走是合法的，但应还给那些付了高额利息的人。如果找不到那些人，就必须将财产用于慈善事业，决不能作为税赋收入。根据当时的标准，阿奎那既不严苛，也不迷信。他从未说过，只是因为犹太人是犹太人，或者因为他们继承了他们的祖先杀害基督的污点，就统统该死；这是中世纪反犹主义的惯常论调。阿奎那从未说过，统治者可以随心所欲地迫害犹太人。然而，阿奎那对犹太人的态度，与他泰然面对奴隶制和世界上贫富之分一样，显示了可以多么轻易地将大自然赋予所有人的平等自由与真实世界中的不平等调和起来。

共和制、国王制、暴君制

《论君主政制》为温和君主制张目，立论简单明了。政体存在的目的是维护和平与统一，统治者最好是国王。小一统是大一统的缩影。对于多数政体来说，一人统治是最适合的形式。政体的作用一成不变：它必须使用法律手段来维持和平与统一；法律旨在促进共善；共善并非社会成员各自个人之善的总和，而是全社会共同过符合美德的生活所代表的善。亚里士多德也许会纳闷，他注重平衡各种社会力量以预防革命的思想到哪里去了？回答是，阿奎那广采他所知的各种权威学说，包括《圣经》、西塞罗的学说、亚里士多德的学说和教会法规的规定，不是为了撰写政治社会学，而是要为君主提供借鉴。他的著作是道德训诫，不是政治理论。

尽管如此，阿奎那还是取得了重要的成果。他巧妙地解说了合法权威的自上而下和自下而上理论之间的对比，没有采用任何瞒天过海、偷换概念的手段。政体统一的最好体现是国王统治；但国王的权威也是政治社会的权威。在阿奎那看来，明君治国有贵族来辅佐，有教会宣讲的教义作指导，这是不言而喻的。这不是波利比奥斯的混合型政体理论，因为波利比奥斯的论述采取的是“社会学”模式，与亚里士多德关于如何避免革命的论述同属一类。阿奎那则是从道德的角度入手。他提出，国王的法律之所以是法律，决定因素不是国王的个人意志，而是他的所谓“代表性”意志，尽管阿奎那没有用这个词。如果统治者没能维持统一与和平，反而造成分裂和乱局，他的统治权就失去了基础。立宪政体中没有个人意志的立足之地。基督教道德为权威受宪法限制的理论和政府本质上是代表性政府的理论提供了资源和材料。

对阿奎那来说，这解决了推翻暴君的问题，也为赞扬弑杀暴君的行为提供了依据。他毫不怀疑应该推翻暴君。一人统治若符合统治的正确原则，是最好的政府形式，但昏君或暴君统治却是最坏的政府形式。阿奎那将政府视为达到目的的工具，此一观点贯穿《论君主政制》全书，提供了有关推翻暴君的简单有效的准则：如果能够去除暴君，就应该将其去除，只有当推翻暴君会造成更大的罪恶的时候，方应继续忍受暴君统治。他不像奥古斯丁那样强调消极服从或消极抵抗，也不像西塞罗那样热心鼓吹政治谋杀。既然国王的权威以社会的认可为基础，废黜国王也必须是全社会而非单独一人的行动。这个至为合理的观点提出了一个阿奎那没有论及，但为其他人所反复讨论的问题：谁能代表社会？洛克在1680年谈到革命时，称其为“对上天的呼吁”；一个世纪后，许多参加美国革命的人也如是说。一个人要启动革命进程，也许必须呼吁上天的帮助，但那是代表整个政治社会发出的。难怪洛克被视为阿奎那的门徒。

暴君辜负了人民的信任，玷污了权位，应当自动引退；如果他恋栈不去，就要强迫他退位。需要说明的是，谁才能启动强迫暴君退位的进程。我们会看到，一旦对此有了答案，就很难不进一步主张，有权赞同或反对国王行为的机构本身也应有主权。绝对王权的拥护者如果说，提出主权之上还有主权是荒唐之论，声称一个“低级”机构有权废黜国王简直可笑之极，批评者就可以以此为前提，指出能够废黜君主的机构必定是君主权力的来源，而君主只是行使权力的人罢了。正是在这一推论的基础上，出现了基督教的公会议运动，共和理论在意大利城邦中得到复兴，很久以后，又兴起了近代的代议制民主。

第八章

过渡的14世纪

很久之后才走的路

本章重点介绍14世纪三位思想家的关注：但丁提倡的普遍君主制、帕多瓦的马西利乌斯关于国家与教会都应由代议制和立宪制度来治理的论点、萨索费拉托的巴尔托鲁对意大利北部半自治城邦共和国的分析和捍卫。推动教会改革的公会议运动在本章结束时仅会简短提及，对奥卡姆的威廉，以及库萨的尼古拉和让·热尔松这两位公会议主义理论家的论述也只能稍作介绍。从对当时政治形势的影响来看，他们的著述未能产生任何效果。13世纪晚期，哈布斯堡王室的成员开始出任神圣罗马帝国皇帝。头几任哈布斯堡的皇帝放弃了过去历任皇帝为之心力交瘁的事业，不再企图将整个意大利纳入帝国的版图。14世纪初，卢森堡的亨利和巴伐利亚的路德维希重拾这一抱负，仍以失败告终。路德维希的继承者查理四世只关心自己的家乡波希米亚，他依照向教皇作出的承诺，只是在他的加冕日在罗马待过一天，而且为他加冕的不是教皇，而是罗马城的长官。建立一个与西罗马帝国的政治与军事势力范围相等的新罗马帝国的梦想遂告彻底破灭。

为马西利乌斯和巴尔托鲁所关注的意大利城邦日益落入贵族的专制统治之下，而那些统治者自己又日益依赖教皇或外国君主的支持。主张公会议至上的人努力推动建立有法规治理的教会，在15世纪初曾暂居上风，随即遭到失败。接下来，16世纪的宗教改革运动取代了公会议至上主义，之后罗马天主教教会保持了教皇和教职等级制，而新教教会则显示出几乎无穷无尽的各种政治形式，都与罗马天主教教会的形式大相径庭。

尽管如此，仍然不能把本章讨论的思想仅仅视为“没有走的路”。这些路在很久以后还是有人走了，而且方式出乎意料。先是拿破仑，后来出了更可怕的希特勒；他们二人都差一点就建立起了腓特烈二世和但丁所向往的大规模欧洲帝国。今天有时会有人指责欧洲联盟存此野心。马西利乌斯若是看到普及全西方的代议制政府，应有深合吾意之感。倘若萨索费拉托的巴尔托鲁和关注半独立城邦法律地位的法学家仍然在世，他们会发现，美国各州与联邦政府的关系，或欧盟与其成员国的关系是丰富的研究素材；此说可能想象力过于丰富，却并非完全匪夷所思。公会议至上主义几乎只关心教会的治理，对更广泛的政治不感兴趣，但它的鼓吹者对于21世纪的代议制民主不会惊讶，我们今天对投票制度所做的理论分析（以及我们不用的一些方法）的开创者是库萨的尼古拉。

教会与国家

14世纪之初，政治思想发展的大背景是人所熟悉的教会与国家的冲突，特别是教廷与神圣罗马帝国的冲突。先是教皇卜尼法斯八世和法国国王“美男子”腓力各不相让，接下来教廷和神圣罗马帝国再次发生冲突。至于历任教皇与英国、法国、西班牙的国王之间的冲突，根源几乎无一例外，都是因为国王要对教会的财产征税；这样的冲突比较容易化解。教廷和神圣罗马帝国之间的冲突则更接近零和。中部意大利只能由一方或另一方来统治，不可能双方都去统治。教皇要么在皇帝的选举中具有特殊的作用，要么没有；皇帝要么对教廷有特别的影响力，要么没有。这使得双方的争端在意识形态、理论和神学方面染上了更激烈的色彩，这也是教廷与帝国的争端如此旷日持久，如此难以解决的原因之一。神圣罗马帝国由教廷一手创立，在位的教皇为皇帝加冕，这对皇帝的地位名分至为重要。直到1356年，查理四世皇帝颁布了所谓的“金玺诏书”，任命了七位选帝侯，并敕令皇帝只须由他们选举，得到七票中的多数票即算当选。

在那以前，历任教皇都认为，只要是他们给予的东西，他们都有权收回。这种观点有一定的历史依据。查理曼的父亲丕平在当选为法兰克国王之前，贵族们向罗马派了一个代表团，请求教皇准许废黜墨洛温王朝的末代国王希尔德里克，不是因为他有罪或者是异端，而只是因为他“无能”。教皇同意了他们的请求。教会对帕多瓦的马西利乌斯有诸多不满，其中一项就是他写了题为“帝国的变迁”的小册子，里面说，尽管希尔德里克的被废和丕平的当选得到了教皇的承认，但其实那些行为作为法兰克王国政治社会成员的行为，本身就是合法的，具有法律上的有效性。[1]教会法和民法的律师就杰拉西乌斯的双剑说反复辩论，却总是无法就一个伤脑筋的问题达成一致意见，那就是：既然神权至高无上，它是否意味着手握神权之剑的人可以向世俗统治者发号施令？倘若如此，教皇是否能够，以及在哪些方面能够向所有的世俗统治者，特别是皇帝发号施令？从未有人提议过，应由教皇接管世俗统治者的普通司法及行政职能；本来神权和王权就是两把剑，不是一把。也从未有人否认过，代表神权的剑更“高”，正如灵魂高于肉体，对于天堂的思考高于尘世的关注。然而，这丝毫解决不了围绕着世俗法庭对神职人员的管辖权、教会法庭的强迫性权力，以及税赋等问题的争议。

13世纪和14世纪相交之时，已经可以清楚地看到，教廷在意大利之外地方的世俗政治中起不到任何作用。明白展示了这一点的是一位法国国王，不是来自德意志的帝国皇帝。阿奎那于1274年逝世时，谁也无法预料事情会发展到如此地步。1250年腓特烈二世去世后，皇帝的宝座虚位以待长达20年。直到1272年，才选出了新皇帝。在教廷与世俗统治者的斗争中，几乎每一次都是教廷胜出，即使有时打成平手，也是教廷稍占优势。1209年，教皇英诺森三世对英国发出停止宗教活动的禁令，迫使英国的约翰国王含耻忍辱，承认教皇为自己的封建主公。1225到1250年期间，教皇格列高利九世和他的继任者英诺森四世横加阻挠，使腓特烈二世希望破灭，没能在自西西里岛到阿尔卑斯山的意大利全境建立起单一的世俗国家。但在13世纪最后几年和14世纪的头几年间，法国的腓力四世国王决定性地击败了教皇卜尼法斯八世。事实上，这位法国君王劫持了整个教廷，将它强行迁往阿维尼翁，开始了所谓的“阿维尼翁之囚”时期，直到1378年才结束。从法律上说，阿维尼翁教宗领地（Comtat Venaissin）在法国大革命之前一直是教廷辖地的一部分，但实际上教廷完全被法国国王抓在手心里。不过，教廷若是被与法国国王竞争的罗马贵族抓在手心里，也很难说处境就一定更好。

教廷虽然成功地挫败了历任帝国皇帝企图统一意大利，乃至统一欧洲的努力，但它的成功只是虚有其表。英国的约翰国王对英诺森三世教皇俯首称臣后，后来的国王并不受解除禁令的条件的约束。教会在选择主教方面的自主权稍有增加，但王室仍掌握着否决权。尽管英诺森坚持，只有在教皇准许的情况下方能对神职人员征税，但是法国和英国的国王照样不等教皇批准即要求本国的神职人员缴税。天主教教会力量雄厚，比欧洲的任何一国都更富有——它大概拥有欧洲所有的土地和动产的1/4，也比大多数世俗统治者都更受基督教世界中民众的拥护。然而，教会资产在日渐消耗。主教的生活奢比王侯，证明了教会声称自己是为穷人代管财富的话纯属谎言；教皇用法国和英国的信徒缴纳的税款去和位于意大利的神圣罗马帝国的皇帝打仗，却遇到了当地民众的抵抗，因为他们对国家的认同感和忠诚度在日益加强。卜尼法斯八世企图效仿英诺森三世，对法国和英国国王发号施令，结果是打破了80年来大家心照不宣的妥协，引发了一场他全无胜算的战争。

教廷虚弱的根子在罗马。这个城市动乱不断，各贵族家族为夺取教皇的皇冠谋划贿赂、你争我夺。尤其臭名昭著的是，加埃塔尼家族和科隆纳家族把教皇的位子当成了为他们自己和亲戚敛财的捷径。历任教皇都利用德意志王公之间的不和来削弱自亨利四世到腓特烈二世的各个皇帝的力量。14世纪初，腓力四世对教廷以其人之道还治其人之身，利用科隆纳家族和加埃塔尼家族之间的夙怨来削弱教皇的力量。卜尼法斯八世是加埃塔尼家族的人。自他兵败之后到19世纪中期意大利重新统一之前，虽然教廷仍然掌握着对教会辖地的军事和政治权力，但是，教皇出兵入侵世俗统治者的领土，向他们发出挑战的能力一去不复返了，教会辖地越来越与意大利其他的公国别无二致。

腓力四世赢得对教廷的决定性胜利是1303年的事，比但丁写《帝制论》的时间早10年。1294年，卜尼法斯八世在非常离奇的情况下当选为教皇。从1292年开始，教皇的宝座一直虚位以待，因为红衣主教团无法就人选达成协议。到1294年，这个丑事终于得到了解决，一位名叫彼得·穆罗内的纯朴的老隐修士当选教皇，成为切莱斯廷五世。但是，他无法胜任教皇的各种职责，只做了几个月即主动逊位。他被他的继任者投入监牢，曾设法逃脱，却不幸再次被捉，10个月后死在狱中。卜尼法斯就是当选继任切莱斯廷五世的教皇。他年事已高，患有痛苦的尿道疾病，自然脾气非常暴躁；同时他又精力充沛得出奇，狂热地主张僧侣统治。卜尼法斯的当选是有争议的。切莱斯廷没有权利辞职不干，因此可以说，教皇的位子并未出空。直至今日，切莱斯廷的辞职仍是教廷历史上绝无仅有的一例。*但丁因为切莱斯廷怯懦地逃避自己的职责而把他贬到地狱的最底层（“他像懦夫一样躲避重任”）。[2]但丁这样做一定是因为切莱斯廷的逊位为卜尼法斯八世的当选提供了机会，而就是在卜尼法斯八世任教皇期间，但丁所关心的一切尽皆被毁，他自己也被迫流亡。自那以后，每一任教皇都不敢效法切莱斯廷，而是咬紧牙关，坚守岗位，直到死在任上。

卜尼法斯甫一上任，即与英国国王爱德华一世和法国国王腓力四世就对神职人员征税的问题起了冲突。两位国王为了筹款彼此打仗，都想从自己治下最有钱的人——僧侣——身上弄钱。但卜尼法斯无论是出于希望恢复和平的可敬的愿望，还是出于想将僧侣的税款收入自己金库的不那么可敬的动机，开始着手阻断他们二位的财路。他颁布了一纸教皇训谕《教士不纳

* 2013年，教皇本笃十六世因身体原因辞去教皇之位，成为史上第二位主动离职的教皇。——译者注

俗税》(*Clericis laicos*),重申英诺森三世原来宣布过的规定,即只有在得到教皇准许后方可对神职人员征税,未经允许而向世俗当局缴税的神职人员将被开除教籍。这道教谕,加之卜尼法斯写给腓力四世的信《听着,孩子》(*Ausculta fili*)和后来颁布的另一份教谕《一圣》(*Unam sanctam*),清楚无误地阐明了卜尼法斯自认为对国王和皇帝拥有合法权威的观点。爱德华一世对卜尼法斯不理不睬。腓力四世却予以迎头痛击,禁止自法国输出货币和贵金属。结果,卜尼法斯让步了,可能是由于害怕教廷会破产,但也是因为他自己的辖地内出了乱子;科隆纳的各位主教不承认卜尼法斯当选的有效性,于1297年6月对他提出指控,说他谋杀前任。无论如何,卜尼法斯退了一步,同意腓力在紧急情况中不经教皇准许即对神职人员征税。教会的财政因之得以恢复,在1300年成功地庆祝了一个大赦年。

卜尼法斯可能是因为平安渡过了这个难关,一年后面对下一个挑战时就有些大意。1301年,腓力以亵渎、异端和叛国的罪名下令逮捕了帕米耶的主教,他被押送到巴黎,在皇家法庭受审后被宣布有罪,投入监狱。此举违背了长期以来神职人员只在教会法庭受审的"教士特权";更有甚者,腓力还要求教皇支持法庭的诉讼程序,这不啻往伤口上抹盐。它重新引发了关于世俗君主是否有权任命和废黜主教的古老争议。腓力国王宣称,世俗统治者面对主教的叛国行为不能无所作为、任其作乱;此言的确有理。但指控帕米耶主教犯下的罪行既有世俗方面的,也有宗教方面的,这似乎暗示国王的管辖权延伸到了精神上的犯罪。至于腓力要求教皇表示支持，可以理解为他同意应当由教皇提出有关异端的指控，但也可以理解为他对教皇在法国的作用的彻头彻尾的轻蔑。

卜尼法斯一怒之下发布了教皇训谕“Ausculta fili”。这两个拉丁字严格按字面意思的翻译是“听着，孩子”，但译文太平铺直叙，完全没有捕捉到卜尼法斯那苦口婆心、无可奈何的语调。他告诉腓力国王，“尽管我们的德行不够，但是上帝将我们置于国王和王国之上，给我们的肩头压上使徒的重担，让我们按照祂的旨意拔除、捣毁恶的，培育、建设善的。”[3]《听着，孩子》教谕虽然没有明说教皇对国王有尘世间的管辖权，但腓力国王在字里行间读出了这个意思。于是，他召开了由僧侣、贵族和平民组成的全国大会来驳斥教皇，宣称皇家对法国教会有控制权；这就是第一次三级会议，其意义十分重大。腓力还开展了一场不择手段的宣传战，包括散发伪造的教皇信函和一份（伪造的）国王复函，里面称教皇为“蠢人”。三级会议上的大多数主教和全部非僧侣阶层的代表都支持国王。教皇则一口咬定，他透彻了解双剑说的理念已有40多年，从未有过教会对世俗事务有管辖权这种“愚不可及”的念头。[4]

事情没有马上爆发。1302年夏，法国军队在佛兰德的库特莱自治镇居民手中遭到惨败，法国国王与教皇的争端因此暂且被放到了一边。然后，卜尼法斯在11月发布了《一圣》教谕，坚称精神权威至高无上；教谕中的措辞很容易被曲解为宣称教皇为最高主公，尽管不是英诺森三世迫使腓特烈二世和约翰国王承认的那种封建宗主。腓力国王为了自己的目的，硬说教皇自称是国王的封建主公。事实上，《一圣》教谕中引用的许多先哲的著述包括阿奎那的理论，所以教皇不可能自称为世俗统治者的主公。卜尼法斯宣布的是教皇“以罪为由”废黜国王的权力，这是八个多世纪前杰拉西乌斯提出的教会精神权威说的底线。教皇在行使“以罪为由”的权力时，面临的一个明显的困难是，政府做的事情没有多少是不涉及道德问题的。即使像规划道路交通这类普通的事务也可能会给某个群体造成不公平的负担，而不公平就是道德的缺失。通常认为，这个理念仅适用于特别暴虐的君主或公开的异端邪说。1570年，庇护五世教皇就动用了“以罪为由”的权力宣布废黜英国的伊丽莎白一世女王。伊丽莎白一世继续在王位上坐了33年，但因为教皇诏令有可能引发民众的反叛之心，她就借司法审判的方法杀害了英国的大批天主教徒。今天，我们无法想象一位保守的教皇会使用“以罪为由”的权力来废黜美国总统，虽然天主教的主教可能会敦促教众投票反对支持堕胎权的政客。腓力四世看到《一圣》教谕后勃然大怒，马上再次召开三级会议，宣布卜尼法斯当选教皇为无效，说卜尼法斯是异端；三级会议凭什么有权做出这两项宣布并不清楚。教皇一方则准备开除腓力四世的教籍。

腓力先发制人。罗马附近没有法国军队，但若要采用暴力，很容易募到雇佣军。1303年夏天，趁卜尼法斯离开罗马来到阿尼亚尼的加埃塔尼城堡之机，腓力的首席谋臣纪尧姆·德·诺加雷率领着由雇佣军和科隆纳家族的武装组成的大军向阿尼亚尼发动了攻击。可以说那场攻击造成了教皇的死亡，因为年老多病的卜尼法斯经历了那场惊吓几周后便一命呜呼。诺加雷和夏拉·科隆纳也几乎丢了性命；他们不费吹灰之力拿下了阿尼亚尼的城堡后，对接下来该怎么办反而茫然无绪，两人花了一天的时间就下一步的行动争执不下。愤怒的镇民利用这段时间组织起了对入侵者的反击，诺加雷和科隆纳险些没能逃脱。尽管如此，腓力已经得到了他想要的。卜尼法斯的继任者只活了几个月的时间；他死后，红衣主教团选出了法国人克雷芒五世，他根本没有去罗马，而是把教廷设在了阿维尼翁。

教皇的虚弱不利于神圣罗马帝国的皇帝。法国国王惯于在德意志选帝侯之间挑拨矛盾，使帝国无法推行积极扩张的政策。各位选帝侯多年来甚至无法就皇帝的人选达成协议。腓特烈二世于1250年去世后，帝位一直虚悬，直到1272年哈布斯堡家族的鲁道夫当选。鲁道夫并不想将帝国的势力范围扩大到意大利。有此野心的皇帝是后来的卢森堡的亨利（1308—1313年在位）；他是自腓特烈二世以来第一位在罗马加冕的神圣罗马帝国皇帝——但加冕地不是圣彼得大教堂，为他加冕的人也不是教皇。亨利的意大利之征开始顺利，但后来陷入了僵局。他的士兵或是死于疟疾，或是开小差逃跑，他自己也因病而死。但丁原来对那次征战寄予厚望，期盼它能改变佛罗伦萨的政局，他就是在它的鼓舞下写出了《帝制论》的。

但丁

但丁在欧洲文化史上地位的奠基之作是他的诗作《神曲》。[5]然而，他绝非不关心政治。他生于1265年，少有大志，加入了作为民事官员后备队的一个组织。1300年6月，他成为治理佛罗伦萨的六名“最高执政官”之一，这六名最高执政官任期为一年，每人执政两个月。1301年，他作为外交官出使罗马；他不在期间，所谓的“黑党”发动政变，夺取了政权。但丁被迫流亡，如果他回到佛罗伦萨将会被处以火刑。佛罗伦萨一贯支持教皇对抗神圣罗马帝国，是“归尔甫派”，虽然“归尔甫派”和“吉伯林派”*这两个称谓的使用并不严谨。卜尼法斯八世当选后，佛罗伦萨的归尔甫派分裂为两个阵营；“白党”，即但丁所属的阵营，反对卜尼法斯；“黑党”则附属于教皇。

佛罗伦萨的政治残酷无情，但丁因被“黑党”强迫流亡而对卜尼法斯恨之入骨。他在流亡期间历尽艰辛，为寻求庇护费尽周折。因为他公开严厉地批评教廷及其干政行为，所以任何国家若给他提供庇护都很可能招致教廷盟友的报复。但丁对他在佛罗伦萨的同盟评价不高，他们对他也有诸多不满。佛罗伦萨恢复了和平后，并没有向但丁提出体面的条件请他回来，结

---

* 支持神圣罗马帝国皇帝的派别。——译者注

果他于1321年在流放中死于维罗纳。后来，在佛罗伦萨的圣十字大教堂为但丁造了墓，但维罗纳拒绝将但丁的遗体送回对他薄情寡义的家乡，所以但丁墓一直空置。人们常说，《神曲》中对亚当和夏娃被逐出天堂的刻画入微的描写反映了但丁被迫离开佛罗伦萨四处流亡的痛苦。但丁借《帝制论》对放逐了他的神权派进行哲学和政治上的反击，也描绘了他所渴望的政治世界。《帝制论》分三卷，在三个不同的基础上论述普遍君主制的优点：哲学（即亚里士多德的理论）、罗马史、《圣经》。第一卷和第三卷着重理论的论述；中间的第二卷列举实际事实作为前一卷和后一卷的论据。

对《帝制论》的评价众说纷纭。研究但丁的学者视《神曲》为但丁留给欧洲文化的最重要的遗产，却对《帝制论》嗤之以鼻，不过他们的蔑视与书中的政治观点没有关系。《帝制论》是用正式拉丁文写的，而在学者的眼中，但丁的成就在于使用通俗的意大利文写出了宏伟的诗篇。无论《帝制论》以何种语文写成，都不易逐句进行内容分析，也难以想象它的下述论述能使人服膺：相信世界上唯一合法的政治权威是皇帝，所有其他权威，包括教会，都要听命于皇帝。但丁的观点并不愚蠢，但太理想化。他相信极端君主主义，但这不说明他认为卢森堡的亨利或其继任者应该插手包括他的家乡佛罗伦萨在内的意大利各城邦的日常行政管理，更遑论插手教会的日常生活。他并不认为君临天下的皇帝应该无分巨细，事必躬亲。罗马帝国在鼎盛时期，基本上由帝国内各个城市自己管理自己的事务，但丁设想的君主就是以此为范本的。然而，他提出了一个极端的论点：只有按照罗马帝国兴盛时的模式重新振兴的帝国才能为人类繁荣提供合适的环境。教会掌握世俗权威成了他强烈批判的对象，《帝制论》因此自然为教会所深恶痛绝；1559年禁书目录甫一确定，马上就列入了《帝制论》，到1891年才拿掉。

《帝制论》第一卷采取了不同寻常的三段论形式，读者经常因此误以为该书是这位流亡诗人阐述自己哲学梦想的理论作品。也许《帝制论》中的观点不切实际，第二卷关于罗马史的叙事方法也不像讲述历史，更像是在讲神话故事；但教廷的反应如此激烈，说明此书的敌人对它没有掉以轻心。《帝制论》第一卷纯靠推理来证明君主制的必要，第三卷则论证《圣经》经文里没有说过教皇能凌驾于世俗权威之上。但丁谴责的不是教廷在精神领域中的权威，而是教廷逾越权限，过分插手世俗事务的行为。但丁也并不提倡政教分家；就连马西利乌斯的《和平的保卫者》都没有提出这样的观点。但丁是虔诚的基督徒，他认为教廷应当在世俗事务中行使适当的权力，并就此提出了言之成理的论述。他所驳斥的是卜尼法斯八世声称教皇在法律和政治上高于神圣罗马帝国皇帝和其他世俗国王的言论。教皇与皇帝和国王的恰当关系应如阿奎那和无数其他人所说的那样：正直有道的君主向深谙圣理的教皇寻求精神上的解惑，并使用手中的权力保护教会的尘世间利益。教皇的世俗权威是清正称职的教皇对于正直明智的统治者行使的道德权威。正是因为教廷不恪守这样的界限，才使得意大利以至全世界遭受了无穷无尽的不幸。

把但丁的论点从他行文的繁复格式中剥离出来看，还是很有吸引力的。五个世纪之后，他的一些想法成为了康德、黑格尔和马克思的历史哲学的基本思想。但丁的这些思想追根溯源来自亚里士多德的理论。这一点乍听之下令人难以置信，因为亚里士多德完全没有历史发展的概念，但基督教的天意概念补充了亚里士多德理论所缺少的内容。但丁的基本出发点是：社会生活的目的是让人类展示出人所特有的一切长处，其中最重要的两条是按理性生活的能力和依照道德法管理自己的能力。没有和平，人类无法发展这些长处，而维持和平是统治者最根本的职责。但丁和那个暴烈动荡的时代中几乎所有的思想家一样，热切地渴望和平。[6]政府的最高责任是公平施政，使治下人民得以利用和平的良机充分发展自己的能力。和平与正义是善的政府与善的生活的必要条件。

但丁刻意重复亚里士多德的论点，申明政体之所以存在不仅是为了生活，而且是为了使人民过善的生活。读者也许会纳闷，但丁怎么能以这一前提为基础来为皇帝的权威辩护。亚里士多德主张，只有希腊城邦的生活才是最好的生活；在他看来，只有希腊人才有条件过最好的生活。但丁为这一论点加上了一个前提，将其普适于全人类；几世纪后，这个前提成为康德的《世界公民观点之下的普遍历史观》的中心思想，也对其他作者产生了重要的影响。要达到至善，单靠一个人或一群人是不够的，需要全人类的共同努力。做成任何事都需要结成团体，互相帮助，但若想达到至善，有限的小规模群体远远不够。全人类都必须参与争取至善这项普遍的人类追求。“必须经过人类众多成员的努力来实现这一可能。”[7]应该效忠的是全球的君主，不是这个或那个国王、伯爵或公爵。有人可能不明白，但丁怎么能够把这个主张和他对佛罗伦萨全心的热爱调和起来，但许多思想家认为，普世主义与对自己国家的深刻感情并不矛盾。

但丁在阐述这一主张时大肆渲染逻辑推论，反而影响了达意的顺畅。他为何如此坚持显示他——几乎只有他——遵循了三段论推理的规则，没有犯任何被亚里士多德所诟病的错误，原因很难猜测。也许它只是反映了但丁对哲学的热爱，毕竟他在13世纪90年代曾对哲学进行过深入研究。但丁对普遍君主制是理性的选择这一点作了充分阐述之后，在第二卷转而显示罗马帝国的存在是上帝的意志。这会引起怀疑，因为在事实方面，但丁论史完全不准确。尖刻的批评者会说，但丁的结论本来就先天不足，不可靠的史实更是无法为他的结论提供支撑。要明白但丁的本意，不能斤斤计较于他的历史分析的失准，而应看到，他是要纾解关于天意在历史上作用的焦虑。

奥古斯丁在《上帝之城》中对罗马的描述就是一个例子。他说，罗马是上天计划中的一个角色；罗马帝国给堕落的人类提供一定的服务，但人民为此也付出了高昂的代价，遭受了各种暴力，而罗马的统治者则成了他们自己权欲的奴隶。当时的异教徒认为，罗马得到了诸神的眷顾，但奥古斯丁不相信这一观点；如果说，不相信异教的神意观在不同问题上有程度之分的话，可以说奥古斯丁尤其不相信罗马受到了诸神的青睐。罗马和一切政治实体一样，是不理想的现实世界中所能建立的最好政体，目的是尽量减轻犯了罪的人类在生活中遭遇的暴力和痛苦。尽管如此，罗马的存在仍然是上帝的意志，罗马最出色的公民表现出来的爱国主义、勇气和诚实正是上帝之城的公民应有的美德。

但丁心目中政府的作用要正面得多。他认为，罗马不止是一个以小恶防大恶的成功范例。在他看来，罗马是上帝意志的体现，上帝要人类在和平与正义的统治下充分发展自己的能力。问题不是帝国好不好；理智已经证明帝国是好的。但丁需要论证的是，罗马帝国这个具体的帝国是好的。鉴于罗马帝国崛起过程中的种种血腥残暴，比较认死理的人恐怕很难同意这一观点。但丁最大胆的论点是：罗马的权力是合法获得的，是因为战胜而得来的。[8]这一论点奇异地不合时宜。有些历史学家说，中世纪并没有“决斗裁判”（trial by combat）的做法，是文学作品编造出来的；其他人说，这种做法仅是偶一为之。不过，古典历史和神话中却充满了对这类场景的描述：势均力敌的两军为避免两败俱伤，决定各派一员大将或一组勇士决出胜负。但丁在诸神垂宠得胜英雄这一古典思想中加入了一个基督教和法学色彩较浓的思想——强权并非公理，但适当条件下的成功标志着上天的宠惠。

但丁在他这部为帝国张目的著作中，先指出理性证明了帝国是理想的形式，然后显示历史也说明上帝认可了罗马帝国，末卷则对《圣经》将权力给了穷人而非皇帝的说法进行了痛斥。

然而,《帝制论》第三卷的内容远不止此，但丁还批判了教廷长期以来的论点，尤其是对所谓的《君士坦丁赠与》的坚持。《君士坦丁赠与》是一份完全不可信的伪造文件，据说出现于8世纪中期，甚至可能更晚一个世纪。它假冒是君士坦丁大帝在4世纪时签署的一份法令，将对于西罗马帝国的权力转交给西尔维斯特一世教皇及其继任者。普遍认为《君士坦丁赠与》系伪造，但教廷始终辩称它是真件，直到16世纪历史学家的考证彻底摧毁了此论的可信性。教廷对教会辖地的世俗主权追溯到丕平和查理曼的授予以及后来历任皇帝的认可，这个说法的可信度高得多。但丁强调的不是《君士坦丁赠与》的不真实，而是它的无效。他在《神曲》中特别描写了它对教会的腐蚀。在《帝制论》中，他说《赠与》是无效的，因为皇帝不能放弃帝国的权威，那等于自我否定。这并非说皇帝不能退位。皇帝完全可以自动逊位，由当选的新皇帝继位。在这种情况下，皇帝放弃了他的帝国权威，选举过程则将帝国权威转给他的继任者。皇帝不能下令将帝国权威转给别人，因而剥夺他和他的继任者掌握帝国权威的机会："在位者绝对无权做任何与其权位冲突的事情，否则就等于同一事物在本质上自我反对，而那是不可能的。"评判这一论点的是与非殊为不易。皇帝可以选择自己的继任者，东、西两个罗马帝国的皇帝可以平分帝国的权力，事实上也的确是这样做的，他们甚至可以建立四帝共治。另一方面，援引帝国权威来证明将该权威赠予另一个机构为有效行为，这是说不通的。[9]

此外，但丁还对《新约》的内容作了诠释。他坚称，教皇为了支持自己的论点所引用的《新约》中的段落反映的是耶稣对政治权力和对强迫的态度，不能视为含义深刻的比喻。但丁严格按照字面意思来解释著名的“两把剑”的段落。基督对门徒说，因为他自己处境危殆，所以他们应该采取措施自我保护。这说明他们应该有12把剑，每人一把。基督问到他们实际有几把剑的时候，门徒们回答说，“两把。”基督说，“那就够了。”但丁认为，基督的话仅是字面的意思，即如果有必要自我防卫，两把剑就够了。杰拉西乌斯歪曲了这一段的意思，说基督设立了世俗权力和精神权力，而两者中又以精神权力为高；这在《圣经》中完全没有根据。耶稣赋予圣彼得捆绑和释放的权力那一段的含义更是重大，但是但丁将对那一段含义的解释斥为无稽之谈。基督对彼得说，他在人间所捆绑的或释放的“一切”在天堂也要捆绑或释放，这的确听起来很像是给了彼得以绝对权威。但丁却说，恰恰相反，这一段的意思只是说，彼得在尘世间他能够做的事情上有着无限的权力。还有许多事情是他做不到的。圣彼得单凭自己的话连有合法契约的婚姻都解除不了。若说连解除婚姻都不包括的“一切”居然包括废黜国王，岂非怪哉。[10]无论如何，在基督的时代或在福音书写成的时代，无人怀疑皇帝对于已知世界拥有独立的政治权威。如果基督想否认这一点，他会明说的。

使用亚里士多德的论点来捍卫皇家权威，抵制教廷自称的权威，这种论证方法有一个意想不到的不利之处：它暗示政治社会本身是好的，维护政治社会是一种责任。这削弱了君主制的特殊地位。然而，它并未完全颠覆君主制。亚里士多德和亚里士多德主义都不反君主。不仅阿奎那，而且巴黎的约翰以及当时的多数学者都认为，一人统治总的来说比任何其他的统治形式都更好。如果亚里士多德关于政治秩序内在价值的论述不错，那么君主制是最佳统治形式这一论点也是对的。所有一贯努力实现共善的合法政权都可以接受，其中君主制是最好的。所有只为一个或几个统治者的私利服务的非法政权都不可接受，其中暴君制是最坏的。然而，亚里士多德有一个未明言的思想，即政治社会的生成先于任何形式的政权；回头看去，这个思想离统治者应在被统治者的指导和同意下治理的思想只有短短的一步之遥。亚里士多德的弟子对君主制政府比对意大利城邦的公社式政府讨论得更多，这使评论家感到惊讶；但当教廷宣称自己拥有世俗权威已成为当时的突出问题时，亚里士多德的弟子起而捍卫世俗的君主制就不足为奇了。

帕多瓦的马西利乌斯

帕多瓦的马西利乌斯对教廷的宣示发动的攻击更使教廷及其拥护者怒不可遏。马西利乌斯在《和平的保卫者》中对教廷的攻击洋洋洒洒、长篇大论，他后来撰写的《和平的保卫者（小卷）》和《帝国的变迁》也以较短的篇幅攻击了教廷。马西利乌

斯在13世纪70年代晚期出生于帕多瓦。他所属的马伊纳尔迪尼家族名声显赫，是律师之家，但他选择了学医。他年轻时默默无闻，但1313年担任了巴黎大学的校长，按常规任期三个月。在那之后，他经常受雇为维罗纳的德拉·斯卡利亚家族和米兰的维斯孔蒂家族办事。无法确知他是何时开始撰写《和平的保卫者》的；一般假定是1315年左右。该书于1324年匿名出版。他的作者身份被泄露后，他觉得留在巴黎太危险了——教皇和法国国王已经讲和，所以如果教会对他不利，不能指望世俗当局会出手帮他。于是他逃到了神圣罗马帝国皇帝，巴伐利亚的路德维希的宫廷。马西利乌斯参加了1327—1328年间路德维希有始无终的意大利之征，一度曾任路德维希派驻罗马的副执政官。他与皇廷的关系一直非常紧密，但他在14世纪30年代期间并未发挥多大影响。1340年左右，马西利乌斯写了《和平的保卫者（小卷）》，目的是帮路德维希为他的行为辩护（路德维希解除了蒂罗尔伯爵夫人的婚姻，将她嫁给他自己的儿子），也是为了重申《和平的保卫者》的主旨思想。之后不久他就去世了，卒年大约是1342年。

《和平的保卫者》堪称巨著——有的译本长达500页。它激烈地反对教廷，约翰二十二世教皇还没读过即宣布了它的五大异端罪名。它首次提出了一种世俗权威的理论，将世俗权威与它所描述的精神权威仔细地区分开来，还提出世俗与精神领域中的权威均以和谐治理的原则为基础。几乎具有同样重要意义的是，他还提出了作为和谐治理概念依据的代表性理论。这本书为谁而写（cui bono）的问题如同大部分政治理论著作一样耐人寻味，但更加不易厘清。虽然马西利乌斯为巴伐利亚的路德维希效力多年，此书也是献给他的，但它是在路德维希1328年成为神圣罗马帝国皇帝之前写成的。卢森堡的亨利在1313年去世后，继任者人选经过了10年内战方才尘埃落定。《帝制论》反对教廷，拥护帝国；《和平的保卫者》反对教廷，却不拥护帝国，不过后来的《和平的保卫者（小卷）》和《帝国的变迁》肯定是拥护帝国的。

《和平的保卫者》从否定的角度立论，论述了反对教皇对教会的绝对权威，和反对教廷在世俗政治中作用的观点。马西利乌斯的理论既不反神职人员，也不反教会。这部篇幅巨大、说理紧凑的著作力证世俗权威应以被统治者的同意为基础；表达同意的手段是意大利城邦以及北部欧洲的城市所熟悉的代表机制。马西利乌斯更大胆的论点是，既然这个方法被用来治理城邦和王国，那么也应用来治理教会。这一论点尽管被约翰二十二世教皇视为异端邪说，其实并非全无先例。早期教会为解决教义和其他方面的问题举行过无数次公会议，其中有一些——比如尼西亚会议——特别出名，因为在那些公会议上讨论解决了一些影响深远的棘手问题，比如三位一体的本质。公会议大多由世俗统治者召集；至于这对教会的治理有何影响，人们见仁见智。一个无可辩驳的事实是，任何教皇都不喜欢遵从公会议的决定，都不喜欢公会议只能由世俗统治者召集的主张。

马西利乌斯的创新不在于声称与众多代表接触互动的政府制度可以解决许多实际问题，而在于他引伸了亚里士多德的政府理论，提出权力只有建立在民众同意的基础上才有道德合法性。他也许是利用这一观点作深入阐述的第一人。等级主义和平民主义的权威理论至少在理智的层面上可以调和，这并非新鲜主张。许多思想家都认为，权力产生于社会，然后赋予统治者，这与查士丁尼关于权威源于人民，无保留地转给皇帝，并且不可收回的论点异曲同工。查士丁尼是绝对君主，但主权在转到他手中之前是由人民所有的。根据伪造的《君士坦丁赠与》所体现的理论，对帝国的主权原来属于君士坦丁，由他转给了教皇，教皇又责成他管理帝国的世俗事务。完全可以说，开始时权力"在于人民"，从人民手中转给了皇帝，然后由皇帝转给了教皇，再由教皇下放给皇帝。另一种说法是，上帝是唯一的权威来源，但只有当君主清明正直、受人拥戴、治理有方的时候，上帝赋予统治者的权力才有效。选举在天主教教会这个等级森严的机构中十分普遍，可以将其理解为上帝通过启发选民来表达祂的旨意的过程：人民的声音即上帝的声音（vox populi, vox Dei）。权威属于上帝，只能通过人民的声音来发现上帝将权威赋予了谁。还有一种理论是纯粹的神权理论，认为上帝不仅是权威的来源，而且还直接指定尘世间的统治者。

马西利乌斯的《和平的保卫者》分三部分，第一部分论述的是他认为不言自明的事实，即人组成政治社会是为了过自足的生活。国家（regnum）是结社的最高形式，因为只有它能达到自足。这完全是亚里士多德的观点。他还提出，人为了生活而结社，为了好生活而实施政治，这个观点同样来自亚里士多德。阿奎那也采纳了亚里士多德的观点，但只到此为止。马西利乌斯则更进一步。终极自足只有在死后才能达到，但“社会幸福”就是尘世的自足。他提出的另一个观点与亚里士多德毫无关系，并且会使阿奎那愤怒不已，那就是，教廷构成了对和平与社会幸福的一大威胁。在《和平的保卫者》中，他开宗明义，说该书的目的是展示一个造成纷争和混乱的原因；亚里士多德不可能知道这个原因，因为它在他辞世很久之后才出现。[11] 马西利乌斯从职能的角度对政体的各个组成部分进行分析，这也是在亚里士多德思想基础上的进一步发挥。他说，政体的主要组成部分是司法、军事和宗教。亚里士多德在《政治学》第一卷中分析政体的时候，将它与更加有限的结社形式区分开来。马西利乌斯的分析方法则是对亚里士多德的方法的延伸。马西利乌斯认为，世俗统治者负有宗教的职能，因为他必须既保证民众的实际福祉，也维护民众的精神健康。宗教职能是任何运作有效的政体的职能之一。这个思想并不出奇。亚里士多德在设想理想政体的时候就讨论了设立神职人员的问题，马西利乌斯还援引西塞罗的话，说成功的政体需要组成合宜的神职人员阶层。但是，他对不同种类的权力和机构职能的分析标志了今人所谓机构分析的开始。

马西利乌斯先是为他所谓的“温和”统治提出辩护。[12] 他说，“国家”一词有好几个意思，都包含在亚里士多德的论述

中，而他要讨论的是“温和”政权的共同之处。温和的君主制并非异想天开。温和政府不仅限于现代意义上的有限政府。根据有限政府的现代概念，有些事情政府无权去做，国家的强迫性权威只在有限的范围内才有必要，才有效，超越这个范围之外，国家的权威即鞭长莫及。中世纪思想家当然认为，有些事情政府无权插手，但那些事情主要属于宗教范畴；如果统治者命令人民否认基督，就坚决不能服从他的命令，如果统治者要带领民众背离真正的信仰，他就丧失了统治的权利。但是，亚里士多德的学说被重新发掘出来后，中世纪思想家的著述均遵循目的论的框架，这意味着，他们通常不把民众的权利与统治者的权利相比较。政府的任务是尽力为善。他们在辩论中常说，某个具体的统治者不能采取某种行动，因为那项行动违反了约定俗成的习惯和国家的法律；但民众有权限制任何形式的政府的权威，这个观念是中世纪思想家所没有的。马西利乌斯说，“温和君主制”必须依法行事，亚里士多德在捍卫“法治而非人治”的思想时，也提出了同样的主张；但马西利乌斯没有现代人的观点，他不认为生活中有些领域是法律无法规范的。

马西利乌斯的思想与现代观点的区别影响了他对代表性机构和选举制度的解释。在现代世界中，这样的机构和制度是工具，用来确保政府为自己的行为负责，不致越界滥权。马西利乌斯却不是这样解释；他认为，代表性机构和制度的目的是确保最明智的人成为统治者。细想之下，可以清楚地看到，选举和有限政府之间没有必然的联系；一个人能行使何种权威是一回事，他如何获得权威则是另一回事。教皇靠选举产生，但宣称拥有绝对权威。马西利乌斯想要的是明智的政府，不是有限的政府。19世纪和20世纪的独裁者也是通过公民投票获得了权威的。马西利乌斯想要温和的统治者，而不是独裁者。智者是温和的，开明的制度安排是为了确保产生明智的统治者。他在《和平的保卫者》第一部分中通篇讨论的题目就是如何保证智者得以掌权。

马西利乌斯心目中的选举和我们今天的选举不是一回事。他说，公众同意是政府的“有效成因”；也就是说，社会同意接受治理，这才产生了政府。他还说，法律之所以成为法律，就是因为社会一贯的同意。许多读者觉得他这些论点非常大胆。其实，这些论点在他之前就曾以别的面貌出现过。稍加推敲，就能挖掘出西塞罗观点中类似的意思；但是，马西利乌斯强调自愿性，这一点与众不同。他主张，一贯的同意对合法性至关重要。治理良好的政体按人民的意志，在人民的同意下为了共善制定法律；这个思想并不出奇，它是罗马人塑造自我形象的一个中心内容。马西利乌斯问，谁的同意才算数？又自答说，每一个人的同意都算数，除了坏人和蠢人，还有穷得对社会无足轻重的人。这就更突出了人民同意的因素。拥护贵族制和等级制的人总是说，大众即是坏人和蠢人。对此，马西利乌斯反驳道，“多数公民在多数时间中既不坏也不蠢。”他引用亚里士多德的话说，公民尽管自己没有能力制订立法，但如果把立法提交给他们，他们能够判断立法的优劣。[13]

马西利乌斯为论述民众同意是合法性的基础，引用了亚里士多德的理论作为依据，但他对那些理论的解释可能会使亚氏本人大感意外。然而，他对亚里士多德关于共和政体（即由众人，而不是“指定的一群人”，参与的好政府）的论点的转述却是准确无比。他虽然在书的开头立论大胆，但是并未提出有关“民众同意”的民主概念。他和其他人一样，认为集思广益强于一人独断，明智的统治者需要谋士建言，最好的政府需要许多人的参与，用现代的说法就是多人统治（polyarchy）。[14]这个观点支持像帕多瓦这样的意大利城邦的政府形式，也支持其他地方的议会制或理事会制的政府形式，还能用来论述应该将这类政府形式适用于世俗国家以外的机构，比如教会。无论如何，统治者和政策越是直接由人民选择，得到的支持就越大。这里的“人民”指的是足够的人，特别是足够的有一定重要性的人，可以造成有代表性的强大公共舆论。为了表达“足够的合适的人”的意思，马西利乌斯用了valentior pars这个说法，严格按字面翻译就是“更有力量的部分”。他并非鼓吹多数人的意志对全体人民有约束力，而是说要让足够多的重要的人参与。“足够多”可以指很少的几个人；在神圣罗马帝国皇帝的合法性的问题上，选帝侯就足以构成valentior pars。马西利乌斯曾深深受惠于当选为皇帝的巴伐利亚的路德维希。也许就是在马西利乌斯的影响下，七位选帝侯中有六位在1338年宣布，皇帝的头衔由多数选帝侯决定，无须教皇的批准。这一观点载入了1365年的金玺诏书。

所以，马西利乌斯的论点是，确保“温和”政府的办法是由合法的统治者统治自由的公民；公民指积极参与国家事务的人。这与亚里士多德关于共和制的理论十分相像，只是马西利乌斯几乎总是只谈确保温和的一人统治。在亚里士多德的共和制中，公民参与“统治别人也被别人统治”，马西利乌斯却大谈特谈“温和君主制”，使人觉得他只关心如何确保一人统治得到社会中比较富裕、明智和稳健的成员的同意。

当然，马西利乌斯撰写《和平的保卫者》主要是为了攻击他的头号敌人——教廷。虽然他在书中论述了合法的国家权威的一般性理论，但他花了三倍以上的篇幅对教廷的政治权力发动猛攻。他的论述说理透彻、言辞犀利、详尽无遗、说服力强。没有被他说服的人则恨他入骨；天主教教会至今对他充满敌意。在攻击教廷自称拥有权威的说法时，马西利乌斯从此说的源头入手，那就是基督赋予了圣彼得捆绑和释放的权力。他不是提出基督并未仅仅赋权给彼得的第一人；其他人也曾说过，基督将此权力赋予了所有使徒。如果所有的主教和神父都是使徒的继承者的话，他们就应该分享教会的权威，这就是鼓吹教会治理应采取公会议形式的主张。[15]在驳斥了教廷自称集大权于一身的论点后，马西利乌斯意犹未尽，进而辩称，教会无权拥有它手中的大量财富。他和激进的方济各会一样，说早期教会时，使徒靠追随者提供食宿，那才是14世纪的教会应当采取的恰当方式。

马西利乌斯在此基础上提出的观点相当激进。他说，教会没有合法的强迫性权力。他和几乎所有人一样，认为强迫的权力是立法能力最实质性的标志。如果教会没有强迫的权力，它就不能立法。这意味着教会法规严格来讲不能算是法律。教会对教众具有大家都同意的权力，即开除教籍的权力。然而，马西利乌斯之前和之后的人都认为，教会有权要求世俗当局对被开除教籍的人实施进一步的制裁，马西利乌斯却不同意。即使是开除教籍这种有限的制裁也属于教会，而非教皇。马西利乌斯对教廷声称拥有世俗权力的最后一击是决定性的。他说，基督赋予门徒的权力是教诲和劝告的权力，不是统治的权力。这是一个全新的观点。它非常接近350年后约翰·洛克在《论宗教宽容：致友人的一封信》中提出的关于教会本质的观点：教会是自愿的组织，由成员一致的信仰所维持；它的目的是使成员敬神，并就信仰及其对行为的要求彼此鼓励启发。洛克没有说教会必须安于贫穷，但马西利乌斯的论述为此提出了根据：教会宣扬贞洁、脱俗，蔑视尘世间的享乐、肉欲和魔鬼，如果它拥有财富，它的道德权威就会大打折扣。

巴尔托鲁与意大利城邦

意大利北部和中部的国家及城市与英国和法国这种独立存在的王国不同，至少名义上是神圣罗马帝国或天主教教会的附属。实际上，它们极力抵抗名义上的主公试图对它们加紧控制的努力，特别是历任皇帝对伦巴第实施权威的企图。对当时的人来说，分析意大利中部和北部城邦的政治安排和法律地位殊为困难；那些城邦的历史和政治无法准确描述。各城邦一会儿靠教廷的援手反抗皇帝对它们独立的侵犯，一会儿又在皇帝的帮助下反对教廷，有时还利用希望浑水摸鱼的外来者的支持来对抗所有其他各方。这些发展令人眼花缭乱、不辨所以，但那些城邦的艰难处境显而易见。意大利王国（regnum Italicum）的版图包括9世纪和10世纪被伦巴第人所征服，又被德意志各王公在教廷的敦促下解放的地区。严格说起来，大部分城邦及居民属神圣罗马帝国管辖；教会辖地及居民属教廷管辖，这是因为帝国把宗主权授予了教廷，由教廷对教会辖地实施直接统治，或通过指定代理人——“教皇代理人”——进行统治。对本书而言，重要的是米兰、比萨、阿雷佐或佩鲁贾这些城邦的法律管辖权源自神圣罗马帝国皇帝的普遍主权，但皇帝对它们行使的权威却微不足道，甚至名存实亡。

从12世纪开始，大多数名义上由皇帝统治的城邦都已不受皇帝的有效控制，也不想受皇帝的控制。每个城邦都对自己的行动自由视若珍宝，对邻近的城邦都没有好感。皇帝为强行实施权威而发动征伐的时候，这些城邦就联起手来合力拒敌。没有这种威胁的时候，它们之间就彼此竞争，互不信任，与1 500年前的古希腊城邦毫无二致。12世纪之后的几个世纪内，这些城邦在历任教皇的帮助下，挫败了腓特烈·巴巴罗萨、腓特烈二世以及后来的皇帝对它们独立的威胁。教皇的意图显而易见；如果来自德意志的神圣罗马帝国皇帝控制了西西里王国和意大利王国，就对教会辖地形成钳形包围。没有人相信教皇会因为别的理由而关心这些城邦的独立。城邦自己的思想更有趣些。它们声称是在捍卫自己的自由，说那些自由本是罗马共和国公民所享受的，但随着罗马共和国变为罗马帝国而丧失掉了。这最起码意味着，这些城邦是真正自治的，有权自己制定法律。这说明它们享有对帝国的法律独立，并且有制定法律的能力。后面我们会看到，萨索费拉托的巴尔托鲁是如何论述城邦理应享有这项权利的，但如果只看表面，对立法权持严格条文主义观点的人会认为，这些城邦不是主权国家，皇帝不过是暂时将立法权下放给了它们。

根据查士丁尼的《学说汇纂》，全世界只有一个合法的立法者，那就是皇帝，所有其他的立法者必定都是获得了皇帝的默许。这种狭隘的解释荒唐之至，等于是说，法国和英国的法律制度或者是皇帝施予的，或者是篡谋得来的。但是，皇帝宣称自己对意大利城邦拥有权威，依靠的就是这一点，完全不顾它是多么无法自圆其说。不过，皇帝也遇到了难题。为了对付城邦，皇帝拉起法律的大旗，研究教会法规的律师却宣布，教皇的法律权威高于皇帝的权威。教会法律师也许同意，城邦没有自主的立法能力，但他们宣称，皇帝只有被教皇加冕后才获得立法能力；这正是马西利乌斯和但丁大力否认的一点。

城邦需要对自身法律地位有一套清楚连贯的叙述，需要确定自己的主权。它们也需要建立与自己的行政和经济目的相适应的政府形式。11世纪期间，它们重拾了罗马共和国早期的许多做法，特别是规定执政官任期简短，以防出现独裁暴政。古罗马人赶走了国王后，采用选举执政官的做法，任期只有一年。比萨、米兰和阿雷佐开始时也设立了执政官。这些城邦在许多方面都真正恢复了古时城邦的旧制。它们生存的一个重要条件是它们控制着周边的乡村地区；农夫（contadini）不是封建领主的佃户，而是拥有自己田庄的小农，或者是租种住在城里的地主的土地的佃农。12世纪的观察家特别注意到，意大利城邦没有法国、德意志和英国那样的大封建领主。这种情况一经改变，就破坏了城邦政治制度的基础；商业钜子和银行家靠财富获得了贵族地位，财富加地位又带来了权力。城邦开始遇到了与古时前辈同样的问题：一方面要防止暴政，另一方面又要避免阶级斗争和没收富人财产的举措。它们为了防止暴君出现而采取的办法带来了必然的负面效果：领导人频繁更换，造成朝令夕改；竞争职位导致拉帮结派与零和政治。

为给领导人出谋划策，各城邦几乎无一例外，都成立了理事会。城邦的最高长官“波德斯塔”（podesta）施政需要理事会的同意。通常的安排是建立双层理事会，一层成员众多，公开举行会议，除了否决权外没有多少别的权力，另一层成员较少，会议不公开，负责制定政策。派系分裂的痼疾无法解决，除非牺牲城邦视若珍宝的自由。各城邦想要——或后来认识到自己需要——罗马人的自由，这意味着它们需要稳定的宪政政府、法治、其他权威机构的独立，和城邦的壮大。它们发现，正如在罗马发生的那样，贵族之间争夺权位的派别斗争最终均导致一人统治，这或者是因为大家斗得筋疲力尽无奈接受，或者是由于大家公认这是最好的办法。最伟大，也是最成功的城邦威尼斯早在1279年就形成了世袭的商人贵族制。除它以外，所有其他城邦最终都落入世袭的公爵或伯爵的统治之下，而那些公爵和伯爵要维持自己的地位，又常常须依赖强大的外部势力，如教廷、神圣罗马帝国，后来还有法国或西班牙的君主。有识之士都看到了意大利城邦与古希腊城邦的相似之处，也推测它们以后的遭遇恐怕也和古希腊城邦在马其顿和罗马手中的命运相去不远。

然而，意大利城邦的命运并非注定不变。15世纪末期，马基雅维利这位敏锐而热烈的政治家兼思想家希望佛罗伦萨能重新动员起民众的激情参与，建立新的罗马，他这并不是愚蠢的空想。不管人们如何评价马基雅维利的希望，从11世纪到16世纪早期这四个世纪之间，古代政治生活的一些方面，无论是好是坏，都在意大利城邦重新焕发了生机。鉴于城邦的政府制度，马西利乌斯在分析温和政府的时候参照了亚里士多德的《政治学》当不令人惊讶。既然马西利乌斯反对教廷自称拥有世俗权力，批判教廷对财货的贪婪，那么他大力反驳教廷的辩护士对《圣经》经文的解释也顺理成章。使现代读者困惑不解的是，14世纪和15世纪的作者为何如此重视民法对意大利城邦合法性的意义。其实并不奇怪；现代美国政治纠缠的合法性问题并不比那时更简单。不仅教会法规和民法的交集需要用法律予以澄清，而且不同城邦的不同做法也需要靠法律确定解决的办法。受过最好教育的意大利人都必须学习教会法规和民法，政府运作和商业活动都非常需要这方面的知识，所以他们学成之后绝不会无用武之地。

法律理论家中最著名的是萨索费拉托的巴尔托鲁。他生于1313年，卒于1357年。可以说他天生注定要做法学教授；他在佩鲁贾和博洛尼亚求学，学业完成后到比萨教书，后来又去了佩鲁贾，在那里才43岁就英年早逝。他撰写长篇论文，评论罗马法的许多方面和查士丁尼《民法大全》的大部分内容。时至今日，他仍被视为法律冲突研究的伟大的奠基者。政治理论家主要注意的是他关于暴君制的一篇短小精悍但影响巨大的文章，但他关于半自治城邦法律地位的观点也非常合情合理，他的许多思想在几个世纪后备受重视。巴尔托鲁的立场简明直接。来自德意志的神圣罗马帝国皇帝丧失了对北部意大利城邦的实际控制。真正的君主既有实际权力，也有使他名正言顺地行使权力的法律权威。如果自诩具有法律权威，却长期无人理睬，那么这种宣布就没有任何意义。这听起来很像后来的法律实证主义；那种理论认为，任何地方的法律都是由当地确立的立法过程来定的，而立法权力的合法性则靠法律的有效性来确定。巴尔托鲁的立场没有那么绝对；他专攻罗马法，认同只有罗马公民的继承人才有权立法的主张，因为罗马法就是以他们的名义制定的。除英国以外的大部分欧洲国家均采用罗马法，在民法于18世纪末以及后来的时期内得到编纂之前，那些国家的法律制度得以维持，巴尔托鲁厥功至伟。

虽然各城邦对皇帝的宣示可以置之不理，但在政治实践中，并非每一个城邦都能自我治理，而不必宣布（或承认）对包括皇帝在内的某个主公效忠。那些城邦并不都是巴尔托鲁优雅地称为“自己做主的城邦”（civitas princeps suae）那一类。巴尔托鲁撰著时，罗马涅地区的许多城邦都自愿或被迫承认教皇为领主；而巴尔托鲁出生时恰逢卢森堡的亨利率兵入侵，差一点就夺回了对意大利王国的统治权。主权分享的问题论述起来困难重重；民法建立在查士丁尼《学说汇纂》的基础上，并且不接受将习惯本身作为法律来源的主张。对于后世历史学家的崇拜钦佩，巴尔托鲁当之无愧，虽然他的著作充斥着艰深的技术性论述，读来令人头痛。

他题为“城邦的政府”的短文很有意思，主要有两个原因。第一，它从亚里士多德学说的角度叙述了城邦的政治，解释了城邦如何能够成为自主的立法实体：只要人民自己制定法律，城邦即成立。这反映了西塞罗的观点，认为共和国必须有公民，而追求公民的利益须采用宪政手段。巴尔托鲁还采用了西塞罗为好国王必须奉行的正义下的定义：“他必须始终不渝地致力于使每个人得其应得。”巴尔托鲁与阿奎那和马西利乌斯一样，把亚里士多德的意思解读为：如果能实现的话，君主制政府绝对是最好的政府形式；为了同样的原因，在保证和平与秩序方面，一个人的统一意志要比许多人的统一意志更加有力，因为后者是靠不住的。他捍卫的是“君主制式”的政府：“王权”涵盖一人统治的许多形式，从君临天下的皇帝到统治着一个城邦及其周边地区的公爵或伯爵。

巴尔托鲁的许多论点对读过亚里士多德的人来说并不陌生，但他有自己特别的目的。他重新启用了亚里士多德共和制（politeia）的概念，提出了policratia，指大部分有公民资格的人都积极参与，旨在促进共善的政府。巴尔托鲁出于常识，热心支持在可能的情况下建立平民政府；在这样的政府中，行使绝对权力的既不是富豪也不是穷人，而是与城邦的命运利害攸关的民众。他和亚里士多德一样，提出了六种形式的政府，还有第七种亚里士多德的论述中所没有的"怪物"，下面很快会谈到。政府形式的划分也是按照亚里士多德的原则确定的。好的政府形式旨在实现共善，坏的政府形式只为统治者的利益服务；最好的形式是君主制，最坏的形式是暴君制。意大利到处是最狭义的暴君，即以非宪政的手段获得权力的僭主。显然，最紧迫的问题是如何避免由自私自利、无法无天的一人统治者构成的暴君/僭主统治。

巴尔托鲁以律师的眼光看待合法性的问题，认为选举产生的王权最接近神意。这个思想出自他对僭主安插家人，形成世袭统治家族的做法的反感。至于统治者如何能够达到他确定的睿智公正的高标准，巴尔托鲁借用了罗马的吉莱斯（原名埃伊迪乌斯·科隆纳）*令人信服的观点：一人统治者需要明智的建议、聪睿的谋士，还需要一个独立的理事会来使他保持明智和诚实。既然统治者必须始终坚持公正守法，汲取集体智慧对

* 13世纪末经院哲学家、神学家。——译者注

他来说就特别重要，但是城邦的团结需要有一个单一的权力中心——这在意大利城邦中最为明显。

巴尔托鲁这篇短文的第二个，也是最有意思的方面是他对同时代罗马无政府的杂乱状况的痛恨。罗马甚至算不上治理不善；它是个怪物——在任何政体中，政府都具有一定的统一性，当时的罗马却丝毫没有。无论政府是平民制、贵族制，还是国王制，都需要有一个首脑；首脑可以是一个人，也可以是一个机构，职能是制定法律、推行政策。在罗马，互相竞争的僭主/暴君斗作一团，罗马城的最高长官仅仅是名义上的统治者，实际上起不了任何作用。16世纪初，马基雅维利将意大利政治的乱象归咎于教廷的胡作非为，引起舆论哗然，但在巴尔托鲁生活的14世纪，教皇住在阿维尼翁，处于法国君主的牢牢控制之下，辅佐教皇管理教会事务的红衣主教团的绝大多数成员都是法国人。问题的根源不是教皇和红衣主教在罗马所作所为，反而是他们根本不在罗马。

巴尔托鲁和马基雅维利一样，抚今追昔，对罗马的乱局痛心疾首；罗马在古代地中海地区曾是维持稳定的磐石，如今却虚弱混乱。巴尔托鲁对教廷并无敌意。他去世不久前，教皇使节埃吉迪奥·阿尔沃诺斯正巧谋布置，要将意大利北部和西部的各个僭主变为“教会的代理人”。巴尔托鲁写了一篇论僭主的文章，详细论述了僭主制政府在属于教皇的领土上活动所引起的法律问题，也大略谈及了“事后合法化”的可能。

他（早在马基雅维利之前）提出，可以接受僭主制作为过渡性的政府形式，教皇或皇帝以后可以通过将僭主变为“代理人”，或副摄政王，来赋予其合法性。巴尔托鲁在讨论城邦政府的时候谴责了僭主制，说它使君主制腐蚀变质，但这并不能回答如何看待一个长期在位的僭主的行为这个问题。如果将僭主狭义地定义为获取了本不属于自己的权力的人，假使这样一个人在相当长的时间内治理有方，那么说他主持做出的一切决定在法律上均为无效就十分荒唐。他的行为缺乏完全的合法性，但并非所有行为都不合法。当然，压迫、苛捐杂税（巴尔托鲁非常关注这个问题）和对反对派横加打击，迫使他们去国流亡，这些完全是另一回事。勒索人民以求自肥的僭主必须受到法律的惩罚。

对于教廷和帝国将僭主变为代理人的政策，他并不十分热心，但在没有更好办法的情况下，也许这种政策有其可取之处。“正如审慎的水手丢弃不太值钱的船货以抢救更贵重的货物，或精明的屋主选择抢救更宝贵的物品一样，一位公正的主公为实现伟大而紧迫的改变，也会接受僭主，委任他为自己的代理人。”为了僭主治下人民的福祉，也许只能出此下策，正如医生必须对病人采取可能危及生命的治疗方法，因为否则病人必死无疑。巴尔托鲁对此基本上采取不赞成的调子；理想的统治者经过适当的选举程序登上权位，为了共善而公平施政，这与僭主的名不正言不顺形成了鲜明的对比。僭主统治的暗中危害有时甚至无迹可察；一个人没有正式官位也可以在幕后暗中行使非法权力，成为僭主。巴尔托鲁认为，意大利城邦政治中山头林立（他曾就归尔甫派和吉伯林派专门写过一篇论文），这意味着派别领导人有可能牢牢控制着名义上负责的官员，自己成为城邦中真正大权在握的人；如果他们不奉行正义，就成了僭主。现代的人马上会联想到意大利的黑手党。

在巴尔托鲁撰著论述城邦政府的几年前，画家安布罗吉奥·洛伦泽蒂创作了一组比喻好政府和坏政府的壁画，与巴尔托鲁的著述异曲同工。在好政府中，正义是主宰，有和平、勇敢、节制和宽大这些美德作为辅佐；坐在宝座上的正义头上漂浮着智慧。在坏政府中，非正义借僭主为化身居于统治地位，而僭主的形象与魔鬼无异；助纣为虐的有怒气、贪婪、不和、背信和残忍。政府公正则社会繁荣、百姓踊跃纳税、国家富强、为邻国所尊重；政府不公则饿殍遍野、民不聊生。洛伦泽蒂于1338—1339年间创作这组壁画时，意大利锡耶纳地方的人刚刚在经历了一段僭主统治后重获自由，正在欣喜庆祝；对政治理论家来说，这组壁画的有趣之处在于它蕴含了基督教、亚里士多德学派、斯多葛学派和西塞罗学派等各种思想流派关于稳定和平的政府必备要素的主张，却完全没有显示那些主张其实彼此大相径庭。但是，那些主张是14世纪知识和思想的源泉；当它们赞扬和贬斥同一个事物的时候，将它们罗列在一起是很自然的事。只有当某一个主张失去了可信性，或一种思想导致的事态发展迥然有别于其他思想的结果时，才会出现麻烦。

公会议至上主义与奥卡姆

我们已经看到，“政府须有受治者同意”这条原则很容易以某种形式适用于对教会的治理。历史上，公会议运动是教廷在阿维尼翁遭受“阿维尼翁之囚”晚期的落魄状态促成的产物。教廷对法国君主俯首帖耳，显然损害了它影响欧洲政治的能力。为减轻英法“百年战争”造成的痛苦和破坏，教皇出面调解，但因为英国认为教皇偏向法国，几乎没有产生任何效果。在人们眼中，教廷变得越来越专制、集权、腐败，于是对教廷益发没有好感。1377—1378年间，教廷在格列高利十一世任期将满之时返回罗马，发现罗马一如既往地乱作一团，城里的贵族对非意大利裔的红衣主教公然敌视。教廷的大部分人宁肯回阿维尼翁去，但格列高利十一世回到罗马后不久就去世了，而继任的乌尔班六世拒绝离开罗马。这激起了法国红衣主教的反叛，他们宣布乌尔班的当选无效，选出克莱蒙七世作为伪教皇。结果，他们被逐出意大利，回到了阿维尼翁。这一下，两个教皇分庭抗礼；法国、那不勒斯王国，以及西班牙的莱昂和阿拉贡王国听命于阿维尼翁；英国、神圣罗马帝国和北部意大利归附于罗马。

弥合这种分裂有一个现成的办法，就是召开全教会的公会议来恢复和平与团结。但实际上，世俗君主用了几乎70年的时间才达成了最后的解决。公会议运动本来可以将代议制宪政政府确定为欧洲的规范，结果却是增强了有官僚机构支撑的绝对君主制的力量。公会议运动在思想上的意义大于它实际的（无）效力。急需解决的紧迫问题是：谁有权召集公会议？但这个问题是无解的。罗马的教皇和阿维尼翁的伪教皇都不想召开可能会导致自己被废的公会议；神圣罗马帝国的皇帝又有所偏向。需要明确说明到底是谁掌握着整个教会的权力。

马西利乌斯的学说显然可以作为依据。事实上，他的学说是唯一的明显依据，因而被广为援引。如果政治社会的本质决定它能够产生权威，并通过某种代表性的程序将权威交予统治者，那么，教会显然就是这样一个社会；马西利乌斯也正是这样说的。需要从否定的角度来说明，基督并没有赋予圣彼得以及后来的历任教皇一种压倒代表性原则的绝对权威。如果教会可以顺利地通过委托的方式行使它固有的权威，肯定就能通过公会议来消除分裂不和的丑闻。另一种可以依靠的理论是奥卡姆的威廉的学说，但尽管他不像马西利乌斯那样对教廷深恶痛绝，他的思想却更加激进。奥卡姆是英国人，生于13世纪80年代，长大后成为方济各会的修士，在牛津大学学习，后又在那里教书。但当他应召去阿维尼翁向约翰二十二世教皇述职的时候，他和马西利乌斯一样，逃到了巴伐利亚的路德维希的皇廷，在那里替路德维希撰写反对教皇的文章。[16]他在哲学上是经验主义者，对于视教会（像任何其他组合一样）为“奥体”的理念明确表示怀疑，认为教会实际上不过是由信徒组成的群体。教皇不是教会的化身，不能代表整个教会；任何代表权都必须由组成教会的个人赋予教皇。

召开公会议来解决教会分裂的呼声日益加大，产生的结果好坏参半。第一次公会议于1409年在比萨举行，两位教皇谁也没被劝动逊位；不仅如此，会议还乱上加乱，又选举了一位伪教皇亚历山大五世，但他很快即去世，由约翰二十三世继任。几年后，康斯坦茨会议（1414—1418年）成功地罢免了所有三位教皇，选出了马丁五世，终于使他成为唯一合法的教皇。康斯坦茨会议能够成功，让·热尔松（1363—1429年）功不可没。他花了近20年的时间力倡温和的观点。他不像马西利乌斯、奥卡姆，以及所有的激进派那样，宣称全体高于部分，或全社会高于领导层，而只是建议在紧急情况中将权威交给全教会的公会议。公会议本身采取了激进派的观点，在通谕（Hanc sanctam）中宣布，它的权威直接来自基督，不是由某个教皇授予的。事实上，公会议的效力全靠西吉斯蒙德皇帝的支持，这位皇帝有充足的理由希望教会实现统一，其中一个相当重要的理由是他的家乡波希米亚爆发了胡斯信徒的叛乱*。不管怎样，公会议发出了宣告，自称教会的最高治理机构，并坚持要经常开会。

事实证明那只是一句空话。康斯坦茨会议之后召开了巴塞尔会议（1431—1449年），虽然库萨的尼古拉（1401—1464年）在它的启发下写了题为“论公教的和谐”的重要论文，[17]但是那次会议本身却因陷入分裂而惨淡收场。分裂起因于两条相互

* 指波希米亚地区的胡斯战争，由扬·胡斯的追随者领导，以改革天主教、争取农民权益为诉求，从1419年持续到1434年。——译者注

冲突的原则，一是必须有所有基督徒同意，一是坚持教皇作为教会首脑的地位。尼古拉在论文中力图调和这两条原则。该论文不是“政治”文章，并未试图提出使各方都满意的机构安排，反正那也是不可能之事。它是一篇哲学思考，探讨个人能够以哪些方式代表群体、思想或原则。尼古拉的神学观点属于神秘主义，但他在具体问题上手段灵活，设计出了一套选举神圣罗马帝国皇帝的投票制度，300年后，这套制度重见天日，今天仍广为应用，被称为“波达计数法”（Borda count），是一种排序投票法。巴塞尔会议后，教廷复辟了专制和等级森严的治理方式。即使不是这样的结果，16世纪的宗教改革运动恐怕也在所难免。奥卡姆和马西利乌斯想改革教会，但在康斯坦茨会议上，热尔松却起诉了力主改革的扬·胡斯（胡斯倡导的正是一个世纪后宗教改革运动的观点），尼古拉参加巴塞尔会议则是为了加强他在一个主教辖区的话语权。会议需要的是教会内部的统一，不是去旧布新的变化。

第九章

人文主义

何谓人文主义？

下面三章从三个不同的角度讨论了同一个时期、同一片乱象中的政治思想。15世纪末和16世纪初是西方基督教世界作为单一实体存在的最后的日子。16世纪中期以后，欧洲出现了天主教和新教之间的教派鸿沟，至今仍赫然横亘。之前几世纪的暴力平息了下去，但猜忌怀疑远未消除，天主教欧洲和新教欧洲的政治历史和政治抱负也大相径庭，虽然教派史和政治史之间的联系不像新教的鼓吹者说的那样紧密。这三章讨论的主题中有两个众所周知；说到政治思想，就不能不谈及马基雅维利的思想，以及与他的观点相对立的路德和加尔文的思想。第三个主题直到最近才得到比较深刻的探讨。我们就从它开始。

分析人文主义及其政治影响大为不易。评论者言人人殊。

有些人认为，那是一场他们称为“公民人文主义”的政治运动，受论述道德与政治问题的古典著作启发而成，致力于重振共和的美德。[1]重振努力的中心是佛罗伦萨，是佛罗伦萨自我形象的一个方面（佛罗伦萨认为自己乃自治共和国，既非专制君主政体，亦非教廷或神圣罗马帝国的附属），也是对于商人贵族对佛罗伦萨城邦政治的控制日益紧密的一种抵制。对于人文主义和共和主义共存孪生的观点，批评者指出，大多数人文主义者在政治上的兴趣，远不及考证拉丁及希腊文献的可靠性、确定作者，和辨识真伪文本。当时伪造文本泛滥，通过文本批评来进行甄别的做法标志着近代历史研究的开端。这似乎与倾心于共和美德没有什么明显的联系。也许有一种“选择性亲近”：研究了古典文献后可能会更强烈地感到，14世纪和15世纪的意大利政治比起共和国时的罗马政治来是多么不堪。然而，两者的联系仍然十分模糊，无法明确成立。马西利乌斯和马基雅维利都对意大利政治极为不满，但二人中前者十分喜欢为人文主义者所不屑的经院式和三段论推理方法，后者关于君主应具备何种“美德”的观点与人文主义者通常的观点截然不同。[2]建立共和国的热情不需要具备人文主义者的资格和素养，而且只有那样的资格和素养也不够；许多人文主义者崇拜传统和等级制，他们有关政治的典型作品是“君主之鉴”*或关于君主教育的文章。[3]

---

* 指自中世纪早期至文艺复兴期间的一种政治文体，通常用来为国王或王公提供治理方面的指导规劝，也包括介绍历史和文学中值得君主学习或引以为戒的事例。——译者注

人文主义起源于对专业律师的需求。法律知识的规范性训练不注重文体的优雅与否，但负责起草法律文件、为商人和其他顾客订立合同、处理意大利城邦政府公文的律师（dictatores）必须有过硬的笔头功夫。他们需要学习高雅的文体，这也成了法学院学生开始学习法律专业知识之前所受教育的一部分。接触到文学作品后，自然发展起对作品的文学水平的兴趣，很快又产生出更高层次的从史学和语文学角度对写作和翻译的鉴赏。即使在贵族和皇族当中，有文学底蕴、会多种语言也成为足以自豪的修养。王公贵妇于是不得不专心学习使圣奥古斯丁望而却步的希腊文；一个著名的例子是伊丽莎白一世女王，她的学问造诣实属上乘。

仔细分析之下，会发现人文主义一些内里的分别，比如，早期的意大利人文主义和后来的北部欧洲人文主义之间就有所不同；也能辨出各个人文主义作家迥然不同的政治倾向。但本书对这些都不会谈及，而是只限于探讨人文主义作家讨论政治问题的一些方式，特别是对新颖的文学形式的运用。一个新形式是半认真半开玩笑地创作政治乌托邦的故事，另一个是论辩短文的发明。新教改革重提并大力宣传奥古斯丁的原罪思想，倡导改革的神学家不断强调，善行并不能保证得救（教廷的挥霍恶行就更不用说了），另一方面，其他思想家从古希腊人关于理想国的设想中获得了灵感。人文主义的主题还出现了一些变种；有趣的是，那些变种与人文主义相去甚远。马基雅维利不同意人文主义者关于君主行为的观点，但他也有对乌托邦的向往；

他希望在佛罗伦萨恢复罗马共和国的公民美德，这完全是乌托邦之想，无论是从对该词的贬义还是非贬义的角度来看，而他的《君主论》与“君主之鉴”传统的关系十分奇妙，既是对它的继承，又与它迥然不同。

人文主义通常被说成是自彼特拉克*开始的文学运动。此说突出了诗歌和文学在人文主义中的位置，但并不能揭示人文主义的政治思维。可以采取另一个角度，先看一下人文主义与经院哲学的对立。人文主义力图摆脱三段论的形式主义，避免将所有道德和政治问题都归为神学问题。这并不意味着人文主义拒绝理性的辩论，或向往异教。马基雅维利希望思想家鉴古思今，达成与基督教教义大相径庭的结论，不过他属于特立独行、与众不同的一类。人文主义者摒弃亚里士多德的学说后，经常转而拥抱加入了精神因素的柏拉图主义。他们浓墨重彩地夸大柏拉图对数学神秘主义的兴趣，可以说背离了正统，但新柏拉图主义和基督教神学的联系由来已久，人文主义者新发现的柏拉图思想正好顺应这种联系。

判断谁是谁不是人文主义者完全是吃力不讨好：一个人需要对古典文学的哪些方面表现出多大的热情，对三段论推理显示出多大的厌恶才算是人文主义者呢？对一切知识都汲汲以求的皮科·德拉米朗多拉毫无疑问是人文主义者，但他觉得，中世纪的经院哲学家不懂希腊文，用拉丁文写的文章用词不当、行

* 意大利诗人。——译者注

文晦涩，这些并不是什么大不了的缺点。有一个比较简单，也比较准确的判断方法：划一条线，一边是晚期经院哲学家，他们采用阿奎那和托马斯主义政治理论家（如弗朗西斯科·德·维多利亚）的文体，以固定的刻板格式进行论述；另一边是散文作家、乌托邦文学作家和诗人。马基雅维利反对经院哲学，但不能肯定地说他是人文主义者。无可置疑的人文主义者有克鲁乔·萨卢塔蒂、莱奥纳尔迪·布鲁尼（虽然他拒绝将柏拉图的《理想国》翻译成拉丁文，因为他认为柏拉图以优生学为理由为多妻制提出的辩护令人厌恶，不能广为传播）、《论人的尊严》演说辞的作者皮科·德拉米朗多拉、伊拉斯谟和蒙田。下面先介绍克里斯蒂娜·德·皮桑，接着着重讲述托马斯·莫尔。前者在当时几乎是唯一受到推重的聪敏女性，后者既是人文主义者，又是身居高位的政治家，还是发明了乌托邦这个名字的那本小书的作者。

克里斯蒂娜·德·皮桑

克里斯蒂娜·德·皮桑生于1363年左右，死于1430年后。她作为中世纪晚期备受好评的女作家，物以稀为贵，这一点自不待言。更使人惊讶的是，她纯靠写作为生，而当时无论男女，几乎没有人能够做到这一点。她这样做是出于无奈。她父亲为皇家效力，在宫廷中人缘很好，但自己出身贫寒。克里斯蒂娜

16岁结婚，不久后却痛遭丧父失夫之厄，24岁时即成了孀妇；下有三个孩子，上有寡母，都要靠她养活。她在宫廷中有朋友，自己却没有资产，于是为皇家和贵族赞助人写作就成了她谋生的手段。她一生中经历了英法“百年战争”中最残酷的时期；她出生之时，查理五世（1364—1380年间的法国国王）正力挽狂澜，开始把战局向有利于法国的方向扭转，在那之前，英国人在1356年的普瓦捷战役中大败法军，还俘虏了查理的父亲约翰国王。可惜查理五世不幸英年早逝，王位传给了儿子。1422年去世的查理六世通称“可爱的查理”或“疯子查理”，继位时才12岁，自二十几岁即开始发作间歇性精神失常。根据对他的症状的描述，他应该是患了精神分裂症。随即而来的王朝内斗使法国乱作一团，若非英国人自己也饱受内斗之扰，早就将法国彻底打败了。1415年法国在阿金库尔战役中再次遭遇惨败后，查理六世被迫承认英国的亨利五世为继承人。克里斯蒂娜·德·皮桑去世时，法方在圣女贞德的激励下开始在战争中赢得上风；皮桑已知最后的作品是对圣女贞德的一篇颂词，写于贞德遭到勃艮第公爵背叛，被英国人处决之前。

克里斯蒂娜·德·皮桑借以成名的作品有《妇女城》和《论三种美德》，又名《淑女的美德》。本书要讨论的不是它们，而是皮桑的《论政治体》。前两部作品更为著名，它们是女权主义的宣言，但无论在重点还是在目的方面都与政治无关。它们和400年后玛丽·沃斯通克拉夫特的《妇女权利的辩护》一样，属于“女士的争论”（la querell des femmes）的体裁（但沃斯通克拉夫特的《男子权利的辩护》不包括在内)。中世纪有一种文学体裁，对妇女的智力、谋略、自制和正义感大加讥贬，将女性描写为愚蠢、轻浮、自私、虚荣的生物。《妇女城》起而为女性辩护，直斥此一愚蠢的传统观念。该书体现了人文主义关于上帝与理性一致的信念，提出妇女可以和男人一样高尚正直，并且举了许多例子证明妇女的美德，偶尔还提到邪恶的男人的例子，如尼禄。[4]书中并未因之得出政治上的结论。谁都知道，妇女有能力管理庄园、组织城防，男人能干的事她们也都能干；正如谁都知道，大字不识的穷人经常在战斗中表现得比军官更勇敢、更机智，在日常生活中也经常更有头脑。但是，除柏拉图以外，没有人因此断言，政治能力与出身和性别无关，政治权力也应与之无关。

《论政治体》写成于1407年左右，为的是给当时的王储，吉耶讷的路易提供参考。它自称是讨论整个政治体的，包括君主、贵族和“全体人民”，但是，专门讨论君主的一章不仅比关于贵族的一章长一倍，比关于普通百姓的一章长两倍，而且给普通百姓提出的劝告大部分讲的都是应如何服从君主。八年后，王储去世，比他父亲早死了五年。除了这本书以外，皮桑还撰写了一连串其他著作，包括关于命运无常的思考和一本查理五世的传记，后来又写了《哀法兰西之不幸》，敦促贝里公爵谨防内战之灾席卷全法国。王储去世的一年前，她还写了《论和平》献给王储。至于克里斯蒂娜在自己的著作中偏爱哪几部，我们无从得知。她是按主顾的要求写作的，作为她的主顾之一的法国王储在她撰写《论和平》的时候实际上被贝里公爵所囚禁。《论政治体》是薄薄的一本小书，但很有意思。政治体的形象可追溯到古代，柏拉图在《理想国》中就曾长篇大论地讨论过政治体，但在道德和政治劝谕的正式著作中却不多见。通常，谈到政治体的时候只是说头作为智慧的所在指挥整个身体，所以明君可以指挥全社会。

柏拉图对政治体形象的运用引起了一些争议。他把灵魂及其美德分为三部分，将节制的美德放在腹部，说它是劳动阶级需要的唯一美德；根据这样的观点，民主的主要特点是贪婪。[5]皮桑使用的比喻对老百姓则友善得多：统治者是头，骑士和贵族是胸、臂、手，是活动的部分，老百姓是腹、腿、脚，专门负责维持生命。[6]对这个比喻不能过于拘泥，因为她把神职人员也归入了老百姓一类，虽然神职人员的位置也许在腰部以上，而且事实上，他们有时似乎起的是头的作用，因为他们能提供智慧。此书的第三部分向法国各城市，特别是巴黎的“三个阶级”发出呼吁，吁请它们团结合作；三个阶级中神职人员属于第一个，作为学识和虔诚的源泉，“十分高贵且为人尊敬。”[7]

采用柏拉图把美德分归政治体不同部分的比喻，再加上要提供劝谕作为君主之鉴，就必然会涉及君主的教育。克里斯蒂娜的书是写给当时年仅11岁的王储的，所以她在书中先讨论了统治者儿子的教育，然后才谈及儿子长大后的恰当行为。她的建议并不复杂：君主应为儿子找一位渊博的老师，但选师的标准首先是品德，然后才是学识。君主的儿子应该学习古典的智慧，应该获取的美德是基督教美德和西塞罗（或斯多葛）式美德的结合。这些都没什么出奇，值得惊奇的是，克里斯蒂娜认为，古典范例，主要是罗马与共和的范例，对基督徒君主的行为有直接的借鉴作用，认为古罗马人对执政官、独裁者、将军和元老院议员的要求能够成为15世纪法国人的指南。这是因为她非常倚重瓦勒留斯·马克西莫斯写的一本劝谕书《难忘的行为和话语》；那本书在上层阶级广为流传，被用来作为道德教育的教材。正义、勇敢、节制和审慎等首要美德的重要性不言自明；通过描述身具这些美德的人兴旺发达的有趣故事，不须说教，就会使道理深入人心。皮桑也许觉得，她身为女性，需要凭借那些故事的权威作依恃。[8]引用具体事例也可以为令人不安的道德观提供佐证，马基雅维利的《君主论》和《论李维》中就尽是这种事例。

这本小书既意趣盎然，又不高深难解，其中有四点也许值得一提。第一，它有着许多同类作品所缺少的人情味。克里斯蒂娜坚持，王子的老师必须严肃持重、衣着整洁、不夸夸其谈，但又提醒说，必须让王子玩孩子的游戏，让他高兴开心，不能只教他语法和逻辑学。第二个特点是克里斯蒂娜猛烈地抨击当时教会的腐败。书中要求君主的行为遵守基督教的美德，这是意料之中的；书中还要求君主心怀全体人民的利益，不要只注重自己的私利，这同样不出意外。惦记人民利益的君主和只顾自己利益的君主的区别被普遍当作合法君主和非法僭主之间的分水岭。可以想象，任何此类作品都会包括选择明智的谋臣、不横征暴敛、战斗中勇猛、和平时仁慈等等劝告。但克里斯蒂娜对神父和主教不端行为的猛烈攻击显示了她发自内心的愤怒。她说，神父和主教的胡作非为把本应是神圣殿堂的教会变成了牛栏马厩一样肮脏的地方。[9]"他们是真正的魔鬼，他们的邪恶像无底的深渊，正如地狱无论吞噬多少人都不会满足一样，他们对金钱和奢侈品也是贪得无厌、欲壑难填，为此而鱼肉人民！"克里斯蒂娜写作此书时，教会分裂已进入第29个年头，她的愤怒不难理解。

此书第三个不同寻常的特点是它对普通人的同情。它强烈地表达了这样一种感情：普通人并非微不足道，促进他们的福祉应是统治阶层的主要关注。"在所有阶级中，他们最必不可少，种田者为人类提供粮食和营养，没有他们，世界马上就要完结。"[10]然而，克里斯蒂娜对普通人政治作用的论述却只有寥寥数语，仅仅告诫三个阶级——僧侣、商人和工匠——要认真地为政体的福祉尽自己的一份力量，并遵从权威的指示。尽管她同情普通人，但她并不认为他们应该在政治中发挥作用；考虑到她自己的出身，她如此坚信普通人没有自我治理的能力实在令人惊讶。她说，普通人没有这个能力，亚里士多德说得对，一人统治是最好的统治形式。在谈到普通人应服从统治者时，克里斯蒂娜完全依照《圣经》经文对政治权威的本质和来源的标准说法：统治者的权力由上帝赋予，人民应毫无怨言地缴纳（恰当的）税赋，这才是把属于恺撒的给恺撒。

第四个特点则与前相反，克里斯蒂娜对于骑士阶级的美德和义务的论述毫不涉及基督教，而是完全依靠异教和古典（主要是罗马共和国）的例子来说明什么才是适当的行为。骑士应当以实际行动赢得荣誉，而实际行动则包括显示勇气、毅力和不计金钱报酬，罗马共和国的英雄们就是这样做的。现代读者读到后来，可能会因克里斯蒂娜没完没了地引用瓦勒留斯书中的故事感到厌烦，但那些故事还是很有意思的，而且它们是教诲文学的标准内容。克里斯蒂娜对罗马人在战斗中的野蛮行为并不在意，这似乎与她在其他作品中呼吁实现和平的态度相互矛盾，也与她10年后写到阿金古尔战役中阵亡或被俘士兵的妻子的痛苦时表现的感情背道而驰。她由衷地支持瓦勒留斯对罗马英雄的狡诈和欺骗的赞扬，但她在别的作品中又坚持说，诚信的美德不可或缺，是获得荣誉的必备条件；两者似乎无法调和。然而，不能因此就认为《论政治体》是东拼西凑的急就章。书中的自我矛盾显示，同时运用几种文体写作，写出的东西又要明白可读、令人信服，这是多么难以做到。基督教经文提倡谦卑，说它胜过战争中的勇武；异教哲学家追求自足；但百年战争还要打许多年，才终于把英国人赶出除卡莱以外的法国全境。

后来的人文主义者：皮科的演说辞

皮科·德拉米朗多拉死得太早，没有留下成熟的著作。他1463年出生，1494年即不幸去世。他写这篇演说辞的时候非常年轻，才24岁；他计划就逻辑学、形而上学、神学、物理学和自然历史学领域中的900个论题向红衣主教团一一提供证明，演说辞就是这个大工程的一部分。皮科不是炫耀卖弄的自大狂。他出身贵族，但放弃了家族的公爵领地中自己应得的一份，一心一意追求学问。他相信折衷主义——通过兼收并蓄一切思想、精神和宗教传统来获得真理。他学识渊博，涉猎极广。他热心于柏拉图和新柏拉图主义学说当不令人惊奇，但令今人感到匪夷所思的是，他相信据说是埃及占星学家的埃梅斯·特里斯梅吉斯图斯的学说，并且相信迦勒底神学和中世纪犹太教神秘哲学（虽然这在当时相当普通）。事实是，皮科是虔诚的基督徒；他对犹太教神秘哲学的兴趣不代表对犹太教的尊重，他只是想利用犹太人自己的学说来驳斥“冷酷无情的希伯来人”。

《论人的尊严》既不代表皮科的全部作品，也不代表人文主义的全部思想，但它显著地表现了人文主义的某些思想和风格。引起现代读者共鸣的是里面有几段说到，上帝告诉人，要努力成为最高级、最聪明的生物；沃尔特·佩特*就是受到了此言的启发，才发出了人应该努力“燃烧强烈的、宝石般的火焰”那个众所周知的号召。人类的任务是自我创造，这个思想离异端只有一步之遥，基督教或古典思想都容不下它。古典思想认为，万物皆有确定的本性，达到本性即是完美；基督教则坚持原罪的思想。皮科确实遭到了谴责，被指责为异端，不是因为他对

* 19世纪英国作家和文学批评家。——译者注

各种学说一律热情研究，而是因为他提出的13条意见；那些意见所涉的题目包括圣餐变体的性质、永世的惩罚，以及人在堕入地狱的时候基督是否真的就在旁边。他奋起自辩，但指控他的人也非常言之有理。

皮科引以为据的是比柏拉图学说更加古老的说法，在柏拉图的对话录《普罗泰哥拉篇》里作为上帝造物的故事曾经提及：上帝给所有其他动物赋予了它们各自生存的手段，如翅膀、尖喙、利爪、鳞甲、快速奔跑的能力，等等。这些人类一概没有，所以人只能依靠才智求生存。更重要的是，人必须建立政治社会，践行正义。[11]由于人不具备动物的单个生存能力，所以需要组成政治社会；这个思想在历史上每隔一段时间就会重新得到阐述。皮科不是超越了时代的浪漫主义者先驱；他并不像18世纪和19世纪的浪漫主义者那样，将自我完善作为历史使命，也不认为要通过政治手段来推动人的完善。他深深地浸淫于古人和异族秘教的灵秘智慧，不认为自我完善要等到遥远的未来才能实现。后人读了他的著作后深受启发，在这个意义上，可以说皮科是后来政治乌托邦主义者的“先驱”。后来的人中有一位是《乌托邦》的作者托马斯·莫尔爵士，他于1510年把皮科的侄子弗朗西斯科所著的皮科《生平》译成了英文。

皮科被下了封口令，不准他公开讨论他的900条论纲，《论人的尊严》这篇演说辞也直到他去世两年后的1496年才得以出版。他说，神学能使人直接看到上帝，这一论点使当时思想正统的读者为之愕然。一般认为，要到死后才能得到面见上帝的宠惠。皮科认为，人可以成为司知识的二级天使，比最高级的撒拉弗低一级，但已经离上帝不远，可以向上帝敛心默祷。此论的政治意义并不明确，皮科也从未在这方面作过探讨。也许柏拉图主义者会寄望哲人王带领他们达到此种境界，但信基督教的柏拉图主义者同样有可能不问政治，只想聚在一起钻研学问，孜孜以求得窥上帝的庄严真貌。这不同于蒙田从明确的反政治角度对平静生活的卫护。蒙田不期望通过无所作为来接近上帝；他把心境平和、去尽羁绊本身作为积极追求的目的。这也正是皮科的思想。但是为了得见上帝真貌，若需要努力研究迦勒底人的神学、希伯来人的犹太教神秘哲学和阿拉伯新柏拉图主义的神学思辨，皮科也不会望而却步——那正是他的真正兴趣所在。

伊拉斯谟

伊拉斯谟代表了人文主义者的特征，界定了人文主义所涵盖的从文学到政治，再到哲学的所有领域。他生于1469年，是私生子，父亲后来做了神父，母亲是医生的女儿。他是荷兰人，在代芬特尔上学接受了古典知识的教育；他的学校还出了库萨的尼古拉和坎普滕的托马斯*。他既无父母，又无钱财，无力上

---

* 两人都是德意志神父和作家。——译者注

大学深造，只得入修道院继续学习。他并不想从事神职，但喜欢过冥思默想的生活，也明白耐心和自制有助于做学问。严格说来，他一生都待在修道会里，但他非常向往外面的广大世界。他1492年成为康布雷主教的秘书后，就开始了不断寻找赞助人的生涯。他论述政治思想的一部主要著作，《基督教君主的教育》，总是和他为奥地利的菲利普大公写的《颂词》印在一起，为的是增加收入，那是伊拉斯谟长期努力的目标。《颂词》写于1504年，献予者的儿子是未来的查理五世皇帝；因此，把它和为他16岁的儿子所写的劝谕放在一起非常恰当。尽管伊拉斯谟写作这两部作品是为了赚钱，但这无损于它们的价值。在现代人眼中，极尽阿谀的文章没有说服力；但对近代早期的作者和读者来说，它却是带有一定嘲讽意味的文学修辞法——作者对向其呈献作品的人极口赞美，说他正直、睿智、勇敢、支持治学，在书中却敦促他区分真心的赞扬和虚假的阿谀，并描述出明君应当具备，但自古无人能及的品质。

后面看到马基雅维利的《君主论》时，会更明显地看出《基督教君主的教育》的意义所在。两书成书的时间仅差三年（《君主论》写于1513年，《基督教君主的教育》写于1516年），伊拉斯谟当时和马基雅维利一样，正在寻求赞助人。伊拉斯谟平铺直叙，马基雅维利提出劝谕的方式却别出心裁，至今使人拿不准他的真正意思。伊拉斯谟提出的君主之鉴有一个显著的特点：坚持和平为至善。讽刺的是，未来的查理五世却征战不息，蛮横霸道；伊拉斯谟后来又将此书献给英国的亨利八世，那位君主也没有表现出明显的和平主义倾向，无论是当时还是后来。然而，伊拉斯谟对和平的捍卫是发自内心的；他拥护和平反对战争的思想源自他内心深处对各种形式的残酷行为的极大厌恶。他的好朋友托马斯·莫尔和他一样痛恨战争，但莫尔很乐意，甚至高兴看到异端分子被搜查出来，绑在火刑柱上烧死；伊拉斯谟则坚持认为，不应因宗教分歧而争吵不和，更遑论对别人进行残酷迫害了。

《基督教君主的教育》使现代读者吃惊的不是它对查理五世的谄媚，而是它援引色诺芬的论点，声称“有一种超越人性的纯粹神性，存在于对自由自愿的臣民行使的绝对统治之中。”[12]今人很难想象，绝对统治如何与自由和自愿调和共存。其实，这个论点与马西利乌斯的思想并无不同：民众的同意赋予了政府合法性，但并不像现代宪法那样限制政府的活动。明君具有神授的素质，抑制这种素质是荒谬的，但君主只有在得到被统治者认可的情况下才能发挥他的神授素质。此论不同于查士丁尼的说法，他说罗马皇帝拥有绝对的立法权威，因为根本上拥有这种权威的“人民”将此一权威赋予了皇帝。查士丁尼的理论解释了绝对权威的由来；伊拉斯谟则论述了这种权威的性质。他提出的关键对比来自马西利乌斯的论述：僭主强迫统治不愿服从他的人民，罔顾社会的共善；而绝对君主治下的人民心甘情愿地服从他的统治，他的统治为的是大家的利益，而非他个人的私利。伊拉斯谟的观点与马西利乌斯相似，但表达的方式更接近柏拉图；他把权威与智慧联系起来，提出明君是柏拉图所谓的守护人，他的过人之处不在于财富和权力，而在于智慧。[13]

这也许是自古代后期以来，柏拉图的《理想国》首次在政治理论的论辩中得到引述。《理想国》随着1469年马尔西利奥·菲切诺将其全文翻译为拉丁文而进入了知识界的视野。伊拉斯谟认为，教育良好的人的标志是对希腊文和拉丁文同样精通。1453年，奥斯曼帝国征服君士坦丁堡，大批古典学者和哲学家逃往西方寻求避难，因此使西方人有了学习并精通希腊文的可能，但受过良好教育的人还是可能会阅读翻译成拉丁文的柏拉图著作。人们读希腊文原文也罢，读拉丁文译文也罢，反正柏拉图提出的国王为哲人、哲人做国王的理想之国首次成为了教育的重要内容。莫尔的《乌托邦》和《基督教君主的教育》同时出版，故事是半开玩笑，意图却十分认真，是对柏拉图理想的重申。伊拉斯谟和他的朋友莫尔一样，希望统治者具有哲学家的头脑。

伊拉斯谟在书中设想君主的老师和“某个愚蠢的廷臣”辩论这个问题。廷臣说，伊拉斯谟为君主教育设定的计划培养出来的不是君主，而是哲学家；君主的老师反驳道：“如果统治者研究哲学，或哲学家担任治国的工作，那将是国家之福；柏拉图这个论点经过了深思熟虑，就连最高尚的人都对它赞扬有加。”[14]伊拉斯谟的注释十分重要，它反映了人文主义者对经院哲学家的敌意：哲学家不是“精通各种语言或科学的人”，而是能够分辨真实和表象，锲而不舍地追求善的人。事实上，“哲学家就像基督徒；不过是名称不同而已。”坚持君主能够看透表面认识真象，这是源自柏拉图的一大主题，也是教育的一个主要目的。

所以，公共舆论不足信，因为大众只认得幻象，他们像囚徒一样被束缚在柏拉图著名的洞穴里，看不出什么是真的，什么仅仅是反射在洞壁上的影子。伊斯拉谟再次告诫君主，真正的幸福只有通过追求美德才能获得；情色口腹之欲给肉体带来的快感根本无法与正直的好人那种不可动摇的幸福感相比。这条原则在有些方面过于武断。斯多葛主义者会说，只有具备美德的人才是自由的，因为只有这样的人才能拒绝肉体的诱惑，按照理性的指引行事；基督徒会说，尘世间的快乐是坑人的幻象，是魔鬼设下的陷阱，要引人背离通往天堂之路，走入毒火熊熊的地狱。伊拉斯谟对此心知肚明；所以他说哲学家是基督徒——名虽异，实则同。

君主必须早早地认识到阿谀奉承的危险。真心的赞扬是好的，能鼓励人继续培育美德。阿谀奉承却是一剂毒药，它使人飘飘然，削弱人冷静判断的能力。这显然说明，君主必须明智慎重地选择谋士。有的谋士对君主只投其所好，在君主未经周密思考就要贸然行动的时候从不提醒君主此举的危险；这样的谋士毫无用处。有的谋士只顾私利，不管国家利益；这样的谋士对所有人都是危险。虽然伊拉斯谟的好朋友托马斯·莫尔爵士对于哲学家的意见能否得到君主采纳表示严重怀疑，而且到那时，柏拉图的《第七封信》已经广为流传，他在狄奥尼修手中险些被处死或沦为奴隶的遭遇也成了被普遍引以为戒的故事，但是伊拉斯谟仍坚持君主应听取哲学家规劝的观点；至少看似如此。

我们再次看到，一些已有的思想以新的词汇表达出来，引起了与过去不同的反应。两个关键的二分式是这一切的基础。第一是再次提出了僭主统治与合法统治的区别。我们看法国和西班牙的君主制，通常采取看待路易十四与路易十五的绝对王权的方式，而绝对王权的辩护士依靠的就是神授权利的原则。然而，虽然后来支持绝对君主制的人也援引神授权利的概念来对抗政府须有民众同意的主张，伊拉斯谟却坚持过去的观点，认为统治者的合法性来自被统治者的同意。他并未对一人统治提出疑问。他坚持说，哲学家普遍认为，君主制是最好的政府形式，却没有说西塞罗或直到恺撒时代之前的罗马思想家也许并不同意这一观点。他不是在撰写思想史，而是在描绘一幅图画。他鼓励君主的老师把僭主比喻为动物，以强调僭主的极端邪恶。一边是合法统治者，他睿智、正直，因深受百姓爱戴而安全无虞，因得到百姓的自愿接受而具有合法性。另一边是僭主，他比饿熊更凶狠，比狮子更危险，比毒蛇更恶毒。如果说正直的统治者体现的是上帝的完美的话，僭主体现了什么则可想而知。

所以，僭主统治追求的是自身的利益，不是全体人民的利益，他们不争取治下人民的同意，而是使用威逼的手段迫使人民服从。虽然《基督教君主的教育》是道德说教，但它不止于此。伊拉斯谟在书中谈到君主对人民征税要适度的时候，就非常实际地指出，税负不重，民众的日子就过得好，比起苦挣苦熬的民众来，能给政府提供更多的资源。像自亚里士多德以来的许多人一样，他还指出，在意自身安全和福祉的君主不会使自己成为治下人民仇恨的对象。横征暴敛造成民不聊生，引发暴乱。

遵守法律至关重要。僭主对朋友犯法纵容不管，对敌人却实行严刑峻法；合法的君主依法治国，除了需要仁慈宽大的情况外，对所有人一视同仁。但伊拉斯谟和克里斯蒂娜·德·皮桑都没有赞扬弑杀僭主的行为，也没有支持视僭主杀手为民众救星的观点。西塞罗也许对人文主义影响颇大，但他对弑杀僭主的反复赞扬却不在此列。然而，人文主义者没有明确否定过民众的抵抗权，并不坚持说，无论统治者是多么暴虐，也不准弑君。他们提醒统治者，失去民心可能给自己带来杀身之祸，并没有说造反的民众是暴民。按照奥古斯丁的思想，只要政府能够保持起码的和平，人民就要逆来顺受，人文主义者的论述中没有一丝这个主张的影子。

伊拉斯谟坚持的第二个巨大的区分是求和的君主和好战的君主之间的区分。《基督教君主的教育》最明显的特点是它详尽地讨论了该如何追求和平，莫尔的著作中也有类似的内容。伊拉斯谟指出，古人将治国术分为和平的艺术和战争的艺术，这是错误的。国家领导人要掌握的全部艺术都应是和平的艺术，因为“他必须运用它们去竭尽全力地追求永不打仗的目标。”[15]这个思想中有一个转折因素，后来的霍布斯会再次提出。今天，我们从人道主义的角度提出反战的理由，伊拉斯谟的论述中也有人道主义的内容。但是，他的中心论点是，文明本身即是善。善的社会繁荣祥和；人民不因过分劳作而筋疲力尽，不因苛捐杂税而不堪重负，不因严刑峻法而终日恐惧。但文明社会的真正标志是它所推动的治学水平；战争之所以如此可怕，不仅因为它有害于学问——这不单是教室驻扎了部队就不能用来上课这么简单——而且因为杀死敌人与在理性社会中生活不能相容。

君主需要和平的艺术，其详细内容众所周知、自古皆然，包括：君主应宽宏大量，但言出必行；应挑选拒腐蚀永不沾的人担任执法官，确保法律严而不苛，等等不一而足。伊拉斯谟的书中也有一些不寻常的内容，其中之一是关于惩罚的意见。他对于惩罚这个概念不以为然，但一般而言，他认为，如果有大棒和胡萝卜这两种确保民众服从的办法，要采取较为温和的一种。对人谆谆劝告，能使他明了是非，自动地按照他学会的正确方式行动；而对人动用严刑峻法，会使他变得阴沉敌对、丧失人性。另一个是他关于法律能够以何种方式鼓励劳动、打击懒惰的论述。伊拉斯谟对柏拉图把乞丐逐出理想国的建议提出了批评，说很少有人是自愿选择乞讨为生的；如果人因为老病而不能谋生，那么驱逐他们并不能解决问题，应该成立机构来接纳失去生活能力的人。反过来，对于什么算是懒惰的解释不能过于僵化。一群僧侣想到马赛去，不事生产，靠叫卖圣物懒散度日，马赛的居民拒绝让他们入城是对的。

同样，限制修道院的数目也是对的，因为修道士过的是一种懒惰的生活。许多大学也是一样；伊拉斯谟访问过剑桥大学，还在索邦大学待过几年，和那里的正统教员发生过冲突。谈完了僧侣的懒惰后，他又将话锋转向仆人，说应该让那些只为炫耀而蓄养的跟班和仆人做些有用的工作；这又引出了关于士兵的尖锐评论："当兵是一种非常活跃的懒惰，也是最危险的懒惰，因为它摧毁一切美好的事物，打开聚集了所有罪恶的污水坑。所以，如果君主在王国内肃清所有这些犯罪的温床，就没有多少需要法律惩罚的事情了。"[16]

16世纪并不比17世纪更血腥，与20世纪相比更是小巫见大巫，但那是个战争连绵的世纪。王朝联盟立了又破；联姻构成同盟，婚姻一旦破裂，盟约也随之破裂，或者是同盟的一方为摆脱盟约的束缚而打破婚姻。哈布斯堡家族通过联姻将势力范围扩大到整个欧洲；查理五世成功地统一了西班牙，把历任教皇治得服服帖帖，成为欧洲最强大的君主，他的军事和战争才能由此可见。然而，为了重新统一伊比利亚半岛上的各个王国，他也特意迎娶了葡萄牙的伊莎贝拉。他退位前采取的最后行动还包括安排他的儿子菲利普和英格兰女王玛丽·都铎的亲事。如果他们有了子嗣，信奉天主教的英格兰就会成为西班牙的附属。所以，伊拉斯谟谴责联姻在当时政治中的作用是非常大胆的。事实上，此举比表面看起来更加大胆。当伊拉斯谟把《基督教君主的教育》献给亨利八世之时，查理五世刚刚取消了和亨利八世的妹妹玛丽的婚约——鉴于查理五世那时还小，应该说他被取消了婚约。(玛丽后来的婚史包括和查理的对手，法国的弗朗西斯一世的一段短暂婚姻，还有因爱情与萨福克公爵的结合。)伊拉斯谟的小书写成于联姻风波使亨利和哈布斯堡家族的关系降至冰点的仅仅两年后。

伊拉斯谟对联姻的攻击比起他对战争的激烈谴责来几乎算不了什么。正义战争的概念被他扔到一边；也许有正义战争这回事，但即使有，也应该竭尽全力避免打仗。对于奥古斯丁关于用战争来惩罚邪恶国家的观点，伊拉斯谟虽未直接反驳，但明显地置之不理。基督是和平之王，基督教君主应不遗余力地争取做和平的君主。伊拉斯谟对年轻的查理五世曾寄予厚望，但查理五世的君主生涯，包括1525年俘获了弗朗西斯一世的帕维亚战役和1527年帝国军队对罗马城的洗劫，却是对伊拉斯谟期望的莫大讽刺。伊拉斯谟明白，自己在世人眼中是和平的鼓吹者——他于1512年发表了《和平的怨言》，并和一群人一起奔走努力，力图促成佛兰德分裂主义者和统治他们的西班牙国王的和解。他也知道，如果说，君主不应该在冲突中坚持他们自己的权利，一定会有人反驳道，除非坚持自己的权利，否则谁的权利也得不到尊重。

伊拉斯谟对此作出了唯一可能的回答：在一个兵燹频仍的世界中，所有权利都处于威胁之下。必须做出一定的取舍；通过和平谈判来保障大部分权利比通过战争来保障全部权利更好。另外，伊拉斯谟说，“君主要想对敌人复仇，首先就得恶待自己的臣民。”[17]筹措军需、招募士兵会造成人民的痛苦，筑起高墙深垒保护人民不受敌人的侵害无异于将人民禁闭起来。至于人为什么如此热衷于打仗，伊拉斯谟作了两点尖刻的评论。

第一是对僧侣的谴责。他们本来应该宣扬和平，却致力于煽动战争。伊拉斯谟对僧侣发出谴责，是因为意大利发生了战争，起因是教皇尤利乌斯二世和利奥十世决心防止北部意大利和那不勒斯王国落入神圣罗马帝国或任何其他一方的手中。至此，神圣罗马帝国实际上已经成了哈布斯堡王朝的帝国；那不勒斯王国掌握在西班牙手中；北部意大利则是教廷、法国和帝国（或西班牙）军队的争夺之地。伊拉斯谟对追求尘世间政治利益的教皇和主教的批评尖锐犀利、毫不留情。如果基督徒一定要打仗，就该去打土耳其人；但即使对土耳其人作战也不应操之过急，尤其是考虑到假如不能建立基督教下的和平，打败土耳其就没有任何意义。伊拉斯谟的第二点评论非常新颖。他似乎是谴责以民族主义为基础的敌对情绪的第一人。他批评说，一个民族仇恨另一个民族，没有别的原因，就是因为它与自己不一样。“如今，英格兰人通常仇恨法国人，不为别的，就是因为他是法国人。苏格兰人只因为自己是苏格兰人就仇恨英格兰人，意大利人仇恨德意志人，斯瓦比亚人仇恨瑞士人，等等；省和省，市和市都彼此仇恨。”[18]

伊拉斯谟最后指出，持这种想法的人如同在愚人的带领下闯入风暴之中，这引出了他的另一部作品。人文主义思想的一个特点是运用各种新的文学形式，用玩笑的方式表达严肃的观点。伊拉斯谟最具此特点的作品可能就是亦庄亦谐的自嘲作品《愚人颂》。他说他一个星期内就写成了这本书（他可能并不指望别人会相信）。1509年他刚刚完成在欧洲的旅行，旅途中患了病，住在托马斯·莫尔那里养病，通常看的书都没有带在身边，于是一气呵成，写出了《愚人颂》。无疑这是一个原因，说明为什么此书以最出色的人文主义方式，诙谐地提到了每一个写过滑稽作品的严肃作家。《愚人颂》的拉丁文标题“Encomium Moriae”是双关语，把意思是“疯狂”的希腊词和他客居主人的姓氏放在一起；它讲述的故事是个长长的玩笑，但中间夹杂着严肃的议论。在书的开头，愚人抱怨没有人作演讲来歌颂她。她说，这不公平，因为人们对她的每一个冲动奇想都亦步亦趋地追随；不过既然如此，她只好自夸自赞。[19]她还有一些盟友，包括酣醉、熟睡、无知和蠢笨。伊拉斯谟借此对当时的社会、宗教和政治生活大加嘲讽，同时撇清说，这些都是愚人的话，不可太过当真。

谁也摸不准他的确切用意。伊斯拉谟对此一定得意非凡。在某个意义上，也许他只是想试一试从纯粹愚蠢的角度写作，玩一次智力游戏。这类作品很难写得好；以正话反说的方式来表达严肃的论点至为不易，愚人在书中就多次道歉说自己忘乎所以，说了严肃正经的人所说的话。《愚人颂》出版后大受欢迎，出乎伊拉斯谟的意料。在都铎时期的英国，老师经常要求学生模仿它的文体。时至今日，要学生对自己的坚定信念提出反驳这种教学方法仍然十分普遍。愚人对伊拉斯谟一贯的目标，包括腐败堕落、精神上破产的教会，攻击起来毫不留情，对那些在大学里机械地讲授逻辑学的无用教员的攻击词锋仅稍有缓和。书的结语是一语双关表达严肃观点的杰作；愚人仗着自己只是个愚蠢的女人，提出了离经叛道的神学观点。[20]

她说，大众被束缚在肉体内，就像柏拉图洞穴寓言中的囚徒；他们眼中看到的仅是幻象，行动完全受肉体决定。新柏拉图主义启发了早期的天主教神学；但伊拉斯谟直接引用柏拉图，指出肉体是精神的囚所，这是对正统的背离。不过，伊拉斯谟以柏拉图的理论作基础，在此之上提出的观点正是有意要引起某些人的不快。他借愚人之口提醒读者，基督教的世界观从常识角度来看不可理喻，因此世人眼中的疯子可能看到了比常识深刻得多的道理。在这一点上，伊拉斯谟是有所倚恃的；圣保罗布道时，说到基督被钉上十字架的时候，就曾说过，这在希腊人看来是“愚蠢的”。伊拉斯谟说，基督教的神秘主义在具有普通常识的人（homme moyen sensuel）看来是愚蠢荒唐的，这正与圣保罗的话一致。他的推论使得一些人感到不安；他的意思要么是基督教是疯子的宗教（这肯定不是他的意思），要么是基督教的真理与柏拉图阐述的真理别无二致（他很可能是这样想的），如他后来在《基督教君主的教育》中所说的，“名虽异，实则同。”[21]如果是这样，就看不出为何还需要教会和大学。由腐败堕落、贪婪成性的人把持的教会肯定是要不得的。伊拉斯谟从未脱离天主教教会，还就自由意志的问题与路德发生过激烈的争执，但批评者总是把他视为挑唆煽动新教和天主教改革派的人。尽管他的赞助人是绝对君主，但他表现的是纯粹的近代开明思想和风格。

托马斯·莫尔爵士

伊拉斯谟最亲密的朋友托马斯·莫尔是骑士，担任过大法官，后来成为天主教的圣徒。他写的《乌托邦》可能比伊拉斯谟的作品更胜一筹。莫尔是个令人费解的谜。他是当时最聪慧的人之一，靠着他法律上的造诣和才能进入了亨利八世的都铎宫廷那个危险的世界。16世纪20年代期间，他担任下议院议长，1529年接替失势的沃尔西红衣主教出任大法官，成为大臣中最炙手可热的人物。他的野心并不大；他头脑敏捷、思想尖锐，同时又十分虔诚，差一点不做法官而去当神父。他生于1474年，比伊拉斯谟小将近10岁，1535年被亨利八世通过司法手段谋杀，那是伊拉斯谟去世的前一年。他因拒绝宣誓承认国王为英国教会的最高首脑而被判犯了叛国罪。国王知道处决莫尔非常不得人心，所以不准他在绞刑架下为自己作辩护演讲。莫尔至死都遵从国王的命令。他说，“我作为国王的忠实仆人而死，但我首先是上帝的仆人。”

莫尔的令人费解之处在于他一方面对周围的政治与社会生活怀疑厌恶——《乌托邦》全书都贯穿着这种观点，另一方面却又至死都甘于与都铎王朝政治的残酷狡诈同流合污；两者形成鲜明的对比。若非他成了以身殉教的天主教圣徒，后人对他的印象就是，他为他的国王主子的任何行径都能找出理由来狡辩。与亨利八世反目的多年前，他帮助国王获得了“信仰捍卫者”的称号；那是教皇赋予国王的，为的是奖赏他对路德有关圣礼的观点的谴责。莫尔一定深感此中的讽刺。亨利八世对路德发出谴责是1520年的事，路德像对任何异议一样，对亨利八世作出了激烈的反驳。莫尔写了一封匿名信反击路德，里面的污言秽语、侮辱谩骂使路德望尘莫及。讽刺的是，当时莫尔还劝亨利八世不要过于谄媚地承认教皇的权威；英国人对教廷毫不热心，红衣主教团的50名成员中只有一位来自英国，英国人永远当不上教皇，所以英国人看不出为什么要让意大利人为了法国或西班牙的利益来统治英国的教会。

《乌托邦》本身妙趣横生，但考虑到莫尔的生平，就有些令人不解。“乌托邦”一词是莫尔杜撰的。他精通古典知识，和伊拉斯谟合力把希腊语讽刺作家琉善的几部作品翻译成了拉丁文。琉善最著名的一部著作《真实的历史》详细叙述了从未发生过的事件；莫尔和伊拉斯谟合译的无稽故事中有一个叫作《梅尼普斯去地狱》，讲一个犬儒派哲学家去地狱的旅行。“乌托邦”（Utopia）若是念成“outopia”，意思就是“乌有之地”，莫尔利用了这个词与意指“好地方”的“eutopia”的相似之处中固有的双关之意。乌托邦岛上的主要河流叫作Anydrus，意思是无水；旅行归来向莫尔和他的佛兰芒朋友彼得·吉勒斯讲述乌托邦情况的人，名叫拉斐尔·希斯罗道斯——这个字（hythlodaeus）的意思与“荒唐”非常接近。所以，乌托邦的故事是由一个自认不可靠的目击者讲的关于一个并不存在的岛屿的荒唐无稽的故事。这与柏拉图在《理想国》第一卷之后的几卷中对他心目中理想政体的严肃冗长的论述简直有天壤之别。这说明，莫尔创作此书，部分地是要写一部后世的《理想国》，既为柏拉图的设想辩护，也对其作出批评论说。拉斐尔·希斯罗道斯对乌托邦的一切都赞不绝口，实际上是柏拉图的发言人，故事中的“莫尔”则是常识的捍卫者。当然，他们是莫尔自己个性的两个方面，彼此之间激烈争执。

难以确定《乌托邦》在多大程度上体现了莫尔的政治理想。有一种简单的说法相当可信：莫尔极为反感有权有钱阶层的奢靡排场，因穷人的痛苦而愤怒。在莫尔生活的英国，社会顶层有权有钱的人和社会底层忍饥挨饿的穷人之间的巨大鸿沟有目共睹。当时，羊毛贸易是英国主要的财富来源，虽然它给英国经济带来了巨大的收益，但是，田地被抢去做牧场，或公用地被圈起来做羊圈，给贫苦农民带来了深重的苦难。对于失去土地、无以为生的农民，都铎政府采取的办法是严惩偷窃和流浪的行为。虽然很多身强力壮的男子离开了英国去参加欧洲大陆上的战争，但那毕竟不是长久之计；战争总会结束，安置无门的复员士兵犯起罪来比无业的劳动者厉害多了，也更令老百姓惊惶害怕。

莫尔的《乌托邦》通篇充满了对16世纪早期英国社会种种弊病的批判。到了第二卷才开始介绍乌托邦岛的情况。第一卷是一篇长长的序言，痛斥“羊吃人”的现象，批评犯了偷窃罪的失业者被判处死刑的不公，说那等于让他们在一下子被绞死和慢慢饿死之间做出选择；也谴责邪恶残暴的君主，说他们极力压榨人民的血汗，用来对别国发动掠夺战争。第一卷中还用了相当的篇幅来讨论莫尔是应该闭门治学，还是应该投身于公共服务。莫尔当时正好在思索这个问题。第二卷的最后几页重复了第一卷对社会的批评，拉斐尔·希斯罗道斯滔滔不绝地痛斥有钱人的暴政，谴责贫困给人带来的痛苦，而莫尔则装模作样地设想生活在一个没有浮华炫耀、没有贵族的世界中是多么难受。[22]很清楚，莫尔真诚地倾心于乌托邦社会的主要特点，尽管在他的时代和国家中，向着那个方向做出进步的机会微乎其微。

乌托邦社会的主要特点是什么呢？最突出的特点，也是所有其他特点的根源，是废除货币。这里莫尔显露了他诙谐的一面，他说，乌托邦的人用金子做夜壶，让孩子拿宝石当玩具，但孩子们一俟年纪稍长，就对这种玩具失去了兴趣。三个半世纪后的威廉·莫里斯在散文《乌有乡消息》中使用了同样的意象，不过他提出的夜壶形象的变体是在议会所在地堆起一个大粪堆。乌托邦的经济是共产主义经济，每人每天必须劳动六小时，所有家庭都从公有仓库里拿取生活必需品。现代读者难以接受强迫劳动，莫尔却视之为理所当然。他自愿去天主教加尔都西会修道院隐修了四年，对纪律严格的苦工毫不在意。无论如何，他的基础逻辑清楚明了。人必须劳动；大自然只降恩于那些发挥自己的自然天赋——即才智和精力——去获取她所提供的礼物的人，礼物包括肥沃的土壤，还有为人所用的植物、果实和动物。

既然必须劳动，那么在国家的严格管理下进行劳动就无可厚非。问题是，在通行的货币经济制度和变化无常的市场控制下进行劳动，所得的酬报是否比在乌托邦共产主义的制度下更多？分配得更公平？更有保障？一旦以这样的方式提出问题，答案就只有一个。在16世纪的英国，愿意劳动的工人被剥夺了劳动的机会，偷东西会被绞死，四处流浪会遭鞭打；与此同时，富人为了摆阔，蓄养成群无所事事的家仆，主人一旦死去或家道中落，家仆也失去了生计。至于富人，不事生产、不受约束使他们养成懒散的个性。马克斯·韦伯的杰作《新教伦理和资本主义精神》出版后，批评者反驳说，在新教出现之前，许多天主教徒就已经吸收了新教的伦理。莫尔就是这样一个天主教徒。

劳动是一种纪律；基本的平等是正义的要求。人的生活不能完全免除恐惧和焦虑；人终有一死，病痛和日常生活中的煎熬和失望在所难免。但是，即使人生无常，饥馁仍属大恶，而人在年轻力壮时靠劳动获取，年老力衰时可免费得到的朴素但舒适的生活（乌托邦的酒醇香美味）本身就已足够，也能保证人能够运用智力进行思考。在这一背景下，莫尔认为乌托邦提供的保障十分可取就不难理解了。可以说，乌托邦的诱惑无法抵拒。

莫尔谴责判处偷窃犯死刑为邪恶荒唐的做法；饥肠辘辘的流浪汉不会因此就不去偷窃，而且莫尔和伊拉斯谟一样，认为法律过分严厉会使罪犯和良民一并沦为野蛮人。莫尔提出的替代办法在现代人眼中算不得仁慈的样板，但它按照16世纪早期的标准算是温和的。在乌托邦里，窃贼被打入隶籍，终身做苦役，但若是表现好会减刑，以鼓励他们改过自新。他们受的待遇并不严酷，但别人每天工作达到必要的时间即可——莫尔假设一天劳动六小时就够了——他们却要从早到晚地劳动，以示惩罚。莫尔对乌托邦的生活情况描写得巨细无遗，开了此种文学手法的先河。近代的另一部乌托邦作品，爱德华·贝拉米的《回顾》(1883年)，也显示了对细节同样的热情(或者应该说是过分的热情)。《回顾》也表示了对一个没有货币的世界的渴望，强调劳动是一项社会责任，不过它就人该做多少劳动提出了更加周密的观点，并且提出了和莫尔一样的鲁莽假设，认为明智的统治者能够事无巨细，将人民生活治理得井井有条，使所有人皆大欢喜。[23]

乌托邦社会的机构组织引人注意，因为它反映了对民族主义和商业竞争的不以为然；当时这两者已经开始成为欧洲政治中的主导因素，并一直延续至今。乌托邦几乎没有中央政府；首都倒是有一个，但各个城镇的大小和设计都是统一的。首都有议会，但拉斐尔·希斯罗道斯只讲了地方一级行政的详细情况，其最明显的特征是数学公式般的整齐分明：一组住户选择出领导人，由他们组成理事会，理事会再选择城镇的市长。法律只有寥寥几条，律师则完全没有；知识人士倒是很多，但他们专注于学习文科，思索深刻的问题，而不是算计如何坑害邻居。若说有哪个国家具有成为乌托邦的框架，那就是威尼斯了，但莫尔并不特别认真地要补足柏拉图的《理想国》没有描述国家机构这一缺陷，因为在这类乌托邦内，协商一致消除了一般意义上的政治，表达并控制政治归属和竞争的机构制度均付阙如。威尼斯对各种政治力量予以控制，而不是通过文学手段将其废除。

书中对宗教的描述非常仔细。乌托邦人信奉的宗教和后来的上帝一位论十分相似；他们称他们的神为密特拉（Mythras）*，但没有说明这是否神的真正名字。乌托邦的宗教与其他宗教共同的因素并不多。有上帝；宇宙由神意安排，以便利人的生活，并使人获得永久的幸福；诚心寻求救赎的男男女女在尘世间将会过幸福的好生活。死亡并不可怕，因为那是与上帝相聚的通道。在乌托邦，各种信仰百花齐放，唯一的绝对是绝对禁止不宽容；莫尔开了个尖刻的小玩笑，让叙述者讲到，一个皈依基督教的人因声称别的宗教并非真正的宗教而被流放。[24]莫尔说，在乌托邦，企图使用暴力强迫人皈依被定为破坏和平的行为，不是亵渎行为。乌托邦似乎没有亵渎罪这一类，这表明了莫尔与古典学说的渊源。此论是一条有力而又危险的理念，但它出自莫尔这个把异端送往火刑柱的人之口，使人无法理解他在实际的政治生涯中怎么会那样行事。乌托邦宽容无神论者，但不信任他们；他们决不能公开劝人不信上帝，也不能担任公职。鼓励他们和神职人员辩论，希望因此能使他们明悟真理，而不

* 在真实历史中，密特拉是古雅利安人曾信拜的神，后形成密特拉教，在公元前1世纪到公元5世纪在罗马帝国传播，一度是基督教的有力竞争者。——译者注

仅仅是让神职人员借此做智力练习。尽管如此,《乌托邦》的结尾却出人意料;拉斐尔说乌托邦的唯一缺点是它没有听取基督教的训谕,但好在它已经皈依了基督教。许多评论家说,这也许表达了莫尔特有的基督教人文主义思想。另一方面,读者也可能会猜想,乌托邦的人民皈依了基督教后恐怕会怀有异议,自立教派,也许还是应该继续信奉他们原来的神密特拉。乌托邦的创始人乌托波斯(Utopos)当年不费吹灰之力征服了这个岛屿,就是因为它因为宗教冲突而四分五裂。[25]

乌托邦的宗教仪式是以音乐的形式举行的,祈祷的内容是祈求得到智慧;教士深受尊敬,因为他们都是饱学之士,都献身于和平的事业。莫尔让教士在战争的问题上担负重要的作用。伊拉斯谟慷慨激昂,莫尔冷嘲热讽,但两人的基本思想是一致的。乌托邦人民鄙视战争,也鄙视狩猎(为君主提供劝谕的各种手册都把这项贵族运动赞为很好的作战训练),因为狩猎和战争一样,是一种屠杀。乌托邦人与多数民族不同,他们宁肯靠欺骗和贿赂来取得胜利,也不愿使用武力。血腥的胜利和血腥的失败同样糟糕;理想的办法是通过贿赂来推翻敌人——这很容易做到,因为他们有很多金银,自己不需要,可以用来收买敌人。20世纪美国在越南陷入苦战的时候,一些观察家曾想过,如果能采用莫尔笔下乌托邦人的做法来挖越共的墙脚,就不会付出如此巨大的生命和金钱的代价。莫尔背离了正义战争的传统观点,说乌托邦人乐意发动民族解放战争来解救受独裁政府压迫的他国人民;此举超出了《联合国宪章》的规定,因为《联合国宪章》禁止将“政权更迭”作为发动战争的合法理由。它也许表现了乌托邦人的过分自信，认为一国人民可以轻而易举地推翻另一国的僭主暴君，将那个国家的被压迫人民解放出来。乌托邦人除了自卫，从不为私利发动战争。他们在各个方面都与当时的欧洲人迥然不同。《乌托邦》成书后不久，欧洲就发生了长达一个半世纪的宗教冲突，也开始了对美洲、亚洲和非洲长达五世纪的帝国主义侵略和占领。

乌托邦的教士在战争中的作用是尽量减少战争造成的破坏；教士能阻止战胜方的军队杀害战败的敌人，保护伤员，并有权宣布战争结束，以此来强迫停战。作战时，教士随军而行，目的是维护人性在战斗中不致泯灭，而不是祈祷上帝杀尽敌人。乌托邦人对冲突的务实态度也表现在不愿意看到自己的公民战死；他们有钱，可以使用雇佣军，用重金换取他们的忠诚。他们的盘算是，雇佣军作战时死亡众多，真正能活下来领取高额报酬的雇佣兵仅是少数。莫尔想象，乌托邦人在招募雇佣兵时，首选地处遥远的塞波雷得人*。那些人不是不知道打仗危险，而是根本不在乎；他们贪婪凶暴，对雇主忠心，互相杀戮起来毫不犹豫，对激烈动荡的生活的胃口显然比沉静的乌托邦人大得多。乌托邦人鄙视塞波雷得人，但莫尔的用意是谴责战争，不是让读者猜想塞波雷得人是否有其他的谋生手段。

* 塞波雷得人是莫尔杜撰出来的人种，其名称“Zapolete”在希腊语中意谓“急于出卖自己的人”。——译者注

若把这些段落当真，就说明莫尔对当时的政治与宗教的反感超过了心理上的保留。然而，谁也不知道对《乌托邦》该认真到何种程度。构想乌托邦的用处不在于为其他社会提供蓝图。赫胥黎的《美丽新世界》这类所谓“反乌托邦”作品的出现并不意味着反乌托邦的世界马上就要到来，或者必须立即采取果断措施，以防反乌托邦出现；这类作品的意义在于使我们更加清楚地认识到我们心目中的进步可能带来的后果。《乌托邦》不是推行反战运动和废除社会等级的蓝图，也不是推翻宗教的方案；其中诙谐玩笑的内容不仅为莫尔提供了保护，使他不致被指控为需要密切监视的异见者，而且保护了该书本身，使它不致被视为宣扬另一种更好的政治制度的声明。作为讽刺作品，《乌托邦》与现实可以拉开距离，这是柏拉图的《理想国》做不到的。不过，它的确提出了许多问题，比如，在别人挨饿的情况下，我们的财富越积越多到底有没有好处？国家难道必须为名誉而战吗？难道就不能容忍宗教异见者吗？等等，不一而足。

我们从乌托邦的想象中学到的东西有多少是作者有意传达的意思，这是传记作家需要解开的谜。几乎所有作品在某些方面都是作者所无法控制的，几乎所有作品都在一定程度上流露出作者内心深处的想法，另一方面又无法完全达到作者想要达到的目的。现代读者会认为，《乌托邦》是一种告诫，提醒人们注意，建立完美社会的愿望会滋生极权主义：乌托邦的居民不经许可不能旅行；婚前性行为会带来双方均终身不准结婚的惩罚；而且如莫尔所说，每个人都深深地意识到，自己无时无刻不处于所有其他人的监视之下。[26]这使现代人感到极为不安；自从奥威尔的《一九八四》出版之后，人与人之间互相监督对我们来说就意味着专制国家的独裁。即使这样能保证和平与安全，似乎代价也太大了些。不应假定莫尔也怀有和我们一样的疑虑。他被关押在伦敦塔的斗室之中等待审判和处决的时候，并不抱怨失去了自由，反而对他简单的生活表示满意。无疑，他这样做有安慰家人之意；他和妻子伉俪情深，子女也孺慕孝顺。但这种态度也反映了一个柏拉图的崇拜者应有的对去尽尘世牵绊的生活的渴望。

蒙田

伊拉斯谟和莫尔对现代读者的吸引力在于他们的怀疑主义，而在16世纪的人文主义者中，将怀疑主义用于道德和政治目的的代表性人物是蒙田。这是一个悖论，因为他的随笔仅仅间接地涉及政治组织或日常事务的管理；蒙田企图根据他最了解的人——他自己——的情况来探究分析人的心灵。蒙田的随笔不是奥古斯丁的《忏悔录》那样的忏悔性作品。蒙田对忏悔自己的软弱没有兴趣，也不想赞美上帝慈悲地拯救了自己。他和奥古斯丁一样，认为人缺乏自我了解，但他不像奥古斯丁那样对此深感痛苦，而是相信，要了解自己，必须做到耐心、自制，对任何事都要问一个为什么。

然而，这种斯多葛式的怀疑内省却直接产生了政治上的影响和启发作用。除英文译本以外的其他语言的译本恰如其分地将蒙田的随笔描述为“道德和政治”文章。蒙田生于1533年，参加了世纪中期的法国内战，所以他关于勇气、背叛、谈判的危险，以及许多其他问题的观点都是经验之谈。[27]法国内战原是宗教战争，由于王室和贵族家族各自的内斗而进一步加剧，力图统一的法国君主和在地方上称王称霸的贵族之间暗地的斗争也起了推波助澜的作用。蒙田出身贵族，学过法律，曾在波尔多议会中担任顾问，但不喜欢公共事务。他出售了在议会的职位，因而衣食无忧，但又因无所事事而郁郁不欢。他的随笔尽管没有描写他的苦闷，却是因他的苦闷而发。他关于如何获得幸福的建议主旨上属于斯多葛派，说人不应该太在乎世事，但那些建议的道德基础是基督教，对个人的重视则是符合近代精神的。

对于政治，要畏惧它的危险，而不要因它带来的机会而乐在其中。统治者起着至关重要的作用，最好的统治形式是君主制；明君不追求战功的荣耀，而是努力培养建立在基督教最宽容的观念基础上的公共道德。至于其他人，友谊、平静的心情和对哲学与宗教的钻研是为至善。尽管通常不应将任何发明归功于某一个作家，但不得不承认，是蒙田首先提出了近代意义上的个性和私人生活。他坦承，他的随笔讲的是他唯一真正了解的题目，也就是他自己。可以令人信服地说，他的随笔是第一部近代意义上的自传。

自此，一种新型矛盾开始浮出水面，那就是私人和公共之间的矛盾。它并非传统的私利与公德的矛盾，亦非基督教今生与来世的矛盾，也非柏拉图所谓的寻求真理和履行对他人责任之间的矛盾，而是具有鲜明近代色彩的矛盾。一边是亲密关系、天伦之乐、生活自得其乐带来的平静的满足；另一边是公共生活的快乐——与私人生活的快乐同样真实，却截然不同。蒙田打开了解读人与公民之间矛盾这个新课题的大门。

第十章

宗教改革

宗教改革

“宗教改革”一词和“文艺复兴”一样，意思不够严谨，但除非每次都长篇大论、啰嗦累赘地解释，否则只能用它。无论在地理上、时间上，还是理念上，将宗教改革（或者文艺复兴）当作单一明确的一场运动的概念都经不起推敲，但事实是，1500年之前，西欧的基督徒没有制度化的教义之分，1550年后则出现了几个不同的教派。这种情况造成了巨大的政治后果。主要的新教思想家的大部分理念是一个世纪前由扬·胡斯和约翰·威克里夫首先提出的；路德大量吸收了圣奥古斯丁最激烈、最令人不安的思想；民众广泛要求回归早期教会的纯洁。新神学对确定政治权威的合法性影响巨大。当统治者和被统治者在宗教信仰上发生抵触的时候，“人们该如何自我治理？”这个问题就变得紧迫起来。

一个世纪前的教会大分裂*期间及之后，教会治理本来有可能沧桑巨变。但变革终未发生。宗教改革运动不是发生在15世纪，而是在16世纪初。它之所以发生于斯时斯地，是因为西欧各国统治者长期以来对教廷怀有敌意。各国君主因打仗花费巨大，财政捉襟见肘，对教廷的财富垂涎三尺，而当时民众对教廷在道德、精神和神学上的广泛不满为君主在政治上对教廷的敌意提供了意识形态的后盾。教派分裂是教会逐渐变为国家教会的长期过程的产物，也是加快这一过程的重要因素。教廷无法维护基督教世界的统一，其主要原因与其说是发生了席卷欧洲的反教会舆论运动，不如说是教廷为维护它在意大利的地位而缔结的政治联盟。对教廷耽于世俗事务感到不满，希望看到一个更依靠公会议、更注重教众自主权、广义上更加民主的教会组织形式——这些都不是新现象。决定性的因素是世俗当局迅速掌握了对本国宗教生活的控制权。

最令人瞠目的例子是英国。亨利八世因想要男性子嗣而与罗马决裂。他与自己的寡嫂，阿拉贡的凯瑟琳结婚后，王后只生了一个女儿，之后数次小产。亨利八世可能深信，这是因为他们的婚姻违背了教会禁止近亲结婚的命令；但他也可能并不真信。他绝对是虔诚的教徒，不去打猎的时候，每天都做五次弥撒。教皇不能批准解除亨利的婚姻；当初是他的前任特许亨利和乃兄的遗孀结婚，他若是宣布亨利的婚姻无效，就必须否

* 即上文提到的多教皇并立的时期。——译者注

定前任的决定。还有更加决定性的原因，那就是教廷政治上的虚弱。凯瑟琳是神圣罗马帝国皇帝查理五世的姨妈，查理1527年洗劫罗马后，教皇实际上成了查理的俘虏。于是，亨利八世迈出了大胆的一步，自封为英国教会的首脑，命令听话的主教废止了他的婚姻。亨利和他的儿子爱德华六世不同，他不喜欢新教；路德派和加尔文派对他都没有吸引力。他和路德在1520年发生了激烈争吵，因此不可能把路德奉为精神导师。[1]直到1547年，英国教会在教义和礼拜仪式上都没有改变；唯一的，也是巨大的改变是国王成了教会的精神领袖，英国的教会归入了英国法律的统治之下。两把剑落到了一个人的手中。

新教与反律法主义

因为自由民主首先在新教国家中生根，所以很容易以为，许多新教教会“教众自主”的治理方式与自由民主政治有着天然的联系。其实两者的关系并不紧密。英国和荷兰成了信奉新教的君主立宪制国家，丹麦和瑞典也信奉新教，却采用绝对君主制；内战后的法国成为信奉天主教的绝对君主制国家，威尼斯也信奉天主教，但仍然是共和国；西班牙则一度几乎成了神权国家。研究各国政治和宗教的演变是政治史学家和社会史学家的事，但事实说明，改革者的宗教和政治思想之间没有特别直接的联系。本书重点介绍几位主要的新教思想家政治思想中的新颖和矛盾之处，还将简短论及极端主义者的思想。谈到宗教改革思想家的政治影响时，马上就出现了一个困难：他们的思想与政治没有多大关系。新教最初是要与一切制度决裂。一旦否认了教士确保人得救的居间作用，教会作为机构的概念就受到了威胁；新教对于政治机构似乎也像奥古斯丁在《上帝之城》中描述的那样，保持一定距离。国家比教会的机构合法性更大，因为我们需要法律和秩序，却不需要任何人介入我们和《圣经》及其作者之间。似乎能说的只有这些。但思想家们发表的观点比这多得多，必须一一探究。

15世纪晚期对当时占主要地位的教会机构的攻击不是出于神学的原因。英国和其他地方的修道院被毁并非由于新教的兴起，而是由于君主的雄心壮志受到了资金短缺的限制；信奉天主教的君主对教会财产照抢不误。到17世纪中期，只有意大利和西班牙没有侵吞过教会的财产。亨利八世在16世纪30年代解散了修道院，几乎一个不留，方式特别暴力，时间上正和他决定与罗马决裂，自封为英国教会的领袖相吻合。自从1515年开始，亨利和教会就因为预算而一直僵持不下，解散修道院是这场旷日持久的预算危机的最后阶段。亨利八世解散修道院和两个世纪前腓力四世对教会财政特权的攻击并无实质上的不同。亨利之所以一举惊人，自封为英国教会的领袖，是因为他要和阿拉贡的凯瑟琳离婚。如果没有这个原因，很难说英国的教会改革会走哪条路。

“新教徒”（Protestant，抗议者的意思）一词出现的时间较晚。1529年，查理五世皇帝召开了一次神圣罗马帝国治下所有君主出席的会议，称为施派尔帝国议会，目的是要改变当时由地方自行决定宗教信仰的政策，把持不同宗教意见的公国拉回天主教的怀抱。与会的有些君主对查理的敕令提出抗议，自称为抗议者（protestant）。他们最初采取的名称是福音派（evangelical），因为他们坚持以福音书为准，坚称只要谨守自己的良知，遵循翻译成（非拉丁语语的）当地语言的《圣经》，就是合格的基督徒。这种对当地语言版《圣经》的重视几乎可以说是宗教改革最重要的特征。这对政治、科学、文学，以及狭义上的宗教产生的后果十分巨大。它高度重视识文断字、仔细阅读、独立思考，产生的长期效果至今犹存。

“单靠《圣经》经文”就能找到基督教信仰的说法削弱了教会作为组织的重要性。显然，新教徒不相信“教会之外无救赎”（extra ecclesia nulla salvatio）；新教是离心性的，不是向心性的。新教教会概念最明确的说法在路德之后很久才确定下来，但其主旨包括在了路德首先提出的最极端的观点中。洛克在他1698年发表的《论宗教宽容：致友人的一封信》中，以最简单的方式对教会和国家作了如下的区分：国家是非自愿组成的组织，有权为了社会的日常福祉而强行管制人的行为；教会是自愿组成的社团，成员们聚在一起共同敬仰上帝。[2]教会与国家的关系正如任何非宗教实体与国家的关系：教会的财产和世俗财产一样受国家的监管，宗教仪式不得牵涉犯罪行为。如果国家对一切不颠覆秩序的宗教信仰均予以宽容，将自己的活动限于保护现世的安全、财产和良好的秩序，那么就永远不会发生与教会的冲突。至于国家和教会各自的权威，不服从国家（公正合理的）命令的要受到切实的惩罚；不服从教会的信条则只能被开除教籍，除了开除本身意味的惩罚外，没有别的惩罚。[3]

这可能导致各种教派如雨后春笋般大量涌现，教会和教派之间的区别小到难以辨认；对于这种结果，洛克并不担心。他对教派五花八门、名目繁多的现象泰然处之，这种态度并不多见。美国宪法明确规定联邦不立教会，但新英格兰殖民地却迫害少数派教徒，到1818年之前，康涅狄格州一直规定居民只能信仰官方宗教。洛克论述的那种极端的反权威主义在18世纪前很少为政府所接受。简而言之，新教很容易被反律法主义压倒，因为反律法主义主张，基督徒不需要法律，无论是国家的法律、传统的道德规范，还是任何其他法律，因为教徒之间的爱就是全部的法律。[4]对于反律法情绪，政府通常都努力予以控制，将其疏导为可以管控的形式。反律法主义对新教构成威胁，是因为它认为遵守外部规定的法律不能保证得救。路德采取了圣保罗的观点，力持得救的唯一途径是上帝的恩宠；而耽溺享受、克己苦修、努力向善，这些统统都不管用。[5]

一个人如果有内心的自信和笃定，就证明他能够得救；但也许自信只是幻觉，也许它仅仅是骄傲的表现，或者根本是误会。尽管如此，许多坚信自己被上帝选中的人都认为自己肯定能够得救，无论他们是否严格遵守了世俗统治者规定的法律，是否遵循了传统的道德准则，一句话，无论他们是如何生活的。

沿着这个思路走下去，尽头就是纯粹的反律法主义——自认被上帝选中的人相信自己必然得救，甚至鼓吹耽溺嗜欲，以表明他们已经得救，无堕入地狱之虞。路德就表示了这种观点，虽然只是在写给菲利普·梅兰希顿的一封私人信件中；他说，只要坚信自己必将得救，就要勇敢地去犯罪。如同在其他一些问题上一样，他后来完全改变了这一态度。反律法主义所声辩的行为（甚至有少数人提倡社会接受这些行为）中只有很小的部分使体面阶层不安，令政治当局紧张。政治当局紧张时，就要强调秩序，新教社会和天主教社会一样，十分乐意采取任何有效手段来维持秩序，只要这样的手段不至于比要解决的问题更加糟糕。

反律法主义情绪对不同社会的影响程度大不相同。秩序本来就比较脆弱的社会对宗教和政治激进思想发动清洗动手比较早，措施也比较极端；德意志的清洗来得较早，也较激烈，英国则在一个多世纪之后的英国内战期间才开始，措施也相当缓和。与反律法主义紧密相关的是千禧年主义（millenarianism）；尽管二者是不同的教派，但殊途同归，达成的结论是一致的：如果基督复临指日可待，服从当地统治者似乎就失去了意义。何以整个社会都坚信世界末日即将来临，这是一个谜，但一旦全社会都持此信念，后果会十分可怕。中世纪及后来的历史中不乏当今时代偶尔发生的大规模集体自杀之类的事件。千禧年主义的信徒可能会伤害其他人，但他们在历史上一直是遭到代表着法律和秩序的力量无情打击的对象。16世纪20年代德意志爆发的农民战争就受到了镇压和打击。当时，托马斯·闵采尔率义军揭竿而起，企图夺政权、均贫富。十几年后，莱登的约翰带领再洗礼教派占领明斯特，将那个城市控制了几个月的时间，又一次引发了大规模镇压。天主教和新教的军队联起手来，以极为残酷的方式镇压了再洗礼教派。要想明白千禧年主义的历次运动为何不仅均以灾难和被镇压而告终，而且引得路德激愤异常，对所有胆敢挑战法律的人发出痛斥，就必须了解路德的生涯和政治思想。

路德：生平与时代；神学假设

关于路德的书籍汗牛充栋。然而，他生平的基本事实仍然不甚清楚，一个重要原因是他生前即已成为传奇人物。他对自己的传奇的营造也出了一份力，不是因为他吹牛撒谎，而是因为他的想象力十分丰富。他强烈认为自己年轻时应该是何种情况，结果对早年的回忆常常前后不一。最重要的是，关于他为何决定选择修道的生活、当时对那种生活的想法、首次去罗马的观感，以及什么原因促使他写出了被他钉在维登堡教堂大门上的《九十五条论纲》，他的叙述都矛盾百出。正如奥古斯丁的《忏悔录》一样，此中揭示的路德的心理变化使旁观者心下骇然，却又为之着迷。所幸这并不影响对路德的政治思想做简明扼要的介绍。路德的心神所系是神学和精神的问题；政治思想并非他注重的，可以与使他有感而发的事件分割开来，也可以与他对神学的研究分开。他表达政治思想的方式毫无疑问是他所特有的，但内容却借鉴了他人的观点。

路德1483年生于萨克森的艾斯莱本，1546年也逝世于此。他父亲是矿工，脾气极为暴躁，动辄将他抓过来痛打一顿。虽然路德的助手兼门生梅兰希顿说，路德的母亲敬神虔诚、为人谦逊、勤于祈祷，但她的脾气似乎和她丈夫一样暴烈，路德关于他为何决定进修道院给出的几个解释之一就是要逃脱父母的毒打。父母如此，难怪他们生养的儿子后来不仅对敌人，而且对朋友都时常失去控制地咆哮震怒。小路德上学也不得安生，学校里同样充斥暴力。他是在马格德堡和爱森纳赫上的中学；18岁那年，他进了爱尔福特大学。他父亲想让他当律师，然而，1505年，他却进了爱尔福特的奥古斯丁修会的修道院。刚才说到了他自己对此举作出的一个解释；另一个解释说，他出家是由于一个朋友的死去和他自己险遭闪电击死的经历，但那似乎是编造。最可能的原因是，路德在二十几岁的时候经历了一场精神危机，觉得修道院生活的井然秩序能使他身心健全起来。

12年后，1517年10月31日，路德在维登堡的城堡教堂大门上张贴了他的《九十五条论纲》。论纲谴责了教会的一桩丑闻，即出售赎罪券来募资建造宏伟壮观的圣彼得大教堂。《九十五条论纲》被教会宣布为异端，因为它们（毫无新意地）坚持说，尘世的任何权威，包括教皇，都无权赦免人的罪。根据奥古斯丁提出的唯有上帝的恩宠方能使人得救的原则，这本是能够得出的唯一结论。后来，这条原则被冲淡了，于是出售赎罪券的做法应运而生。赎罪券介乎简单的赐福和罪孽赦免证书之间，教会靠出售赎罪券筹集资金。人们相信，或者是姑且相信，购买赎罪券能减少死后在炼狱里停留的时间。更重要的是，出售赎罪券是教会征税的一种形式，和今天国家卖彩票一样，在道德上大有值得商榷之处。路德张贴《九十五条论纲》的日期通常被认为标志着宗教改革运动的开始，10月的最后一个星期日也被纪念为宗教改革日。路德此举并非年轻人的一时冲动，他当时已经34岁，可以说是事业有成；他1507年授神父职，在维登堡大学按部就班地完成了神学博士的课业，1511年成为维登堡大学的神学教授。1515年，他成为所属修道会的教区牧师。

他操劳过度，辛苦异常。他要履行修道会的精神责任，继续学术研究，还担任修道院的中层管理人，这等于一个人顶三个人用，使他不堪重负。路德在感情上应付不了这样的压力。他会突然精疲力尽，然后为了补偿又加班加点、透支精力；有时会发生信仰动摇，事后又痛心自责。他讲课时尽是宣讲人如何罪孽深重、如何疏离上帝，与阿奎那神学中乐观的自然主义和亚里士多德主义大相径庭，和伊拉斯谟的人文主义更是南辕北辙。尽管如此，路德不需要反对教会，奥古斯丁也认为没有这个必要。人心罪恶，不可救药；上帝已经预定了哪些人会得救，哪些人会下地狱；上帝做出决定的理由深奥不可解，除了接受，别无选择；但这一切并不意味着应该解散教会。互相关心的信徒组成社团，彼此督促，这还是有用的，尽管不能保证得救。

促成路德此一立场的外部因素很清楚。尤利乌斯二世和利奥十世两位教皇在任期间，教廷大肆出售赎罪券，筹得的资金一部分用于打仗，一部分用于建造圣彼得大教堂。路德所在地的大主教，勃兰登堡大主教对此非常积极。他自己就非常腐败。反对他的人企图把他从大主教的位置上拉下来，于是他出钱行贿，在罗马找人替他活动；为了补回行贿用的钱，他买了许多圣职，把那些圣职的俸禄都中饱私囊，这是买卖圣职罪。为了免除这桩罪，他向尤利乌斯二世和利奥十世购买了必要数量的赎罪券。对此，对良知的要求比路德低得多的人恐怕都无法接受；因果比例太不相称了。路德把论纲钉在教堂大门上（他是否真这样做了并不清楚），表示愿意为论纲辩护。这算不得革命性的举动，大学教师经常发表论纲，并表示会与所有前来提出反对意见的人辩论；皮科·德拉米朗多拉设想提出900条论纲就属于这种行为。这是教师成名的一种办法。路德此举之所以开启了一场宗教、社会和政治革命，是因为他有位世俗的保护人，能够保护他不至于落得扬·胡斯的下场。一个世纪前，康斯坦茨会议将胡斯召来，保证他安全无虞，后来却把他定为异端，对他施了火刑。

德意志的许多王公经常和皇帝作对，路德的王公，萨克森选帝侯“智者”腓特烈根本不屑听命于年仅17岁的查理五世皇帝。其他的政治因素也对路德有利。德意志情势紧张，当局不愿意采取强硬态势，以免引发动乱。引起当局焦虑的一个因素是有时被称为“德意志骑士”的低级贵族，这个社会群体在别的国家中算是小乡绅。他们随着自己作战技术的老旧过时，经济上日渐窘迫拮据，感到自己遭受了主教和大城市中新兴贵族的压迫。这些人是路德的天然盟友。他们1522年揭竿而起，用以号召的就是路德的思想。支持他们的是即将爆发的德国农民战争中的“农民”。这里的“农民”一词很不准确。其实，那场动乱席卷了城市和乡村，领导人是能言善辩的工匠。有些马克思主义历史学家认为，他们是第一批资产阶级革命者，但恩格斯却不这么想，他青年时曾写过一部关于德国农民战争的简史。应该说，那些人代表着所有失去了原有的社会地位或流落他乡、经济窘迫、生计艰难的社会群体。恩格斯说得对。路德派是初露萌芽的资产阶级，他们自制力强、眼光远大、认真仔细，但参加了1475年到1525年间的叛乱的起义者们却完全是另一批人，他们是反律法主义者、乌托邦主义者和千禧年主义者。路德对“智者”腓特烈来说是个有用的同盟；遏制他没有好处，反而可能会招致麻烦。

路德最大的武器是新发明的古登堡活版印刷机。宗教改革不是“独一无二的古登堡革命”，但肯定是一场古登堡革命。[6] 小册子、信件、宣言和批判文章能够以之前无法想象的速度大量翻印，传播到很远的地方。六年内，路德写的各种小册子印了1300版，传遍欧洲。路德一贯主张把《圣经》翻译成德文，并把德文版《圣经》送到所有识字的人或找得到人为自己朗读的人的手中；印刷机的发明使他这一主张成为可行。把福音书翻译成老百姓平日的语言，这没有什么新奇；100多年前威克里夫就已经发出了这样的呼吁；詹姆斯国王的钦定版《圣经》就是以威克里夫的翻译为基础的。现在，广泛传播地方语言版《圣经》的成本大大降低，使阻止传播的企图无法得逞。把印刷机用于宣传的目的更是新鲜事物；路德的追随者和敌人都尽量予以利用。路德是到那时为止第一位面向大众写作，也完全有机会使大众看到他的作品的人。

在路德的思想和新教政治思维的演变过程中，《九十五条论纲》标志着中间点。人对于自己最终是会得救还是会被罚入地狱无能为力，有好几年的时间，路德一直因此而感到深深的痛苦。到1513年，他突然想到了以信仰作为得救的证明这个主意；一旦他完全领会了这一想法的涵义，他后来的神学思想及其政治影响即依此展开。只靠信仰，不靠行为，尤其不靠购买赎罪券来证明得救，这并不意味着一般罪孽深重的人只要努力信上帝就能得救。信仰是上帝赋予的，人获得信仰的唯一办法是，当上帝将信仰赋予我们的时候，开放心灵去接受。[7]我们可以选择站在可能被闪电击到的地方，但只有上帝才能放出闪电。要接受上帝，必须深思基督做出的牺牲。路德就是为此而坚持《新约》比《旧约》重要。他这一理念并非埃克哈特大师*或坎普滕的托马斯所持的寂静神秘主义；他们两位也许为路德的观点获得民众的接受铺平了道路，但尽管路德激烈抨击对理性（他称其为“那个伶俐的娼妇”）的过分信任，他也敦促人们

---

* 德意志神学家和哲学家。——译者注

努力投入，而不是安静地等待。而且，正如詹姆斯·霍格写的那本奇怪的小说《一个清白罪人的私人回忆录和自白书》提醒我们的，“证明”会得救的人同样也是罪人。信仰要通过上帝的宠惠获得。如果不谈宠惠，只强调信仰，就会产生这样一个危险：鼓励人们仅仅因为确信自己能够得救，就以此作为得救的证明。人们一旦如此确信，就很容易会去勇敢地犯罪，反律法主义也会悄悄抬头。对此，更加严厉的加尔文主义者强调指出，自信本身是幻觉，是骄傲的标志。上帝的恩宠是不可捉摸的。

政治理论

路德发表了《九十五条论纲》后，遭到教会的惩治只是早晚的事。但他义无反顾地继续前进。1520年，教会宣布95条论纲中的14条为异端，教皇下谕令《主，起来吧》(*Exsurge Domine*)，正式开除了路德的教籍。路德的回应是将教皇谕令和包括好几卷教会法规在内的其他一些文件投入火堆，付之一炬。事实上，他在敌人尚未动手前就已先发制人；被开除教籍的大约六个月前，他发表了《致德意志基督教贵族公开书》，详细阐述了他关于教会与国家关系的观念。

此时他已经形成了这样的观点：授职圣礼与天主教教会的几乎所有其他圣礼一样，与帮助基督徒建立起和基督的关系毫不相干，只有三项圣礼是有用的*。这个观点从积极的角度来看，就是"信徒皆教士"的理念。通过受洗，我们与基督建立了关系，因而能够帮助他人找到基督，也担负起了这方面的责任。神父专职于此。教会是信徒的集合，比起可见的教堂，由上帝的选民组成的不可见的教会更加重要。有意思的是，奥古斯丁也提出过类似的主张，但比路德的思想精致多了；奥古斯丁认为，上帝之城是得救的人居住的城市，是凡人完全看不见的。教会不是上帝之城，因为教会的教众中有得救的，也有将会被罚下地狱的，但我们无法知道谁上天堂，谁下地狱。尽管如此，现实中的教会在人的生活中仍然起着一定的作用，即使会被罚下地狱的人生活中也需要教会。

《致德意志基督教贵族公开书》火力全开，几乎没有它批评不到的东西。比如，它批评把王国分不同的阶层，将僧侣定为精神阶层，其他人定为世俗阶层的思想，称其为一派胡言；在基督教的社会里，每个人都属于精神阶层。同样，教会法规也是虚妄之物；教会不是政治体，并不与国家分管人的生活，教会法规也不是法律。《公开书》表示了对原始教会那种简单朴素的渴望。路德和最初的教会创始人一样，并不特别讲究教会和国家的分离。虔诚敬神的统治者必须满足信徒日常生活的需要；这暗示了国家应该对教会提供赞助或其他形式的官方支持。一

---

* 天主教共有七项圣礼：洗礼、坚信礼、圣餐礼、授职礼、忏悔礼、病者涂油与婚礼。路德认为只有其中三项圣礼，即洗礼、圣餐礼和忏悔礼，有助于基督徒建立起与基督的联系。——译者注

年后，路德的攻击目标转向了修道院生活：把僧侣锁在修道院内与世隔绝，这使他们无法履行传播福音的责任；强调修士必须虔诚的基础思想是要靠努力来证明自己可以得救，可是这个思想是站不住脚的；僧侣禁欲不婚更是荒唐。10年后，路德身体力行自己的主张，结了婚。他的婚姻非常美满，一共生了六个孩子。

问题是，这些能否成为世俗政治的基础。路德不假思索地认定，虔诚敬神的统治者会照顾信徒社会的需要；这并不奇怪，因为1 000多年来，自称虔诚敬神的统治者都宣称自己是这样做的。但路德的批评态度引起了尖锐而重大的问题。其中最明显的问题是：应当以何种标准来判断统治者是否虔诚敬神？这又直接涉及杰拉西乌斯教皇和他的双剑说。路德认为，只有一把剑，掌握在世俗统治者手中。在一个重大问题上，路德发表的意见有时前后不一，这个问题是：有没有哪个机构或个人有权决定某一个统治者如此邪恶，以致于可以合法地对他进行抵抗？抵抗不义之君一直是路德挥之不去的难题。总的来说，他维护传统的消极服从的原则。作为最后一着，这一原则允许消极抵抗，但不允许叛乱；如果统治者命令民众做明显违背基督训诫的事情，民众必须拒绝执行命令，但不能采取暴力抵抗的方式。路德对圣保罗的解读符合正统；现有的政权是上帝赋予的，就连残暴的坏政权也有上帝的恩准；基督徒不能推翻统治者，否则自食不服从的后果。即使反抗不信基督的邪恶统治者的叛乱，也是对上帝的反叛（不过有一些有意思的例外）。

《公开书》是向各邦国的君主和当选的皇帝发出的呼吁；1520年查理五世被选为神圣罗马帝国的皇帝，但尚未加冕。那时，路德没有想到德意志各邦国会分成不同的教派，也完全未能料到仍然坚信天主教的查理五世对他治下信仰新教的人民发动战争所造成的惨烈后果。尽管路德精明敏锐，但对使他借以保全的力量联合他却懵然不觉。《公开书》吁请世俗当局改造教会。它对霍亨斯陶芬王室的皇帝在12世纪和13世纪没能制服教廷表示痛惜，虽然路德同意，腓特烈·巴巴罗萨和腓特烈二世胃口太大，因傲慢不羁而遭到了上帝的责罚。严格按修辞手法来说，《公开书》是就事论事的论辩，不是标新立异的政治理论阐述，但它产生的结果是巨大的。路德指出，教廷有三道防线：世俗政权无权指挥教会，但教会在精神上监督着世俗权力；只有教会能够解释《圣经》经文；只有教皇能够召集公会议并赋予它权威。若以路德坚持的“信徒皆教士”的观点为准，第一道防线即不攻自破。一旦打破了教会独一无二的地位，僧侣免于许多日常法律限制与义务的特权就随之而逝；由此产生的结论简单明了：基督教社会中有分工却没有分权。第二道防线与每个人应自己读《圣经》的主张显然格格不入。

尽管看起来教会似乎没多大作用，但路德并不是要消灭教会。路德思想激进，性格却趋于保守。他恨不得逼得教皇走街串巷乞讨度日，拆毁圣彼得大教堂，代之以一座简单朴素的乡村教堂。他呼吁皇帝或公会议改革教会，为此提出了27条建议；然而，据他的描述，改革后的教会将有12位红衣主教和少数高级教士，基本没有行政机构，所以他并未把教会全部铲除。他甚至没有建议废除一切修道机构，只是提出了一条深合事理的建议，说任何人在30岁之前都不应发誓终身不婚。

教会的第三道防线是坚持只有教皇才有权召开公会议，这道防线同样遭到了路德的猛攻。路德说，这等于是说教皇是尘世的君主，却与其他君主不同，不必对任何人负责。这个指控言之有据，因为教皇长期以来一直声称有神授的统治权。路德的论点比教皇的声称高明多了；教皇是他自己的告解神父，有权判断自己的信仰是否坚定，也只有他能够判断他自己的行为是否正确。其他的统治者无论握有多么绝对的权力，都要对上帝和他们自己的良知负责，教皇却为自己解除了这个义务。路德的论点简单易懂。它实际上包括两点内容，反映在他的27条建议当中。第一点是，任何机构都需要自我改革的手段，教会的历史与当前的情况均表明，公会议是唯一可靠的手段；从教会的历史中还可以看到，公会议需要有世俗当局的帮助才能成功。第二点是，教廷打着精神的旗号掩盖其行动的真相既荒谬又可笑，它其实是在勒索贫穷的德意志教区的钱财，拿到意大利去做像建造圣彼得大教堂这类华而不实的事情。教会要么得完全放权，让每一个神父都对自己的教众负责，要么得把权力下放到大主教一级，以尽量减少等级制中的阶层，让关心当地教会利益的人为教会服务。[8]

《论世俗权威》

《公开书》发表约三年后，路德又发表了他唯一一部专门讨论世俗权威的性质与范围的著作。他写作该书的动机并不清楚；与他对“杀人的农民暴徒”的痛斥或对“罗马的大祭司”*的攻击不同的是，《论世俗权威》的写作不是因为受了外部事件的刺激。也许正是为此，书中的语气比路德的大部分著作都明显地平和，不过那仅是相对而言。路德首先指出，他的《公开书》是为了使德意志的统治精英了解他们的积极责任，也就是明白他们应该做什么。可惜《公开书》完全没有达到目的。德意志的君主并没有变为更好的基督徒，也没有成为更能干的统治者。现在这本书是要告诉他们不该做什么，但肯定也起不了什么作用，正如他的其他著作一样。[9]路德的文体特点之一就是长于讽刺，在这本书中他更是极尽讽刺之能事。

不过，路德的思路非常入情入理，从一开始就能看出他推论的走向和在推论的过程中可能遇到的困难。他开篇即语出惊人，说几乎所有人都误解了服从的意思。君主自认为有权任意而为，老百姓则以为，无论君主发出何种命令，都必须服从。比起统治者的谬见来，老百姓的错误还比较可赦，因为他们的只是错误而已；统治者的谬见却深植于虚伪之中。路德

* 指教皇。——译者注

的思想非常清楚：德意志各邦国的统治者为了给自己的统治正名，说他们是在遵从“皇帝的要求”，好像对皇帝应该毫无条件地绝对服从。但他们完全是口是心非。如果皇帝要拿走他们的土地或占据他们的一两座城堡，他们一定会坚决抵抗，把绝对服从的理念扔到九霄云外。王公们还说，人民有义务绝对服从他们，因为他们是皇帝的权威和臣民的责任之间的传送带；但他们打出皇帝的旗号，抬出皇帝的权威，其实都是借口，用来对可怜的人民课以重税，迫使他们忍受教会的暴政。那些王公之所以能够得逞，是因为老百姓以为必须对统治者唯命是从，但老百姓对福音书和自己作为基督徒的义务的理解是错误的。[10]

路德不怀疑世俗权威的必要性；这一权威的象征是剑。剑是用来维护世间正义的，真正象征世俗权威的是刽子手的剑，不是法官的法袍。圣保罗有言为证：现世的权威乃上帝赋予，以震慑作恶者。路德比大部分人都更激烈；他认为，不仅法律的代表，而且兵士使用剑都理所应当。基督徒不仅要服从法律，还要充当法律的执行者。杀人偿命的规矩从亚当的时代即已立下，该隐*知道这个规矩，大洪水后上帝又将其再次确认。这是神的旨意，必须服从。路德知道，许多激进派认为，基督“不抵抗恶”的训谕意味着禁止用剑。那么，怎么能够允许用剑来消灭邪恶呢？[11]

---

* 亚当与夏娃的长子，杀死了自己的弟弟。——译者注

对这个难题，路德没有直接回答，而是避其锋锐，先在基督徒和非基督徒之间，后在精神法和世俗法之间作出区分。尽管受过洗的人比比皆是，但真正的基督徒却少而又少，真正的基督徒不需要世俗法律，或称世俗的剑。他们为了公正而遵循正义的规则，包括遵照“不抵抗恶”的训谕，对加之于他们的邪恶逆来顺受。不义之人遵守法律是出于不得已：“他们需要法律来教导、强迫、敦促他们不做错事。”[12]然而，每个人都会受到行不义之事的诱惑；所以才应将法律施于所有的人。真正的好人不需要法律，但真正的好人如凤毛麟角，若是要求众人都达到只有很少的人方能达到的高度，未免荒唐无稽。那么，基督徒可以参与制定和执行法律吗？路德的回答是：当然可以。如果行刑手、法院人员、法官或警察缺少人手，有能力胜任的基督徒就必须自告奋勇。没有法律，没有执法，世界就会是一片混乱、血流成河；基督徒对自己的同胞有责任，应该怀着良知在政府和执法机构中发挥作用。不该只顾自己，而应服务他人：“你能够同时内外兼顾，既达到上帝的王国的要求，又满足今世的需要；你经受邪恶和不义，也惩治它们；你不抵抗恶，但其实又对其有所抵抗。”[13]单就逻辑来看，这一推论并不完美，但非常有效；正直的人为了别人而拿起剑。也许有人会说，即使遵循此一推论，全由真正的基督徒组成的社会也是一个无力的社会，因为如果人民都决心不抵抗，应该拿起剑来保护别人的说法就失去了一定的说服力。可以将此说法斥为找岔抬杠；在一个由真正的基督徒组成的社会里，永远不会出现不抵抗的机会，因为没有人会对别人施暴，如果受到了来自外部的攻击，采取自卫行动来教训邪恶的来犯者是允许的。

路德不愿意说，要维持秩序，必须有以赤裸裸的武力为后盾的政府，而是进一步提出了两个论点：第一，信仰不能强迫；第二，对不敬神的统治者，即使不起来造反，也不应该服从。他为信仰不能强迫的论点提出了几个理由，但主要是重复了《公开书》中的分工理念和《论基督徒的自由》中的神学观点。社会主要通过处决罪犯这类简单的外部刺激来维持世俗的法律与秩序，这些外部刺激约束坏人，也提醒好人莫要忽视罪与罚的存在。在路德看来，精神法律不能算法律，而是通过信仰对心灵的约束；上帝知道我们是否在遵守祂的法律，（只有）上帝能够看透我们的内心。

世俗当局无权迫使人民采纳任何信仰，顶多只能逼迫人民违心地表示相信内心不一定相信的东西。这与后来霍布斯表达的观点非常近似。这说明，这个观点本身不是对宽容的捍卫。洛克说，宽容的国家应允许人民自由选择信仰，并和其他信徒一起公开敬神；而仅仅说世俗权力只能保证外部的一致，这并不足以实现洛克的信念。国家也许只要达到外部的一致即于愿足矣；霍布斯认为那就够了。他和路德一样，认为政府试图管住人民的心是白费力气；但他也认为，为了和平，政府必须对人民就有争议的问题公开发表的意见进行管控，并规定公共拜神仪式的形式。对霍布斯来说，达到外部的一致已经足够，因为目的不是干涉人的思想，而是防止公开宣扬不同意见，那必然会导致暴力。生活在16

世纪20年代早期的路德不在乎不同意见的存在，因为他认为，可以在不诉诸暴力的情况下就宗教问题展开争论；所以他的观点远远超过了霍布斯提议止步的地方。1523年，他仍然认为不应强力镇压异端。“必须尽力传播上帝的意旨；若是做不到，动用世俗权力也照样做不到，只会造成血流成河。”[14]路德此一观点的更大意义在于它与奥古斯丁的观点截然相反。奥古斯丁坚持“强迫人进来”——应该去大街小巷强迫人进来，加入真正的教会。路德通常都追随奥古斯丁的学说，但在这个问题上，他没有这样做。

《公开书》是写给基督教君主的，但如路德所说，真正是基督徒的君主“十分罕见”。这种君主的所作所为和内心动机不难描述：他一生致力于服务他人，心中充满对他人的爱，从不汲汲于自己的权力和权威；他从不把治下人民视为任他处置的私产，而是将人民看作他服务的对象。路德说，对于这样的统治者，上帝和人民不会吝惜让他享受跳舞、打猎和游戏的乐趣；但无论如何，他都不会有时间享乐，因为他把所有的时间和精力都用在了为治下人民谋福利上。可惜这样的贤君十分罕见，于是路德话锋一转，指向了我们有义务服从昏君这个尴尬的话题。这样的君主精明正确的时候，我们必须因其正确而服从；他们昏聩错误的时候，我们必须拒绝助纣为虐。如果他们要求我们交出家里存的由路德翻译的《新约》，我们必须拒绝；但如果他们闯进我们的家里来抢这本书，我们决不能抵抗。[15]同样，统治者决不能跟随邪恶的上级走上邪路，但当受到上级虐待的时候，也决不能反抗。这个位子简直太难坐了。

后来，路德在德意志政治中起了很大的作用，但基本没有对政治思想史产生影响。他痛骂“杀人的农民暴徒”，却没有从神学的角度解释为何不能将宗教激进主义推到极端，而是从一开始就坚信，农民战争的爆发是因为不服管教的下等阶级想趁火打劫；他也可能有些于心不安，因为这场实质上无政府的运动声称是受了他的启发。“尽管让那些人去刺、去打、去杀吧。如果你在其间死掉，是死得应该！……如果有谁觉得此言过苛，请不要忘了造反不可容忍，它随时会毁灭世界。”[16]后来，路德在《有关驳斥农民的一封公开信》中试图减少他这番话引起的反感，强调说，他驳斥的只是赤膊上阵、冥顽不化的反贼；但他紧接着又坚持说，他对农民的驳斥没有错，不管国家的统治者是基督徒、犹太人、土耳其人还是多神教徒，都不能造反。世俗权力之剑是为了维护秩序而挥舞的，而帮助挥剑者是每个人的责任。[17]路德的谴责没有偏袒；《公开信》结尾的地方讲了一个德意志贵族企图在托马斯·闵采尔死后强暴他怀孕的妻子的故事，虽然路德对闵采尔严词批评，但是他因那个强奸未遂犯会永生永世受到地狱之火的煎熬而心中大快。尽管路德的言辞暴烈之极，可是他对暴力和秩序崩坏的痛恨却是发自真心的；辩论是一回事，打斗则是另一回事。宗教异见是思想活跃的表现，但只能动口，不许动手。可以鼓舌如簧，但决不能攥起拳头。路德的许多著作对政治思想贡献甚微，包括他谴责犹太人的著作。他这方面的著作甚至不包括反犹主义的可悲历史中经常被人提及的一些观点，仅仅例证了即使犹太人改变宗教信仰，也不能改善基督徒对犹太人态度。而路德关于高利贷的观点证明，他在神学问题上的灵活创新并不能保证他对经济问题一定能有洞幽烛微的高见。

抵抗的理论

路德在一个问题上一改先见，并因之造成了深远影响，那就是不抵抗的问题。起初，他对正统的圣保罗教义的理解十分极端，只准许消极抵抗。应该说，消极抵抗不仅准许，而且是义务，因为否则就是助纣为虐，而那样做的错误不亚于抵抗权威。20世纪有人批评说，路德极力谴责叛乱为邪恶之举，结果葬送了德意志实现自由民主的可能性；如果对权威的态度不那么消极无为，可能就会帮助防止希特勒崛起，并兴起对希特勒统治更猛烈的反抗。关于德国人对权威的服从以及对纳粹政权抵抗不够的原因，各种解释多如牛毛，说路德应对20世纪发生的可怕事件负责，恐怕有些牵强。然而，只看16世纪时德意志的情况，也许可以认为，路德在16世纪20年代末期坚持奥古斯丁的不抵抗观点确属不智。

到1529—1530年间，如果新教王公毫厘不差地遵守路德的不抵抗原则，无异于在天主教强敌面前自废武功。查理五世决不肯接受把德意志在天主教和路德宗新教之间一分为二，但直到16世纪20年代末，他都被其他地方的事务缠绊住了，抽不出身来推行教义和政治的统一。后来，情况清楚地表明，查理五世要把整个德意志归于天主教教会，甚至不惜为此使用武力，于是，路德的保护人，萨克森选帝侯向路德询问抵抗皇帝是否合法。其他的福音派教徒论辩说，抵抗是合法的；路德也不相信非暴力。他曾说，哪怕君主是土耳其人，好的基督徒也应该为君主作战，打击外国敌人和叛乱者。但查理五世不是外国的君主，虽然他此前关注的重点一直是他的西班牙领地和在意大利与他竞争的法国人，对德意志并不关心。路德及其同盟受到了几个因素的掣肘，他们宣布教会仅仅是信徒的集合，于是没有一个机构性的场所来正式宣布一个国王为暴君并将他罢免。这就是放弃了杰拉西乌斯双剑中的一把的结果；如果没人掌握精神之剑，也就没人能“以罪为由”宣布废黜国王。妨碍新教徒的另一个因素是他们对自然法和教会法规嗤之以鼻，而正是这些法规提供了大量的法理依据，说明查理已堕落为暴君，因而失去了他的权威。新教徒同样不可能采纳西塞罗捍卫弑杀暴君行为的观点，虽然菲利普·梅兰希顿写了一篇对西塞罗的《论责任》的评论，就抵抗暴君的问题表达了比路德更接近传统立宪主义的观点。

反对皇帝的人当然不能放弃自卫。路德筛选了各种观点后，认为最有说服力的是：如果皇帝攻击信奉新教的臣民，他就违背了法律，在这种情况下起来抵抗皇帝就是维护法律的行动。这是立宪主义的立场，出处正当；后来洛克提出，革命是人民捍卫宪法不受暴君破坏的行为，意思与它十分近似。要达成抵抗有理的结论，有许多推论的方法，而路德属意的推论偏偏高度依赖一种令人难以信服的说法，说帝国的实在法要求王公起来抵抗严重的不公正；路德对任何以下犯上行为的忐忑态度由此可见一斑。现代读者也许不明白这样的推论怎么能有所助益，因为皇帝完全可以自视为凌驾于法律之上，在对自己合适的时候压倒实在法。现代人也难以想象，怎么能一方面认为尘世的君王由上帝授予了绝对权威，另一方面却又认为君王的权威受宪法限制。不过，中世纪晚期的人有办法调和这样的矛盾。有合适宪法的世俗政权可以分享上帝的绝对权威，尽管该政权的宪法意味着世俗统治者的权威有明确的限制。宪法如同神法，对君主和臣民一律实行约束。可以以维护合法权威的名义来抵抗非法权威。

有时，为了维护帝国权威，需要不服从某个具体的掌权者。路德以这一思想为抵抗理论铺平了道路后，就能够把一些古往今来常被引述的论点拿来为己所用。比如，统治者若是对人民滥用武力，就不再是统治者，而只是攻击别人的一介平民；毋庸置疑，为了自卫而抵抗另一个平民是正当的行为，而统治者若是违背了人民的信托，就在道德意义上放弃了统治地位，与平民无异。那个说平民杀死与他妻子通奸的执政官有理的古老故事就属于这一类情况。路德基本上接受立宪主义的论点，认为如果皇帝是侵略者，那么他就颠覆了合法秩序，抵抗他就是合法的。不过，在路德眼中，任何主张被统治者作为具体的个人有权抵抗的理念都不啻洪水猛兽；其他人倒不像他那么担忧。

在这一点上，路德的观点与洛克以及后来的立宪主义者的观点泾渭分明；洛克主张，抵抗权为“人民”所固有，人民必须自己作出明智的判断，决定何时该进行抵抗；但洛克没有说谁有权代表人民。如果造反的理由充足，每个人都能代表所有人。[18]

路德说，只有“低级执法官”，即有权根据法律做出具有法律效力的决定的官员，才拥有抵抗权。在路德的语境中，“低级执法官”指神圣罗马帝国内各公国的君主。路德之后的大部分思想家也把抵抗统治者的权利只限于有一定地位的机构。在神圣罗马帝国的组成中，这个机构是“低级执法官”；在法国是三级会议；在苏黎世或日内瓦这样的瑞士城邦共和国，这个机构是管理理事会。然而，无论路德的回答是多么谨慎，无论这回答在多大程度上是为了适应当时的需要，它都引发了意识形态的变化，也导致了调子的改变。对政治的看法开始向着更加明显的立宪主义的方向发展，对权威以及反抗权威的看法也变得更加细腻。天主教仍然坚持教皇是绝对君主，拥有查士丁尼的《学说汇纂》中描述的罗马皇帝的权威；但即使天主教教会内部也出现了一股逆流，其依据是“nemo dat quod non habet”这句古老的法律格言，意思是“谁也无法给出自己没有的东西”。“人民”无法给予任何人行使绝对权力的权利，因为他们自己从未有过这样的权利。

即使一切权威都是有条件的，要确定是否违反了这样的条件，也应该由合适的机构在合适的情况中讨论决定，以避免混乱；这样的机构可以是教会公会议，也可以是三级会议。在德意志，问题比较简单。选帝侯很可能认为，他们选举出来的皇帝要达到一定的条件；一旦那些条件被违反，选举即告无效。1400年，选帝侯就是以此为理由废黜了文西斯劳斯皇帝的；他们选举他是要他维持和平，维护帝国的统一，他发誓要不负众望，结果却一败涂地。

路德在1546年与世长辞。他去世之时，新教正亟需一套政治理论来维持其激进的宗教立场，同时又遭遇天主教的大反攻，在德意志腹地几乎被扫荡殆尽。自1543年起，查理五世就一直在集结力量对付由信奉新教的德意志邦国组成的所谓施马尔卡尔登联盟（Schmalkaldic League）；1546年，他挑起了与该联盟的冲突，在1547年4月的米尔贝格战役中将其一举击溃。联盟的领导人，萨克森的约翰和黑森的腓力两位选帝侯遭擒后被囚禁达五年之久。1548年，查理五世宣布在神圣罗马帝国全境禁止路德宗，此举播下了一个世纪后使德意志备受蹂躏的“三十年战争”的种子。五年后，宗教改革运动在英国也受到了威胁。查理五世的儿媳，信仰天主教的玛丽女王下令将300多名英国新教徒处以火刑，从此在历史上留下了“血腥玛丽”的名声。在那之前，法国人帮助信仰天主教的苏格兰人击退了新教的浪潮，在法国本土，弗朗西斯一世一改原来对新教的妥协政策，从16世纪30年代晚期开始转向迫害新教，他的继位者亨利二世更是变本加厉。到16世纪50年代末，法国陷入了残酷的宗教内战。若非玛丽·都铎的妹妹伊丽莎白在1588年继承了姐姐的王位，欧洲大国中就没有一块新教教会的乐土了。瑞士与众不同。它虽然也饱经暴力，但苏黎世和日内瓦这两个有着广大乡村内地的自治城邦的大部分居民都信奉新教，是他们提出了我们今天所知的新教的政治思想。

让·加尔文

受到攻击的新教徒不能束手待毙，但他们信守的圣保罗的权威理论成了妨碍，使他们无法阐明自己的抵抗权。他们和他们的天主教敌人以及他们的前辈一样，发现很难用精神权威有别于世俗权威的论述来证明抵抗的合法性。像路德那样论说教会没有强迫的权力非常容易；但此论管不到天主教国家的世俗当局，所以它们才能任意镇压与天主教为敌的新教徒。面对横下一条心，不在乎把多少异端分子送往火刑柱烧死的统治者，消极抵抗无法保护新教的未来。人们常说，加尔文提出了能满足当时形势需要的抵抗理论，在这方面比路德做得好。此言有理，但不完全准确。加尔文是第二代新教徒。他生于1509年，那时路德正在维登堡，在自我怀疑的痛苦中煎熬。加尔文和路德一样，也奉父命学习法律，但加尔文在父亲去世后，放弃了律师生涯，转而治学。他发表的意见为自己招致了危险，在法国难以存身，于是他去了巴塞尔，又于1536年到了日内瓦。后来，他在外流亡了一段时间，1541年重返日内瓦，在那里度过了余生的23年。日内瓦是由城市理事会统治的共和政体，这为加尔文提供了比路德更好的条件，使他得以大展拳脚。

加尔文被赞为政治思想家，但他的大作《基督教要义》只是在最后一章才论及他的政治思想；这说明他关心的问题范围很广，政治只占有限的一小部分。加尔文和路德一样，不想给民众起义开绿灯。但他与路德不同的是，他积极参与了城邦共和国的立法。在讨论人类头上的两个政府时，他和路德一样，首先强调基督徒的自由并不意味着他们可以无视一切法律、重建一切机构；世俗的政府由上帝建立，基督徒必须忠于政府。加尔文比路德更加直言不讳，坚持说国家政府的第一责任是“促进并保护对上帝的礼拜，捍卫纯粹的教义和教会的纯洁。”[19]这照顾到了教会是机构这个事实，也申明了路德视为理所当然的一点，即国家必须关照本国的教会。他的中心论点来自路德——基督徒不能无视世俗政府的要求。如果地上已经建起了上帝的王国，就不再需要世俗政府；但那是最终的目的，而如奥古斯丁所说，人是正向那个最终目的跋涉的朝觐者。在目前的情况中，需要世俗政府来维护和平与安宁，也需要它领人向善。

加尔文关于人需要效忠两个王国的论述没有政教分离的含义。他也不想采纳古罗马那种随和的办法，敞开大门欢迎被它征服的人民所信的神。教会的拜神方式必须由国家决定，每个人都必须参加礼拜仪式，教会的本堂牧师必须对公民的道德作出评判。加尔文住在日内瓦，无天主教反扑之虞；他战斗的对象是激进的反律法派，不是天主教徒。他坚信，决不能上下颠倒，决不能退回各自为政、与世隔绝的生存状态，必须维持信仰的正统。使加尔文恶名远扬的一件事就是他因迈克尔·塞尔维特不承认三位一体说，下令将他作为异端在日内瓦城门处烧死。不过，加尔文把近代早期对宪政的研究与关于城邦的理论联系起来，这是政治上的创新之举。

加尔文想象的政治社会不仅有自上而下的立法与执法能力（这些构成了近代国家的实质），而且把权威授予一个由中级执法官组成的受人尊敬和承认的机构。他似乎是受了斯巴达体制的启发，但他根据乌尔里齐·茨温利在苏黎世简短而混乱的统治期间取得的成果，对斯巴达的体制形式做了修改。茨温利对政治实践的重要性不在于他在苏黎世的成就，而在于他死后对英王伊丽莎白一世的影响；但茨温利在苏黎世的经验显示，宗教改革的神学在很多方面可以适用于政治，这是路德完全没有想到的。出生于1484年的茨温利在1518年之前一直是虔诚的天主教徒，但他在苏黎世担任神父期间，皈依了路德的观点，相信福音书是基督教徒的唯一所需。自那以后，茨温利一直是教会激进派的代表。他在苏黎世领导了改革，自己一手把持对教会和国家的治理大权。他是不折不扣的反对崇拜圣像者；他将对教会物质上的净化视为头等大事，命令教堂把油画和风琴全部清除出去，虽然他自己的音乐造诣很高，还是研究古希腊的饱学之士，和伊拉斯谟时有通信往来。1529年，他和路德进行了一场关于圣餐的争论，结果谁也没能说服谁。茨温利持激烈的观点，认为圣餐的仪式是为了纪念基督被钉上十字架，圣餐用的面包没有转化为基督的身体；路德则相信同质说*。茨温利精力充沛、满腔热情，但也因之误了性命；他呼吁把天主教逐出瑞士其他的州，如有必要可以使用武力。邻近的州将此言视为苏黎世对它们宣战。于是发生了1531年的战争，其间茨温利战死沙场。

茨温利对新教神学和政治实践的影响不可小觑。他与路德相同的是，他把比他更“左”的激进力量释放了出来，却控制不住那种力量；与路德不同的是，他毫不含糊地坚信，教会必须使用国家的强迫性力量来维持教义与政治的统一。他对“勉强人进来”的做法欣然接受。在苏黎世，他镇压起再洗礼教派来毫不手软。再洗礼教派的根本信条是：给婴儿洗礼是错误的，因为如果被洗礼的人不能完全理解此一仪式的目的，洗礼当然就达不到效果。和再洗礼教派辩论很难得胜，因为《圣经》经文里没有给婴儿洗礼的规定，于是茨温利干脆付诸强力。他把苏黎世再洗礼教徒的领导人淹死，对处死他们的方法暗含的恶毒玩笑引以为乐。茨温利的追随者海因里希·布林格把这种对政教合一的毫不通融的严格理解带到了伊丽莎白一世的英国；英国天主教徒被杀的人数为全欧洲之最。

撇开暴力不谈，茨温利改变了新教的权威观，采用了古典共和国政府的样板。他设想要在一个宗教得到净化的城邦中恢复古典的共和政府。古典共和国从未想象过世俗的执法官会对

* 认为圣餐中经祝圣的面包和酒是基督的血和肉体。——译者注

人民的宗教活动不闻不问；茨温利设想的虔诚的共和国里也没有政教分离这回事。不过，他的共和国倒是允许大家思考该采取哪些合法有序的办法来避免暴君统治。加尔文就此提出了他的著名观点，即政府当局应当有一个中级的层次负责确保政府不致沦为暴政。这就开辟了新的可能，因为如果就连国王对权力的把持都有条件的话，就没有人能够凌驾于法律之上，“低级执法官”就可以成为一个机制，有权宣布统治者僭越职守，变成了暴君，因此不再是合法的统治者。

问题的关键是，如果说统治者一旦僭越职守，就成了普通人，那么他就应当得到普通人的待遇；这用于淫人妻子的古罗马执政官那个例子当然恰当之极。统治者的权威来自他所居职位的权威；和别人的妻子通奸不是他职责的一部分。于是出现了一个明显的困难。如果说宗教迫害的政策是越权，它却不是以私人身份犯下的罪孽。宗教迫害是对人民的侵犯，不是对某个个人的攻击。反过来说，如果个人把自己不喜欢的政策视为对自己个人的冒犯，亦如好色行政官的古老故事所显示的，那么对于任何统治者的任何行为，都会有人认为构成足够的理由，证明自己有权将统治者杀死。虽然加尔文论述了合法抵抗的理论，但是他多次重申奥古斯丁和路德的观点，说必须遵守圣保罗的教诲，忍受昏君的统治。

加尔文这些论点包括在他对世俗政府的论述中。论述分三部分：法律的本质与目的、执法官的作用、人民的责任。无论执法官是如何选定的，他们都要对上帝负责；他们必须时刻牢记，自己死后要向上帝汇报今生的所作所为，因此要谨言慎行。加尔文对不同政府形式各自的优点轻轻一笔带过，只为强调他的论点，那就是，混合型政府看来是最佳形式，因为君主制也许会沦为暴君制，民主制又可能变成暴民作乱，而斯巴达人达成的平衡似乎最为可取。即使如此，老百姓仍无权讨论争辩政府的形式，他们只能安分守己地服从上帝赐予他们的任何政权。

加尔文的这个论点几乎贯穿始终。每当谈到老百姓是否一定得忍受统治者加诸他们的任何暴政的时候，回答总是：必须忍受。遵从这条劝诫给人带不来任何好处，只有空洞的安慰，说这些坏人不自觉地被上帝用作工具，而上帝要用他们达到的目的是凡人想象不到的。然后，加尔文换了调子。他先是再次坚持，"即使暴虐的苛政将受到主的惩罚，我们也不可以为，天主要假我们之手来进行惩罚。我们的责任只是服从和忍受。"接下来他却说，"我在这里一如既往，讲的是普通人。"如果执法官担负的责任是制约国王的胡作非为，正如斯巴达的五监察官（ephor）、雅典的乡区长官（demarch），可能还有组成三级会议的三个阶层的职责，那么他们就不仅可以制约暴君，而且若不这样做反而是犯了大罪。[20]在加尔文主义的道德和政治世界中，除了必须做的事以外，通常不能越雷池一步，可这个情况属于例外。加尔文为抵抗的立宪理论打开了大门，至于把它与权力"契约说"（"老百姓"可以判定统治者辜负了人民的信任，因而丧失了权威）调和起来，那要等后来的加尔文主义者来做了。两者调和之后，就产生了关于革命的近代自由派理论。这一理论的产生有一个条件，那就是必须坚信洛克所说的，“大部分人”不是鲁莽地动辄起意造反，而是太过逆来顺受。路德或加尔文从未有过这个念头；当时的情况恰好相反。

激进派

本章一再提及当时的人对混乱的担忧，一个原因是再洗礼教派这个可以称为新教极端派的存在。本节限于篇幅，无法详细介绍再洗礼教派的各种政治思想，也许根本就不可能作出详细的介绍。1524—1526年爆发了农民战争，1534年闵采尔带领再洗礼教徒举行暴力起义，公开造反，但在那之后，再洗礼教派最显著的特点是，它变成了一个爱好和平、不问政治的教派。即使在它强硬好战的那几十年中，它也只是按照自己的条件，出于自己的原因而战。路德和加尔文谴责有些基督徒不肯为国效力，说的就是再洗礼派教徒。当再洗礼派教徒心甘情愿去作战的时候，他们会拼死而战，但通常是被敌人消灭。

再洗礼教派的观点使人感兴趣，有两个原因。第一，农民战争的导火索显然是经济上的困苦。农民战争不是政治革命，而是民不聊生，逼上梁山。很难确定谁的经济困苦是最大的原因，因为德意志当时分为众多的小国和微型国家，地方的政治安排五花八门；城镇与乡村之间、城镇内部、农民与地主之间存在着各种经济矛盾。农民战争中参加战斗的大部分人是想摆脱地主压迫的农民，遭受最大伤亡的也是他们。据说义军队伍有30万人，帝国军队把叛乱镇压下去的时候，已有10万人死于战斗。叛乱者提出的宗教方面的要求和他们经济方面的要求同样令当局震怒，特别是他们要求减少什一税，还要求在选择本堂牧师时有发言权。第二，是路德给了农民战争以最鲜明的特点，尽管这完全不是路德的本意。即使路德没有领导宗教改革运动，1524—1526年间很可能照样会爆发叛乱；一个世纪以来，农民造反在德意志是家常便饭。但神圣罗马帝国治下各国的君主有的信天主教，有的是福音派；他们之间的矛盾也许会使有些君主站到叛乱者一边，打破帝国的统一。因为叛乱者提出的宗教方面的要求与路德的观点一致，所以普遍认为路德是煽动叛乱的始作俑者。这部分地说明了路德为何如此激烈地攻击叛乱者，正如托马斯·闵采尔狠批路德的深层原因是路德对再洗礼教徒的轻蔑。

闵采尔对常规政治不屑一顾，但他的观点产生了深远的政治后果。与路德、茨温利和加尔文这样的“官方”改革者不同，激进改革者的主要特点是将社会的宗教感情作为权威的基础。在那个动荡的时期，任何观点都难以获得一致支持，但要说激进的新教徒有什么关于政治权威的观点的话，那就是主权在民的理论。虔诚君主的权威来自社会，而非神授；闵采尔的权威理论是绝对的自下而上的理论。他与路德的一致之处是，希望虔诚的君主能改造教会；不同之处是，他相信世界业已到了千禧年主义所谓的“末日”时期，教会的改造不仅是宗教改革，而且是天翻地覆的变革的前奏。一旦千禧年主义的思想和拒绝圣礼的思想结合起来，动乱的一切因素即已齐备。

最初，闵采尔的激进观点不包括暴力造反。追随他的人采取的暴力行为是针对圣像崇拜的；他们砸碎圣像、打破教堂的彩色玻璃、叫喊要不受欢迎的神父下台、取消传统的弥撒，代之以严格异常的圣餐仪式。闵采尔只是在暗地里活动。不过，尽管他的追随者的暴力行为表面上只针对建筑物和物品，当局却看出了这样的暴力可能导致的结果，于是着手驱逐这些宗教极端分子。再洗礼教徒离开了教堂，转到私人家中聚会，这更加重了当局的怀疑，也使得再洗礼教徒中间流传的极端观点愈演愈烈；那些观点不仅是宗教方面的，而且涉及经济和政治。闵采尔及其追随者声称，他们最终采取暴力行为完全是出于自卫，但他们自己也应该明白，他们的行为必然招致镇压。

事态发展瞬息万变、一片混乱，任何人都来不及就虔诚社会的政治安排应该是什么样子提出完整的设想。农民起义在1525年5月遭到武力镇压后的几个月间，所提出的设想重点在于要建立简单的共和政体。这个设想在政治上是激进的，因为它否认贵族拥有天生的统治权，在经济上也是激进的，因为贵族没有了政治作用，也就无权征税。它并不主张均贫富；旧教会的财产要没收，但非僧侣阶层的私人财产不受影响。说激进派决意实行共产共妻，消灭所有权威的传言只是反对他们的人歇斯底里的臆想，或者是有意蛊惑人心的宣传。然而，激进派的确是乌托邦主义者和千禧年主义者，他们相信，自己要建立的社会预示着基督复临和世界末日的来到。激进派失败后做了两件事；他们一致同意所谓的“施莱特海姆信条”，在具体方法上却各执己见。

他们同意，他们向往的王国在这个世界上是实现不了的，真正的基督徒必须脱离这个世界。闵采尔希望建立一个基本上无政府的虔诚社会，但面对现实，只能放弃这一希望；施莱特海姆信条为组建能够逃过镇压的教会提出了一些起码的指南。激进派对遭到镇压的警惕戒备事出有因，因为在帝国全境，宣扬或施行成人受洗都是死罪，而成人受洗正是再洗礼主义的核心要素。起草了施莱特海姆信条的迈克尔·扎特勒领导的再洗礼教派的那一支宣扬激进的和平主义，号召信众拒绝服兵役、任公职，完全置身于所属社会的政治和司法机制之外。政府需要兵员打仗，对此当然不能容忍。这样看来，扎特勒鼓吹的观点似乎必然导致与当局的直接冲突，但他提出了再洗礼教徒私下追求精神生活的可能性，因而使再洗礼教派在再无可能劝别人皈依的情况下得以劫后余生。再洗礼教徒可以在家庭内部把信仰一代代地传给后世，却不能传给家庭以外的人。

由巴尔塔扎·胡布迈尔领导的另一支回归了路德的权威论，但继续追随被路德拒绝的寂静主义。这一支的成员认为，再洗礼教徒可以就任公职，使用公权力，因为虔诚的统治者需要帮助，应该向他提供帮助。如果统治者不虔诚敬神、作恶多端，也只得忍受。对上帝指定的统治者开战就等于对上帝开战。胡布迈尔的立场为与当局讲和提供了基础；它对再洗礼教徒的吸引力在于，如果能找到容忍他们的君主，就能公开追求自己的信仰。但不幸的是，后来的两个世纪中，许多虔诚善良的信徒发现，君主动辄改变宗教派别，有时老王宽容，新王却极端严厉，臣民的信仰若与他的不同，除了流亡只有就死一途。

16世纪20年代的激进主义以一个著名事件宣告结束，那就是莱登的约翰和伯恩哈德·克尼佩尔多林在明斯特建立了从1534年到1535年的短命恐怖政权。把这些事情都推到再洗礼教派头上非常不公平，但再洗礼教派的敌人成功地做到了这一点。对明斯特发生的事情，人们做过大量研究。20世纪50年代期间，那个城市陷入了疯狂的状态；当时的社会学家认为，那种状态深刻地揭示了20世纪革命的酝酿过程。[21]过了半个世纪回头看去，那种状态似乎更应归入像圭亚那的琼斯敦发生的集体自杀那类特别事件。在琼斯敦，相信末日将至的教徒谨守宗教领袖的命令，喝下放了氰化钾的饮料，带着自己的孩子一起踏上黄泉路。16世纪的明斯特属于威斯特伐利亚，统治者是一位十分不得人心的主教。16世纪30年代，它转投了路德宗，与此同时，一群坚信世界将发生大变的布道者先是在斯特拉斯堡无法立足，后又被逐出荷兰，正在到处游荡，寻找劝说皈依的对象。

1534年1月，伯恩哈德·克尼佩尔多林加入了这些梅尔基奥尔派（Melchiorite）传道者的行列，同扬·马蒂德和扬·博克尔松（即莱登的约翰）一起，着手把明斯特变成他们想象中的新耶路撒冷。那位兼任封建领主的主教将明斯特团团围困起来，黑森的腓力也对他伸出援手。腓力自己信路德宗，但他知道，明斯特的形势是彻头彻尾的无政府状态。被围的明斯特城陷入无以复加的混乱；马蒂德认为上帝直接给了他谕示，于是他奉上帝旨意率领一队人出城杀敌，结果自己反而被杀死；莱登的约翰接管了权力，后来又自封为国王。他才是真的实行了共产共妻；他纳了24个妻妾，自己身穿华丽的长袍演出《旧约》中的故事，而与此同时，城中已经开始缺粮，百姓食不果腹。令人惊讶的是，守城将士一直坚持到最后一刻；1534年8月，他们击退了攻城大军，尽管其他地方的起义并未减轻对明斯特围城的压力，但明斯特仍然坚持到1535年6月才终于陷落，而且是因为有人叛变才失陷的。破城后，居民不分男女老少，一律遭到屠杀；克尼佩尔多林和莱登的约翰被折磨至死，当局对怀疑参加了起义的每一个人都不放过。这些事件对散布世界末日即将来临的言论的人来说，不啻一帖长效清醒剂。开启了这一系列事件的梅尔基奥尔·霍夫曼，生前见证了这一切。明斯特叛乱前夜，他在斯特拉斯堡被投入监狱，一关就是10年，最后死在狱中。

第十一章

马基雅维利

生平与时代；政治背景

马基雅维利生于1469年，卒于1527年。他父亲是律师，但律师的身份除了证明他父亲识文断字，别的说明不了什么，因为在文艺复兴时代的意大利，律师很多，法律界的工作机会却没有那么多，社会地位较低的律师也许只能靠种田或做工匠谋生。出身上层阶级的律师可以运用法律知识帮朋友和盟友处理事务，也许还能在政坛一展身手。既然马基雅维利的父亲是律师，可以确知他一定接受过人文主义教育，因为那是学习法律的必备条件；受过人文主义教育的人能写一手流利雄辩的好文章，能在法庭或委员会前侃侃而谈，言辞得体，西塞罗和他之前的智者派都认为，好口才是政治家和律师必备的素质。

后人对马基雅维利早期的情况一无所知，只知道他于1498年就任佛罗伦萨共和国第二国务秘书，是个“公务员”的职位；佛罗伦萨是在推翻了萨沃那洛拉后成为共和国的。像古代雅典一样，佛罗伦萨共和国的政治领导人任期很短，或是经由选举，或是抽签产生。若是没有一批有经验、有能力的常任官僚，就无法治理佛罗伦萨；马基雅维利就是这批常任官僚中的一员。他就任国务秘书一个月后，又被任命为负责外交和军事的“十人委员会”的秘书。此后的14年中，他大部分时间都活跃在外交领域，曾出使教廷、法国路易十二国王的宫廷，还有马克西米连皇帝的宫廷。因为佛罗伦萨与法国交好，所以需要微妙的运作和平衡以一方面保持和法国的友谊，另一方面又不招致神圣罗马帝国的敌意——和瓦罗瓦王室一起狩猎，又不受哈布斯堡王室的猎狗的追咬。

马基雅维利出使外国期间，在罗马涅和切萨雷·博尔吉亚*相处过很长时间，也曾与尤利乌斯二世教皇朝夕相处。在文艺复兴时期的教皇中，尤利乌斯二世是最好战的一个，他永无餍足地搜刮金钱是促使路德发动教会改革的原因之一。马基雅维利与自己在佛罗伦萨的上司常有信件往来，他那些文笔生动的通信讲述了许多有趣的故事，有一些在他的《君主论》和《论李维》中被用来作为论据。马基雅维利任“十人委员会”秘书

* 切萨雷·博尔吉亚（Cesare Borgia）来自于文艺复兴时期影响力巨大的博尔吉亚家族。切萨雷是该家族中最恶名昭彰、又最有领导力的人物，是当时罗马涅的领主。本书在下文中将对其进行更详细的介绍。——译者注

时，还有一个不太为人所知但十分重要的成就：他建立了一支由从佛罗伦萨周边的乡村（contado）招募而来的士兵组成的民兵队伍。他不喜欢雇佣军，认为如果敌方能出高价，他们就会转投敌方，另外，他们还可能颠覆雇用国的政府。招募农夫（contadini）入伍在当时是创新之举；携带武器的权利过去一直只限于佛罗伦萨城里的公民（cittadini）。佛罗伦萨的军队和当时其他意大利城邦的军队一样，与法国军队和神圣罗马帝国的军队相比实力悬殊，但马基雅维利的改革使佛罗伦萨获得了一支能有效进行地方作战的国民军。靠着马基雅维利创建的军队，佛罗伦萨终于打赢了和比萨的一场旷日持久的战争。

马基雅维利在佛罗伦萨共和国不是大人物，但名气很大。他每每能出色地完成不可能的任务，并且乐在其中。他的才智、机敏和博学使他得以跻身靠他的出身无法进入的上层阶级的圈子，而且大受欢迎，对此他也乐在其中。1512年，佛罗伦萨在教廷、法国和神圣罗马帝国之间的微妙平衡再也无法维持，只得向西班牙国王斐迪南的军队投降，斐迪南是伊拉斯谟《颂奥地利大公》的献予人，也是查理五世皇帝的前任。随着佛罗伦萨的投降，马基雅维利的事业戛然而止，但他与上层阶级成员的友谊并未中断。美第奇家族被立为事实上的世袭公爵，但佛罗伦萨仍维持了一段时间的共和国形式，直到30年后，美第奇家族才真正获得公爵封号。美第奇家族掌权后，马上解除了马基雅维利的职务；此举原因不明，毕竟马基雅维利的许多同事都得以留任，不过马基雅维利与共和国最重要的代表性人物皮耶罗·索代里尼关系密切，交给他的一些重要任务一般都由贵族，而不是官僚担负，由此可见索代里尼对他的信任。六个月后，一场暗杀新任统治者的未遂阴谋被揭穿，从参与阴谋的一个人那里发现了一张写着马基雅维利名字的纸片。于是，马基雅维利作为嫌疑犯被捕。当局对他用刑，并将他投入监狱，但他显然是无辜的，几周后获得了释放。

马基雅维利的余生在离城11公里的佩尔库西纳的农庄度过，在那里专心写作，也梦想有朝一日重返公共生活。虽然他结了婚，生了六个子女，但他对从政的兴奋和刺激无法忘怀，渴念不已。他曾试图在美第奇家族手下谋得一个在佛罗伦萨或罗马的职位，却没有成功，但接到了一些写作的委托。到他去世时，各方对他都已颇有好感，使他得以安葬在佛罗伦萨的圣十字圣殿。尽管如此，他有生之年只出版了他关于创立和训练民兵的论文《论战争艺术》。1513年后半年他从监狱获释后，奋笔疾书，一气呵成写出了《君主论》，但该书到了1532年才得到出版。它是第一本被收入《禁书目录》的书；《禁书目录》于1559年由教皇颁布，用以强行保持天主教徒思想的纯洁，1564年的特伦托会议更是将《禁书目录》永久确定下来。直到20世纪，《君主论》才从《目录》中去除。之前多少年间，它一直被视为大逆不道，甚至于若想阅读此书以驳斥其中的论点，都须先经教皇准许，而且通常教皇都不予准许。

尽管马基雅维利被迫退休，但他仍然和一群朋友经常在鲁切拉伊的佛罗伦萨豪宅的花园里聚会。他献给科西莫·鲁切拉伊的《论李维》也许就是应鲁切拉伊的要求写成的。马基雅维利和西塞罗一样，认为写作是从政不成退而求其次，而且远逊于从政；他有一段著名的话，描述他如何穿上华丽的长衣坐下来写作，在书斋中与不朽的历史人物对话，听起来有说不出的落寞孤独。“在那四个小时内，我丝毫不觉烦闷，把所有的困苦和对贫穷的担忧都抛在脑后，也不再觉得死亡可怕。”[1]马基雅维利写作有实际的目的，这极大地影响了他写作的内容，也是我们读他的著作时必须牢记的一点。他写的书要争取献予人的兴趣与好感（《君主论》其实是求职书，可惜没有奏效），但都涉及一个关键的问题：该如何治理佛罗伦萨以及类似的城邦？马基雅维利提出的回答是：一切都必须视具体情况而定。如果有可能重建罗马共和国式的制度，当然应该为之努力；如果没有这个可能（这一点几乎可以肯定），就只能希望有人能娴熟掌握获得并保住权力所必需的技巧和手腕，希望这样的人能把握大权、建立秩序。这与巴尔托鲁关于在极端情况下也许必须实行暴君制的观点相去不远。

马基雅维利之难以定位

马基雅维利作为思想家殊难定位，因为他远不止（又远不算）是“政治理论家”。原因不是他一心想从政，同样热心从政的西塞罗就很容易定位；而是在他死后，欧洲关于政治的讨论和著述受他影响的程度惊人地巨大。至于他的观点除了被欧洲政治家为了自己虚伪的目的大肆批判之外，是否对他们的行为产生了任何影响，这是个无法回答的问题。腓特烈大帝曾半真半假地说，任何统治者要想对邻国挑起战端，都应该先对马基雅维利大批特批。马基雅维利对政治修辞的影响毋庸置疑。“霍布斯式”一词是只有政治理论家和政治学家才熟悉的行业用语；“马基雅维利式”的意思却无需解释，尽人皆知。“霍布斯式”或“柏拉图式”没有贬义，“马基雅维利式”却绝非中性词。伊丽莎白一世时代的戏剧中总是有“马基雅维利般狡猾诡诈的杀人犯”这个角色；时至今日，还有一些对马基雅维利的著作连一行都没有读过的奸诈政客动辄大唱高调，痛斥马基雅维利主义。一次，艾森豪威尔总统对他认为是马基雅维利提出的“能达到目的就是好手段”的理念发出谴责，可他却没有说明，如果不看能否达到目的，凭什么判断手段是好是坏。

普遍认为，马基雅维利“教唆作恶”，推崇欺骗和暴力，但这种印象并不全对；大部分评论家认为它完全不对，学者也大多认为它不足以为凭。马基雅维利之所以激怒了舆论，是因为他不厌其烦地反复说明，任何认真从政的人必须做一些道德上可憎的事才能成功。这不是他的发明；古时候的雅典人就给了米洛斯的居民这个教训。然而，斯多葛学派对此断然否认；他们坚持，正义与权宜、诚实与实用之间归根结底没有冲突。[2]无论是常识还是文艺复兴时期意大利的日常政治生活都表明，也许将今生后世放在一起通盘考虑，会达成另外的结论，但是，现世的情况明明白白地显示，美德和有效性是不相容的。统治者关心的是“国家理由”（raison d'état），也就是说，最起码要“把戏演下去”，如有可能，还要尽量加强国家在国内维持秩序、在国际舞台上有效竞争的能力。尽管如此，像马基雅维利那样直言不讳地宣称，政治上要成功，就必须心狠手辣，不惜违反适用于私人生活的一切道德观念，这在基督教欧洲是从未有过的。更令人不安的是，马基雅维利似乎认为，争取政治成功是一切手段的唯一理由；在反驳将创建罗马城的罗穆卢斯杀害自己的孪生兄弟瑞摩斯视为罪恶之举的观点时，他承认，在一般情况下，杀人是坏事，并且说，一旦建城完毕，统治者即不应再有随意杀人的自由。至于罗穆卢斯，事情的结果证明他做得对。不过，“如果手段不当，目标正当就可以为其开脱”（when the means accuse, the end must excuse），这与道德的要求可说是相去甚远。[3]

马基雅维利坚称，道德的要求与政治实践的要求相抵触。此言甚确，但令人难以接受，因为马基雅维利挑明了这种抵触，却没有建议任何调和的办法。他到底想让读者怎么想，我们不得而知。面对道德的要求和“国家理由”之间的冲突，马基雅维利可能如同屠杀米洛斯人的雅典人一样，并不感到良知上的痛苦。他也许只想说破读者心中早已明白的道理：转过另一边脸让人打可能会使自己进入天上的王国，但会失去地上的王国。他肯定觉得，他的佛罗伦萨同胞一厢情愿地以为自己特别受上帝的眷顾，因此对城邦的政务军务懒散懈怠。尽管他们不想听，但必须严厉地提醒他们意识到基督教美德和政治常识之间的冲突。

研判任何思想家都必须考虑到他所处的大背景，否则就会产生理解上的偏差，对马基雅维利尤其如此。本书介绍的他的著作——《君主论》和《论李维》——是他为了争取参与佛罗伦萨的政治而写的，如果佛罗伦萨是共和国体制自然最好，但即使不是共和国，任何政权只要肯雇用他，他都愿意。虽然《君主论》中的劝告听来刺耳，但马基雅维利向"新君主"建言，帮他向一个曾以自由为傲的共和国施加权威，显然是以复辟的美第奇家族为对象的；美第奇家族被逐出佛罗伦萨的18年后，在外国军队的帮助下重返权力的宝座。[4]马基雅维利撰写《论李维》时，正值美第奇家族再次失去民心之际，虽然他在1527—1530年共和国得到短暂恢复之前就已去世，但这部关于罗马共和国如何获取并保持了自由的专著显然引起了人们的共鸣。这两部著作有一个共同的关注，即一个曾经败坏的国家能否重获自由；这个问题对1494年和1498年的共和国以及1527—1530年的共和国来说当然都非常重要。马基雅维利的大部分其他作品都是应委托人的要求而写的；《曼陀罗花》是一部滑稽不羁的剧本，描写的是愚蠢的丈夫、聪明的情夫和腐败的修士，委托他写这部作品的是弗朗西斯科·圭恰迪尼，时任利奥十世教皇派在摩德纳的执政官。圭恰迪尼在佛罗伦萨曾是马基雅维利的上司，但比他幸运，找到了新雇主，尽管也冒了一定的人身危险。《佛罗伦萨史》的委托人是美第奇家族出的第一位教皇，利奥十世。书尚未完成，利奥就去世了。五年后，《佛罗伦萨史》呈给了美第奇家族的第二位教皇，克雷芒七世，但直到1531年才出版。要猜想马基雅维利希望读者如何理解他的著作，需要对佛罗伦萨的体制安排和政治生活有一定的了解，也需要搞清楚佛罗伦萨与教廷的关系，以及与哈布斯堡王室和瓦罗瓦王室，也就是与神圣罗马帝国和法国的关系。

佛罗伦萨

从宪政体制上来说，佛罗伦萨是平民共和国；但15世纪的大部分时间中，它都实际处于美第奇家族的统治之下。这种情况并不出奇，但在文艺复兴时期的佛罗伦萨，共和国的制度与遮遮掩掩的君主统治之间的反差特别强烈。佛罗伦萨是地区强国，它尽管重视自己公民的自由，对待受它控制的附属城市时却是另一副嘴脸。佛罗伦萨的意识形态与其政治实践相去甚远。根据它的意识形态，自由对佛罗伦萨的公民来说是头等大事，他们宁死也不肯受暴君统治；而实际上，只要美第奇家族不公开宣布拥有世袭统治权，并把城市管好，佛罗伦萨人就接受他们作为统治者。这其实与今天无甚不同。在现代自由民主国家中，职业政客的下一代也专门从政，或者嫁、娶职业政客，正如律师和医生行业中的子承父业。许多中世纪理论家会觉得，平民主义理论与君主统治的现实之间的反差是小事一桩。我们已经看到，通常认为君主制是最好的政府形式，只要“君主”——可以是公爵或伯爵——治国公平，致力于共同利益，而不是他的一己私利。君主制的危险是，它有可能堕落为暴君制。如果能够做到，最理想的是建立由一个明智克制、勇敢公正的人做主的宪政政府。认真的共和主义者担心，一人统治，或一个家族的统治，会不可避免地沦为暴君制；不那么较真的共和主义者则觉得，只要统治者不掏空国库或绕过法律谋杀政敌，就不算真正的暴君。佛罗伦萨的有些公民认为，洛伦佐·德·美第奇（伟大的洛伦佐）是暴君，因为他从国库中拿钱作为他为城邦服务的报酬，但持此想法的人只占少数；其他人很可能觉得，他置家族的银行生意于不顾，投身于佛罗伦萨，为之争取更大的荣耀，拿点儿钱是应该的。

在情势极为紧张之时（马基雅维利就任于国务院期间就是这样的时候），人们开始更多地讨论有关共和制机构的古典思想。马基雅维利在世期间，这样的讨论比过去更加深入全面。在佛罗伦萨这样的地方，政治压力能催生睿智独到的思想主张。佛罗伦萨是文艺复兴知识生活的中心，与米兰、威尼斯和教会辖地一样，是在北部和中部意大利占统治地位的强国；南边的那不勒斯王国正处于法国国王和西班牙国王的争抢之下。佛罗伦萨是贸易大国，连通着北部欧洲的贸易通道和商业集市，尤其因高级纺织品贸易而财源滚滚。它是欧洲的第一个银行业中心，美第奇家族就是靠善于经营商业和金融业务发家的。佛罗伦萨的突出地位反而成了它的弱点，它有一定的力量，不容小觑，但又没有强大到可以为所欲为的程度。

佛罗伦萨的政制是古典城邦的体制。1293年爆发了一场反对统治贵族的叛乱后建立了城邦，目的是确保贵族和城里的穷人都不致权力大得无法制约。统治机构叫执政团（signoria），是由八位“执政官”（prior）组成的委员会，主席是司法行政长官（gonfaloniere）。另外还有两个委员会——“十二贤者”委员会和由城邦16个区的行政长官组成的“十六人委员会”。有两个理事会——300人的人民理事会和200人的公社理事会——负责审议立法，但不能提出立法；成员由执政团任命。美第奇家族统治时期，这两个理事会被取消，改为“七十人会议”和“百人会议”。这些机构的成员轮换得相当频繁，任期只有二到六个月。共和国的主要委员会成员由抽签决定，够资格的人的名字放在袋子里，谁的名字被抽到了，谁就成为委员会成员。公民中经常有许多人达不到资格，或者因为欠税，或者因为别的原因；甄别委员会大权在握，因为它负责宣布候选人和委员会成员必备的资格。马基雅维利时期，佛罗伦萨大约有80 000人口，每年约有3 000人要进政府服务。可以想象，有些人安分守己，只想管好自家的事，不愿意担任公职，希望由能干的人代劳，而有政治野心的人则难以忍受那种眼巴巴盼着同盟的名字被抽中的焦虑不安。所以，上层阶级家族花费大量的时间和精力来确保自己的同盟被安插在合适的位置上，以确保自己的利益受到保护。

这个制度如此复杂，又天生运作迟缓，注定会被推翻或被利用。有很长一段时期，虽然人们在制度的操作中钻空子、走捷径，但外表上看起来制度没有改变。1494年成立共和国之前那60年间，美第奇家族没有人担任过显要的公职。但是，谁都明白他们是佛罗伦萨的统治者。美第奇家族的权力之路崎岖坎坷，远非一帆风顺。1433年，科西莫·德·美第奇险些被对手阿尔比奇家族处死，他被判流放10年，并罚巨款。阿尔比奇家族很快失去了原来支持者的人心，1434年，科西莫胜利重返佛罗伦萨。他马上动手把支持他的人大量安插在政府的主要机构中，使用的手法部分符合规定，部分在规定之外。为让他官复原职，撤销反对者的职务，理事会召集了紧急会议，科西莫率领一大队手持武器的卫兵前来开会，一是为保证他的安全，二是为确保与会的公民明白自己该怎么做。美第奇家族对佛罗伦萨的统治仍保留了共和国的形式，办法是抓住人事大权，把朋党安插在政府要职之上。美第奇家族有尿酸过高的遗传病，而高尿酸是导致痛风的主要原因；这个家族的人一般寿命比较短，因此美第奇家族的统治从来不是特别稳固。因为上代人死得早，下一代人年纪很轻就接管了权力，所以，美第奇家族中任何统治者的成功都主要靠自身的素质和能力，而不是经验。

美第奇家族中两位最伟大的人物是自1434年到1464年统治佛罗伦萨的科西莫和1469年接管权力，1492年去世的伟大的洛伦佐。洛伦佐去世后，萨沃那洛拉之所以能建立他的“美德共和国”，部分原因是洛伦佐的继任者皮耶罗·迪·洛伦佐太过无能，但主要是由于任何人都无法控制的原因。1494年，米兰的洛多维科·斯福尔萨说服了法国的查理八世国王再次提出对那不勒斯王国的主权声索。查理出乎所有人的意料之外，居然采纳了这个主意，率军进入意大利。50年来，佛罗伦萨一直利用教廷、神圣罗马帝国和法国三方之间的矛盾来维护自己的行动自由。现在稀泥和不下去了。要想避免法军入侵、洗劫佛罗伦萨，就只能允许法军沿意大利西海岸自由通行，任其占领一路上经过的主要城市。皮耶罗成了这场灾难的替罪羊，被推下权位。

从1494年到1498年，佛罗伦萨的政府把持在吉罗拉莫·萨沃那洛拉的支持者手中。萨沃那洛拉是多明我会修士，克己苦修、眼光远大，但他在对外事务上也如皮耶罗一样一筹莫展，针对教会发动的反腐运动又招致了教廷的仇恨。佛罗伦萨一贯与教廷关系良好；如果佛罗伦萨不再忠于教廷，就可能遭到像切萨雷·博尔吉亚这种在教会辖地活动的军阀的攻击和蹂躏。另外，如果萨沃那洛拉被教廷开除教籍，整个佛罗伦萨也会被停止教权。教廷若是撤回对佛罗伦萨公民的人身及财产安全的保护，将危及佛罗伦萨在全欧洲的贸易活动；一旦佛罗伦萨被停止教权，它的货物就会任人抢夺，谁都可以来分一杯羹。教廷的压力和佛罗伦萨民众的不满导致了萨沃那洛拉的下台。之后，他因异端的罪名备受折磨，最后遭到处决。此事尘埃落定后，共和国于1498年重新建立，马基雅维利为之服务的就是这个共和国。

1498年共和国重建后，主要的创新是模仿威尼斯建立了“大议事会”。此举旨在紧密控制贵族，防止他们攫取权力；这也是佛罗伦萨人为回归据认是该城最古老机构的最后一搏。达到成员资格的人很多，结果大议事会的人数远远超过了预期；

接下来的14年间，为使这个尾大不掉的机构在需要迅速做出决定时稍微能够派上用场，人们做出了各种努力。如果共和国运气好，它能否克服组织结构上的先天不足而继续存在下去？对这个问题我们只能猜测。事实是，共和国的运气不佳。意大利动荡不已；法国、西班牙、德意志和瑞士的军队在意大利各地时有冲突；意大利各城邦和公国不停地结盟解盟，企图趁乱取利，却都徒劳无功。亚历山大六世教皇和尤利乌斯二世教皇领导下的教廷在乱局中不甘寂寞，积极活跃，却下场悲惨；教廷倒是牢牢地控制了教会辖地，但佛罗伦萨共和国陷落15年后，罗马城在帝国军队哗变士兵的手中惨遭洗劫；总司令查理五世皇帝本不打算洗劫罗马，但哗变的士兵对他的命令置若罔闻。出身美第奇家族的克雷芒七世教皇遭此奇耻大辱，这促使佛罗伦萨在1527年夏将美第奇家族驱逐出城。其后建立的共和国只维持了三年，美第奇家族就又卷土重来，将佛罗伦萨变成了大公国。

《君主论》

马基雅维利撰写《君主论》是在他所热爱的共和国失败之后。书的主题不难理解。马基雅维利从政期间，亲眼看到切萨雷·博尔吉亚是如何颠覆了城邦的政府，又强立自己为统治者的，也深思过法国为何征服了米兰却又得而复失，所以他对《君主论》的主题一直念兹在兹。他对主题作了非常小心的界定："新君主"如何获得权力并保住权力。虽然题目的范围非常狭窄（此书所献予的洛伦佐·德·美第奇恰好是位新君主，书中第五章"对于占领前在各自的法律下生活的城市或君主国应当怎样统治"明明白白就是对他的规劝），但是《君主论》的吸引力历久不衰；那是因为它全面探讨了人的天性和命运在政治生活中的作用。最重要的是，它坚持说，必须清醒地看穿人的真正本质，不要迷惑于仁义道德的漂亮话，那些话说的是人应该达到的理想境界，多少君主就是因为相信了那些漂亮话而国破身败的。

《君主论》的成书恰逢其时，原因在书的最后一章"奉劝将意大利从蛮族手中解放出来"中昭然若揭。洛伦佐是教皇利奥十世的侄子；既然罗马和佛罗伦萨的掌权者都是美第奇家的人，这两支中部意大利势力最强的力量就没有了彼此的掣肘，可以放手推行开疆拓土的军事政策："现在除了在你的显赫的王室之中，她再找不到一个可以寄予更大希望的人了。这个王室由于它的好运和能力，受到上帝和教会的宠爱，现在是教会的首脑，因此可以成为救世者的领袖。"[5]

《君主论》分为两部分；前11章讨论了不同种类的君主国以及获得和统治它们的方法；剩下15章中的14章为君主提供了一面镜子，论及从西塞罗和塞涅卡的著作到当时尚未写出的卡斯蒂廖内的《廷臣论》中为人熟悉的一系列题目：军事实力、诚信、慈悲、慷慨、避免受到轻蔑与憎恨，等等。书的结尾向美第奇家族的君主提出规谏，希望他们统一意大利，赶走"蛮族”。马基雅维利笔下的“蛮族”指的是自1494年以来在意大利横行霸道的外国军队；实际上,《君主论》成书后，他们还继续肆虐了30年。19世纪的意大利作家将马基雅维利赞为意大利统一（risorgimento）的先知，其实将跨越阿尔卑斯山而来的入侵者称为蛮族在当时非常普遍，就连鲁莽地请求他们帮助插手当地争端，结果是引狼入室的教皇和王公都这样称呼他们。马基雅维利的灵感来源是古罗马的光荣；将他视为19世纪的意大利民族主义者是时空错置。

马基雅维利在《君主论》的开篇告诉洛伦佐，他是经过对自己长期经验的思考和对古代大事的钻研后才提出这些新颖建议的。这代表着马基雅维利思维的双重变化。首先，他脱离了佛罗伦萨人复古的愿望——这个愿望在《论李维》中似乎重现身影；其次，他不是把古代作为箴范汇编一类的道德指南，而是作为成功的实践经验的宝藏。接下来,《君主论》直奔主题，着手铺开它讨论的题目：新获得的君主国及其保有。整个第一章只有短短一段，但这一段涵盖了意大利近期的全部历史，里面对各种国家作了区分。有的国家是世袭制，有的不是；有的国家对征服者来说是全新的，也有的国家被吞并入了长期以来受同一家族统治的国家；有的国家曾是共和国，也有的国家一贯是君主国；还有“或者是依靠他人的武力或君主自己的武力，否则就是由于幸运或者由于能力”[6]而获得的国家——大笔一挥，既包括了切萨雷·博尔吉亚惊人的好运，也涵盖了美第奇家族挟西班牙军队之力的强势回归。

世袭君主国不是《君主论》讨论的对象；它们并不要求君主有什么高超的政治技巧。民众长期以来形成了服从的习惯，在位的君主因而对于觊觎王位、企图篡权的人拥有自然的优势；任何世袭君主若是失去了王位，都是咎由自取。不过马基雅维利很明白，任何国家的人民都会为生活的困苦所逼而起来反对统治者，无论他是否世袭君主。对关键问题的讨论始自第三章，马基雅维利先谈到了控制“混合”君主国的方法。他所谓的混合君主国指的是君主为扩大自己现有的疆土而征服的国家。他解释了为何有的国家在被征服时默默服从，有的国家却起而反抗，并论述了靠君王自己的武力获得的国家与靠别人的帮助获得的国家之间的差别。[7]他主要以意大利不久前的乱象作为论据，但也举了公元前2世纪早期罗马人征服希腊时对待希腊人的做法为证，用以强调他多次重复的一点，即法国人第一次占领米兰时，本来已经在意大利获取了权力，但他们自己把事情搞砸了，所以才被赶走。

马基雅维利的论点简单明确：如果被征服国家的人民在文化上与征服者自己的文化相差甚远，就很难维持对被征服国的占领。法国人在米兰巩固权力必然比在勃艮第困难得多，因为勃艮第人的生活方式和法国人基本一样，语言也大致相同。然而，在文化不同的情况下保持权力并非绝不可能；罗马人对他们所征服的王国的控制就非常有效。所有新获得的国家治理起来都有同样的困难。征服一个国家并不难，因为人们很容易对现状不满，认为自己的困苦由现任统治者造成，希望把他赶走。

然后，他们却发现新的统治者并不比前任好，很有可能甚至更糟，因为征服的费用大多要由被征服的人民来承担。在这种情况下，人民如有可能，就会起来反叛新的君主。

该怎么办呢？应做到两点：第一，确保肃清前朝君主的朋党，以防他们煽动事端；第二，搬到被征服的地方去住。马基雅维利提到了土耳其征服者和罗马征服者的例子，但不是真的要法王路易十二亲自驻跸米兰。他的意思是，路易十二应当在米兰建立自己的行政当局，好监督当地的情形，把麻烦扼杀在萌芽状态。法国人如果学罗马人的样子建立殖民地，或者像土耳其人那样在整个地区派驻自己的行政官，本来是可以保住米兰的。这里所说的“建立殖民地”指的是派遣士兵去被征服的国家，分给他们农地，让他们在那里安顿下来，不是后几个世纪的帝国主义意义上的殖民。法国人没有这样做，于是被赶走了。使现代读者错愕的是，马基雅维利居然平静地指出，“获取领土的欲望确实是很自然的人之常情。人们在他们的能力允许的范围内这样做时，总会为此受到赞扬而不会受到非难。但是，如果他们的能力有所不及，却千方百计硬是要这样干的话，那么，这就是错误而且要受到非难。”[8]这是希腊和罗马帝国主义的声音，只是经过了调整以适应文艺复兴时期的世界。马基雅维利辩称，罗马式的殖民地比派驻占领军好，因为殖民地可以自我维持，比驻扎军队花费少；况且，驻扎军队需要大量资金，而征集资金会造成当地极大的不满。马基雅维利自己的共和国就是因为战事无休无止，需要征税来筹集军费，而笨重不灵的体制又无法就征税问题做出决定，结果只能坐以待毙。不难猜想，在他关于军费的冷静论述的表面下，掩藏着多么强烈的感情。

马基雅维利下面提出的论点引起了欧洲道学家的一片哗然，使他成了千夫所指。他说，与驻扎军队相比，殖民引起当地人民的愤怒要少，因为殖民只会伤害到土地被抢走发给殖民者的那些人。由于这样的人为数不多，又在乡间四散各处，所以构不成大问题。接着，他提出了贯穿全书的主线："必须注意的是，对人们应当加以爱抚，要不然就应当把他们消灭；因为人们受了轻微的侵害，能够进行报复，但是对于沉重的损害，他们就无能为力进行报复了。所以，我们对一个人加以侵害，应当是我们无需害怕他们会报复的一种侵害。"[9]小农和乡村的其他居民可以不足为虑，因为他们松散没有组织，无力抵抗入侵者加之于他们的罪恶；这种说法在现代人看来令人反感。马基雅维利同意夺取邻国土地的罗马人的观点；罗马人从不会因侵犯了邻国人民的人权而于心不安。

《君主论》是为了向刚刚接管了一个未必愿意归顺的共和国的君主献计献策，但其间马基雅维利放入了一个小插曲，讲到如果征服的是一个原来受暴君统治的国家，那么无需高超的政治手腕就能轻易地保有这个国家。他举的例子是亚历山大大帝的帝国。亚历山大征服各地，建立了帝国后不久即英年早逝，临死时还浩叹没有更多的新世界可供他征服。因为波斯国王大流士的子民已经习惯于中央集权的统治，所以亚历山大的几个继承人不必采取非常措施来维持权力。马基雅维利本来可以指出，相比之下，雅典人企图重获自由，却被精明强干的安提帕特一举击溃。他用来和亚历山大的帝国作对比的是罗马人在高卢的经历。在高卢，独立的小部落为数众多，都习惯于自由的生活，因此激烈反对外来统治。他猜想法国很快会发生同样的事情。他注意到，不仅布列塔尼和勃艮第刚被征服不久，对它们自由自在、不受法国王室统治的日子记忆犹新，而且总的来说，贵族与地方的关系也根深蒂固，利益受到触犯后随时有可能反叛远在巴黎的君主；鉴于16世纪后半叶法国陷入了绵延的战火，马基雅维利此言简直是未卜先知。对于这些地方的人民，如果不打乱他们现有的生活方式，治理起来并不困难，但他们不太可能任由统治者加紧对他们的控制。[10]

如果被征服国有长期真正自治的传统，对新君主而言就会非常棘手。在共和国中，“有一种较强的生命力，较大的仇恨和较强的复仇心。他们缅怀过去的自由，就不平静，而且也不能够平静下来。”既然如此，有三条建议就值得考虑：统治者要么亲自前往被征服国去居住；要么完全摧毁一切旧机构；要么最大程度地保持旧有的机构不变，以尽可能不伤害当地人民的感情。马基雅维利将罗马人和斯巴达人的经验引以为鉴：“斯巴达人依靠在当地建立一个寡头政府来控制雅典和底比斯；但结果仍然失掉了雅典和底比斯。罗马人为着保有卡普阿、迦太基和努曼齐阿，把它们毁灭了，就没有失去它们。”最初，罗马人试图模仿斯巴达人的做法，只对希腊实行宽松的宗主统治，但由于希腊的各个王国不停地起来造反，最终不得不将它们全部消灭。

据波利比奥斯的描述，罗马人让被征服的人民成为罗马的一部分，和罗马人一样生活，以此为诱饵，使他们服从罗马的统治。马基雅维利没有直接和波利比奥斯唱反调，但波利比奥斯的问题是："罗马如何建立了帝国并使人民忠诚于它？"而马基雅维利的问题要强横得多："如何确保征服能够'长久'？"他对此问题的回答最终仍旧回到了众所周知的两种对立的办法上：杀掉或爱抚。要么对当地的机构表示尊重，给权力蒙上面纱，在当地机构的幕后进行统治；要么严厉镇压反对势力，流放或杀死过去的精英，让所有人明白，谁敢不听话只有死路一条。

虽然《君主论》的前11章构成了一个整体，但它们的结构组织很有意思。马基雅维利对于两种人之间的对比特别感兴趣，一种是头脑敏锐、行动果断的出色政治人物，另一种是靠别人的帮助或纯粹的好运气掌权的人。在他常用的用语中，命运这个词引起的辩论最激烈，这个问题以后还会再讲到。命运在政治中的作用显而易见；不得不承认，有些政治人物运气好得不得了，还有些政治人物则总是走霉运。有些人全靠机缘凑巧才升至高位，这种情况并不稀奇。但马基雅维利对这个问题的重视不止于此。佛罗伦萨人从上到下都迷信，一个夸张的例子可引以为证：马基雅维利去世后不久，新恢复的共和国在1527年居然选举基督做国王。总的来说，佛罗伦萨人特别相信祈祷和苦修能求得上帝的青睐。而另一方面，他们不敢挺身面对切萨雷·博尔吉亚，只是因为除了他的父亲亚历山大六世教皇给他撑腰以外，似乎命运也站在他那一边。任何因素，只要它使佛罗伦萨人不能清醒地分析自己所面临的力量对比，马基雅维利都对其深恶痛绝。

他在依靠自身政治能力（即美德）的人和依靠别人或运气的人之间作出了重要的区分。显然，第一类人不太受运气转坏或盟友变节的影响。我们一会儿会看到，切萨雷·博尔吉亚是游离于这两类人之外的一个谜。具有出色美德，因而不那么依靠运气的人是毫无疑问的英雄，虽然马基雅维利承认，把摩西与忒修斯、居鲁士和罗穆卢斯归为一类可能会使人惊讶。谈到这四位英雄时，马基雅维利笔锋一转，思考起萨沃那洛拉的命运，在这一部分写下了他最精辟的一些格言。在讨论使用自己的武力获得君主国的人的时候，他说，“所有武装的先知都获得胜利，而非武装的先知都失败了。”武装的先知这个形象成了20世纪政治分析常用的一个比喻。马基雅维利说，“假使摩西、居鲁士、忒修斯和罗穆卢斯不曾拿起武器，他们就不能够使人长时期地遵守他们的戒律，正如我们这个时代的季罗拉莫·萨沃那洛拉修道士的遭遇一样。当大众一旦不再相信他的时候，他就同他的新制度一起被毁灭了，因为他既没有办法使那些曾经信仰他的人们坚定信仰，也没有办法使那些不信仰的人们信仰。”[11] 萨沃那洛拉后面还有数不清的先知型人物，他们提出的理念使他们所处时代的统治当局胆战心惊，但他们的追随者除了波希米亚能攻善战的胡斯教徒之外，都缺乏推翻邪恶统治者的能力。

这些论点的思想意义掩藏在表面之下。马基雅维利深知，虽然政治需要果断采取大胆的行动，但人是习惯的动物，有好习惯，也有坏习惯；这就要求戒急戒躁、循序渐进。佛罗伦萨人对一心为国，可惜时运不济的统治者不知感恩，这是个由来已久的坏习惯。好习惯需要悉心培养。宗教的作用不可小觑，但也不应夸大它的功效。要养成人民服从的习惯，须恩威并重，辅以现有的道德和精神资源；武力十分重要，因为民众一旦看到反对统治者会有性命之虞，就会服从统治，他们的思想也会与服从的习惯一致起来。服从的事实很快会变成服从的信念。对于被征服的人民就这样甘心归顺征服者的这个事实，许多思想家都企图加以文饰；马基雅维利却直言不讳。武力造成接受，开始是勉强的接受，但逐渐会变为心甘情愿的接受。不明白这一点就是空掷了成功的机缘。如果说权威靠信念维持，那么权威也可以加强信念，使其转而更有力地维持权威。这个主张没有错，但它缺少马基雅维利理论的尖锐性。没有武装的先知无一例外地以失败告终，这说明，相信上帝在自己一边的信念可以坚如磐石，但如果不掌握武力的话，单凭信念将一事无成。

切萨雷·博尔吉亚之谜

切萨雷·博尔吉亚在《君主论》和《论李维》中都是主要人物。对于他，马基雅维利似乎有些难以把握。他的成败浮沉到底是不是全靠运气？他是把新君主必备的政治技巧运用得炉火纯青，后来倒台纯粹因运气不佳呢？抑或他的成功全凭运气，最后是由于他本应采取措施避免坏运气导致毁灭，却当动不动，所以才身败名裂？当然，对于喜欢马基雅维利那尖刻嘲讽的文笔的读者来说，他对切萨雷·博尔吉亚平步青云的发迹史的叙述妙不可言，令人读来津津有味。切萨雷是著名的毒妇卢克雷齐娅的兄长，[12]他的父亲后来成为出自博尔吉亚家族的亚历山大六世教皇。切萨雷十几岁时就被任命为红衣主教，但父亲成为亚历山大六世教皇后，他看到在世俗领域有出人头地的机会，于是放弃了红衣主教的头衔，被任命为教皇军队的总司令。亚历山大此举的意图是将教会辖地牢牢控制在教廷手中，提高他儿子的声望及权力，进而把意大利各国统一在教皇的领导之下。

这正是马基雅维利在《君主论》的最后一章中敦促利奥十世教皇和洛伦佐·德·美第奇所做的，所以他对此一政策本身并无非议。使他扼腕痛惜的是，教廷力不从心，实现不了这一雄心壮志，却又并非虚弱不堪，结果成了其他国家成就大业的绊脚石。[13]亚历山大废除了负责各个教会辖地的所谓教皇代理人，让切萨雷主政罗马涅。切萨雷干得风生水起，成果斐然。很难说，如果命运眷顾于他，会有什么样的结局，但亚历山大只做了六年的教皇即撒手人寰（1497—1503年），切萨雷在父亲去世时自己也患了疟疾，挣扎在生死线上。他没能影响对教皇继任者的选择，试图向新上任的教皇尤利乌斯二世示好，也没有奏效，因为尤利乌斯二世对博尔吉亚家族深恶痛绝。切萨雷逃到了那不勒斯，但遭到逮捕，被流放，最后囚禁在西班牙；1507年他重获自由不久后即死于战斗之中。纵观切萨雷的一生，马基雅维利思考的问题是：切萨雷为保住自己的地位，有没有哪些事情应该去做却没有做？马基雅维利倾向于认为，切萨雷该做的都做了；也许换了个更谨慎或眼光更远的人，会提早谋划亚历山大死后选举新教皇的事情，但那只是也许而已，马基雅维利并不认为切萨雷有什么事情没有做到。

按马基雅维利的讲述，切萨雷·博尔吉亚几乎和歌剧里的恶棍别无二致；他巧妙地使用恶毒的招数，卓有成效地控制了罗马涅。他不做无意义的残酷之事，他的残酷都有实际的目的。马基雅维利以钦佩的口气叙述了博尔吉亚的一桩恶毒之举，那是他为确保奥尔西尼家族不致给他和他当教皇的父亲捣乱而策划的阴谋。他先花言巧语地说服了奥尔西尼家族的主要成员，使他们以为他真心想与他们和好，然后他趁把他们召到西尼加利亚开会的机会把他们一网打尽，在接下来四个星期的时间内将他们一个个绞死。在马基雅维利看来，奥尔西尼家族的人及其朋友简直幼稚得惊人；现代的读者则可能认为博尔吉亚的行为卑劣下流。但要为博尔吉亚说句公道话，被他谋害的那些人也都是为夺权力不择手段之流，不仅将不共戴天的敌人置于死地，就连对亲朋好友也不惜下手杀害。[14]

博尔吉亚最漂亮的一手是杀害了倒霉的雷米罗·德·奥尔科。马基雅维利在呈交给上司的报告中以钦佩的口吻叙述了此事，《君主论》也对此作了讨论。故事及其寓意都非常简单。罗马涅是教会领地的一部分，但落到了一群五花八门的小领主手中。

那些人用今天的话说就是窃国贼，他们唯一的目的就是榨干治下可怜人民的最后一滴血汗。博尔吉亚看到，任何政府，只要能依法公正、不公开抢掠、维持地方和平，老百姓就会接受。第一步是保证和平。为此目的，他起用了雷米罗·德·奥尔科，命他放手镇压反对力量，恢复秩序。他选的人办事得力，但使用的方法引起了民愤。于是，博尔吉亚做了两件事来确保自己不致成为民愤所向。第一，他设立了一个常设法庭，让老百姓有处申冤。第二，他下令逮捕雷米罗·德·奥尔科，在圣诞节过后的第二天"将他斩为两截"，连同刽子手的行刑砧和一把刀摆在切塞纳广场示众。"这种凶残的景象使得人民既感到痛快淋漓，同时又惊讶恐惧。"[15]

马基雅维利不是要使后世之人为之震恐，而是在思索建立政治秩序的困难，无论要建立的是君主国还是共和国。明白了这一点，我们就可以将注意力转向这个有许多人为之著书立说的领域了。马基雅维利对各种君主国讨论到最后，就"教会的君主国"单列了一个简短的章节。马基雅维利对教会君主国特性的叙述令人有些不安。"这种国家是依靠宗教上的古老的制度维持的。这种制度是十分强有力的，而且具有这样一种特性：它们使它们的君主当权，而不问他们是怎样行事和生活的。这些君主自己拥有国家而不加以防卫，他们拥有臣民而不加治理……。"[16]也就是说，各个教会辖地在历任教皇统治下，落入了几个把持着红衣主教团，互为敌手的家族的控制之下，被他们糟蹋得凋敝不堪。"其臣民虽然没有受到治理却毫不介意，并且既没有想法也没有能力背弃君主。只有这样的君主国才是安全和幸福的。"[17]马基雅维利更进一步讥讽说，既然这些国家是由更高的力量主持的，他就无话可说了。

当然，他其实有很多话可说，因为他接着写道，成功统治者的榜样是切萨雷的父亲，亚历山大六世教皇。他凭借狡诈和武力，利用他的儿子作工具，把教廷重新建成一支不容小觑的世俗力量。马基雅维利认为，这使亚历山大的继任者尤利乌斯二世拥有了足够的实力，使教会成为决定意大利命运的关键角色。可是他错了；在组建军队以及投入长时间战场作战方面，意大利各国与法国和西班牙王室相比根本不是同一个量级。尤利乌斯二世也有着和马基雅维利一样的弱点，不是专门喜欢作恶，而是相信足智多谋的人永远会比所有的敌人计胜一筹。

《君主论》的第二部分转而对传统的君主之鉴冷嘲热讽。马基雅维利最念兹在兹的两件事一件是军事能力，另一件是制定明白无误的政策的能力。他提到斯福尔萨家族因对军事重视不够而未能坐久权位，以此进一步强调只有武装的先知才能成功的论点。"君主除了战争、军事制度和训练之外，不应该有其他的目标、其他的思想，也不应该把其他事情作为自己的专业，因为这是进行统帅的人应有的唯一的专业。"[18]这条劝诫进一步展开，与通常向君主提出的建议大相径庭；君主须知手册一般都推崇人文科学，教诲君主注重优雅的社交礼仪。马基雅维利则说，君主唯一有用的娱乐是狩猎，因为可以借此学会如何辨识地形，这是一项十分宝贵的技能。人文科学除了帮君主获取真正的历史知识以外，其他的都无关紧要；历史为君主提供了值得他学习的众多宏伟成就和值得他效仿的各种伟大人物。

至于君主的美德，马基雅维利说，君主只有当他的缺点造成亡国时才会受到责备。忠诚、慷慨、仁慈等品质是好的，正如刻薄、好色、轻浮、不信上帝是坏的。尽管如此，君主不应过分在意自己的个性，除非他的个性会导致他做出错误的决策。这是对西塞罗的《论责任》的挖苦，但更厉害的还在后面。马基雅维利这个观点似乎也反驳了亚里士多德关于统治者应戒色戒贪的劝诫。其实，在这个问题上，亚里士多德和马基雅维利的立场是一致的。他们关心的不是君王荒淫本身，而是荒淫产生的政治后果。诱奸上层阶级的妇女会引起上层阶级的敌意，这将损害统治者的地位。然而，应当记住，马基雅维利十分认同正统基督教对人性的悲观看法。他这方面的看法更接近奥古斯丁，而不是坚信人有可能修成二级天使的皮科·德拉米朗多拉。他对人性的悲观是否源自他的基督教信仰，这一点并不清楚，但他相信原罪说的一种版本："人本性都是恶的，会无恶不作。"必须建立良好的法律来约束他们，如果法律崩坏，就要采取一切可能的手段。马基雅维利的道德理论并不惊人，惊人的是他敢于直面现实，明言政治有时需要采取卑劣的手段。

就是在对君主美德的分析中，马基雅维利提出了他那些令读者大哗的观点。马基雅维利的美德观念已经被翻来覆去分析了无数遍。他所谓的美德显然不是基督教意义上的美德；但他的美德究竟是什么却不太清楚。通常，马基雅维利口中的美德指能够带来政治成功的能力或品质。他的论述和许多道貌岸然的作家的作品不同，讲的不是贤良君主的为君之道，而是有为之君的必备素质。《君主论》谈的是君主一个人的美德；《论李维》谈的是全体人民的美德，尤其是罗马人民，但也提及了瑞士和其他成功国家的人民。雅典和斯巴达的公民表现出了美德，但他们过分计较把公民资格仅限于城邦的居民，结果没能实现罗马所达到的荣耀。君主的美德和全体人民的美德是否一样，这个问题引起了无尽的争论。比较有说服力的观点是，两者名称一致，内容却泾渭分明。美德总是被界定为能带来政治成功的品质，而政治成功又与国威显耀紧密相连。无论是罗马人民，还是16世纪早期希望拯救意大利独立的人们，他们的目标都是要取得政治成功；要建立并维持的政体有所不同，但事业是一样的。因为罗马人民必须集体努力来创建并维持一个自由政府，所以他们需要的品质与新君主所需的品质有所不同。举个明显的例子，马基雅维利始终对关于普通人勇气的抽象概念评价不高。[19]没有得力的领导和到位的训练，老百姓只是怯懦无能的群氓，尽管如果领导得当、训练有素，他们可以显示出巨大的勇气和耐力。另一方面，君主则不用说是天生勇敢无畏、志向远大，为夺取权力不惜牺牲生命。

最尖锐的对比发生在诸如诚信和忠诚这样的美德上。人民如果彼此没有高度的诚信和相互的忠诚，就不可能作为集体有效地行动；诚信和忠诚必须成为人民性格的特点，无法为了实际的需要而改变。相比之下，新君主必须随时改变个性。他不能因为诚实而白白放过欺骗和杀害对手的机会。即使是通常诚实的君主也要做好心狠手辣的准备。马基雅维利将汉尼拔的极端残酷描述为一项美德。由于大部分人都不喜欢残忍或奸诈，我们也许会觉得，为获得政治上的成功付出如此巨大的代价太不值得。那么，真的能把这一切说成是趟着别人的血泊登上暴君的宝座吗？

对此，马基雅维利由读者自己去得出结论。至于他本人的想法，有的相当明显，其余的则只能靠推测。成功建立共和国的酬赏是自由；公民可以过公民生活（vivere civile），在和平中享受自己的财产和自由。他们不会被富人欺压，也不会遭外国人侵略，更不会受了冤屈后申诉无门。如果一位君主能成功地建立君主国并治理有方，那里的老百姓得到的福利可能也和这些相差不多。谢尔登·沃林*精准地把马基雅维利描述为倡导“俭用暴力”[20]，可说是一语中的。成功的君主也许使用令人不齿的方法夺取了权力，也许使用卑鄙下流的手段维持了权力，他的道德品质也许是为人所鄙视的。但是，他使人民不致遭受不可预见、没有来由、毫无意义的暴力和残忍。君主在政治上得到的酬赏就是权力。至于权力为什么有吸引力，马基雅维利没有花时间去分析；他和他所尊崇的古典学者一样，假定人必然愿意行使权力，而不愿意生活在别人的权力之下。

---

* 美国当代政治哲学家。——译者注

政治家把暴力与背信作为手段明智地加以运用，目的正是要避免它们的无限泛滥——这是马基雅维利想要达到的目标的一部分。然而，他的最终目标却是现代世界除了在体育领域以外并不热衷的，那就是获得荣耀。如果问，人为什么要追求权力（马基雅维利认为那是理所当然，他自己只是在谈到人由于命运的不可捉摸而怀疑是否值得继续努力的时候，才会如此发问）？回答就是，人要追求荣耀，想青史留名。这一点是君主国和共和国的成就之间的真正区别所在。在君主国中，荣耀属于君主；所以，文艺复兴将国家视为艺术品，这种浪漫的想法可算是对君主事业的恰当比喻。老百姓不起作用；他们只是构建君主荣耀的原材料。在共和国里，人民是英雄，是荣耀的实现者。如果美德代表的品质能带来荣耀的话，那么它在君主身上和在人民身上就既相同，又不同。相同是因为那些品质实质上是工具性的，也就是说，它们能带来成功，使具备它们的人通过成功而获得荣耀；不同是因为君主国和共和国的情况迥然有异，获得荣耀的方式也各不一样。单是成功也不一定能带来荣耀；一些统治者极为成功，却是不折不扣的僭主。马基雅维利举了叙拉古的僭主阿加索克利斯为例。他不仅在位长久，而且把迦太基人赶出了西西里岛。不过，他最初是被西西里公民自由推选出来的，后来才使用武力和奸计保持了人民原来自由决定给予他的权位，成了僭主。无谓的残暴和奸诈是不可原谅的。

马基雅维利讨论了战争，又嘲讽了廷臣的造诣；这样打好了铺垫之后，开始讨论成功君主的特质。他最著名的观点是在

第十八章中提出来的，那章的标题是“论君主应当怎样守信”，使人一见即有不祥的预感。至此，马基雅维利已经告诉过读者，君主要努力让别人以为自己慷慨，但不应当真的慷慨，还教诲说，被畏惧比被爱戴好，因为民众不惧怕仁慈的君主，会动辄起来造反，但若君主残酷无情、杀人不眨眼，他们就不敢轻举妄动。知道了这些，我们再看到马基雅维利劝告说，君主只有在对自己有利的情况下才应守信，就不会感到惊讶了。诚信是美德，诚实的人受到赞扬是应该的，但如果一个君主在不该诚实的时候仍然以诚待人，就只会给敌人制造可乘之机。马基雅维利在这样的语境中将西塞罗的建议颠倒了过来。

狮子与狐狸，及政治伦理

在西塞罗看来，尽管动物在某种意义上也遵守法律（自然赋予了它们有利于生存的习性），但这不能抹杀人和野兽之间的区别。人必须遵守人类特有的法律；法律规定了理性的人为了共同利益该如何行事。人的勇气不是狮子的凶暴；人的聪明也不是狐狸的狡猾。对此，马基雅维利的回答是，“君主既然必须懂得善于运用野兽的方法，他就应当同时效法狐狸与狮子。由于狮子不能够防止自己落入陷阱，而狐狸则不能够抵御豺狼。因此，君主必须是一头狐狸以便认识陷阱，同时又必须是一头狮子，以便使豺狼惊骇。”他再次赞扬了残酷无情的亚历山大六世对人的欺骗：他“除了欺骗人们以外，既不曾做过任何其他事情，也从来不曾梦想过任何其他事情，但他总是找到上当受骗的货色。”[21]

如果对马基雅维利不先入为主地怀有恶感，就一定会生出这样一个问题：暂且不论遵循他劝告的统治者可能天性邪恶，难道真有人能像马基雅维利鼓吹的那样任意而行，完全置道德观念于不顾吗？马基雅维利十分认真地对待这个问题，但他采取了迂回的方式，先问君主如何避免受到蔑视与憎恨（回答是，主要靠残酷镇压竞争者和反对者），再问君主为了获得尊敬应该怎样为人。马基雅维利再一次表明了他对丰功伟业的偏好。他心目中的英雄是阿拉贡的斐迪南。斐迪南统一了伊比利亚半岛，将摩尔人赶出了他们最后的据点，通过阴谋诡计和军事策略的结合，先是在法国人的帮助下将那不勒斯王国从原来的统治者手中抢夺过来，转过头来又把法国人赶走。不过，马基雅维利承认，统治者不可能总是能掌控局面；他经常只能在不理想的情况下仓促决策。那就需要审慎而不鲁莽。马基雅维利承认这一点似乎非常勉为其难。他的劝诫和其他宣讲为君之道的手册只在一点上不谋而合，那就是要远离阿谀奉承的小人。马基雅维利像在他之后历年历代的政治学家一样，观察到君主很难听到公正不偏颇的建议，因为下面的人都专拣君主爱听的说。补救办法是任命敢于直言犯谏的人，马基雅维利对这类人的描述几乎就是他这位前“十人委员会”秘书的夫子自道。

《君主论》有两段结束语。当然，真正的结束语是“奉劝将意大利从蛮族手中解放出来”。在那之前的结束语是关于命运在人类事务中作用的一章，读来娓娓动人。读过《君主论》这本小书后，读者不禁会想，做马基雅维利式的英雄实在太辛苦了：和平时期必须积极备战；要对老百姓友善，但又不能和他们过于接近，以免引起他们的轻视；必须警惕敌人的一举一动，先发制人，但不必过于担心会遭到暗杀，因为只有昏君或暴君才有这样的危险。在步步为营和鲁莽冲动之间保持微妙的平衡也是难之又难。

那么，这是否不可能做到呢？马基雅维利指出，普遍认为"世界上的事情是由命运和上帝支配的，以至人们运用智虑亦不能加以改变，并且丝毫不能加以补救。"他也深受这一观点的吸引，尤其是有鉴于之前20年意大利的混乱状况。然而，他不同意人的自由不起作用的观点，而是认为"命运主宰我们一半的行动，但是它留下其余一半或者几乎一半归我们支配。"[22]有意思的是，马基雅维利到底持何种看法并不清楚。有时他说，命运只是我们控制得不好的力量："我把命运比作我们那些毁灭性的河流之一，当它怒吼的时候，淹没原野，拔树毁屋，把土地搬家，……但是我们不能因此得出结论说：当天气好的时候，人们不能够修筑堤坝与水渠做好防备，使将来水涨的时候，顺河道宣泄，水势不致毫无控制而泛滥成灾。"[23]这体现了马基雅维利一贯的告诫：人在顺境当中容易疏于防范。因为眼下一切顺利，他们就误以为一切会继续顺利下去，然后形势将会生变，本来可以预防，但愚蠢地没有采取任何预防措施，结果遭到了灭亡的下场。

但有时马基雅维利又将命运说成是造成了或善或恶的结果的真正力量，即使那样，它也并非完全超出人的控制能力。一桩危险的政治行动结果如何，在很大程度上要看当事人的做事风格、脾性和特有的行为方式是否符合当时形势的要求；有时一个谨慎的人的周密计划会付诸东流，因为形势需要的是果敢的行动，有时果敢的人失败，谨慎的人却获得成功。如果——但这是个不可能做到的如果——"一个人能够随着时间和事态的发展而改变自己的性格，那么他就会永远成功。"[24]马基雅维利接下来专门讨论了尤利乌斯二世的性格。佛罗伦萨人觉得他完全不可理喻；他们受不了他的暴怒，也无法预知他今后的计划，连他自己都未必知道下一步要做什么。但是，他领兵打仗十分大胆果断，尽管担任教皇时间很短，但取得了卓越的成就。

马基雅维利说，那是因为尤利乌斯二世禀性刚强迅猛，正合时代的需求。如果他活到了需要采取更为谨慎的政策的时代，他一定会失败，因为他不可能改变他的禀性。马基雅维利下面的话令人侧目，说尽管如此，"迅猛胜于小心谨慎，因为命运之神是一个女子，你想要压倒她，就必须打她，冲击她。人们可以看到，她喜爱冲动莽撞的人们，胜过那些斤斤计较的人们。因此，正如女子一样，命运常常是青年人的朋友，因为他们在小心谨慎方面较差，但是比较凶猛，而且能够更加大胆地制服她。"[25]这到底只是花哨的修辞，还是有更多的意思，我们不得而知。马基雅维利从未表现出他持有明显与基督教背道而驰的观点；另一方面，他也从未说过任何显示他有多么虔诚的话。

既然他十分注重文学修辞，那么这番话就也许只是为一个比较严肃的论点加上的文饰；另一方面，它也可能显示出，对于命运是世界上的一支积极活跃的力量，随心所欲地给人带来好运或厄运这个观点，他是真心相信，而不止是口头上说说而已。毕竟，波利比奥斯就反复思考过机缘和命运。

从《君主论》到《论李维》

《君主论》最后呼吁利奥十世统一意大利，将蛮族赶出意大利的土地，使美第奇家族名垂青史。马基雅维利希望，意大利能重现古罗马的荣光，这个主题把《君主论》和《论李维》连在了一起。《论李维》号称是对李维所著《罗马史》的评论，大部分内容也的确如此。它分为三卷，第一卷详细论述了创立并维持一个成功的共和国所需的基本原则；第二卷专门讲述罗马的扩张；第三卷论述了伟大的领导人在罗马共和国生活中的重要性。研究马基雅维利的学者拿不准主意，是《论李维》和《君主论》迥然不同这一点令人惊讶，还是两部著作的相似之处才真的令人惊讶。对此，部分的回答是，作为两部著作基础的有关治国术的原则非常一致。《君主论》中经常简短地提到一些例子，说明残酷无情的效用，《论李维》则就此进行了长篇大论的讨论。切萨雷·博尔吉亚的功绩为罗马人的经验提供了进一步的佐证；尤利乌斯二世的狂暴受到称赞；《君主论》中关于人性的论点也是马基雅维利在《论李维》中发出的抱怨的基础；他抱怨说，即使本性最坏的人也不知道该如何做到彻底的邪恶，应该下狠手的时候却临阵畏缩。[26]

虽然两部著作中阐述的治国术原则毫无二致，所体现的对人性的认识也始终如一，但是讨论的场合和目的完全不同。共和国不是君主国——后者是君主将其作为私人财产来统治的国家。《论李维》的重点在于，如何在共和国内建立能够自我维持的宪政秩序。马基雅维利借鉴的是波利比奥斯的理论。读过波利比奥斯著作的人会看到，马基雅维利的许多观点都似曾相识。马基雅维利也遇到了同样的谜题，即罗马是如何通过反复试验而成功地改革了其制度构建的。他正确地将政治体比拟为人体。一般来说，政治体初建时就应该健全完备，这一点十分重要。一个有病的孩子如果运气不错，又得到精心照料，可以活上很长时间，但成就不了什么事业；同理，构建时先天不足的国家在世界舞台上永远也起不了多大作用。但是，罗马之所以引起了16世纪的马基雅维利的兴趣，正如它很久以前成为波利比奥斯和西塞罗研究的对象一样，是因为它的情况违背了这条格言。罗马经历了好几场体制上的动乱，先是在它刚刚推翻国王，采纳了共和国体制的时期，后是当平民威胁要脱离共和国，迫使统治精英向下层阶级开放晋身公职的机会的时候。如果说，与出海前先将船只造得坚固安全比起来，航行到大洋之上再重造船只要困难得多，那么罗马人表明，像他们这样的人民有才能、有精力，也有好运，能够在航行之中重造船只而不致沉船。

马基雅维利曾说，他撰写《论李维》时，是在走“一条新路”，[27]研究他的学者对此言的含意一直辩论不休。他说他在恰当地利用历史证据，而意大利基督教国家的国君因“自大和懒惰”没有这样做。他没有清楚地说明，他所谓的懒惰的君主指谁，也没有明白地解释，他对历史的运用与先前的撰著者有何不同。马基雅维利除了对任何将分析与说教混为一谈的人表示轻蔑之外，唯一认可的深刻理念就是修昔底德的学说。人性在任何时间、任何地点都不会变化，所以，前事不忘，后事之师，值得效仿的要效仿，应予避免的要避免。马基雅维利指出了当时贵族和富人的荒谬可笑；他们挖出古代的雕像，按样做出仿制品，却不明白，懂得古代伟大的政治和军事领袖的思想和行动，学习他们的榜样，这要比仿制雕像重要得多、有意义得多。的确，他最为不满的似乎就是大多数读史之人“对历史上发生的各种事件读得津津有味，却从来不想效仿那些高尚的行动，认为那不仅难以做到，而且绝无可能，好像天空、太阳、自然的要素和人全都发生了变化，它们的运行与能力和古时截然不同了。”[28]马基雅维利的说理通常无可挑剔，但他那可称为“观察、分析、模仿”的方法是建立在人性始终如一的观念基础上，这似乎与他关于形势不断变化，人需要做出相应调整的观点不相符合。他没有看到，古代世界的文化、宗教和社会氛围与文艺复兴时期意大利的情况大相径庭，“观察、分析、模仿”的方法完全用不上。但在这一点上，不应对他过于苛责。19世纪的社会思想家认为，法国大革命造成的许多灾难是因为18世纪的法国人根本不可能和公元前3世纪的罗马人一样思考和行事。在比他们的时代早三个世纪的意大利城邦中，似乎没有多少人有此见地。

马基雅维利标新立异，从不进行通常的道德说教，一些评论家因此认为，他的学说就是后世所谓的政治学，即采用归纳法进行比较研究，看何种方法在何地、何时，以及如何发挥效用的科学。这种观点完全站不住脚。固然，马基雅维利有时会在不同的场合提出相互矛盾的说法，比如他在一处说罗马贫穷，在另一处却说罗马富裕，但除此之外，没有任何证据说明他具有科学的观念。他若是真有反而奇怪了，因为那将比自然科学家的科学自觉早了两个世纪。别的评论家则抓住他似乎支持历史循环说这一点大做文章；历史循环的理论最先出现于柏拉图的《理想国》，波利比奥斯也采纳了这一理论来阐明他自己的观点。

《论李维》在风格和思想关切方面绝对是波利比奥斯式的，尽管波利比奥斯思考的是他有生之年发生的事件，而马基雅维利评论的是李维对罗马共和国的创建与成长的叙述。波利比奥斯的论史风格、他津津乐道于人如何通过巧妙的骗术来达到自己的目的，这些都与马基雅维利十分相似；然而，所谓的历史循环理论既非理论，亦非完全的循环。它不过是进一步加强了马基雅维利的信念，认为命运之轮的方向无法预测。如果君主有足够的素质，共和国有健全的法律，再加上强大的军事实力，这样的君主国或共和国可以在一段时间内掌握命运。但马基雅维利最为重视的历史教训是，成功会孕育失败，走上帝国之路的罗马共和国最终就由于财富的腐蚀而变了质。波利比奥斯和马基雅维利都没有确切说明机缘或命运是否历史上的积极力量。

马基雅维利和在《君主论》中一样，提出了一些精明慎重的原理，并陈述了历史事件作为说明和佐证。他因《君主论》而被指责“教唆作恶”，但《论李维》同样突出地表现了他“如果手段不当，目标正当就可以为其开脱”的观点。事实上，这句格言正是在《论李维》中出现的。马基雅维利的立场似乎属于不折不扣的共和派，但他赞扬的人中，有共和国的开国者，也有君主国的建立者；只有建立暴君统治是不可原谅的。这在多大程度上与《君主论》相左尚未有定论；在《君主论》中，马基雅维利所持的观点似乎就是后来经霍布斯传播开来的观点，即暴君制是“不受欢迎的君主制”。马基雅维利似乎认为，罗马人在紧急情况中采取独裁的方法完全恰当，但建立持久的暴君制却坚决不能接受。这也正是他为罗穆卢斯杀害瑞摩斯辩护的焦点所在；必须不惜一切手段建立政治社会，但暴君与合法统治者截然对立，是全国共诛之的人民公敌。马基雅维利关于暴君制的观点与古典传统一致，但与圣保罗的教诲完全相悖。

为了所有这些原因，他坚持认为，只有独裁者才能成就建国或复国的大业。建国过程中必须有一个确定新秩序的时刻，正如在发生革命后，将国家拉回原有轨道的过程中一定有类似的时刻。在《君主论》和《论李维》中，摩西、罗穆卢斯和忒修斯都被视为英雄。不过在《论李维》中，马基雅维利强调的重点是他所谓的ordini，这个字翻译成“法律”（laws）并不能完全达意。后来，卢梭似乎将政治制度的根本法律（fundamental laws）与“法令”（decrees）区分了开来，马基雅维利使用ordini这个字，似乎和卢梭一样，意指与确定宪政秩序的法律十分近似的规定。拥有书面宪法的国家对此并不陌生，事实上，今天德国的宪法就叫“基本法”（Basic Law）。创业与守成大不相同；开国英雄常常需要随机应变，采取暴烈的非常行动，但建国后，就必须遵照法律定期选举领导人。

宗教的话题在《君主论》中几乎没有提及，但在《论李维》中占据了突出的地位。书中称赞罗马人对宗教的态度既认真又随便。他们认真对待宗教，因为他们明白宗教作为社会黏合剂的重要性。它是维护公共道德的好帮手；它激励人们在战斗中勇猛无畏；它加强人们尊敬祖先、爱护后代的意识，这正是世代传承的根本。总的来说，基督教达不到这样的目的。因为它注重来世，所以它使人忽视政治和军事责任，只关心自己的救赎。它是软弱的宗教，要信徒在被人打一边脸的时候，转过另一边脸让人打。罗马人可不会转过另一边脸。受过教育的罗马人将宗教视为一种形而上学，对它不太在乎；形而上学是哲学家研究的玩意儿，用不着普通人操心，军团战士更不必管它。有了这种对宗教真理比较放松的观点，罗马社会的领导人才能按照情势的需要操纵宗教的膜拜和仪式。战前举行占卜仪式时，要让占卜的巫师预测己方得胜，这是明智之举，合格的统帅也都知道怎么迫使巫师宣布自己想要的占卜结果。然而，普通士兵必须对巫师毕恭毕敬，谁敢侮辱巫师会被立即处死。

马基雅维利的矛头所向是天主教教廷这个机构，不是基督教或其他宗教。《论李维》中第十二章的标题为“论使宗教在国家中发挥突出影响之重要性；以及意大利如何因罗马教会的影响而在这方面遇到了失败”。[29]早期基督教本来可以成为社会团结、忠诚、善德和公共精神的基础。但是，天主教廷作为宗教机构腐败不堪，腐蚀了一切可称为宗教的东西，使它们与虔诚敬神毫无关系；作为政治机构颟顸无能，失去了对自己领土的控制，还引狼入室，将外国军队召入意大利，害了自己的人民不算，还害了意大利所有其他国家的人民。16世纪早期意大利的情况明白地显示，这么一个机构会把社会糟蹋成什么样子。马基雅维利的著作就是因这种观点而被列入了教廷的《禁书目录》。

《论李维》还有三个理念值得讨论，因为它们对共和思想产生了很大的影响，而且是马基雅维利自己的新颖主张。一个是他关于共和国发生一定的动乱有利于自由的理念。这个主张史无前例，和基督教强调和谐的思维方向相抵触，也与可追溯到柏拉图的《理想国》的乌托邦传统以及从前所有的共和思想格格不入。提倡混合型政制的人都必须依靠人民（或者是他们心目中可算作“人民”的那一部分人民）来维护自己的政治权利；如果人民不这样做，就不能在制衡制度中发挥作用。所有古典理论家，包括亚里士多德、波利比奥斯和西塞罗，都理所当然地认为人民会这样做。他们不担心人民不积极参政，而是害怕人民会失去控制。马基雅维利的理念清楚明了、立意新颖。

罗马平民的分裂运动迫使统治精英不得不面对这样的现实：是下层阶级养活了罗马城，精英们穿的衣服、住的房子全都出自他们之手；这反过来又鼓励下层阶级坚持自己在罗马国家中的权力和特权。这是下层阶级向想压迫他们的那些人发出的警告，表示自己决不会逆来顺受；这就维护了社会的自由。[30]的确，罗马上层阶级和下层阶级之间不断的冲突和常在的紧张使得罗马成为一个强大而又自由的国家。对于罗马下层阶级享受的自由，马基雅维利的想象未免理想化了一些，不过，我们不必同意他的想象也可以明白个中的道理，埃德蒙·伯克和许多其他人在很久以后都对此作过阐述。但是，马基雅维利的同代人却为之震惊。他们认为，在16世纪早期的意大利，动乱有用论不啻火上浇油；如果他们向北看一看宗教改革运动中的德意志，对于爱争好辩的益处恐怕同样会不以为然。

马基雅维利的第二个思想后来也多次得到共和制度支持者的引用，那就是平民共和国优于贵族共和国。这个观点的阐述与另一条关于“保持性的共和国”与“扩张性的共和国”各自优点的推论密切交织。罗马共和国是扩张性的共和国，马基雅维利为此对它赞不绝口。尽管威尼斯在亚得里亚海以及更远的范围内建立了海上帝国，也控制着地上的大片领土，但它是保持性的共和国。马基雅维利特别醉心于在世界舞台上雄姿英发的国家，故此扬罗马抑威尼斯。他盛赞平民共和国而非贵族共和国，醉翁之意不在宣扬罗马共和国的美德，而在捍卫佛罗伦萨的平民主义，批评威尼斯的狭隘。按照他的理论，共和国因“贵族”（gentlemen）（这个词有许多同义词，如nobili或grandi）的存在而受到威胁。马基雅维利所说的贵族不单单是家财万贯或出身豪门，而且身具封建领主的恶德。莫尔在《乌托邦》里说过，这些恶德主要在于他们豢养了一大群家仆，这些家仆被主人用来实现政治野心时，是对和平的威胁，被主人辞退后，是对治安的破坏，因为他们身无长技，只能做强盗。使马基雅维利警惕不安的是贵族有能力建立私家军队，颠覆国家；在这个问题上，他和西塞罗意见一致。

威尼斯令人迷惑费解，因为它是贵族共和国，却并未毁在贵族统治者的手中。威尼斯经过了一系列改革后，实行了“有限政府”（guberno stretto），只有在1297年大议会“关闭”时的合格议员的后代才有资格担任公职；威尼斯是由一个很小的寡头集团管理的贵族共和国。佛罗伦萨采用的是“大政府”（guberno largo）制度，用以制衡贵族，确保关于税赋和其他重要问题的决策由较多的公民做出，而不是由少数人说了算。美第奇家族1512年重返权位后，解散了大议会，连大议会开会用的会议厅都拆毁了。这等于宣布，他们是共和国幕后的实际君主，而作为门面的共和国将是贵族共和国，不是平民共和国。马基雅维利的难题是要说明，为什么威尼斯没有毁在统治它的贵族手里。他的回答是，威尼斯的统治者并不是贵族，不过是顶了贵族的名。他们其实是富商，他们的财富是金钱和货物。只要他们谨守商人的本分，就不会危及共和国。他们不会因为把公民变成奴仆而发财，也对在领地上豢养私家军队不感兴趣，况且，可以假定他们本来也没有领地。这个观点后来得到了政治社会学家的认同。

最后，来看马基雅维利第三个惊人的思想，也是事关重大的问题。他和波利比奥斯一样，相信成功不可能永续，和在他之后的休谟一样，认为人的努力成果无论怎样小心维护都终将退化。在《论李维》还有十几页就要结束的地方，他还在坚持说，如果“要做出的决定事关国家安全，就不应当在乎是公平正义还是不公不义、是仁慈和善还是残酷无情、是赢得赞扬还是招致恶名。所有其他考虑都应抛在一边，只要能拯救国民的生命、维护国家的自由，无论什么办法都应全心全意地去实行。”[31]他一遍又一遍地反复强调，半心半意的行动必定导致毁灭，果断经常能做到谨慎做不到的事，似乎培育出罗马式的闯劲和活力就能无坚不摧。然而，他也说，成功会为它自己带来失败，任何共和国都无法千秋万代永世长存，建成了伟大的事业后总会发生腐败。

成功的共和国将获取更多的领土，吸纳更多的公民，兴旺发达起来。一旦国家繁荣，人民就变得自私，只关心自己的财富，不再关心共和国的利益。尚武的美德开始弛懈，贪图安逸逐渐滋生。不再要求公民当兵，改为招募雇佣军。巨富的人想方设法利用财富获取权力以颠覆共和国。老百姓的腐化比有钱人开始得晚，但如果有人提出让他们在不义之财中分一杯羹，或免除他们为共和国服务的义务，他们也会被收买，心甘情愿地成为帮凶。接下来就会发生罗马共和国所经历的衰落和覆灭。

强健的人比孱弱的人活得长，但两人最终都会死去；国家也同此理。不同读者对马基雅维利观点的反应在很大程度上取决于他们如何看待这些关于人生的平庸却重要的真理。很清楚，马基雅维利认为，生活属于活着的人，死亡是生活不可避免的结局；同样，政治世界有其特有的存在理由和行事规则。那些既不怯懦又不迂缓，但另有追求的人总可以退居修道院去思考永恒的真理。马基雅维利似乎并不非难这些人的选择；但他对他们无话可说。

注释

第一章：为何始于希罗多德？

1. Aristotle, *The Politics* (1.7), p. 19.
2. Herodotus, *The Histories*, pp. 449–50.
3. Thucydides, *Peloponnesian War*, p. 107.
4. Cartledge, *Thermopylae*, passim.
5. Thucydides, *Peloponnesian War*, p. 92.
6. Ibid.
7. Ibid., p. 97.
8. Ibid., p. 295.
9. Madison, Hamilton, and Jay, *The Federalist Papers*, pp. 122, 152, 292.
10. Plato, Apology, in *The Last Days of Socrates*, pp. 56–57, 64–65; Xenophon, *Socrates's Defence, in Conversations of Socrates*, pp. 41–49.
11. Plato, *Crito*, in *The Last Days of Socrates*, pp. 94–96; Xenophon, *Conversations of Socrates*, p. 195.

第二章：柏拉图与反政治

1. Wolin, *Politics and Vision*, pp. 27ff.
2. Marx and Engels, *The Communist Manifesto*, p. 244.
3. Aristotle, *The Politics* (2.2), p. 31.
4. Ibid. (2.6), pp. 39–43.
5. Xenophon, *Conversations of Socrates*, passim.
6. The story is told in Plato's *Seventh Letter*, p. 113; Xenophon, *Conversations of Socrates*, p. 195.
7. Xenophon, *Socrates's Defence*, in *Conversations of Socrates*, pp. 47–48.
8. Aristophanes, *Clouds*, p. 23.
9. Plato, *Gorgias*, pp. 32–33.
10. Ibid., p. 76.

11. Plato, *The Republic*, p. 50.
12. Nietzsche, *On the Genealogy of Morality*, pp. 28–29.
13. For instance, Frank, *Passions within Reason*; and for other primates, Frans de Waal, *Good Natured*.
14. Huxley, *Brave New World*, pp. 35–36.
15. Hobbes, *Leviathan*, pp. 86–87.

第三章：亚里士多德：政治非哲学

1. Aristotle, *The Politics* (1.4–7, slaves; 12–13, women), pp. 12–15, 27–30.
2. Ibid. (1.12), p. 27.
3. Ibid. (1.7), p. 19.
4. Ibid. (1.2), p. 13.
5. Though some commentators think the conventional ordering of Politics is anyway not what Aristotle originally intended.
6. Aristotle, Politics (7.2), pp. 168–69.
7. Ibid. (1.2), p. 8.
8. Locke, *Second Treatise* (sections 89–90), in *Two Treatises of Government*, pp. 325–26.
9. Aristotle, *Politics* (1.5), p. 17.
10. Ibid. (7.2), p. 181.
11. Ibid. (1.4), p. 15.
12. Ibid. (7.7), p. 175.
13. Ibid. (1.10), p. 25.
14. Ibid. (4.6), p. 100.
15. Ibid. (7.10), pp. 180–81.
16. Ibid. (3.13), pp. 80–83.
17. Ibid. (3.1), p. 62.
18. Thucydides, *The Peloponnesian War*, pp. 164–72.
19. Aristotle, *Politics* (3.7), p. 71.
20. Ibid. (4.9), pp. 104–5.
21. Lipset, *Political Man*, foreword, pp. 7–10.
22. Hobbes, *Leviathan*, p. 119.

第四章：罗马人之卓见：波利比奥斯与西塞罗

1. Seneca, *De brevitate vitae,* 5.1.
2. De legibus, too, is set in his country villa at Tusculum.
3. Polybius, *The Rise of the Roman Empire,* p. 342.
4. Plato, *Gorgias,* p. 140.
5. Aristotle, *The Politics* (4.6), pp. 100–101.
6. *The Ethics of Aristotle* (1.3), p. 28.
7. Polybius, *Rise of the Roman Empire* (bk. 6), pp. 302–52.
8. Aristotle, *Politics* (2.6), p. 42.
9. Ibid. (4.8–9), pp. 102–5.
10. Machiavelli, *Discourses on Livy* (1.1–6), pp. 19–38.
11. Polybius, *Rise of the Roman Empire,* p. 342.
12. Ibid., pp. 342–44.
13. Cicero, *On the Commonwealth,* p. 32.
14. Berlin, "Two Concepts of Liberty," in *Four Essays on Liberty,* for the distinction.
15. Wood, *Empire of Liberty,* p. 20.
16. Cicero, *On Duties,* pp. 142–44.
17. Ibid., p. 19.
18. Machiavelli, *The Prince,* pp. 61, 68–69.

第五章：奥古斯丁的两座城

1. Romans 13:1–7.
2. Augustine, The *City of God* (21.14), p. 1072.
3. Brown, *Augustine of Hippo,* p. 39.
4. Ibid., pp. 151ff.
5. Herrin, *The Formation of Christendom.*
6. Dewey, A Common Faith, in *Later Works,* 9:3–20 ("Religion versus the Religious").
7. Lane Fox, *Pagans and Christians,* emphasizes the point throughout.
8. Brown, *Augustine of Hippo,* pp. 35ff.
9. Augustine, *Confessions* (5.5–10), pp. 76–85.
10. Ibid. (1.10), p. 9.
11. Ibid. (7.9–13), pp. 121–26.
12. By Peter Brown, quoted in the introduction to *City of God,* p. xiv.

13. Augustine, *City of God* (5.24), pp. 231–32.
14. Lane Fox, *Pagans and Christians*, pp. 37ff.
15. Cicero, *On the Commonwealth*, pp. 59–60.
16. Augustine, *City of God* (1.9), pp. 13ff.
17. Augustine, *Confessions* (2.9–17), pp. 28–34.
18. Augustine, *City of God* (14.26), pp. 628–29.
19. Ibid. (5.17), p. 217.
20. Augustine, *Confessions* (1.7), p. 9.
21. Hobbes, *Leviathan*, chaps. 30 et seq.
22. Augustine, *City of God* (5.26), p. 235.
23. Ibid.
24. Ibid. (14.23–24), pp. 623–27.
25. Ibid. (1.19–20), pp. 29–33.
26. Ibid.
27. Ibid. (2.21), p. 80.
28. Ibid. (19.21), pp. 950–52.
29. Ibid. (4.15), p. 161.
30. Ibid. (19.6), p. 928.
31. Ibid. (19.16), pp. 944–45.
32. Ibid. (19.6), pp. 926–28.

第二部前言

1. Hume, "The Independency of Parliament," in *Political Essays*, p. 24.
2. Russell, *Autobiography*, pp. 333–35.
3. Augustine, *City of God* (5.17), p. 218.

第六章：从奥古斯丁到阿奎那

1. Most famously articulated in Ullman, *A History of Political Thought in the Middle Ages*, pp. 12ff.
2. As always, *Romans* 13 is the key text.
3. Augustine, *City of God* (19.17), pp. 945–46.
4. Ibid.
5. Ibid. (1.17–20), pp. 26–33.
6. Lane Fox, *Pagans and Christians*, pp. 418–27.

7. See John of Salisbury, *Policraticus*, below, pp. 219–23.
8. *The Declaration of Right*, February 1689.
9. Locke, *Second Treatise* (sec. 242), in *Two Treatises of Government*, p. 427.
10. *Matthew* 16:19.
11. Augustine, *City of God* (5.23), p. 235.
12. *Matthew* 22:21.
13. Aristotle, *Ethics* (5.7), p. 158.
14. *History of Sir Charles Napier's Administration of the Province of Scinde*, p. 35.
15. *Timothy* 6:10.
16. Locke, *First Treatise* (sec. 42), in Two Treatises of Government, p. 170; Hume, *Enquiries concerning Human Understanding and concerning the Principles of Morals*, pp. 186–87.
17. Garnsey, *Thinking about Property*, pp. 217–18.
18. Gibbon, *Decline and Fall of the Roman Empire*, 6:16.
19. Ibn Khaldun, *The Muqadimmah.*
20. Burns, ed., *Cambridge History of Medieval Political Thought*, pp. 605–6.
21. Quoted ibid., pp. 288–89.
22. Haskins, *The Renaissance of the Twelfth Century.*
23. E.g., John of Salisbury, *Policraticus* (8.17), pp. 190ff.
24. Fortescue, *On the Laws and Governance of England*, p. xxxii.
25. John of Salisbury, *Policraticus* (4.1), pp. 27–30.
26. Ibid. (8.19–20), pp. 210–13.
27. Ibid. (4.1), pp. 27–30.

第七章：阿奎那与合成法

1. Aquinas, *Political Writings*, pp. xviii–xxii.
2. Aquinas on *Politics* and *Ethics*, p. xvi.
3. Ibid., p. xix. The phrase comes from Commentary on the *Sentences of Peter Lombard*, II .
4. Aquinas, *Political Writings*, pp. xxiv–xxv.
5. Brian Tierney, *The Crisis of Church and State*, pp. 139–49.
6. Ibid., pp. 139–41; Ernst Kantorowicz, *Frederick the Second.*
7. Aristotle, *Politics* (1.4–7), pp. 16–19.
8. Aquinas, *Political Writings*, p. 207.
9. Ibid., pp. 5–6, 43–44.
10. Ibid., p. 9.

11. Ibid., pp. 4–6 et seq.
12. Ibid., p. 54.
13. Ibid., p. 3, quoting *City of God* (19.15), pp. 942–43.
14. Ibid., pp. 83ff.
15. Ibid., pp. 91–92.
16. Ibid., pp. 96–97, 126ff.
17. Ibid., pp. 220–34.
18. Ibid., p. 127.
19. Ibid., p. 208.
20. Ibid., pp. 216–17.
21. Locke, *First Treatise* (sec. 42), in *Two Treatises of Government*, p. 170.
22. Aquinas, *Political Writings*, p. 207.
23. Ibid., p. 240.
24. Ibid., p. 241.
25. Ibid., p. 244.
26. Ibid., pp. 277–78.
27. Ibid., p. 271.
28. Ibid., p. 270.
29. Ibid., pp. 267–69.
30. Ibid., pp. 276–77.
31. Ibid., p. 273.
32. Ibid., pp. 233ff.

第八章：过渡的 14 世纪

1. Marsilius of Padua, *Defensor pacis*, pp. 72–73.
2. *The Inferno* of Dante, canto 3, line 60.
3. Tierney, *The Crisis of Church and State*, pp. 185–86.
4. Ibid., p. 187.
5. But Antony Black describes it as a "masterpiece" in *Political Thought in Europe*, p. 60.
6. Dante, *Monarchy* (1.4), pp. 8–9.
7. Ibid. (1.3), p. 7.
8. Ibid. (2.9), pp. 53–58.
9. Ibid. (3.10), pp. 80–81.
10. Ibid. (3.8), p. 75.

11. Marsilius of Padua, *Defensor pacis* (1.1.3), pp. 4–5.
12. Ibid. (1.2.1), p. 8.
13. Ibid. (1.13.3), p. 51.
14. Dahl, *A Preface to Democratic Theory*, pp. 63ff.
15. Marsilius of Padua, *Defensor pacis* (2.3.2ff.), pp. 109ff.
16. William of Ockham, *A Short Discourse on the Tyrannical Government*.
17. Nicholas of Cusa, *The Catholic Concordance*.

第九章：人文主义

1. Baron, *In Search of Florentine Civic Humanism*; Grafton in Burns and Goldie, eds., *Cambridge History of Political Thought*, 1450–1700, pp. 15ff.
2. Machiavelli, "Exhortation," in *The Prince*, pp. 87–91.
3. E .g., Erasmus, *The Education of a Christian Prince*, below, pp. 302–6.
4. Christine de Pizan, *The City of Ladies*, pp. 1–2, 237–40.
5. Plato, *The Republic* (bk. 8), pp. 266ff.
6. Christine de Pizan, *The Book of the Body Politic* (3.1), p. 90.
7. Ibid. (3.4), p. 95.
8. Ibid. (1.1), p. 4.
9. Ibid. (1.7), pp. 12–14.
10. Ibid. (3.10), p. 107.
11. Plato, *Gorgias, Menexenus, Protagoras*, pp. 156–57.
12. Erasmus, *Education of a Christian Prince*, p. 1.
13. Ibid., p. 2.
14. Ibid., p. 15.
15. Ibid., p. 65.
16. Ibid., p. 83.
17. Ibid., p. 107.
18. Ibid., pp. 107–8.
19. Erasmus, *The Praise of Folly*, p. 8.
20. Ibid., pp 80–87.
21. Erasmus, *Education*, p. 15.
22. More, *Utopia*, pp. 106–7.
23. Edward Bellamy, *Looking Backward*, pp. 66ff.
24. More, *Utopia*, p. 94.

25. Ibid.
26. Ibid., pp. 79–81.
27. Michel de Montaigne, *Complete Essays.*

第十章：宗教改革

1. See above, p. 312, for Henry's defense of the sacraments against Luther.
2. Locke, *Letter concerning Toleration, in Selected Political Writings*, pp. 129–32.
3. Ibid., p. 135.
4. Romans 13:8.
5. Luther, "Freedom of a Christian," in *Selected Political Writings*, pp. 27ff.
6. John Man, *The Gutenberg Revolution*; Marshall McLuhan, *The Gutenberg Galaxy*.
7. Luther, "Freedom of a Christian," pp. 29–30.
8. Luther, "To the Christian Nobility," in *Selected Political Writings*, pp. 39–49.
9. *Luther and Calvin on Secular Authority*, p. 5.
10. Ibid.
11. Ibid., p. 4.
12. Ibid., p. 9.
13. Ibid., p. 15.
14. Luther, *Selected Political Writings*, p. 30.
15. Ibid., p. 29.
16. Ibid., p. 88.
17. Ibid., pp. 97–98.
18. Locke, *Second Treatise* (paragraphs 241–42), in *Two Treatises of Government*, p. 427.
19. *Luther and Calvin on Secular Authority*, p. 49.
20. Ibid., p. 82.
21. Norman Cohn, *The Pursuit of the Millennium*.

第十一章：马基雅维利

1. Machiavelli, letter to Francesco Vettori, December 10, 1513, in *The Prince*, p. 93.
2. Burns and Goldie, eds., *Cambridge History of Political Thought*, 1450–1700, pp. 55–56.
3. Machiavelli, *Discourses on Livy* (1.9), pp. 138–39.
4. Machiavelli, "Dedicatory Letter," in *The Prince*, pp. 3–4.
5. Machiavelli, *The Prince*, p. 88.
6. Ibid., p. 5.

7. Ibid., pp. 6–14.
8. Ibid., p. 13.
9. Ibid., p. 9.
10. Comparing ibid., pp. 8 and 16.
11. Ibid., p. 21.
12. Who makes a cameo appearance in Max Beerbohm's wonderful spoof "'Savonarola' Brown" in *Seven Men*.
13. Machiavelli, *Discourses* (1.12), p. 152.
14. Machiavelli, *The Prince*, p. 25.
15. Ibid., p. 26.
16. Ibid., pp. 39–40.
17. Ibid., p. 40.
18. Ibid., pp. 51–52.
19. Machiavelli, *Discourses* (1.57), pp. 258ff.
20. Wolin, *Politics and Vision*, pp. 197–99.
21. Machiavelli, *The Prince*, pp. 61–62.
22. Ibid., pp. 84–85.
23. Ibid., p. 85.
24. Ibid., p. 86.
25. Ibid., p. 87.
26. Machiavelli, *Discourses* (1.27), pp. 185–86.
27. Ibid., introduction, pp. 103–5.
28. Ibid., p. 105.
29. Ibid., pp. 149–53.
30. Ibid. (1.4), pp. 118–20.
31. Ibid. (3.41), p. 528.

图书在版编目（CIP）数据

论政治．上卷 /（英）瑞安著；林华译．-- 北京：中信出版社，2016.10（2020．7 重印）
书名原文：On Politics: A History of Political Thought from Herodotus to the Present, Book One
ISBN 978-7-5086-5988-6

Ⅰ．①论… Ⅱ．①瑞… ②林… Ⅲ．①政治哲学—政治思想史—西方国家 Ⅳ．① D091

中国版本图书馆 CIP 数据核字 (2016) 第 047115 号

论政治·上卷

著　　者：［英］阿兰·瑞安
译　　者：林　华
策划推广：中信出版社（China CITIC Press）
出版发行：中信出版集团股份有限公司
（北京市朝阳区惠新东街甲 4 号富盛大厦 2 座 邮编 100029）
（CITIC Publishing Group）
承 印 者：北京通州皇家印刷厂

开　　本：880mm×1230mm 1/32　　印　　张：16.75　　字　　数：283 千字
版　　次：2016 年 10 月第 1 版　　印　　次：2020 年 7 月第 6 次印刷
京权图字：01-2013-5248　　广告经营许可证：京朝工商广字第 8087 号
书　　号：ISBN 978-7-5086-5988-6
定　　价：68.00 元